suhrkamp taschenbuch
wissenschaft 1614

Kaum ein soziales System ist uns unbekannter als jenes, in dem jeder von uns den größten Teil seines wachen Tages verbringt. Wenn man einmal von Vokabeln wie »Arbeit«, »Bürokratie« und »Karriere« absieht, haben wir kaum eine Sprache, um zu beschreiben, was wir von der Organisation von Unternehmen, Behörden, Kirchen, Schulen und Theatern wissen. Dieser Mangel an einer elaborierten Sprache wäre unter Umständen nicht weiter zu bedauern, wenn man nicht den Eindruck haben müßte, daß eine einzige Vokabel die Beschreibung all dessen, was hier zu beschreiben wäre, auf ihre Schultern nimmt: das Wort »Management«. Dirk Baecker geht in einer Reihe von Aufsätzen der Frage nach, was es mit diesem »Management« auf sich hat und worin seine unzureichend bedachten organisatorischen Voraussetzungen bestehen.

Dirk Baecker lehrt Soziologie an der Universität Witten/Herdecke. Zuletzt erschienen *Organisation als System* (1999), *Wozu Kultur?* (2000), *Wozu Systeme?* (2002).

Dirk Baecker

Organisation und Management

Aufsätze

Suhrkamp

Bibliografische Information der Deutschen Nationalbibliothek
Die Deutsche Nationalbibliothek verzeichnet diese Publikation
in der Deutschen Nationalbibliografie;
detaillierte bibliografische Daten sind im Internet über
http://dnb.d-nb.de abrufbar.

4. Auflage 2016

Erste Auflage 2003
suhrkamp taschenbuch wissenschaft 1614

Printed in Germany
Umschlag nach Entwürfen von
Willy Fleckhaus und Rolf Staudt
ISBN 978-3-518-29214-3

Inhalt

Einleitung

Wenn Erich Gutenberg in den 1920er Jahren gewußt hat, was er tat, muß man annehmen, daß der Betriebswirtschaftslehre spätestens in den 1960er Jahren ein bestimmtes Wissen abhanden gekommen ist. Erich Gutenbergs nach wie vor grandioser Gründungsakt der Betriebswirtschaftslehre – wann hat man schon einmal die Gelegenheit, eine ganze wissenschaftliche Disziplin zu gründen? – besteht darin, die Unternehmung zum Gegenstand einer »betriebswirtschaftlichen Theorie« zu machen, indem der Sachverhalt der »Organisation« dieser Unternehmung bewußt ausgeklammert wurde. In seiner Habilitationsschrift über »Die Unternehmung als Gegenstand betriebswirtschaftlicher Theorie« (1929, S. 26) hält Gutenberg in aller wünschenswerten Deutlichkeit fest:

»Die Unternehmung als Objekt betriebswirtschaftlicher Theorie kann (...) nicht unmittelbar die empirische Unternehmung sein. Es muß für sie die *Annahme gemacht werden, daß die Organisation der Unternehmung vollkommen funktioniert.* Durch diese Annahme wird die *Organisation als Quelle eigener Probleme ausgeschaltet* und soweit aus ihrer wissenschaftlich und praktisch bedeutsamen Stellung entfernt, daß aus ihr keine Schwierigkeiten mehr für die theoretischen Gedankengänge entstehen können. Die Annahme einer solchen eingestimmten, den reibungslosen Vollzug der betriebswirtschaftlichen Grundprozesse gewährleistenden Organisation bedeutet nicht eine Negation, sondern lediglich eine Neutralisierung der Probleme der Organisation. Gerade aus der hier weiter vorzutreibenden Einstellung heraus wird sich eine Fülle von Argumenten für die wissenschaftliche Bevorzugung organisatorischer Fragen ergeben. Jedoch soll nunmehr der Blick von der Organisation fortgenommen und unmittelbar auf die Unternehmung als Objekt betriebswirtschaftlicher Theorie gelenkt werden.«

Wie gesagt, das bedeutet nicht, daß die Probleme der Organisation negiert werden. Es bedeutet, daß sie neutralisiert werden. In dieser neutralisierten Form können sie dann zum Gegenstand einer ausführlichen Betrachtung gemacht werden. Davon wird das Lehrbuch Erich Gutenbergs, »Grundlagen der Betriebswirtschaftslehre« (1. Auflage 1951), später ausgiebig Gebrauch machen.

Welchen Sinn aber hat dann die Ausklammerung der Organisation? Und vor allem: Was wird hier eigentlich ausgeklammert?

In seiner Habilitationsschrift verweist Gutenberg darauf, daß die Betriebswirtschaftslehre nur dann zu einer eigenen wissenschaftlichen Disziplin entwickelt werden kann, wenn sie sich *nicht* mit den technischen, den psychologischen und den soziologischen Fragen der Organisation beschäftigt und auch die eher philosophischen Fragen, worin die Bedingungen der Möglichkeit der Organisation bestehen, auf sich beruhen läßt. Alle diese Fragen sind deswegen nicht etwa unwichtig, aber zu ihrer Behandlung kann auf die entsprechenden Nachbarwissenschaften verwiesen werden. Ausgeklammert wird also all das, was für Ingenieure, Psychologen, Soziologen und Philosophen wichtig ist.

Aber was bleibt dann noch übrig?

Gutenberg liegt es fern, ein Programm einer extremen Selbstbescheidung vorzulegen. Ganz im Gegenteil. Ihm ist noch bewußt, daß man eine wissenschaftliche Disziplin nur begründen und entwickeln kann, wenn es gelingt, *das Problem* zu definieren, das sie hinfort bearbeiten kann. Dieses Problem darf nicht etwa gelöst werden können, dann könnte man die entsprechende wissenschaftliche Disziplin ja direkt wieder einstellen, sondern es muß sich laufend neu und immer anders stellen, so daß es der wissenschaftlichen Disziplin laufend Anlässe zu einer erneuten Bearbeitung liefert. Max Weber war es, der darauf hingewiesen hatte, daß eine Wissenschaft in einer Problemstellung gründet und nicht etwa in der Betrachtung eines Gegenstandes, in der Behandlung eines Themas oder gar in der Begründung eines Wertes. »Die spezifische Funktion der Wissenschaft«, schreibt Weber in seinem Aufsatz »Der Sinn der ›Wertfreiheit‹ der Sozialwissenschaften« (1917), »scheint mir gerade umgekehrt, daß ihr das konventionell Selbstverständliche zum *Problem* wird.«

Gutenbergs entscheidende Leistung liegt darin, das Problem gefunden, definiert und ausgearbeitet zu haben, das die Betriebswirtschaftslehre seither bearbeitet und das der französischen *Science de Gestion*, die eher verwaltungswissenschaftlich orientiert ist, ebenso unklar ist wie den angelsächsischen *Management Studies*, die sich eher aus einem universitären Selbstverständnis des Interesses an einem bestimmten Gegenstand ableiten. Gutenberg verschrieb der Betriebswirtschaftslehre das Problem, die Möglichkeit der Anwendung eines *ökonomischen Kalküls* auf einen sich diesem Kalkül immer auch entziehenden, ihm widersprechenden Gegenstand, die unternehmerische Organisation, zu überprüfen, zu untersuchen und nicht zuletzt – als Ausbildungswissenschaft und Betriebslehre – auch durchzusetzen.

Gutenbergs wesentliche Einsicht besteht darin, die Organisation als Unternehmung zu betrachten und sie damit einem ihr fremden Gesichtspunkt zu unterwerfen, der als dieser fremde Gesichtspunkt zu ihrem Organisationsprinzip wird. Denn in der Organisation geht es alles andere als wirtschaftlich zu. Sie ist ein eigener Ordnungsgedanke, der gegen die entropischen Tendenzen der Welt durchgesetzt werden muß. Sie weist eine soziale Dynamik auf, in der sie sich als eine eigene Form der Vergemeinschaftung und Vergesellschaftung gegenüber alternativen Formen behaupten muß. Sie ist eine Resultante psychischer Wünsche, Ängste, Blockaden und Begeisterungen. Und sie ist nicht zuletzt immer auch ein Kontext der Lösung technischer Probleme der Bearbeitung von Energie und Materie. In dieser Komplexität wird die Organisation von Gutenberg akzeptiert und vorausgesetzt – und erst dann der scheinbar nur supplementären Frage unterworfen, ob sie mit einem akzeptablen Kostenaufwand dazu beitragen kann, wirtschaftliche Gewinne zu erzielen. Tatsächlich spielt sich diese scheinbar nur supplementäre Frage, sobald sie hinreichend entfaltet und sowohl personell wie institutionell durch die Profession der Betriebswirte und durch die Einrichtung der Unternehmungsführung unterfüttert wird, zur Einheitsfrage schlechthin der unternehmerischen Organisation auf. Dann kann in letzter Konsequenz der Eindruck entstehen, als *sei* die Unternehmung eine wirtschaftliche Organisation. Tatsächlich muß sie dazu immer erst und durch die Anwendung einer Unterscheidung *gemacht* werden.

Gutenberg hat diese Unterscheidung getroffen. Er unterschied die Organisation auf der Innenseite der Unterscheidung von der Wirtschaft auf der Außenseite der Unterschied und wendete diese Unterscheidung, das heißt *beide* Seiten *und die Trennung* der beiden Seiten, auf die Organisation an. Darin besteht sein Ingenium. Und darin besteht die bemerkenswerte Leistungsfähigkeit der Betriebswirtschaftslehre.

Vielleicht kann man dieses Ingenium erst im nachhinein angemessen würdigen. Gutenberg konnte sich auf einen Zeitgeist berufen, der geprägt war zum einen durch Max Webers Glauben an die Modernisierungsgeschichte der Gesellschaft als Rationalisierungsgeschichte – »Jede denkende Besinnung auf die letzten Elemente sinnvollen menschlichen Handelns ist zunächst gebunden an die Kategorien ›Zweck‹ und ›Mittel‹«, heißt es in seinem Aufsatz »Die ›Objektivität‹ sozialwissenschaftlicher Erkenntnis« (1904) – und zum anderen durch Werner Sombarts, Joseph Alois Schumpeters und vieler anderer Einsicht in die unternehmerische Spanne zwischen »schöpferischer Tat« und »schöpferischer Zerstörung«, nach der sich die Rationalität nicht von selbst durchsetzt, sondern *in* den Verhältnissen nur *gegen* die Verhältnisse durchgesetzt werden kann. Wenn man will, kann man hier einen fernen Anklang sowohl an den Glauben von Karl Marx und Friedrich Engels an die erst noch durchzusetzende *Revolution* wie auch einen frühen Vorausblick auf die Operationalisierung dieses Glaubens in aktuellen Konzepten der Unternehmensführung etwa bei Gary Hamel (»Leading the Revolution«, 2000) erkennen. Gutenberg hat diese präzise Einsicht des Zeitgeistes in die Paradoxie der Rationalität – etwa: zu dem, was überzeugt, muß erst überredet werden – in die zwingende Formel gebracht, daß die *Rationalität* der Unternehmensführung, die Unterwerfung der Organisation in die Funktion eines Mittels zu einem wirtschaftlichen Zweck, nur unter Einschluß eines »dispositiven Faktors« zu denken ist, der nicht nur *plant* und *organisiert*, sondern die Zwecke allererst *will* und *setzt*, auf die die Organisation dann als Mittel zu beziehen ist. Diese Zwecke sind ihrerseits nicht Mittel für weitere, höhere Zwecke – so sehr dann auch dieses Manko durch die Beschwörung einer gesellschaftlichen Verantwortung für steigende Wohlfahrt, sichere Arbeitsplätze und Behauptung in der globalen Auseinandersetzung unsichtbar gemacht wurde – und sind deswegen, wie Gutenberg unumwunden zugibt, letztlich *irrational*. Sie sind nicht etwa irrational, weil sie keine guten Gründe auf ihrer Seite hätten, sondern sie sind irrational, weil sie nicht als Mittel für höhere Zwecke ausgewiesen werden können und deswegen der gefundenen Rationalitätsdefinition nicht genügen. Gutenberg setzt diese Einsicht um, indem er die »personalen Elemente« der Unternehmensführung unterstreicht, »die Stärke der Antriebe und (…) die Kraft und Ursprünglichkeit der betriebspolitischen Konzeption« (»Grundlagen der Betriebswirtschaftslehre. Bd. 1: Die Produktion«, 24. Auflage 1983, S. 8).

Mit anderen Worten, Gutenberg gelingt es nicht nur, die Unterscheidung zu definieren, die das Problem generiert, dessen Bearbeitung sich die Betriebswirtschaftslehre verschreibt, sondern er identifiziert auch jenes in der Unterscheidung selbst nicht offengelegte, sondern in ihr versteckte Element eines *Beobachters*, der die Unterscheidung setzt, sich selbst mit Hilfe der Unterscheidung konstituiert und gleichzeitig von sich zugunsten seiner Organisation im Zugriff des wirtschaftlichen Kalküls ablenkt: der *Unternehmer*.

Bezeichnenderweise blieb der Betriebswirtschaftlehre ihre eigene theoretische Verfassung immer etwas unheimlich. Daß man die »Organisation« ausklammern kann, um sie dann einer spezifischen Betrachtung und Behandlung zu unterziehen, erschien ihr wenn nicht paradox, so doch praxisfremd, nicht ahnend, daß erst eine solche Ausklammerung und Wiedereinführung jegliche Art von Praxis konstituieren und definieren kann. Eine Praxis ist ja nicht von sich aus, was sie ist, in aller denkbaren Komplexität und Wirklichkeit. Sondern eine Praxis ist die Arbeit mit einem je unterschiedlichen Typ von Unterscheidungen, mit denen man je unterschiedlich weit kommt. Vielleicht kann man all dies erst so formulieren, seit George Spencer-Brown mit seinen »Laws of Form« (1969) ein Kalkül vorgelegt hat, mit dem man die Entstehung von Form durch die Operation der Unterscheidung nachvollziehen kann. Das erspart es uns jedoch nicht, uns wieder und wieder damit zu beschäftigen, mit Hilfe welchen Typs von Theorie die Betriebswirtschaftslehre welchen Typ von Praxis in die Welt setzt. Wir können sie nicht als Sachwalter der Rationalität inklusive Effizienz und Effektivität auf Erden akzeptieren, ohne noch einmal nachzufragen, was es mit dieser Rationalität auf sich hat.

Die Betriebswirtschaftslehre selbst hat sich jedoch nur in akademischen Kreisen sowie in jenen Praktikerkreisen, die um die Bedeutung und Leistungsfähigkeit von Theorien und Begriffen wissen, mit der Leistungsfähigkeit der Gutenbergschen Disposition beschäftigt. Als universitäres Fach hingegen hat sie in Forschung und Lehre spätestens seit den 1960er Jahren eine andere Richtung eingeschlagen. Hier hat sie die Ausklammerung als solche für inopportun erklärt, nämlich mit der Ausgrenzung eines doch evidentermaßen wichtigen Gegenstands und Themas verwechselt, und all das in das Fach wieder hineingeholt, was Gutenberg aus der Theorie nur ausgeschlossen hatte, um es desto genauer unter Beobachtung zu halten. Geradezu trotzig eröffnet etwa Edmund Heinen seine »Einführung in die Betriebswirtschaftslehre« (1968) mit der Feststellung: »Der Mensch ist in eine ihm fremde Welt hineingeboren, die ihn täglich vor neue Probleme der Daseinsbewältigung stellt. Seit jeher wird es als die vornehmste Aufgabe der Wissenschaft angesehen, dem Menschen bei der Bewältigung seiner Daseinsprobleme zu helfen. Hier liegen somit Ausgangs- und Bezugspunkt allen wissenschaftlichen Bemühens um Erkenntnis. (...) Die Betriebswirtschaftslehre zählt zu den Gesellschafts- oder Sozialwissenschaften, die sich mit dem menschlichen Verhalten im allgemeinsten Sinne befassen.« Sie versucht »auf systematische Weise und mit objektiven wissenschaftlichen Methoden Wissen über das tatsächliche menschliche Verhalten zu erarbeiten und zu vermitteln«. Deutlicher hätte man die Selbstüberforderung der Betriebswirtschaftslehre nicht formulieren können. Aber Heinen treibt sie noch ein Stück weiter, indem er hinzufügt, daß eine Betriebswirtschaft nicht nur der Kontext menschlichen Verhaltens, sondern auch das Ergebnis menschlichen Entscheidens ist. Da die Betriebswirtschaftslehre trotz aller Wiedereinklammerung dennoch eher an Ergebnissen als an Kontexten interessiert ist, ergibt sich daraus die Konsequenz, daß dieses Entscheiden den eigentlichen Gegenstand der Betriebswirtschaftslehre ausmacht: »Unter einer *Entscheidung* ist dabei ein Akt der Willensbildung, das heißt der Entschluß eines Menschen zu verstehen, etwas so und nicht anders auszuführen. (...) Alles Geschehen in einer Betriebswirtschaft kann letztlich als Ausfluß menschlicher Entscheidungen oder Entschlüsse angesehen werden. Die Entscheidungen der in einer Betriebswirtschaft tätigen Menschen bilden somit einen geeigneten Ausgangspunkt für die wissenschaftliche Untersuchung betriebswirtschaftlicher Probleme.«

Immerhin fällt Heinen auf, daß die Betriebswirtschaftlehre damit zwar eine Fülle neuer Gegenstände und Themen gefunden hat, aber ihrer Problemstellung verlustig gegangen ist. Er tritt die Flucht nach vorne an und erklärt, daß sich seine Wissenschaft für das menschliche Verhalten und menschliche Entscheiden nicht etwa generell, sondern »aktiv-mitarbeitend« interessiert. Dieses Interesse äußert sie dadurch, daß sie »normative Modelle« zur Verfügung stellt, etwa: »Entscheidungen in der Unternehmung müssen so getroffen werden, daß der größtmögliche Gewinn erzielt wird«, oder »Bei betrieblichen Dispositionen müssen negative Auswirkungen auf die Arbeitszufriedenheit vermieden werden«. Das ist der Pfad, auf dem die Betriebswirtschaftslehre seither wandelt. Ohne eine andere Einschränkung als jene, daß es nicht nur ein Zufall ist, daß sie Betriebs*wirtschafts*lehre heißt – und nicht etwa Betriebs*politik*lehre, Betriebs*religions*lehre, Betriebs*kunst*lehre, Betriebs*rechts*lehre oder Betriebs*wissenschafts*lehre (aber all das kann man sich auch vorstellen und für all dies findet man auch Beispiele) –, entwickelt sie auf eine entschlossen »adhokratische« (Richard Whitley) Art und Weise immer gerade jene normativen Aussagen, die in der Praxis ein Stück weiterzuhelfen versprechen, gleichgültig ob es sich dabei um die Aufwertung der Human Resources, um die Integration von Wertschöpfungsketten, um die

Chaotisierung der internen Märkte oder um die Einführung des e-learnings geht.

Ich komme auf diese in meinen Augen praktisch durchaus sinnvolle, theoretisch aber bedauerliche Entwicklung nur zurück, um darauf hinweisen zu können, daß die Sensibilität gegenüber der notwendigerweise selektiven Behandlung des Themas der Organisation und des Organisierens, über die Gutenbergs Ausklammerung noch verfügt, verlorengegangen ist, seit Edmund Heinen mit Verweis auf menschliches Verhalten und menschliches Entscheiden und Hans Ulrich mit Verweis auf gesellschaftliche Verantwortung, beide ja durchaus berechtigt, die Büchse der Pandora geöffnet haben und im besten Willen, den Faktor Organisation wieder angemessen zu würdigen, die Organisation als Faktor unsichtbar gemacht, nämlich ihres Distinktionswertes beraubt haben. Viele andere sind ihnen auf diesem Weg gefolgt und haben dadurch die Betriebswirtschaftslehre in der Nachfolge der Soziologie der 1960er und 1970er Jahre heute zur Leitwissenschaft werden lassen. Aber genauso wie damals die Soziologie und die Gesellschaft unter der Überschätzung der Soziologie gelitten haben – man erinnere sich nur daran, daß man damals aus der Einsicht, daß komplexe Phänomene *nicht* steuerbar sind, die Konsequenz abgeleitet hat, dann müsse man auf informiertere und indirektere Art und Weise, *also trotzdem*, steuern –, so leiden heute die Betriebswirtschaftslehre und die Gesellschaft unter der Überschätzung der Betriebswirtschaftslehre. Wer glaubt, daß »Management« eine Führungs- und Gestaltungskunst sei, die unterschiedslos allen Organisationen, also nicht nur Unternehmen, sondern auch Behörden, Kirchen, Vereinen, Schulen, Universitäten, sozialen und kulturellen Einrichtungen sowie Armeen verschrieben werden könne, weiß nicht mehr, daß dieses Management ein Produkt der Anwendung eines wirtschaftlichen Kalküls auf einen diesem Kalkül fremden Gegenstand, die Organisation, ist. Ich sage nicht, daß man diese Anwendung nicht wollen kann. Ich sage jedoch, daß man wissen muß, ob man es will, und wissen muß, was man will, wenn man es will.

Die in diesem Band gesammelten Arbeiten können als ein Versuch gelesen werden, die Organisation erneut als Gegenstand, als Ort und als Motiv einer Unterscheidung zu betrachten. Ich versuche, getreu einer eher soziologischen denn betriebswirtschaftlichen Vorgehensweise, die Organisation als Unterscheidung *in* der Gesellschaft *von* der Gesellschaft zu betrachten. Damit soll der Sach-, Sozial- und

Zeitverhalt der Organisation ebensowenig universalisiert werden, wie er von der Betriebswirtschaftslehre solange nicht universalisiert wurde, wie diese um ihre Ausklammerung wußte. Es geht mir vielmehr darum, die gesellschaftlichen Voraussetzungen für die Ausklammerung der Gesellschaft in der Organisation zu klären, getreu der Ausgangsbeobachtung, daß in der Organisation Typen wenn man so will menschlichen Verhaltens und menschlichen Entscheidens beobachtbar sind, die außerhalb der Organisation auf größtes Befremden stoßen. Das ist der »Witz der Organisation«, den einer der Aufsätze beschreibt.

Mit anderen Worten, die Aufsätze dieses Bandes plädieren dafür, sich dem Wissen eines Erich Gutenberg um den Eigensinn der Organisation erneut zu nähern, diesmal jedoch gleichsam formtheoretisch aufgeklärt und im Bewußtsein, daß man nicht nur die Klammer unterschiedlich setzen kann, sondern auch auf unterschiedliche Weise wieder in sie hineinholen kann, was sie ausgeschlossen hat. Der Unterschied der soziologischen Vorgehensweise gegenüber der gutenbergschen liegt dann nur darin, daß die Soziologie *ein*klammert, was er *ausklammerte*. Sobald man sich die *Form* der Unterscheidung anschaut, ist dies jedoch kein wesentlicher Unterschied. Wesentlich ist er nur, und immerhin, für die Entscheidung der Frage, auf welcher Seite der Unterscheidung Anschlußoperationen ansetzen können. Gutenberg setzte seine Anschlußoperationen auf der Außenseite der Unterscheidung an, in der Wirtschaft, und mußte dann konsequent die Frage vernachlässigen, wie dies möglich ist, wenn nur die Organisation zur Verfügung steht, um eine Entscheidung zu treffen, die für die Organisation relevant ist. Gutenberg mußte daher einen planungsdeterminierten Ansatz der Organisation verfolgen: Die Organisation wird *zuerst* außerhalb der Organisation, etwa von einem Unternehmer, geplant und *dann* innerhalb der Organisation, mit entsprechenden Maßnahmen der Kontrolle, umgesetzt. Dieser Ansatz wurde seither auch in der Betriebswirtschaftslehre vielfach kritisiert, ohne jedoch eine stimmige Theoriealternative zu entwickeln. Vielmehr verließ man sich auf das Wissen von Praktikern, die es den Theoretikern vormachten, wie man die Organisation *in* der Organisation *wie von außen* behandeln kann.

Die folgenden Aufsätze versuchen, konsequent davon auszugehen, daß die Einklammerung der Organisation zugleich die Seite der Unterscheidung bezeichnet, auf der Anschlußoperationen angeschlossen werden können, und interessiert sich dann dafür, daß und wie innerhalb der Organisation ihr fremde Rücksichten auf wirtschaftliche, politische, erzieherische, künstlerische und andere Kriterien durchgesetzt werden können. Wie schon der Vorgängerband, »Organisation als System« (1999), hält sich auch dieser Band an den Versuch, eine systemtheoretische Begrifflichkeit (Selbstreferenz, Grenzziehung, Autopoiesis ...) im Kontext eines soziologischen Interesses (vor allem: an »Kommunikation«) durchzuhalten. Dabei geht es auch hier wieder darum, Ausflüge in benachbarte Theorieregionen (zum Beispiel in die Evolutionstheorie) und in angrenzende Fachdisziplinen (zum Beispiel in die Managementlehre) eher zu ermutigen als zu entmutigen. Wie der Vorgängerband bleibt auch dieser die Gesellschaftstheorie der Organisation, die er doch an allen Ecken und Enden fordert, schuldig. Statt dessen markiert er einige Ansatzpunkte und Einsätze, die in die Richtung einer solchen Theorie weisen.

Die Aufsätze sind zu unterschiedlichen Gelegenheiten und für unterschiedliche Diskussionszusammenhänge entstanden. Sie alle dokumentieren ein bestimmtes Interesse bestimmter Praktiken an einer bestimmten Theorie. Deswegen fasse ich sie hier noch einmal zusammen. Sie sind keine erschöpfende Behandlung offener Fragen, sondern sie bezeichnen ein Feld künftiger Arbeit, mit Praktikern ebenso wie mit Theoretikern. Vielleicht kann man dieses Feld auf den Nenner einer Frage bringen. Sie lautet: Welchen Unterschied macht Managen beim Organisieren?

Durch diesen schönen Fehler mit sich selbst bekannt gemacht

Interesse an Kommunikation

Wir sind Zeugen einer Revolution, die in den zwanziger Jahren des vergangenen Jahrhunderts in Gang gebracht wurde, seit den sechziger Jahren an Schubkraft gewinnt und erst in diesem Jahrhundert zu einem Abschluß gebracht wird: der Revolution der Organisation, der Umstellung von Bürokratie und Fließband auf ein offenes Netzwerk von Information, Kommunikation und Produktion. Die Devise dieser Revolution ist es, den stolzen Satz des 19. Jahrhunderts: »Wer arbeitet, produziert«, auszuwechseln gegen den in seinen Konsequenzen noch unabsehbaren Satz: »Wer arbeitet, kommuniziert.« Kann man sich das vorstellen: die eigene Arbeit nicht mehr am Stolz auf das Produkt, sondern an der Gesprächsfähigkeit der Absichten und Mittel zu orientieren?

Anzeichen für diese Revolution finden sich auf zwei Ebenen: Erstens im vielzitierten Wertewandel der letzten Jahrzehnte von einer Ideologie disziplinierter Produktivität zu einer Ideologie emanzipierter Interaktivität (als sei das, courtesy Foucault, wirklich etwas anderes); und zweitens in einem enormen Aufschwung sogenannter Managementphilosophien, die sich nicht mehr am Leitbild der Hierarchie, sondern am Leitbild des Teams orientieren. Aber nicht nur auf diesen beiden unmittelbar einschlägigen Ebenen, sondern auch andernorts rührt es sich. Ein Großteil der soziologischen Bemühungen dieser Jahre hat sich von Kategorien der Produktion auf Kategorien der Kommunikation umgestellt, ohne daß die Motive für diesen Kategorienwechsel immer durchsichtig wären. Den einen, Jürgen Habermas zum Beispiel, geht es um eine Sozialphilosophie des Konsenses, den anderen, Niklas Luhmann zum Beispiel, um eine Gesellschaftstheorie der Differenz. Beiden gemeinsam allerdings ist der Verzicht auf das Subjekt im Zentrum des Geschehens. An die Stelle der Idee des Zentrums tritt eine Beschreibung dieses Geschehens selbst, in das das Subjekt hineingestellt ist und in dem es sich nicht schon qua eigenen Denkens, sondern nur kommunikativ seinen Spielraum sichert.

Auch die Philosophie der Gegenwart, von Nietzsche über Heidegger bis zu Derrida, löst ein weiteres Mal überlieferte Ordnungsschemata auf und verlagert ihr Interesse auf die Frage, wie Ordnung nicht nur aufrechterhalten, sondern auch laufend zur Disposition gestellt werden kann. Man ist nicht mehr, wie noch unter dem Vorzeichen der Produktion, am Ergebnis und der Würdigung seiner Autorität interessiert, sondern, unter dem Vorzeichen von Kommunikation, am Prozeß und seiner Reversibilität. Auch das Unternehmen der Kybernetik, insbesondere der Kybernetik zweiter Ordnung im Stile Gordon Pasks, Heinz von Foersters und Ranulph Glanvilles, kann man in diesem Sinne als eine Wissenschaft deuten, die nur noch an einem interessiert ist: an der Möglichkeit von Organisation nicht mehr als Produktionsmaschinerie, sondern als sozialem System der Kommunikation. Die alten Schemata, die die Organisation als Mittel zum Zweck ansahen, lösen sich auf und machen einer Kreislaufvorstellung Platz, in der es nur noch auf die Organisation der Organisation durch Kommunikation ankommt.

Was hat es mit dieser Revolution der Organisation, mit dieser Umstellung von einem Interesse an Produktion auf ein Interesse an Kommunikation auf sich? Inwiefern handelt es sich überhaupt um eine Revolution der Organisation und nicht nur primär um einen Wertewandel und eine Managementphilosophie, denen die Organisationen sich anzupassen versuchen? Was hat sich an der Organisation auf eine Art und Weise geändert, daß man von einer Revolution sprechen kann? Und was ist das überhaupt, eine Organisation?

Turbulenz

Zunächst einmal ist zu fragen, ob die Organisationen überhaupt die richtige Adresse für die Frage nach den Entwicklungen sind, die wir hier im Auge haben. Sollte man sich nicht eher fragen, was in den letzten zwanzig, dreißig Jahren auf den Märkten geschehen ist, auf den Märkten für Produkte ebenso wie auf den Märkten für Arbeit, für Finanzen, für Risiken? Das Zeitalter der Massenproduktion nähert sich seinem Ende und in allen Hinsichten des Kundeninteresses, der Arbeitsqualifikation, der Kapitalbildung, der Technologieentwicklung, ja sogar der Störanfälligkeit gegenüber Politik, Wissenschaft und Religion herrschen zunehmend spezialistische und höchst flüchtige Gesichtspunkte vor. Dieses Marktgeschehen ist einer der wesentlichen Gründe dafür, daß die alten Organisationen mit ihrer

Festlegung auf Hierarchie, langfristige Planung, routinisierte Entscheidungen und standardisierte Produkte nicht mehr überlebensfähig sind. Die Märkte sind nicht mehr stabil, sondern turbulent. Sie konfrontieren das Unternehmen, das sich auf ihnen zu behaupten versucht, mit unscheinbaren, aber weitreichenden Rückkopplungen der Auswirkungen eines eigenen Handelns, das nur noch selten als eigenes Handeln zu erkennen, geschweige denn zu behaupten ist.

Aber darin steckt auch die Antwort auf die Frage, ob wir es mit einer Revolution der Organisation oder mit einer Evolution der Märkte zu tun haben. Turbulente Märkte sind Märkte, auf denen einzelne Unternehmen Auswirkungen ihrer eigenen Aktionen als Überraschungen erfahren. Turbulenz ist ein Begriff für Rückkopplungen, denen man nicht mehr ansieht, wo sie herkommen. Nicht mehr Planung, wie im Fall stabiler Märkte, sondern Anpassungsfähigkeit an Überraschungen ist daher die Devise. Und dieses wäre das Ende der Geschichte, wären wir weiterhin auf unseren alten Typ hierarchischer Organisationen angewiesen. In dem Maße, in dem dieser Typ von Organisation sich gar nicht erst anpassen kann, käme es auch nicht zur Entstehung turbulenter Märkte. Niemand hat jemals in einer sozialistischen Wirtschaft, dieser Apotheose einer Stabilisierung der Märkte, etwas von Turbulenz gemerkt. Alle Turbulenz mußte im Sozialismus in die Politik ausweichen, weil nur dort Hoffnung auf Anpassungsfähigkeit bestand und in dem Maße, in dem diese Hoffnung dann schließlich nicht mehr trog, auch eine Revolution ausgelöst werden konnte, die alle Mühe hatte, die Geister, die sie rief, in die Wirtschaft abzulenken.

Mit anderen Worten, uns interessiert die Fähigkeit der Organisationen, ihre eigenen Gestaltungsprinzipien so umzustellen, daß jene turbulenten Märkte möglich werden, an die sie sich anpassen müssen. Das Phänomen, um das es uns geht, ist nicht die Anpassung der Organisation an ihre Märkte, sondern die Anpassung der Organisation an sich selbst. Und das ist eine Revolution. Denn es wird dabei alles auf den Kopf gestellt, was wir bisher über Organisationen zu wissen glaubten. Weder in Behörden noch in Unternehmen, weder in Universitäten noch in Kirchen, weder in internationalen Organisationen noch im Militär wird, kommt diese Revolution jemals zu einem Abschluß, je wieder so gearbeitet werden wie zuvor. Niemand weiß, ob es sich überhaupt um eine abschließbare Revolution handelt. Abschlüsse sind längst nur noch das Futter von Neuanfängen. Möglicherweise steckt das Revolutionäre in der Entdeckung der

Kommunikation selbst, die nicht mehr nur als Mittel zum Zweck genommen wird, sondern zum Mittel ihrer selbst gemacht wird, zum Zweck der Gewinnung größerer Spielräume, höherer Beweglichkeiten, intelligenterer Variation, bereitwilligerer Disposition über vermeintliche Sicherheiten.

Unentrinnbarkeit der bürokratischen Herrschaft?

Wir haben uns daran gewöhnt, beim Stichwort »Organisation« sofort Routine, Hierarchie, Frustration und Unentrinnbarkeit mitzuhören. Die »Unentrinnbarkeit der bürokratischen Herrschaft«: das war der Titel, unter den Max Weber seine Organisationstheorie stellte.[1] Aber wir sollten von alten Gewohnheiten Abschied nehmen. Auf den verschiedensten Wegen sind sowohl Organisationen als auch Organisationstheorie und Organisationssoziologie, Managementphilosophien und eben auch bestimmte Philosophien der Dekonstruktion, bestimmte Figuren einer reflexiven Postmoderne bis hinein in die Musik, in die Architektur und ihre Theorien dabei, dieser Unentrinnbarkeit entgegenzuarbeiten und alles, was sich bisher als Schicksal darstellte, in Optionen zu transformieren. Diese Optionen führen zu einem beachtlichen Gewinn an Entscheidbarkeit, aber auch, das wird oft übersehen, zu einem Verlust an bereits und vorweg Entschiedenem.

Das ist der Grund, warum wir über Organisationen reden müssen. Mit sich alleine gelassen, kommen sie nicht so weit, wie sie vielleicht kommen können, wenn sie sich von uns beobachtet wissen und wenn sie wissen, daß wir wissen, worauf es unter Umständen ankommt. Wir leben mit einer Gesellschaft, die gute Gründe hat, ihre Politik, ihre Wirtschaft, ihre Erziehung zur Disposition zu stellen, und präzise ahnt, daß sie nichts außer Politik, Wirtschaft und Erziehung hat, die für das, was zur Disposition gestellt wird, einspringen können. Wir leben, wie man so schön sagt, mit Ordnungen, die nur durch sich selbst substituiert werden können. Das gilt auch für Organisationen. Auch Organisationen können nur durch sich selbst ersetzt werden. Und genau darum kommt es darauf an, zu erkennen, daß dies einen Unterschied macht: daß die Organisation hinterher nicht mehr die Organisation ist, die sie vorher war. All dies wird um

1 Siehe Max Weber, Wirtschaft und Gesellschaft: Grundriß der verstehenden Soziologie. 5., rev. Auflage, Studienausgabe. Tübingen: Mohr, 1972, S. 125 ff. und 551 ff.

so relevanter, als die Veränderungen, die in der Politik, in der Wirtschaft und in der Erziehung möglich sind, zwar nicht von Organisationen abhängig sind, aber doch in einem erheblichen Maße von Organisationen gefördert und dann, wenn sich die Organisationen *nicht* ändern, gebremst und vielleicht sogar verhindert werden können.

Einen Großteil der Veränderungen, die sich in unserer Gesellschaft abspielen, können wir blockieren, indem wir die Organisationen daran hindern sich zu ändern. Dann und nur dann wird die Organisation zum unentrinnbaren Alptraum der Gesellschaft. Tatsächlich steht aber auch schon dieses nicht mehr in unserer Macht. Allerorten verändern sich Organisationen bereits auf eine Art und Weise, die den Veränderungen von Wirtschaft, Politik und Erziehung entgegenkommt und weitere Veränderungen möglich macht. Direkte Eingriffe in die großen Funktionssysteme wie Politik, Wirtschaft und Erziehung sind uns verwehrt. Der einzige Ort, an dem wir eine Optionenerkundung betreiben können; an dem wir Entscheidungen treffen und befolgen und in einem gewissen Ausmaß Weichen stellen können, sind die Organisationen, die in diesen Funktionssystemen arbeiten, ohne jemals mit ihnen in eins zu fallen. Und auch darum ist es wichtig, wieder eine Sprache einzuüben, mit der wir uns darüber verständigen können, was Organisationen sind, was sie ermöglichen und was sie nicht ermöglichen und worin die Optionen der Organisation von Organisationen bestehen. Selten ist aus der allertrockensten Materie so schnell ein Feld geworden, auf dem es unzweifelhaft um wichtige Einsätze geht.

Freedom and Organization

Bleiben wir also bei diesem Titel einer Revolution der Organisation. »Wer arbeitet, kommuniziert«, ist eine der möglichen Devisen, die diese Revolution kennzeichnen. Eine andere Devise wäre »Wiedereinführung der Freiheit in die Organisation« zu nennen. Der Philosoph, Mathematiker und Gesellschaftsbeobachter Bertrand Russell hat noch 1934 eine Geschichte des 19. Jahrhunderts vom Wiener Kongreß bis zum Ausbruch des Ersten Weltkriegs unter dem Titel »Freedom versus Organization« veröffentlicht und darin die Auseinandersetzungen zwischen Markt und Staat, Anarchismus und Korporatismus, Liberalismus und Sozialismus als einen gesellschaftlichen Konflikt um die unversöhnlichen Leitideen entweder der Freiheit oder der Organisation beschrieben.[2] Im Ausgang des 20. Jahrhunderts, das ebensosehr eine tragische Geschichte des Experiments mit gesellschaftsweiter Organisation wie eine enttäuschende Geschichte des Experiments der Freiheit ist, stellt sich die Frage anders: Wenn es eine Lehre aus diesen »Experimenten« (wörtlich nach lateinisch »ex-perire«: Experiment als Herausführung aus der Gefahr) gibt, dann besteht sie darin, daß Freiheit und Organisation nicht in einem wechselseitigen Ausschließungs-, sondern in einem Bedingungs-, ja sogar in einem Steigerungsverhältnis stehen.

Das gilt auf allen Feldern, auf denen wir es mit Organisation zu tun haben, in der Politik ebenso wie in der Wirtschaft, in der Religion ebenso wie in der Erziehung, vielleicht sogar im Militär und in der Wissenschaft. So gibt es keine freiheitliche, demokratische Politik ohne die Einführung und verfassungsrechtliche Absicherung bestimmter Prinzipien von Organisation, die von der Gewaltenteilung bis zur Einrichtung von Parlamenten und Parteien reichen. Es gibt keine wettbewerbsoffene und kundenfreundliche Wirtschaft ohne Unternehmensorganisationen, die nicht nur in der Lage sind, den optimalen Computer, die ultimative Pizza zu entwickeln und an den Mann und die Frau zu bringen, sondern auch fähig sind, ihre Vorstellungen von Optimalität und Ultimativität aufzugeben, wenn Frau und Mann andere Vorstellungen haben. Was wäre die Religion ohne die Organisation der Kirche, die eine ebenso große Rolle in der Tradierung wie in der Veränderung der Dogmen spielt, und ohne die kaum eine Sekte sich vorstellen kann, was wahre Religion wirklich sein könnte? Zu welcher Erziehung zu welchen Ideen über Freiheit wäre die moderne Gesellschaft fähig, hätte sie nicht die Organisation der Schule erfunden, wo nicht nur nebenher und beiläufig, wie früher bei der Jagd und heute vor dem Fernsehen, sondern absichtsvoll und denkbar unfreiwillig erzogen werden kann?

Und weiter: Wie sollte sich diese Welt aus dem Würgegriff der Aufrüstungsspirale befreien und dennoch Mittel zur Abwehr militärischer Konflikte finden können, wenn sich nicht Ideen zur Organisation des Militärs fänden, die Unauffälligkeit und Verzicht auf Drohgebärden mit Schlagkräftigkeit verbinden? Zu welcher Wissenschaft wären wir noch fähig, müßten wir auf die Organisation der

2 Siehe Bertrand Russell, Freedom versus Organization, 1814-1914. New York: W. W. Norton & Co., 1934.

Institute und Bibliotheken verzichten, von den Hochschulen zu schweigen, in denen Tag für Tag die Wiedereinführung der Wissenschaft in die »wirkliche« Welt gefordert, aber auch aufgeschoben, sogar verweigert werden kann? Auf allen diesen Feldern geht es um ein wechselseitiges Bedingungsverhältnis von Freiheit und Organisation; geht es um Experimente mit Festlegungen, die korrigierbar bleiben; geht es um die Einführung weiterführender Vorläufigkeit; geht es um den Verzicht auf die eine Idee, das höchste Gut, die letzte Tugend, der alles andere unterzuordnen und einzuordnen ist: geht es um die Wiedereinführung einer Freiheit in die Organisation.

Schriftliche Aktenführung

Die Geburtsstunde der Organisationstheorie ist Max Webers Theorie der Bürokratie. Diese Theorie ist so sehr preußisch eingefärbt, daß die Organisationstheorie sich für eine geraume Weile mit kaum etwas anderem beschäftigte als mit einer ebenso verzweifelten Rechtfertigung wie unnachgiebigen Kritik der Bürokratie. Vor allem der amerikanischen Soziologie der Nachkriegszeit war unbehaglich zumute angesichts des Bildes des Beamten und Funktionärs, das mit dieser Bürokratie einhergeht, und hat einen Großteil ihrer Überlegungen zur Organisation, nicht unbeeinflußt durch Adornos und Horkheimers Theorie der autoritären Persönlichkeit, an der Fragestellung orientiert, wie eine Organisation beschaffen sein muß, in der so etwas wie eine nichtautoritäre Persönlichkeit eine Chance hat. Das hat die Soziologie und auch die praktische Organisationsberatung auf Jahrzehnte hinaus unter dem Titel einer »Humanisierung des Arbeitslebens« beschäftigt. So berechtigt dieses Interesse war, so sehr muß man sich jedoch auch fragen, ob man damit nicht an anderen Inhalten der Weberschen Bürokratietheorie ebenso vorüberging wie an den Managementideen, die nach dem Krieg an den Nachbardepartments der business schools entwickelt wurden.

Die Webersche Bürokratietheorie erschöpft sich nicht im preußischen Beamten, sondern hat einen weiteren Fokus in der Idee der Organisation durch schriftliche Aktenführung. Die Hierarchie und das Beamtentum gab es nur als Zugabe, als Bedingung der Einführung und Durchführung schriftlicher Aktenführung unter den Umständen einer ganz bestimmten, ausnehmend bürgerlichen, weniger schriftkundigen als vielmehr autoritätsgläubigen Gesellschaft.

Bürokratie, die Herrschaft des Büros: das ist letztlich nichts anderes als die Einführung der Bedingung, daß jede relevante Entscheidung Aktenform annehmen muß; daß relevant nur das ist, was Aktenform hat; und daß jede Änderung der Relevanzbedingungen eine aktenförmige Entscheidung voraussetzt. Ein trickreicheres Instrument zur Abschottung von eben dadurch erst ermöglichten Entscheidungsvorgängen ist selten erfunden worden. Entscheidung folgt auf Entscheidung, wenn und nur wenn sie als Aktenvorgang darstellbar und schriftlich fixierbar ist. Der amerikanische Soziologe Arthur Stinchcombe hat schon vor Jahren darauf hingewiesen, daß ein Großteil der ökonomischen und politischen Misere der Entwicklungsländer behoben werden könnte, wenn allein dieses Prinzip der schriftlichen Aktenführung eingeführt und durchgesetzt werden könnte.[3] Auch ein Blick auf das gegenwärtige Italien zeigt, was man an einem solchen Prinzip hat: Korruption ist schließlich nichts anderes als der Ersatz von kontrollierbarer Schriftlichkeit durch unkontrollierbare Mündlichkeit. Je mehr man auf Schriftlichkeit und Aktenförmigkeit verzichtet, um so unverzichtbarer wird die Korruption selbst, um so unverzichtbarer wird das Schaffen von Bindungen, auf die man sich verlassen kann, durch die Bereitschaft zur Investition in Kriminalität.[4]

Schriftliche Aktenführung ist jedoch auch ohne preußisches Beamtentum zu realisieren. Das führen nicht nur die weiträumige Herrschaft der chinesischen Mandarine, sondern auch die extrem bewegliche Informationskadermaschinerie Brüssels vor Augen.[5] Hier wie dort sind es erst die äußeren Bedingungen, die die schriftliche Aktenführung zu einem Instrument blockierender Bürokratie machen. Im Fall der chinesischen Mandarine war das die Anpassung an eine weitgehend unbewegliche Agrargesellschaft und im Fall der EG-Bürokratie ist es die Zumutung der zentralen Vereinheitlichung diversester Spezialregelungen aller möglichen Belange in den Bürokratien der Mitgliedländer. Erst die Anpassung der Bürokratien an ihre Bedingungen schreibt dann diese Bedingungen ebenso fest wie die Bürokratie, die sie exekutiert.

3 Siehe Arthur L. Stinchcombe, Creating Efficient Industrial Administrations. New York: Academic Press, 1974.

4 Siehe dazu Luhmann, Niklas, Kausalität im Süden. In: Soziale Systeme: Zeitschrift für soziologische Theorie 1 (1995), S. 7-28.

5 Siehe zu letzterem Maurizio Bach, Eine leise Revolution durch Verwaltungsverfahren: Bürokratische Integrationsprozesse in der Europäischen Gemeinschaft. In: Zeitschrift für Soziologie 21 (1992), S. 16-30.

Es wäre gar nicht weiter schwierig, die Akte als ein »rhizom«, einen Wurzelstock im Sinne von Gilles Deleuze und Félix Guattari darzustellen,[6] als Prinzip der Verbindung des Heterogenen, der fallweisen und vorübergehenden Vereinheitlichung des Vielfältigen, der dauernden Variation des Einen, das in der Ermöglichung weiterer Variation besteht, kurz: als ein extrem flexibles, vielfältiges und dabei sehr robustes Instrument, dessen Loblied in unserer an Geschichten des Pfeffers, der Gerüche und des Alkohols reichen Literatur noch aussteht.

Konditionierung der Autonomie

Man muß sich von der Vorstellung lösen, die Organisation sei untrennbar mit Hierarchie verbunden und die Bürokratie daher ihr unvermeidbares Schicksal. Aber nicht nur das. Man muß sich überdies von der Vorstellung trennen, daß Hierarchie notwendigerweise Befehlshierarchie bedeutet. Der amerikanische Soziologe Talcott Parsons ist dieser Vorstellung schon in den fünfziger Jahren entgegengetreten. Seine von James Thompson in einem einflußreichen Buch aufgenommene Beschreibung der Organisation von Organisationen ist sicherlich eine der wesentlichen Einsichten der Organisationstheorie, ohne die die Revolution der Organisation möglich, aber nicht verständlich wäre.[7]

Parsons beschrieb die Hierarchie nicht als Einrichtung von Befehlsketten, die von oben nach unten führen, wie man sich das beim Militär vorstellt, sondern als Einrichtung voneinander unabhängiger Ebenen. Ebenentrennung leistet zweierlei: Erstens können Arbeiter, Manager und Vorstand ihrer Arbeit nachgehen, ohne alle anderen ständig bei der ihren zu stören; und zweitens können sie gerade dank dieser Trennung in ausgewählten und genau bestimmten Hinsichten in das, was andere tun, eingreifen. Die Ebenentrennung ermöglicht eine Ebenenverbindung in ausgewählten und variierbaren Hinsichten. Hierarchie ist nur insofern Durchorganisation eines Unterneh-

6 Siehe Gilles Deleuze und Félix Guattari, Mille Plateaux. Paris: Minuit, 1980. Und vgl. Jürgen Frese, Prozesse im Handlungsfeld. München: Boer, 1985, S. 148 ff., sowie Dirk Baecker, Die Form des Unternehmens. Frankfurt am Main: Suhrkamp, 1993, S. 83-85.

7 Siehe Talcott Parsons, Structure and Process in Modern Societies. New York: Free Press, 1960; und James D. Thompson, Organizations in Action: Social Science Bases of Administrative Theory. New York: MacGraw-Hill, 1967.

mens, einer Schule, eines Krankenhauses, als sie es erlaubt, einzelne Ebenen der Organisation in fast allen Hinsichten voneinander unabhängig und in einigen wenigen ausgezeichneten Hinsichten voneinander abhängig zu machen. Es geht um eine Paradoxie, nämlich um Konditionierung von Autonomie. Hierarchie schützt vor den unberechtigten Eingriffen anderer in die eigene Arbeit und zeichnet exakt und präzise die wenigen Stellen aus, von denen aus Eingriffe erwartet werden müssen oder denen Eingriffe zugemutet werden können.

Für unsere Frage nach der Kommunikation heißt das, daß die Hierarchie den Großteil möglicher Kommunikation zwischen den Ebenen verknappt und unter Bedingungen setzt und dafür die Kommunikation zwischen den Leuten innerhalb einer Ebene freistellt, aber auch relativ folgenlos macht. Die Kooperation zwischen den Kollegen hält den Betrieb aufrecht, verändert ihn aber nicht. Kommunikation zwischen den Ebenen verändert den Betrieb, ist aber nicht als Kommunikation kenntlich, sondern nur als hierarchische Anweisung und wird darum auch nicht als Kommunikation behandelt, sondern als Feld strategischer Beeinflussung und taktischer Ausweichmanöver.

Mit einer raschen Verurteilung von Hierarchie ist es also nicht getan. Kaum etwas ist der klaren Orientierung und damit der Seelenruhe der Mitarbeiter einer Organisation förderlicher. Kaum irgendwo, es sei denn als Privatier im eigenen Kämmerlein, kann man ungestörter der eigenen Arbeit nachgehen oder es auch einmal sein lassen. Es ist ganz und gar kein Zufall, daß die Streßbelastung von Organisationsmitgliedern enorm zugenommen hat, seit allerorten Anstrengungen unternommen werden, Hierarchien abzubauen. Denn damit geht gleich zweierlei verloren: die Autonomie der Ebenen wie auch die wechselseitige Konditionierbarkeit: Weder weiß man dann noch, woran man ist; noch weiß man, wen man wie dazu bewegen kann, eine Vorleistung zu erbringen, die für die eigene Arbeit erforderlich ist. Wenn wir es also mit einer Revolution der Organisation zu tun haben, dann kann diese nicht einfach in der Abschaffung aller schriftlichen Aktenführung und aller Hierarchie bestehen. Ausschließlich mündliche Kommunikation unter Gleichgeordneten hält keine Organisation aufrecht. Sie würde sofort zerfallen. Wenn es sich bei der Revolution der Organisation um eine Abschaffung von schriftlicher Aktenführung und Hierarchie handeln kann, dann muß Ersatz gefunden werden für das, was diese beiden Einrichtungen leisteten; muß also ein anderer Weg gefunden werden, Entscheidungsvorgänge strukturieren und Abhängigkeit *und* Unabhängigkeit in *einer* Organisation sichern zu können.

Also noch einmal: Was ist eine Organisation? Eine der möglichen Antworten ist: Eine Organisation ist eine Technik, mit gegebenen Mitteln ein gegebenes Ziel auf möglichst sparsame und effiziente Art und Weise zu erreichen. Die Festlegung eines Zwecks, zum Beispiel Erziehung zum Lernen in Schulen, Aufrechterhaltung und Steigerung der Gewinne in Unternehmen, Behandlung der Kranken in Krankenhäusern, wie auch die Festlegung der Mittel, also Einführung in den Kanon des Wissenswerten, aber Ungewissen in den Schulen, Produktion des Begehrten, aber nicht Sättigenden in den Unternehmen, Sicherstellung einer niemals vollständigen Gesundung in den Krankenhäusern, geht nach dieser Vorstellung der Einrichtung der Organisation voraus, die dann nur noch herauszufinden hat, wie getan werden kann, was getan werden muß.

Tatsächlich steckt in den Formulierungen, die wir soeben gewählt haben, schon die Kritik dieser Vorstellung. Tatsächlich sind Organisationen nur insofern am Erreichen eines Zwecks interessiert, als dieser Zweck sicherstellt, daß sie weitermachen können. Tatsächlich geht es nicht um das Einlaufen in ein Ziel, sondern um die Sicherung des Nachschubs: an Schülern, an Kunden, an Kranken, was auch immer.[8] Tatsächlich geht es um das eigene Überleben und Wachstum und das bedeutet, daß sowohl die Ziele wie die Mittel der Organisation nicht vorgeordnet sind, sondern das Material darstellen, in dem die Organisation sich immer aufs neue zu realisieren sucht. Die Organisation selbst disponiert über ihre Ziele und Mittel *als* Ziele und Mittel, die ihr vorgeordnet sind. Sie tut nur so, als ginge es nur um die Wahl der effizientesten Handlungen. Tatsächlich geht es um die Wahl genau der Ziele und Mittel, die das eigene Überleben und Wachstum sichern. Man darf daher auch damit rechnen, daß Organisationen, Schulen ebenso wie Unternehmen oder Krankenhäuser, innerhalb eines immer erst auszuprobierenden Rahmens des Möglichen bereit sind, ihre Ziele und Mittel gegen andere Ziele und Mittel auszutauschen, wenn das der Sache dient, vor dem Hintergrund des Selbstverständnisses und der bisherigen Programme der Organisation legitimierbar ist und den Budgetrahmen nicht sprengt.

8 Diese These wurde entwickelt von Charles Perrow, Demystifying Organizations. In: Rosemary C. Saari, Yeheskel Hasenfeld (Hg.), The Management of Human Services. New York: Columbia UP, 1978, S. 105-120.

Das Kennzeichen der Organisation ist demnach nicht die Frage, wie bestimmte Zwecke erreicht und bestimmte Aufgaben gelöst werden, sondern, eine Stufe höher, wie Einigungen darüber erzielt werden, welche Zwecke wie erreicht und welche Aufgaben wie gelöst werden sollen.[9] Das Kennzeichen der Organisation ist, wenn man das auf einen so kurzen Nenner bringen darf: die Selektion von Organisation. Darum geht es: Wie kommen Entscheidungen darüber zustande, was als nächstes zu tun ist? Das ist es dann auch, was Organisationen zuverlässiger als alles andere einer unabweisbaren Kritik aussetzt: Daß sie erst entscheiden müssen, wie sie welche Entscheidungen worüber zu treffen haben, und daß von außen niemals einzusehen ist, warum gerade so und nicht anders. Was die Organisationen selbst für notwendig halten, kann man von außen als Artefakt durchschauen. Mühsam mußten alle Arten von Organisationen, nicht nur Unternehmen, sondern auch öffentliche Behörden und Anstalten in den vergangenen Jahren lernen, diese Außenperspektive auch als Innenperspektive zu akzeptieren und die sogenannten Sachzwänge als gewählte Entscheidungsprämissen offenzulegen. Sachzwänge erscheinen als Entscheidungsprämissen nur darum unveränderbar, weil soviele Anschlußentscheidungen einschließlich einer ganzen Organisationskultur von ihnen abhängig sind.

Das ist einer der Punkte, an dem die Organisationstheorie bereits Wesentliches erreicht hat: Sie klärt die Organisation darüber auf, daß sie die Sachzwänge erst schafft, von denen sie auszugehen glaubt; und daß sie sie nur deswegen schafft, weil sie irgendeinen Fels braucht, auf dem sie alles andere errichten kann. Nur dank dieser Aufklärung kann die Organisation besser, disponibler mit einer Kritik umgehen, die von außen kommt und die nie einsehen wollte, warum Sachzwänge Sachzwänge sind. Vor allem hat diese Kritik es immer schon wesentlich genauer durchschaut als die Organisation selbst, daß diese die Sachzwänge nur braucht, weil sie anderes nicht aufgeben will; daß die Sachzwänge der Schutzwall sind, hinter denen ganz andere Interessen verfolgt werden, die oft der harmlosesten, aber folgenreichsten Art sind: zum Beispiel einfach nur sicherzustellen, daß man so weitermachen kann, wie man es bisher immer schon

9 So bereits Herbert A. Simon, Administrative Behavior: A Study of Decision-Making Processes in Administrative Organization. New York: Macmillan, 1945.

getan hat; und woran man sich so sehr gewöhnt hat, daß man sich acht Stunden am Tag mit Routinen und danach mit einem unbelasteten Feierabend beschäftigen kann. Die Organisationstheorie zwingt die Organisationen, die Kritik als eine Perspektive der Selbstbeschreibung zu übernehmen und diese Selbstbeschreibung als Technik der dauernden Suche nach Alternativen zu vermeintlichen Sachzwängen einzusetzen. Danach ist nichts mehr wie zuvor – auch der Feierabend nicht.

Unter den Bedingungen der Organisation der Sachzwänge hieß der Satz »Wer arbeitet, produziert«: Man unterwirft sich den Zwecken und Mitteln, akzeptiert die Sachzwänge und vollbringt auf möglichst effiziente Art und Weise, was dann noch möglich ist. Ein Held der Arbeit. Das Leitbild des Ingenieurs. Unter den Bedingungen einer aufgeklärten Organisation der Selektion dagegen heißt der Satz »Wer arbeitet, kommuniziert«: Indem man arbeitet, kommuniziert man, daß man sich bestimmten Zwecken und Mitteln unterworfen hat, daß man bestimmte Sachzwänge akzeptiert hat *und* daß all dies auf ganz bestimmte Entscheidungen, genau dies zu tun und vieles andere zu unterlassen, zurückzuführen ist. Kein Held der Arbeit, sondern ein Funktionär des Gegebenen. Das Leitbild heißt jetzt: Im Gespräch bleiben. »Wer arbeitet, kommuniziert«, heißt: Man unterwift sich den Bedingungen der Organisation und informiert, indem man arbeitet, alle anderen darüber, daß man dies tut. Natürlich hat man oft keine andere Wahl, aber selbst dies kommuniziert man.

Nur in einem Punkt kann die Organisation nicht mit sich reden lassen. Sie ist darauf angewiesen, daß eindeutig erkennbar ist, wer ein Mitglied der Organisation ist und wer nicht. Das ist die erste Kommunikation, die nur als Entscheidung ausgelegt werden kann (vor allem deswegen, weil sie rückgängig gemacht werden können muß) und die die Möglichkeit anderer Entscheidungen nach sich zieht. Die Organisationssoziologie hat darum die Mitgliedschaft zum Definitionsmerkmal dessen gemacht, was Organisationen von anderen sozialen Systemen, zum Beispiel von einem Funktionssystem wie der Wirtschaft, der Politik oder der Wissenschaft, aber auch von flüchtigen Interaktionssystemen wie Unterhaltungen, Parties oder was immer unterscheidet.[10] Man kann sich frei entscheiden, Mitglied einer Organisation zu werden oder nicht, und kann sich auch, bestimmte

10 Siehe vor allem Niklas Luhmann, Funktionen und Folgen formaler Organisation. Berlin: Duncker & Humblot, 1964.

Kündigungsregeln akzeptierend, frei entscheiden, aus einer Organisation wieder auszutreten. Aber wenn man die Beitrittsentscheidung einmal getroffen hat, ist man Mitglied der Organisation und muß sich auch als solches behandeln lassen. Niklas Luhmann spricht von einer »Pauschalunterwerfung« des Mitglieds gegen eine mehr oder weniger angemessene Honorierung unter die Bedingungen der Organisation.

Die Indifferenzzone

Aber auch an diesem Punkt wird nach der Revolution der Organisation nichts mehr sein wie zuvor. In einem der Klassiker der Managementtheorie hat Chester Barnard den Begriff der »Indifferenzzone« geprägt, um beschreiben zu können, was Organisationen mit diesen pauschalunterworfenen Mitgliedern machen können und was nicht.[11] Die von Barnard entdeckte Regel lautete, daß Arbeiter, Angestellte, Beamte und Soldaten alle jene Anweisungen auszuführen bereit sind, die in ihre Indifferenzzone fallen, das heißt: die für sie persönlich keinen Unterschied machen. Umgekehrt sind sie nicht bereit, Anweisungen auszuführen, die einen Unterschied machen, zum Beispiel im Hinblick auf Selbstrespekt, moralische oder religiöse Überzeugungen, solidarische Verpflichtungen, Freundschaftsbeziehungen, gewerkschaftliches Ethos oder was immer.

Ein Großteil der Auseinandersetzungen in den Unternehmen, Behörden, Armeen, an die wir uns gewöhnt haben, dreht sich typischerweise immer darum, auszutesten, wo die Indifferenzzone beginnt und wo sie endet und mit welchen Lohn- und Gehaltsvorstellungen, Trainingsmaßnahmen und Hintergrundüberzeugungen sie ausgedehnt werden kann. Öffentlich sichtbar und vehement umstritten war dies zum Beispiel in der amerikanischen Armee anläßlich der Aufhebung des Banns gegen Schwarze und jetzt wieder gegen Homosexuelle: In beiden Fällen wird die Indifferenzzone des Soldaten verletzt und wird damit fraglich, ob die Disziplin so aufrechterhalten werden kann, wie eine Armee das erfordert. Aber auch eines der Motive gewerkschaftlicher Kämpfe bestand immer darin, auf der Aufrechterhaltung ganz bestimmter Grenzen dieser Indifferenzzone

11 Siehe Chester I. Barnard, The Functions of the Executive. Cambridge, Mass.: Harvard UP, 1938.

zu bestehen und genau darauf zu achten, daß sich das Management darauf beschränkt, Anweisungen zu geben, die das Selbstverständnis der Arbeiter bestätigen, also in diesem Sinne keinen Unterschied machen.

Damit ist es, soweit die Revolution der Organisation tatsächlich stattfindet, vorbei. Fast die gesamte Managementphilosophie unserer Tage – von ihren Führungslehren über ihre Teamorganisationsideen bis zu ihren Vorstellungen der Förderung organisationsinternen Wettbewerbs – läuft darauf hinaus, die Mitglieder einer Organisation in allen organisationsrelevanten Hinsichten aus der Indifferenzzone herauszuholen und in eine Differenzzone hineinzubewegen. Man will darauf zählen können, daß jede Anweisung, jede Entscheidung einen persönlichen Unterschied macht und daß jedes Mitglied der Organisation sich von allen Anweisungen und Organisationen im wahrsten Sinne des vielleicht auch deswegen heute so beliebten Wortes »betroffen« fühlt. Man will erreichen, daß die Leute mitdenken und all ihr Wissen, aber auch ihre Moral, ihre Überzeugungen, ihre Sensibilität und ihren Selbstrespekt den Entscheidungsabläufen der Organisation zur Verfügung stellen. Die Forderungen der sechziger Jahre nach Selbstverwirklichung auch am Arbeitsplatz wurden zur Zumutung der achtziger Jahre nach Einbringung des Selbst auch bei der kleinsten Arbeit. Nicht mehr den Held der Arbeit und nicht mehr den Funktionär des Gegebenen sucht die revolutionierte Organisation, sondern den »Menschen mit Haut und Haar«.

Das ist natürlich kein Zufall; und vor allem ist es keine Renaissance des Humanismus, die unbehelligt ließe, was unter einem Humanismus zu verstehen ist. Aber es war auch nicht nur ein Versuch, die westliche Arbeiter- und Angestelltenschaft nach dem Muster der sogenannten japanischen Unternehmensfamilie zu gestalten. Tatsächlich ist diese Bewegung der Organisationsmitglieder aus der Indifferenzzone in die Differenzzone – dieser Versuch, sie nicht mehr nur durch monatliche Entlohnung zu motivieren, sondern durch den Inhalt und die tägliche Änderbarkeit der Entscheidungen selbst – ein Symptom einer viel tiefergehenden Veränderung. Diese Veränderung ist es, die es erlaubt, von einer Revolution der Organisation zu sprechen. Und diese Veränderung ist es, die zu beschreiben erlaubt, was das ist, eine Organisation, und worin der Erfolg der Organisation in der modernen Gesellschaft besteht. Denn das ist es ja, was es zu verstehen gilt: dieses in keiner anderen Gesellschaft außer der unseren anzutreffende Phänomen, daß 99 % der Bevölkerung in Organisationen ihr Geld verdienen; in Organisationen lernen, was sie lernen; von Organisationen mit allem ausgestattet werden, was sie brauchen; und durch Organisationen mit der Kritik an Organisationen versorgt werden.

Diese Gesellschaft ist als Ganze so wenig organisiert wie jede andere, und trotzdem kann man sie als eine »Organisationsgesellschaft« beschreiben, in der weder Politik noch Wirtschaft, weder Erziehung noch Wissenschaft möglich wären, gäbe es keine Organisationen, die jeweils bestimmte Möglichkeiten der parteilichen Willensbildung, der unternehmerischen Gewinnsuche, der erzieherischen Ausbildung und des akademischen Erkenntnisgewinns wahrnehmen und andere nicht. Es ist der Verzicht auf eine übergeordnete Organisation, das heißt es ist die, wenn man so will, nach oben und nach unten offene und nach allen Seiten ausfransende Ordnung der Gesellschaft und ihrer Politik, Wirtschaft, Erziehung, ihrer Religion und Wissenschaft, die Organisationen möglich und nötig macht.

Ungewißheitsabsorption

Was also, zum wiederholten Male, ist eine Organisation? Die Organisationtheorie der Nachkriegszeit gibt auf diese Frage folgende Antwort: Eine Organisation ist ein soziales System, in dem jene Einflußprozesse spezifiziert werden können, die in einer Gesellschaft insgesamt nur diffus vorkommen.[12] In der Gesellschaft stehen nur Medien wie Macht, Geld, Liebe, Glauben, Wahrheit zur Verfügung, um Einfluß darauf zu nehmen, wie andere wahrnehmen und handeln. Diese Medien legen jedoch nicht fest, was anschließend passiert, sondern bezeichnen nur einen Raum von Möglichkeiten, der wiederum interpretiert werden muß, bevor Weiteres geschehen kann. Ganz anders in Organisationen. Hier kommt es zu Entscheidungen. Die Spezifizierung eines Einflußprozesses ist nichts anderes als eine Entscheidung. Und eine Entscheidung ist eine Kommunikation, die an andere Kommunikationen adressiert wird (so, wie die eine Akte auf eine andere Akte verweist und jeder Akt einen anderen Akt fordert und abweist zugleich), um weitere Entscheidungen zu ermöglichen. Die Spezifizierung ist eine Engführung, eine Auszeich-

12 So James G. March und Herbert A. Simon, Organizations. New York: Wiley, 1958.

nung von Adressen, Inhalten, Bedingungen und Anschlußmöglichkeiten. Das macht die Entscheidung zu einer Entscheidung, auf die hin nicht Beliebiges, sondern ganz Bestimmtes geschehen kann.

So weit, so gut. Diese Spezifizierung, diese Auszeichnung einer Kommunikation als Entscheidung, bekommt man jedoch nicht geschenkt. Der Preis, der für sie gezahlt werden muß, ist hoch. Und auf der Bereitschaft, diesen Preis zu zahlen, beruht der Erfolg der Organisationen in der modernen Gesellschaft und beruhen damit die Möglichkeiten der Demokratisierung, der Industrialisierung und der Pädagogisierung, also der drei Revolutionen, die die Moderne nach einem Wort von Talcott Parsons auf den Weg bringen. Worin also besteht dieser Preis?

Der Preis besteht in der Bereitschaft, auf Entscheidungen mit Entscheidungen zu reagieren, ohne die vorherigen Entscheidungen in Zweifel zu ziehen. Er besteht, mit anderen Worten, in der Übernahme jeder einzelnen Entscheidung, sobald sie einmal getroffen ist, als Prämisse weiterer Entscheidungen. Prämisse heißt dabei unmittelbar: Unbezweifelbarkeit. Unbezweifelbarkeit heißt natürlich nicht, daß man nicht an der vorherigen Entscheidung seine Zweifel hegen kann, im Gegenteil, aber es heißt, daß schon sehr viel geschehen muß, wenn man die Übernahme dieser vorherigen Entscheidung verweigern und sie nicht als Prämisse eigener Entscheidungen verwenden will. Das ist der Ausnahmefall, wie häufig auch immer er im einzelnen vorkommen mag. Der Normalfall ist, daß man die Entscheidungen übernimmt, was auch immer man sich, wenn überhaupt, dabei denken mag, und die eigenen Entscheidungen trifft, die daraufhin erwartet werden beziehungsweise möglich sind. Darin besteht die Leistung und Funktion der Organisation: in der Ermöglichung von Anschlußentscheidungen ohne Infragestellung vorheriger Entscheidungen.

James G. March und Herbert A. Simon prägten dafür den treffenden Begriff der »Ungewißheitsabsorption«. Denn genau das ist es, was geschieht: Wie ungewiß auch immer die Grundlage jeder einzelnen Entscheidung sein mag, diese Ungewißheit kommt in der Entscheidung selbst nicht mehr vor. Jede Entscheidung kann, sobald sie getroffen ist, als genau das: als getroffen, gelten, womit alle eventuelle Ungewißheit bewältigt, für Anschlußentscheidungen aus der Welt geschafft und für die Organisation insgesamt »absorbiert« ist. Und das gilt für jede Entscheidung. Jede Entscheidung kämpft mit ihrer Ungewißheit und verhindert gleichzeitig, daß diese Ungewißheit weitere Entscheidungen oder gar die Organisation insgesamt ansteckt.

Das ist der Unterschied zwischen einer als Entscheidung formulierten Kommunikation und sonstiger Kommunikation: Die Entscheidung liefert nur Gewißheiten, die Kommunikation immer beides, Gewißheit und Ungewißheit. Der ganze Mechanismus der Organisation ist in diesem Sinne auf die Einrichtung von Entscheidungsabläufen abgestellt, in denen jede einzelne Entscheidung mit Kompetenz, Ressourcen und Fähigkeiten ausgestattet wird, ihre Ungewißheiten so zu bewältigen, daß man an allen anderen Stellen der Organisation durch diese Ungewißheit unbelastet seiner Arbeit nachgehen, seine eigene Ungewißheit bewältigen und mit Hilfe eigener Entscheidungen andere mit anderen Gewißheiten versorgen kann. Dabei erstreckt sich alle Gewißheit nur und ausschließlich darauf, daß man beobachten kann, wann Entscheidungen und welche Entscheidungen getroffen worden sind. Das ist das Wissen, aus dem die Organisation besteht, der Stoff, aus dem sie gewebt ist.

Der Preis, den sie zahlen muß und den sie nur allzu bereitwillig zahlt, ist der Verzicht auf einen Blick in die Abgründe der Ungewißheit. Die Organisation aggregiert selbstgeschaffene Gewißheiten und überläßt alle Ungewißheit einer so feinen Segmentierung und Zerstreuung, daß sie schließlich gar nicht mehr auffällt. Ein äußerst erfolgreicher Mechanismus, der darauf beruht, daß die Organisation nur noch darauf achtet, *daß* und nicht mehr *wie* Entscheidungen zustandekommen.

All das setzt eine vorherige Organisationsplanung voraus, also ein Kalkül möglicher Ungewißheit. Und tatsächlich kann man den Aufbau und die Struktur von Organisationen anhand dessen beschreiben, an welchen Stellen sie typischerweise mit Problemen rechnet, die dort und nirgendwo anders gelöst beziehungsweise laufend neu bearbeitet werden müssen, damit der Rest der Organisation sich seinen eigenen Aufgaben widmen kann.[13] Aber diese vorherige Planung setzt ihrerseits voraus, daß man Organisationen überhaupt planen kann, daß man vorher wissen kann, wo welche Probleme mit welchen Ungewißheiten auftauchen werden und welche Kompetenzen, Ressourcen und Fähigkeiten man dazu braucht, sie aus der Welt zu schaffen. Tatsächlich war solche Planung lange Zeit vielleicht nicht prinzipiell, aber doch immer wieder und mit gerade ausreichender

13 Siehe dazu Arthur L. Stinchcombe, Information and Organizations. Berkeley, 1990.

Zuverlässigkeit möglich. Es reichte jedenfalls für die Entstehung einer Ideologie rationaler, ja sogar technokratischer Organisation, die sich ein Bild vom Stand der Arbeitsteilung innerhalb einer Wirtschaft, von der Aufgabenverteilung zwischen den Behörden einer öffentlichen Verwaltung, von der Gesundheitsversorgung einer Region, vom Stand der Dinge in Sachen Wissenschaft und Forschung innerhalb einer Disziplin machte und daraufhin Aufgaben definiert, deren Erfüllung man sich fürderhin widmete.

Die Wiedereinführung der Ungewißheit

Die letzten Jahrzehnte haben mit dieser Vorstellung einer technokratischen, einer rationalen, weil planbaren Organisation gründlich aufgeräumt. Seit die Organisationen beweglicher, die Märkte turbulenter, die Wahlbürger anspruchsvoller, die Erziehungsabsichten vielfältiger geworden sind, mußte man die Idee fallenlassen, eine Organisation als Ausführung ihres eigenen Plans zu begreifen. Und das bedeutete, daß plötzlich fraglich wurde, welche möglicherweise gar nicht gewünschten Folgen diese Mechanismen der Ungewißheitsabsorption haben, denen die Organisationen ihren durchschlagenden Erfolg verdanken. Mit einem Mal wurde deutlich, daß die Ungewißheitsabsorption unter bestimmten Umständen weniger willkommen sein kann, als man zuvor dachte. Die Ungewißheitsabsorption kann auf eine allmähliche Verkrustung der Entscheidungsabläufe hinauslaufen. Jede einzelne Entscheidung achtet im Vertrauen auf vorherige und nachherige Entscheidungen immer weniger auf ihre eigene Ungewißheit, nimmt also immer weniger eigene Alternativen zur Kenntnis. Ungewißheit wird dann nicht nur kenntnisreich absorbiert, sondern routiniert negiert. Bald hat sie nur noch eine einzige Chance, sich bemerkbar zu machen, nämlich auf der Ebene der Gesamtorganisation – und ist dort in der Form des Organisationsversagens, des Bankrotts, des Skandals der Offenlegung nicht zu rechtfertigender Pathologien nicht mehr zu bearbeiten, sondern nur noch einzugestehen.

Aber umgekehrt wurde auch deutlich, daß sich erfolgreiche Organisationen in einem geringeren Maße auf Ungewißheitsabsorption verlassen, als es den Anschein hat. In solchen Organisationen besteht das, was man die »Intelligenz« der Organisation nennen könnte, darin, die Ungewißheit jeder einzelnen Entscheidung einzugestehen, offenzulegen und zwischen den Entscheidungen in einem kleineren oder größeren Umkreis zu teilen.[14] Dort wird also nicht nur die Gewißheit, daß Entscheidungen getroffen werden können, kommuniziert, sondern auch die Ungewißheit, unter der jede einzelne Entscheidung steht und die mal so, mal anders bewältigt werden kann. Dort wird ein Alternativenwissen mitkommuniziert, wird, anders gesagt, nicht nur *die* Entscheidung kommuniziert, sondern auch *über* die Entscheidung kommuniziert.

Tatsächlich gibt es kaum ein »mechanisches« Management, also ein Management, das nur auf gegebener Arbeitsteilung, Kompetenzverteilung, Funktionszuweisung und Gehorsam gegenüber Anweisungen beruht, das nicht zugleich Elemente eines »organischen« Managements enthält, eines Management also, das im wesentlichen, überspitzt gesagt, darauf hinausläuft, daß jedes einzelne Organisationsmitglied durch ständiges Herumfragen (gewußt wen, wann und wonach) selbst herausfindet, worin wohl seine Aufgabe besteht.[15] Und diese Elemente werden immer zahlreicher und greifen nach und nach auf den Gesamtorganismus der Organisation über.

Wo bisher nicht kommuniziert zu werden brauchte, weil man nur auf seinen Stellenplan und in seine Aufgabenbeschreibung zu schauen brauchte, um herauszufinden, was von einem verlangt wurde, dort muß jetzt kommuniziert werden; muß jeder bereit sein, in Auseinandersetzung mit anderen seine eigene Aufgabe definieren und umdefinieren zu lassen; muß jeder sich verantwortlich und gebunden fühlen, auch wenn er von bestimmten Aufgaben noch nie vorher gehört hat und nichts in ihrem oder seinem Arbeitsvertrag auf sie hinweist; muß man jede Kommunikation, die nicht in der Form einer Anweisung auftritt, ebenso als mögliche Entscheidung ernst nehmen, wie die Anweisung selbst. Die Typik dieses organischen, sich gleichsam aus sich selbst heraus entwickelnden, auf keinerlei Vorgaben zurückgreifenden Managements hatten Burns und Stalker Ende

14 Zu den Irritationen der Wiedereinführung dieser Intelligenz in die Organisation ist sehr lesenswert Eliyahu M. Goldratt und Jeff Cox, The Goal: A Process of Ongoing Improvement. Second revised edition. Great Barrington: North River, 1992.

15 Siehe zur Unterscheidung »mechanischen« und »organischen« Managements Tom Burns und George M. Stalker, The Management of Innovation. London: Tavistock, 1961. Vgl. dazu unter Akzentuierung einer Umstellung der Organisations- auf eine Kommunikationsbegrifflichkeit Karl E. Weick, Theorizing about Organizational Communication. In: Frederic M. Jablin u. a. (Hg.), Handbook of Organizational Communication: An Interdisciplinary Perspective. Newbury Park, Cal.: Sage, 1987, S. 97-122.

der fünfziger Jahre in schottischen und englischen Elektronikfirmen beobachtet, vor allem in deren Entwicklungsabteilungen; und als ein Spezialproblem der Organisation und des Managements innovativer Unternehmen wurde dieses »organische Management« denn auch lange Zeit behandelt.

Erst später, erst seit zunehmend innovative Unternehmen auf zunehmend turbulenten Märkten ihr Auskommen suchen müssen, wurde die Vorstellung eines organischen, kommunikativen Managements auch als allgemeinere Idee ernst genommen. Befördert wurde dies nicht zuletzt durch die Beobachtung, daß Universitätsorganisationen in ihrem scheinbaren Organisationsdurcheinander, das allen Ideen von Rationalität und Effizienz Hohn zu sprechen scheint, auch so etwas wie ein organisches Management zu betreiben und damit gar nicht einmal schlecht zu fahren scheinen. Das war vor allem die Entdeckung von Karl E. Weick.[16] Seit einigen Jahren sieht man hier und dort sogar öffentliche Verwaltungen sich mit Ideen organischen Managements beschäftigen. Auf der Ebene der Organisation geraten Bereiche wie die Wirtschaft, die Wissenschaft, öffentliche Verwaltungen und nicht zuletzt Militärorganisationen, die einschlägige Erfahrungen mit Guerillataktiken sammeln konnten, miteinander »ins Gespräch«, von denen man nicht geglaubt hätte, daß sie überhaupt Erfahrungen machen, die von gemeinsamem Interesse sind.

Das Revolutionäre an diesen Erfahrungen besteht darin, daß sie genau die Mechanismen der Ungewißheitsabsorption in Frage stellen, denen alle bisherige Organisation ihren Erfolg verdankt. Kein Mensch weiß, ob die Organisationen in der Form, in der wir sie kennen, das überleben. Denn worauf das organische Management hinausläuft, das ist, trocken gesagt, die Wiedereinführung der Ungewißheit in die Mechanismen ihrer Absorption. Und wenn man dies so formuliert, dann sieht man die Verwandtschaft dessen, was sich in den Organisationen der modernen Gesellschaft gegenwärtig abspielt, mit der Kybernetik des »order from noise«; mit der Philosophie der Dekonstruktion; mit der Soziologie selbstreferentieller Systeme; mit einer Logik der Form, die alle Voraussetzungen der Form in dieser selbst unterbringt. An dieser Kybernetik, Philosophie, Soziologie

16 Siehe Karl E. Weick, Educational Organizations as Loosely Coupled Systems. In: Administrative Science Quarterly 21 (1976), S. 1-19; ders., Der Prozeß des Organisierens. Aus dem Amerikanischen von Gerhard Hauck. Frankfurt am Main: Suhrkamp, 1985; J. Douglas Orton und Karl E. Weick, Loosely Coupled Systems: A Reconceptualization. In: Academy of Management Review 15 (1990), S. 203-223.

und Logik wird deutlich, worum es in den Organisationen geht; wie umgekehrt die Organisationen auf diese Kybernetik, Philosophie, Soziologie und Logik angewiesen sein werden, wenn sie eine Chance haben wollen, ihre überlieferten Gestaltungsideen gegen neue auszuwechseln.

Die organisatorische Kunst der Ungewißheitsabsorption lief darauf hinaus, aus Prämissen Schlußfolgerungen zu ziehen: nämlich weitere Entscheidungen abzuleiten, die die Prämissen selbst nicht in Zweifel ziehen. Wenn man das so formuliert, sieht man, daß all das, was man alteuropäische Logik und Ökonomie nennen kann (angewiesen auf Arbeitsteilung, Autorität und Konsequentialität), in die Gestaltung der Organisation investiert war und umgekehrt aus dieser einige ihrer wichtigsten Motive und Rechtfertigungen bezog. Alfred Sohn-Rethel hat die Logik der Philosophie des Abendlandes einmal im Anschluß an Karl Marx eine Logik der Ware genannt.[17] Auch bei der Ware geht es in gewisser Weise um Ungewißheitsabsorption, nämlich um eine Investition in ein Vertrauen, daß die Ware, die man auf einem Markt erwirbt, das Versprechen des Gebrauchswertes hält, das sie dort abgibt. Und es mag sein, daß die Logik der Organisation aus dieser Logik der Ware einen Teil ihrer Sicherheit bezog.

Aber man könnte auch einmal umgekehrt die Hypothese prüfen, ob nicht die Logik der Ware ihre Sicherheit immer schon aus der Logik der Organisation gezogen hat, die eine Logik der Schlußfolgerung aus im Moment unbezweifelten Prämissen ist. Das würde heißen, daß eine ganz bestimmte Typik der Organisation ebenso in die Struktur der »westlichen« Gesellschaft (die ja inzwischen keine Angelegenheit von Himmelsrichtungen mehr ist, sondern eher von pazifizierten versus nicht pazifizierten Territorien) eingeschrieben ist wie umgekehrt diese Struktur in jene Typik. Dann geht es nicht nur um Organisationstheorie, sondern tatsächlich um Logik und um Philosophie, um das Abendland und seine Gesellschaft. Dann bereitet sich in den Formen der Kommunikation, mit denen Organisationen gegenwärtig experimentieren, eine andere Gesellschaft vor: eine Gesellschaft, die über andere Formen der Schlußfolgerung verfügt, die, nur soviel kann man einstweilen sagen, nicht mehr nur linearer, sondern auch zirkulärer, nicht mehr nur hierarchischer, sondern auch heterarchischer Art sein werden: bereit, in jedem Moment zum Ausgangspunkt zurückzukehren, von dem sie ausgegangen sind; bereit, von

17 Siehe Alfred Sohn-Rethel, Geistige und körperliche Arbeit: Zur Theorie der gesellschaftlichen Synthesis. Frankfurt am Main: Suhrkamp, 1972.

einem Punkt zu einem anderen zu springen, wie das bisher nur der Walter Benjaminsche Tiger der Moderne vermochte; bereit zum Wiedereinschluß des Ausgeschlossenen, vor allem: des Beobachters.[18]

Das Revolutionäre an dieser Wiedereinführung der Ungewißheit in die Mechanismen ihrer Absorption liegt darin, daß die Organisation sich nun ganz und gar auf die Kommunikation verwiesen sieht, die sie bisher, nicht nur um ihrer Rationalität und Effizienz willen, sondern auch wegen ihrer Flexibilität und Variabilität, aus dem Bereich des Relevanten herausgehalten hat. Es kann jetzt nicht mehr heißen: »Wer arbeitet, produziert«, wenn es nicht auch gleichzeitig heißt: »Wer arbeitet, kommuniziert«: nämlich darüber, was er wie für wen wann wie zu produzieren gedenkt.

Alptraum oder schöne neue Welt? Man weiß es nicht. Alles ist möglich, »japanischer« Gruppenzwang ebenso wie »schwedische« Demokratie, »kalifornischer« Individualismus, »deutscher« Handwerkergeist oder »italienisches« Kommunikationsgeschick, »amerikanisches« Laissez-faire und »französisches« Take-it-easy. Einstweilen geht es nur darum herauszufinden, ob diese Wiedereinführung der Ungewißheit in die Mechanismen ihrer Absorption überhaupt gelingen kann. Den vielleicht treffendsten Ausdruck für diesen Versuch findet man in der Managementphilosophie von Tom Peters, dessen Botschaft man, ohne ihm Unrecht zu tun, in die eine Aufforderung zusammenfassen kann: »Macht mehr Fehler, und macht sie schneller! Denn woraus sonst wollt ihr etwas lernen?!«[19] Jeder Fehler dient dazu, die Organisation mit sich selbst bekannt zu machen: »durch diesen schönen Fehler mit sich selbst bekannt geworden«, könnte man in Abwandlung eines Satzes von Kleist (aus der Erzählung »Die Marquise von O.«) von ihr behaupten. Jeder Fehler dient dazu, die Leute miteinander ins Gespräch zu bringen, ihre Ungewißheiten auf den Tisch des Hauses zu legen und Umgangsformen mit dieser Ungewißheit zu finden, die heute für die meisten von uns noch in weiter Ferne liegen.

18 Das ist das Leitthema von Heinz von Foerster, KybernEthik. Berlin: Merve, 1993; ders., Wissen und Gewissen: Versuch einer Brücke. Frankfurt am Main: Suhrkamp, 1993.

19 Siehe Tom Peters, Kreatives Chaos: Die neue Management-Praxis. Aus dem Amerikanischen von Friedrich Mielke und Hans-Gunther Schoop. Hamburg: Hoffmann und Campe, 1988, insbes. S. 289 ff.; siehe auch Dirk Baecker, Postheroisches Management: Ein Vademecum. Berlin: Merve, 1994.

Müllers Vermutung

Interesse an Undurchschaubarkeit

Was erwartet das epische Theater vom postheroischen Management? Und was muß das postheroische Management vom epischen Theater erwarten? Kurz vor seinem Tod hat Heiner Müller die Vermutung ins Spiel gebracht, es gäbe eine Beziehung zwischen dieser besonderen Form des Theaters und diesem neuen Typ von Management, die zumindest für das Theater, vermutlich jedoch auch für das Management ertragreich sein könnte. Das postheroische Management, so Müller, sei Stoff, aber auch Modell des epischen Theaters des 21. Jahrhunderts. Wie das zu verstehen sei, blieb jedoch auch während eines vom Fernsehen ausgestrahlten Gespräches von Alexander Kluge mit Müller zu diesem Thema eher im dunkeln.[1]

In einem Beitrag zur Postmodernediskussion hat Müller einmal gesagt, das epische Theater, so wie es Brecht konzipiert, aber nicht verwirklicht habe, sei ein Theater, das zwischen Laien und Schauspielern keinen Unterschied mehr mache.[2] Es sei ein Theater, das keine Kunst mehr sei, so legt derselbe Text nahe, weil es nicht mehr von Spezialisten ausgeübt werde und weil es keine Werke mehr produziere, die doch nur, »solange Freiheit auf Gewalt gegründet ist«, Gefängnisse seien und Komplizen der Macht. Das epische Theater ist ein Theater, das keinerlei Arbeitsteilung mehr akzeptiert, weder zwischen Schauspielern und Laien noch, so wird man wohl ergänzen müssen, zwischen Schauspielern und Zuschauern.[3]

1 Siehe Alexander Kluge, Episches Theater und postheroisches Management. Ein Gespräch mit Heiner Müller, SAT1 am 18. März 1996, 23 Uhr. Abgedruckt in Alexander Kluge und Heiner Müller: Ich bin ein Landvermesser: Gespräche. Neue Folge. Hamburg: Rotbuch, 1996, S. 155-178.

2 Siehe Heiner Müller: Der Schrecken die erste Erscheinung des Neuen. In: Rotwelsch. Berlin: Merve, 1982, S. 94-98.

3 Brecht war grundsätzlich der Ansicht, daß Zuschauer und Schauspieler voneinander zu entfernen seien, weil sonst der Schrecken fortfalle, der zum Erkennen nötig sei. Siehe Bertolt Brecht, Dialog über Schauspielkunst (1929/30), in: Schriften 1. Werke, Bd. 21, Berlin und Frankfurt: Aufbau und Suhrkamp, 1992, S. 279-282, S. 280. Dennoch werden in den sogenannten Lehrstücken Schauspieler und Zuschauer gleichermaßen als Spieler verstanden, die an von beiden gemeinsam zu erarbeitenden Erkenntnissen arbeiten. Die Frage bleibt offen, weil sie vom späteren Brecht im Kontext seiner Arbeit am Theater am Schiffbauerdamm, bedingt auch durch die DDR-

Wenn die Literatur in allen ihren bleibenden, weil flüchtigen Werken dieses Jahrhunderts am Verschwinden des Autors arbeite, so sei dies ein Widerstand gegen das Verschwinden des Menschen. Dies ist die weit ausgreifende Formel, mit der Müller diesen Text beschließt. Sie weist ihn radikaler noch als Sozialisten aus, als dies seine Kritik des Regimes, unter dem er seiner Arbeit nachging, könnte. Aber was versteht er unter diesem Menschen, der nicht zu verschwinden habe? Auch die humanistische Geste ist bekanntermaßen Müllers Sache nicht. Statt dessen assoziiert er »Furcht« und »Schrecken« mit dem, worauf zu hoffen, und mit dem, was das Neue sei: mit dem folglich, was vom Menschen zu bleiben, das heißt zu werden, habe.

Was hat es mit diesen Konzeptionen auf sich, die nicht verwirklicht werden und dennoch nicht aufgegeben werden können? Was versprechen diese uneinlösbaren Ideen? Was macht es so unmöglich, sie umzusetzen in überzeugendere und erfreulichere Formen von Theater und Management? Episches Theater und postheroisches Management arbeiten an Unterscheidungen, die vorgeführt, aber nicht aufgehoben werden können. Sie treten den Gegenbeweis an gegen die postmoderne Behauptung, daß man auf Unterscheidungen, deren Konstruktion man durchschaut hat, im Zuge dieses Durchschauens dann mehr oder weniger umstandslos auch verzichten könne. Sie treten den Gegenbeweis an gegen die Befürchtung der Beliebigkeit der Unterscheidungen. Sie führen an den Punkt der Undurchschaubarkeit der Konstruktion.

Furcht und Schrecken

Furcht und Schrecken assoziert Müller mit dem, worauf zu hoffen, und mit dem, was das Neue sei. Wie sind diese Furcht und dieser Schrecken zu verstehen, die für Müller die »erste Gestalt der Hoffnung« und die »erste Gestalt des Neuen« sind? Wovor hätte man sich zu fürchten, was würde erschrecken, wenn, zum Beispiel, die Konzepte des epischen Theaters und des postheroischen Managements Wirklichkeit würden? Was würde sich ändern, wenn die Unterschiede zwischen Schauspielern und Laien und zwischen Vorgesetzten und Mitarbeitern aufgehoben würden?

Kulturpolitik, nicht mehr beantwortet werden konnte. Es wurde für Schauspieler wie für Zuschauer riskant, darzustellende Figuren von sich zu entfernen.

Die Fragen sind für sich genommen nicht uninteressant. Aber sie sind auch exemplarisch für etwas Allgemeineres. Denn allerorten stößt man auf Alternativkulturen, die nicht mehr weiterwissen, weil ihnen die herrschende Kultur abhanden kommt. Jetzt müßten sie werden, was sie immer schon sein wollten, nämlich Pionierkulturen. Aber jetzt müssen sie entdecken, daß sie von Leistungen abhängig sind, die sie immer für trivial gehalten haben. Das Theater kommt über seine eigene Unterscheidung zwischen Schauspielern und Zuschauern nicht hinweg. Den Unternehmen gelingt keine Aufhebung der Unterscheidung zwischen Vorgesetzten und Mitarbeitern. In den Universitäten forschen die meisten Studenten immer noch nicht und verzichten viele Professoren hartnäckig auf das Studieren. In der Politik macht sich kaum noch jemand wählbar, der bisher nur gewählt hat, und wählt schon lange nicht mehr, wer sich wählen läßt. Den Traum von den disponiblen Unterscheidungen träumt bald nur noch jene kleine Truppe von Literaturwissenschaftlern, die sich Dekonstruktivisten nennen. Aber auch sie scheint das nur deswegen zu tun, weil sie Furcht und Schrecken für literarisch hält.

Offensichtlich ist es eine Sache, eine Unterscheidung für disponibel zu halten und jene Subversionen in Anschlag zu bringen, die dies vor aller Augen bringen, und eine ganz andere, auf diese Unterscheidungen wirklich zu verzichten. Möglicherweise hat die Postmoderne in diesem Punkt hinters Licht geführt. Sie saß ihrem eigenen Beliebigkeitsgerede auf. Und jetzt stellt man fest, daß nichts, aber auch gar nichts an Unterscheidungen beliebig ist, wenn sie einmal in den sozialen Prozeß eingegeben worden sind und alle möglichen sozialen Vorgänge sich an ihnen orientieren. Eigentlich sollte das der Soziologie wieder Auftrieb geben, die etwas über den Zusammenhang von Unterscheidungen mit Strukturen erzählen kann, die auf Unterscheidungen beruhen.

Warum also, noch einmal, Furcht und Schrecken? Weil jede noch so verzichtbar scheinende Unterscheidung bei genauerer Prüfung so eng mit dem Gewebe des Sozialen verwoben ist, daß die Vorstellung eines Verzichts auf sie einen Durchblick auf die unwahrscheinliche, prekäre und riskante Struktur dieses Gewebes freigibt. Solange, noch einmal mit Müller, »Freiheit auf Gewalt gegründet ist«, konfrontiert jede noch so unbedeutend scheinende Variation dieser Freiheit mit der zugrundeliegenden Gewalt. Unsere Freiheit reicht exakt so weit, wie längst getroffene Unterscheidungen immer wieder neu getroffen werden können. Sie reicht nicht so weit, auf diese Unterscheidungen verzichten und andere an ihre Stelle setzen zu können. Wir können zwischen den Unterscheidungen wechseln. Wir können sie beobachten und reflektieren, das heißt wiedereinführen in den Bereich der Unterscheidung. Wir können sie dekonstruieren und disponibel machen im Rahmen eines Spiels mit der Unterscheidung. Aber damit endet die Freiheit. Wir können nicht auf die Unterscheidung verzichten.

Man kann diese Überlegung nur verstehen, wenn man annimmt, daß die Unterscheidungen, die unsere Freiheit ausmachen, an die Stelle einer Gewalt getreten sind, die wieder droht, wenn wir auf die Unterscheidungen verzichten. Im epischen Theater wie im postheroischen Management geht es um die Überprüfung von Unterscheidungen (Schauspieler/Laie, Vorgesetzte/Mitarbeiter), die irgendwann an die Stelle der Gewalt getreten sind. Es geht darum, zu überprüfen, ob der alte Zusammenhang noch besteht. Es geht darum, herauszufinden, ob die alte Gewalt noch droht.

Für das epische Theater kann man diesen Gedankengang leicht nachvollziehen. Immerhin ist es die bekannte These René Girards, daß das griechische Theater die Opferkrise, die das vorhomerische Griechenland immer wieder heimgesucht hatte, wiederaufführt und dadurch bannt.[4] Das griechische Theater benutzt die Unterscheidung von Schauspielern und Zuschauern, um die Struktur des mimetischen Begehrens, der rivalisierenden Imitation, beobachtbar zu machen, die, solange sie nicht beobachtbar ist, immer wieder umkippt in eine rasende Gewalt. Das Theater führt eine Unterscheidung ein, um den Zirkel der sich imitierenden Rivalen zu brechen und über die Brechung beobachtbar zu machen. Damit jeder versteht, worum es geht, wird die Brechung ihrerseits vorgeführt, indem der Chor stellvertretend für die Zuschauer auf der Bühne die Beobachterrolle einnimmt und vorführt, wie leicht, wenn man nicht aufpaßt, auch diese Rolle und die Unterscheidung, auf der sie beruht, wieder eingeholt werden können vom Kreislauf der Gewalt. In Epidauros wird die griechische Gesellschaft zum Beobachter der prekären Errungenschaft einer auf Gewaltvermeidung gegründeten Freiheit.

Man streiche die Unterscheidung zwischen Schauspielern und Zuschauern, wie es dem Chor bei Sophokles durchaus widerfahren kann, und man ahnt plötzlich wieder den Ausbruch der Gewalt. Die

4 Vgl. vor allem René Girard, Das Heilige und die Gewalt, Zürich: Benziger, 1987; und ders, Des choses cachées depuis la fondation du monde, Paris: Grasset, 1978.

Unterscheidung, so harmlos und verzichtbar sie uns heute scheint, konstituiert eine Gesellschaft, in der die Gefahr der Gewalt gebannt ist. Die Gewalt verschwindet nicht gänzlich. Aber sie wird gespalten. Als Bedrohung der Gesellschaft ist sie, niemals vollständig, gebannt. Zugleich wird jedoch sichergestellt, daß sie an inneren und äußeren Grenzen der Gesellschaft jederzeit gezündet werden kann. Denn nur so, als Gewalt beobachtende Gewalt, bleibt sie für die Gesellschaft kontrollierbar.

Das Theater setzt die Struktur einer Beobachtung zweiter Ordnung an die Stelle eines gefährlichen Zirkels. Wenn mit dem Theater ein Ort und ein Verfahren angeboten werden können, die sicherstellen, daß Beobachter Beobachter beobachten können, werden bestimmte fatale Muster der rivalisierenden Imitation durchbrochen. Man kann sich innerhalb dieser Struktur selbst beim Imitieren beobachten, denn an anderen fällt auf, was man selber treibt. Das entschärft die Situation, so daß zufällige Ereignisse genutzt werden können, der Verstrickung in den Zirkel auszuweichen. An die Stelle des mimetischen Begehrens tritt ein Wissen, das zwischen sozialen Strukturen und Ereignissen der Welt unterscheiden kann. Das heißt, die sozialen Strukturen tauchen selbst wieder auf innerhalb einer Struktur, die sie möglich macht. Die Gesellschaft beobachtet sich selbst. Das erweckt den Eindruck, daß die Strukturen disponibel sind. Aber sie sind es nicht. Der Verdopplungseffekt ist konstitutiv, nicht dekonstruktiv. Die Beobachtung zweiter Ordnung gehorcht jener Logik des Supplements, die aus dem scheinbar nur abgeleiteten Supplement die Bedingung der Möglichkeit des Ganzen macht.[5]

Wenn das epische Theater die Trennung zwischen orchestra und theatron aufzuheben versucht, rührt es an eine ganz alte Geschichte. Niemand glaubt, daß es am Theater hängt, die Struktur der Beobachtung zweiter Ordnung einzuführen und sicherzustellen. Die Gesellschaft hat längst weitere Formen gefunden, in denen diese unverzichtbare Struktur realisiert und reproduziert wird. Die Macht des Fürsten, das Interesse des Unternehmers, das Wissen des Lehrers, die Leistung des Sportlers, der Glaube des Priesters, die Wahrnehmung des Künstlers, ja sogar die Liebe der Geliebten nehmen allesamt Möglichkeiten wahr, die sich aus der wechselseitigen Beobachtung ergeben. Diese Möglichkeiten liegen immer ebenso nah am mimeti-

5 Vgl. hierzu Jean-Pierre Dupuy und Francisco J. Varela, Kreative Zirkelschlüsse: Zum Verständnis der Ursprünge. In: Paul Watzlawick und Peter Krieg (Hg.): Das Auge des Betrachters: Beiträge zum Konstruktivismus. München: Piper, 1991, S. 247-275.

schen Begehren wie an der Ablenkung dieses Begehrens auf ein Drittes. Dieses Dritte kommt nur dadurch zustande, daß Unterscheidungen getroffen werden. Der Fürst beobachtet sein Volk, der Unternehmer andere Unternehmer, der Lehrer die Schüler, der Sportler andere Sportler, der Priester die Gemeinde, der Künstler sein Publikum, die Geliebte den Geliebten. Und aus diesen Beobachtungen gewinnt sich, was dann Macht, Interesse, Wissen, Leistung, Glaube, Wahrnehmung, Liebe heißt. Nichts daran ist individuell. Alles daran ist sozial. Nichts daran versteht sich von selbst. Alles daran ist riskant.

Auch bei den Griechen war es nicht das Theater, dem es gelang, die Gewalt zu bannen. Wichtiger war zunächst die mykenische Priesterherrschaft, die die Götter zu Objekten des Begehrens machte und der Beobachtung zweiter Ordnung aufdrängte, indem es sie mit Pflichten der Geheimhaltung umgab. Und ebenso wichtig war dann die athenische Demokratie, die diese Struktur besiegelte, indem sie die Götter aus den geheimen Kammern befreite und auf der agora allen Blicken preisgab.[6] Das griechische Theater ist die Reflexion des Übergangs von der Priesterherrschaft zur Demokratie. Es ist die Aufführung der Beobachtung zweiter Ordnung im Anschluß an die Archäologie der Grabkammern durch die agora. Es profitiert in dritter Instanz vom Bann der Opferkrise. Das macht es möglich und das macht es zum Spiel.

Aber sobald es anfängt, sich von seiner eigenen Struktur trennen zu wollen, macht es die Erfahrung, daß ihm diese Struktur nicht zur Verfügung steht. Es kann mit allen seinen Elementen spielen, kann Positionen vertauschen, kann Trennungslinien zwischen Schauspielern und Laien, zwischen Chor und Zuschauern verschieben, kann Anfang und Ende aufschieben und hineinholen, es kann sogar auf Schauspieler und Zuschauer für Momente verzichten. All dies wird nichts daran ändern, daß es immer wieder in die Struktur zurückschnellt, die seine eigene ist. Das Theater ist eine Einmalerfindung. Im Hinblick auf seine Struktur gibt es Theater nur im Singular. Das ist die Erfahrung, die auch das epische Theater machen mußte. Und das ist die Erfahrung, die allen Experimenten mit dem Theater im Theater ihren Sinn gibt.

6 Siehe Jean-Pierre Vernant: Die Entstehung des griechischen Denkens. Frankfurt am Main: Suhrkamp, 1982.

Dem postheroischen Management geht es ähnlich.[7] Es verhält sich zum heroischen Management wie das epische Theater zum Theater. Es markiert die Ebene einer Dekonstruktion, die niemals so weit führen wird, daß auf das Dekonstruierte verzichtet werden könnte. Es impliziert ein Spiel mit der Hierarchie der Organisation, die diese in sich selbst wieder vorkommen und somit disponibel scheinen läßt, die jedoch die Hierarchie als Bedingung dieses Spiels voraussetzen und damit in einem wesentlichen Sinne unangetastet lassen muß.

Unter einem »Spiel« ist hier nicht etwas zu verstehen, was im Gegensatz zum »Ernst« des Lebens steht. Sondern unter einem Spiel ist eine Situation zu verstehen, die die Voraussetzungen und Grenzen eines Tuns in dieses Tun wieder einführt, ohne daß die Voraussetzungen und Grenzen damit unterlaufen und überschritten werden würden. Sie werden verfügbar, und das heißt beobachtbar. Und das ist anspruchsvoll genug. Ein Spiel informiert eine Situation über sich selbst; so wie das »Zeigen« eines Schauspielers, der seine Rolle nicht nur ausfüllt, sondern vorführt, in der Konzeption Brechts jenen »Verfremdungseffekt« in eine Situation einführt, der sie kontingent setzt und mittels dieser Kontingenz über sich selbst informiert.[8] Diese Information kann zur Variation der Situation verwendet werden, jedoch nicht zu ihrer Aufhebung. Insofern unterscheidet sich das Spiel dann doch wieder vom Ernst. Aber nichts ist ernster als diese Form des Spiels.[9]

Unter einer Hierarchie stellt man sich gemeinhin die Einrichtung einer Oben/Unten-Unterscheidung vor, die es möglich macht, »oben« Entscheidungen zu treffen, die »unten« ausgeführt werden. Man stellt sich eine Befehlskette vor, die den Willen an der Spitze in Aktionen vor Ort umzusetzen erlaubt. Und man stellt sich ein Ordnungsschema vor, das unmittelbar in Verhaltensorientierungen um-

7 Siehe Dirk Baecker, Postheroisches Management: Ein Vademecum. Berlin: Merve, 1994.

8 Siehe etwa Bertolt Brecht, Kleines Organon für das Theater. In: Schriften 3. Werke. Große kommentierte Berliner und Frankfurter Ausgabe, Bd. 23. Berlin und Frankfurt am Main: Aufbau und Suhrkamp, 1993, S. 65-97; ferner ders., Der Messingkauf. In: Schriften 2. Werke. Große kommentierte Berliner und Frankfurter Ausgabe, Bd. 22.2. Berlin und Frankfurt am Main: Aufbau und Suhrkamp 1993, S. 695-869. Siehe auch Walter Benjamin, Versuche über Brecht, Frankfurt am Main: Suhrkamp, 1978.

9 Siehe dazu auch Dirk Baecker, Das Spiel mit der Form. In: ders. (Hg.): Probleme der Form. Frankfurt am Main: Suhrkamp, 1993, S. 148-158.

gesetzt werden kann, weil man sich in jeder Situation nur fragen muß, ob das jeweilige Gegenüber eine übergeordnete, untergeordnete oder gleichgeordnete Stellung einnimmt. Die Kultur liefert für jede Antwort entsprechende Verhaltensanweisungen, die jedoch immer unklar genug sind, um jene Interpretationsspielräume, Auseinandersetzungen um die Definition der Situation und kleinen Verschiebungen in der hierarchischen Stellung zuzulassen, die das Gewebe der sozialen Situation ausmachen. Auch mit dieser Form von Hierarchie wird demnach gespielt, und zwar lange bevor es zum großen Spiel des Karnevals kommt, indem für eine befristete Zeit, in genau umrissenen Situationen und mit klaren Verhaltensanweisungen die Hierarchie auf den Kopf gestellt wird.

In der Form des Gelächters über die Hierarchie wird der Karneval darüber hinaus zu einer alltäglichen Form des Spiels mit der Hierarchie. Das Gelächter ist die Form des Spiels mit der Hierarchie, die denen zur Verfügung steht, die so weit unten stehen, daß sie niemanden mehr unter sich haben. Sie sind insofern privilegiert, als sie die soziale Fiktion der Hierarchie durchschauen, die darin besteht, die Akzeptanz der Hierarchie zu sichern, indem man jeder Position ein Oben und ein Unten zuordnet. Ganz unten geht das jedoch ebensowenig wie ganz oben. Ganz unten wird daher gelacht. Und ganz oben wird dem Fürsten der Narr zur Seite gesellt, der das obere Ende der Hierarchie mit dem Widerspruch gegen die Hierarchie vernäht.

Die Organisationstheorie ist bei diesem Bild der Hierarchie als Befehlskette und Oben/Unten-Unterscheidung nicht stehengeblieben. Der Soziologe Talcott Parsons hat ein anderes Bild entworfen, das zwar auch von Ebenenunterscheidungen ausgeht, aber den Sinn dieser Unterscheidung in der Einführung qualitativer Brüche zwischen diesen Ebenen sieht.[10] Damit liegt der Akzent der Hierarchie darauf, Kommunikation und Arbeitskontakte zwischen Gleichrangigen zu ermöglichen, die im einzelnen nicht vorreguliert sind, sondern sich aus der Situation ergeben können.

Auf der anderen Seite jedoch bedeutet eine Hierarchie, die autonom gesetzten Ebenen in ausgewählten Hinsichten unter Bedingungen setzen zu können. Die Autonomie hat einen Preis. Sie muß in vorgegebene Verhaltenserwartungen hineinpassen. Solange diese erfüllt werden, bleibt es bei der Autonomie. Wenn sie nicht mehr er-

10 Siehe Talcott Parsons, Some Ingredients of a General Theory of Formal Organization. In: ders., Structure and Process in Modern Societies, New York: Free Press, 1960, S. 59-96.

füllt werden, kommt es zu Sanktionen. Eine hierarchische Organisation hat somit zwei Seiten, die Seite der autonom gesetzten Ebenen und die Seite der Konditionierung dieser Ebenen durch die jeweils übergeordnete und die jeweils untergeordnete Ebene. Die übergeordnete Ebene konditioniert durch Anweisungen, die untergeordnete Ebene durch Informationen. Man kann demnach Anweisungen von Informationen unterscheiden, wenn man unterscheiden kann, woher sie kommen und wohin sie gehen.

Das Spiel mit der Hierarchie läuft in Organisationen darauf hinaus, innerhalb der Ebene auszutesten, wie weit die Autonomie getrieben werden kann, und zwischen den Ebenen auszuprobieren, wie man von oben nach unten mit Anweisungen und von unten nach oben mit Informationen konditionieren kann. Dabei wird die grundlegende Paradoxie der Hierarchie ausgenutzt, die der Anthropologe Louis Dumont einmal als »hierarchische Opposition« beschrieben hat.[11] Eine Hierarchie ist ein Ganzes, das aus Teilen besteht, die sich einerseits vom Ganzen abgrenzen müssen, um als eigenständiger Teil erkennbar zu sein (Differenz), andererseits jedoch auf das Ganze beziehen müssen, um als Teil des Ganzen erkennbar zu sein (Referenz). Das Spiel mit der Hierarchie ist ein Spiel im Spannungsfeld von Differenz und Referenz. Wichtig ist, daß es sich, nur das rechtfertigt die Bezeichnung dieses Spiels als »Spiel«, immer auch um ein Austesten und Vorführen der Hierarchie selbst handelt. Alle Beteiligten wissen, daß die Autonomie, die sie haben, nur im Rahmen von Konditionierungen gegeben ist. Man wird sich nie ganz von der Hierarchie entfernen, selbst wenn man könnte, weil dann unklar wird, gegen wen die Autonomie verteidigt werden könnte und wer sich noch durch die eigenen Absichten und Aktionen konditionieren ließe. Im Spiel mit der Hierarchie wird immer auch die Leistung der Hierarchie mit vorgeführt, die darin besteht, den Rahmen zu setzen, innerhalb dessen mit dem Rahmen gespielt werden kann.

Das ist der Stoff, aus dem Organisationen gewonnen werden. Organisationen sind Gemengelagen von Autonomie und Konditionierungen, Gemische von Vorregulierungen und dem Verzicht auf sie. »Furcht und Schrecken« würde unter Unternehmern, Managern und Mitarbeitern der Gedanke auslösen, auf diese beiden Seiten der Medaille verzichten zu müssen. Denn dann wüßte man nicht mehr, wie man noch organisieren könnte. Wenn organisiert wird, werden Be-

11 In Louis Dumont, Essais sur l'individualisme: Une perspective anthropologique sur l'idéologie moderne. Paris: Seuil, 1983.

dingungen geschaffen, unter denen so lange ungestört der Arbeit nachgegangen werden kann, wie diese Bedingungen erfüllt werden.

Die Hierarchie ist die Antwort auf die Paradoxie, Ebenen autonom setzen und gleichwohl unter Bedingungen setzen zu können. Die Sachbearbeiterebene kümmert sich um die alltäglichen Arbeitsprozesse der Organisation. Die Managerebene koordiniert diese Arbeitsprozesse miteinander. Und die Leitungsebene setzt die Ziele und vertritt diese Ziele sowohl nach außen wie nach innen. Die Hierarchie garantiert, daß Ziele, Koordinationen und Arbeit etwas miteinander zu tun haben. Und sie garantiert zugleich jene ausreichend lose Kopplung zwischen den Ebenen, die Arbeit, Koordination und Zielsetzungen brauchen, um sich an wechselnde Umstände anpassen zu können, ohne gleich die ganze Organisation umstellen zu müssen. Ziele können anders formuliert werden, Koordinationen können neuen Managementphilosophien folgen und Arbeitsprozesse können neue Technologien einführen, ohne daß sich deswegen an der Organisation etwas ändern müßte, was die Organisation zwingen würde, als Ganze zu reagieren.

Paradoxe Interventionen

Vor diesem Hintergrund einer paradoxen Bestimmung der Hierarchie kann deutlich werden, worin sich heroisches und postheroisches Management unterscheiden. Beide Manager, der heroische wie der postheroische, wissen um die zugrundeliegende Paradoxie. Aber sie reagieren ganz unterschiedlich auf sie. Und wie immer ist der Nachweis der Paradoxie nicht der Beleg einer Unmöglichkeit, wie die Logiker glauben, sondern der Hinweis auf eine durch und durch soziale Lösung des Problems, die aus der Unlösbarkeit des Problems (in dieser Form bleibt uns die Paradoxie erhalten) ihre größten Energien bezieht. Der heroische Manager übernimmt die Paradoxie, ohne sie einzugestehen, und behauptet sich selbst als ihre Lösung. Sein Glanz ist der Glanz, der die Paradoxie unsichtbar macht. Seine Macht ist die Macht, die sich aus dem Versuch aller anderen ergibt, der Paradoxie nicht ins Angesicht schauen zu müssen. Sein Charisma ist das Charisma, mit dem alle anderen besiegeln, den Widersprüchen, denen sie in der Arbeit begegnen, nicht auf den Grund gehen zu wollen. Sein Heldentum ist der Schlußstein einer paradoxen Weltkonstruktion.

Das heroische Management verdoppelt somit die Paradoxie. Es schwingt sich auf zum Heldentum der Konditionierung, isoliert sich dadurch und wirkt als unfreiwillige Aufforderung, gegenüber den Durchgriffen des Helden die Arbeitsfähigkeit der Organisation zu erhalten. Selbst wenn man dem Helden folgt und seinem Charisma huldigt, bleibt der Organisation gar nicht anderes übrig, als sich der eigenen Mittel zu vergewissern, die die Anweisungen des Helden umzusetzen erlauben. Das heroische Management ist eine paradoxe Intervention in die Paradoxie der Hierarchie. Es ist ein Ritual der Organisation von oben, das zur Organisation von unten auffordert. Die Helden wissen das natürlich. Sie machen die Organisation von sich abhängig, indem sie sich von der Organisation abhängig machen. Die Helden sind Machiavellisten, die für nichts einen schärferen Blick haben als für die Stimmungen der Organisation.

Der postheroische Manager versucht sich herauszuhalten. Auch er sieht die Paradoxie, wie überhaupt die Manager gegenüber den Eigentümern und den Arbeitern immer schon darin im Vorteil waren, daß sie um die parasitäre Ausbeutbarkeit der Hierarchie und der Arbeitsteilung mit den Mitteln der Hierarchie und der Arbeitsteilung wußten. Jedes Koordinationsproblem zwischen den Ebenen und zwischen den Arbeitsschritten ruft nach einem Manager, der seinerseits wieder mit allen anderen koordiniert werden muß, was wiederum nur von einem Manager geleistet werden kann. Der postheroische Manager setzt die Ausbeutung dieses Problems mit anderen Mitteln fort.

Der postheroische Manager ist jener, der als Parasit zur Einsicht gekommen ist, daß die Parasiten ihren Gastgeber, die Firma, umzubringen drohen, wenn sie sich weiterhin vermehren. Der postheroische Manager klärt als Parasit über die Parasiten auf, um selber übrigzubleiben. Er schlägt vor, die mittleren Ebenen zu streichen, um direkteren Zugriff nach oben und nach unten zu haben. Denn er hat erkannt, daß die neuen Formen der Organisation Kontrolle nicht mehr von oben, sondern durchaus ambivalent von oben und von außen, vom Markt her, realisieren. Er bringt sich in eine neue Position, die sich nicht mehr von Ebenendifferenzen, sondern von interfaces zwischen Organisation und Markt ernährt. Der postheroische Manager verzichtet auf den Glanz des Helden und das Charisma des Paradoxienverbergers. Er schickt die Vorgesetzten oben und die Mitarbeiter unten mitten hinein in die Paradoxie, daß sie auf die Hierarchie nicht verzichten können, wenn sie Arbeitsformen diesseits der Hierarchie, in Team und Projektmanagement zum Beispiel, suchen, und die Arbeitsteilung voraussetzen müssen, um die Arbeitsteilung unterlaufen zu können. Es bleibt denen oben und denen unten nichts anderes übrig, als sich mit ihm abzustimmen, der sich so generös mit ihnen abstimmt. Ökologische Kontrolle, Kontrolle von den Rändern her, kann man nennen, was dabei herauskommt.

Das postheroische Management kann auf die Rituale des Heldentums verzichten, weil die paradoxen Interventionen, die den Organisationen ihre Struktur geben, nicht mehr nur von oben, von der Spitze der Hierarchie, kommen, sondern zunehmend auch von außen, aus der Marktumwelt der Organisation. Unternehmensorganisationen werden in »profit center«, »Minifirmen« und »Geschäftsfelder« zergliedert, die von der Unternehmensführung, der »holding«, nur noch insofern kontrolliert werden, als ihr Erfolg am Markt überwacht wird. Das Führungsmanagement gibt seine Kontrolle an den Markt ab und gewinnt diese Kontrolle zurück, indem die profit center untereinander und gegenüber der holding um Kapital- und Personalressourcen konkurrieren.

Das postheroische Management bewährt sich nicht mehr nur gegenüber der Hierarchie, sondern zunehmend gegenüber der Hierarchie und dem Markt. Das erfordert ein ganz anderes Auftreten. Mitarbeiter- und Kundenorientierung sind Stichworte, die ihre Brisanz nur offenbaren, wenn man sie mit den hergebrachten Ritualen der Hierarchie vergleicht. Der postheroische Manager ist der Manager, der nicht nur gegenüber der Hierarchie, sondern zunehmend auch gegenüber den Kunden und den eigenen Mitarbeitern in der Lage ist, Kontrolle abzugeben, um Kontrolle wiederzuerlangen. Damit geht eine Revolution der Unternehmens- und Arbeitskultur einher, die das traditionelle Verständnis von Organisation fast vollständig verändert.

Allerdings: Genausowenig, wie es im epischen Theater gelingt, die erste Unterscheidung zwischen Schauspielern und Publikum aufzuheben, gelingt es im postheroischen Management, die Unterscheidung zwischen Führung und Mitarbeitern aufzuheben. Das epische Theater mit allen ähnlich gelagerten Theaterexperimenten ist ein mehr oder weniger brisanter, mehr oder weniger gewalttätiger, mehr oder weniger subtiler Versuch des Spiels mit dieser ersten Unterscheidung. Das Spiel führt die Unterscheidung vor und kann sie, obwohl sie ihre Konstruiertheit allen vor Augen führt, doch nicht aufheben.

Das Theater lebt von ihr noch in den Momenten, in denen es sich am weitesten von ihr entfernt.

Ebenso kann das postheroische Management die Hierarchie zwar vorführen, aber nicht aufheben. Es kann sie vorführen, weil die Hierarchie in ihrer Leistung der Konditionierung von Autonomie funktional vergleichbar wird mit der Leistung der firmeninternen Marktbeobachtung. Mit einem Mal fällt auf, wie dysfunktional die hohe Aufmerksamkeit ist, die die Hierarchie traditionell auf sich gezogen hat. Sie lenkt die Aufmerksamkeit von den Marktumwelten ab, die eine ganz neue, aber wiederum hierarchisch motivierte Form der Kontrolle, begründen.

Ein Kalkül

Der Mathematiker G. Spencer-Brown hat in seinen »Laws of Form« ein Kalkül entwickelt,[12] das den Sachverhalt, für den das epische Theater und das postheroische Management nur Beispiele sind, auf den Punkt bringt. Man kann, erstens, Unterscheidungen treffen und sich mit allem Folgenden an die damit möglichen Bezeichnungen binden. Man weiß, wohin man zu gehen hat, wenn man ins Theater gehen will. Man weiß, was Anweisungen bewirken, wenn man eine Organisation aufbaut. Man kann, zweitens, Unterscheidungen aufheben und landet damit in einem Ausgangspunkt, der bezeichnungslos ist. Man geht dann nicht ins Theater, aber wohin man geht, weiß man nicht – solange man nicht eine neue Unterscheidung trifft: ins Kino. Und man verzichtet auf Organisation, weiß jedoch nicht, an wen man sich halten kann, wenn man irgend etwas auf den Weg bringen will – es sei denn: an die Götter. Oder man kann, drittens, Unterscheidungen in den Bereich der Unterscheidung wiedereinführen und damit kontingent und unverzichtbar zugleich setzen. Man geht ins Theater und beobachtet, wie das Theater mit dem Theater umgeht. Man gründet eine Organisation und macht die Organisation der Organisation zum Thema der Organisation. Das ist das Reflexionsabenteuer der Moderne.

Man kann Unterscheidungen nur treffen, durchstreichen oder wiedereinführen in den Bereich ihrer Unterscheidung. Die Wiedereinführung macht die Unterscheidung doppelt verfügbar: als konstitu-

12 Siehe jetzt die deutsche Übersetzung George Spencer-Brown, Laws of Form. Gesetze der Form. Lübeck: Bohmeier Verlag, 1997.

ierende Unterscheidung und als beobachtbare Unterscheidung, als Differenz und als Form der Differenz. Das epische Theater und das postheroische Management haben es mit der Form der Differenz zu tun. Und sie wundern sich darüber, daß sie auf die Unterscheidungen zwischen Schauspielern und Publikum und zwischen Führung und Mitarbeitern, die sie auf ihre Konstruktion und Kontingenz hin beobachten können, dennoch nicht verzichten können. Wo Es war, soll Ich werden, hieß es bei Freud. Wo Theater war, kann nur Theater werden, und wo Management war, kann nur Management werden, heißt es bei Bertolt Brecht und Tom Peters. Alle drei verfolgen dasselbe Programm. Und alle drei müssen erfahren, daß das Problem, nach dessen Lösung sie suchen, nur durch das Problem ersetzt werden kann, dessen Lösung es ist.

Das Produkt ist ein Gespinst

Hieroglyphen

So hatte sich Karl Marx die Vergesellschaftung der Arbeit wahrscheinlich nicht vorgestellt. Seine Vision war die Humanisierung der Arbeit, unsere Realität ist ihre Informatisierung. Für ihn machte die Arbeit nur Sinn, wenn sie auf die Bedürfnisse des Menschen zurückbezogen werden konnte. Für uns macht sie bereits dann Sinn, wenn sie mit der Arbeit anderer verknüpft werden kann. Für ihn hieß Arbeit: Praxis. Für uns heißt Arbeit: Kommunikation.[1] »Praxis« ist ein Begriff, dessen Sinnhorizont die Welt ist. »Kommunikation« ist ein Begriff, dessen Sinnhorizont die Gesellschaft ist. Unsere Arbeit war und ist vergesellschaftet – aber um den Preis eines unklaren, nur noch mit dem Problemtitel der »Ökologie« zu beschreibenden Bezuges zur Welt.

Im *Kapital* hatte Marx analysiert, wie der Tauschwert der Arbeit das Arbeitsprodukt in eine »gesellschaftliche Hieroglyphe« verwandelt und hatte gezeigt, daß der »gegenständliche Schein« der Arbeit deren »gesellschaftlichen Charakter« nur verhüllt. »Der religiöse Widerschein der wirklichen Welt«, so fuhr er fort, »kann überhaupt nur verschwinden, sobald die Verhältnisse des praktischen Werkeltagslebens den Menschen tagtäglich durchsichtig vernünftige Beziehungen zueinander und zur Natur darstellen. Die Gestalt des gesellschaftlichen Lebensprozesses, das heißt des materiellen Produktionsprozesses, streift nur ihren mystischen Nebelschleier ab, sobald sie als Produkt frei vergesellschafteter Menschen unter deren bewußter planmäßiger Kontrolle steht.«[2]

Jacques Derrida hat auf die Sprengkraft der These hingewiesen, die in der Gleichsetzung von »gegenständlichem Schein« und »religiösem Widerschein« liegt. Ausgehend von der berühmten Szene des sich auf den Kopf stellenden und aus seinem Holzkopf Grillen ent-

1 Siehe zu Verschiebungen im kulturellen Kontext Ulrich Binder und Martin Heller (Hg.), Handbuch über Sicherheit und Zusammenarbeit, Zürich: Museum für Gestaltung, und Frankfurt am Main: Stroemfeld/Roter Stern, 1995. In diesem Band erschien auch eine erste Fassung des vorliegenden Beitrags. Ich danke Philipp Hessinger für kritische Kommentare zu dieser ersten Fassung.

2 Karl Marx, Das Kapital: Kritik der politischen Ökonomie. Erster Band, Berlin: Dietz, 1980, Zitate S. 88 und S. 94.

wickelnden Tisches, die Karl Marx zu Beginn des Kapitels über den »Fetischcharakter der Ware und und sein Geheimnis« im *Kapital* entwickelt, zeichnete er nach, daß sich in der Marxschen Kritik der politischen Ökonomie eine Gespensterkunde verbirgt, eine »hantologie« des Gebrauchswerts durch den Tauschwert.[3] Das unbelebte Ding erscheint *inspiriert*, und in dieser Inspiration verbirgt sich eine bürgerliche Gesellschaft, die sich durch ihren Blick auf die Sache und deren Bearbeitung den Blick auf sich selbst versperrt.

Aber, so fragt Derrida, ist die Marxsche Analyse des Gebrauchswerts darin klüger als die bürgerliche Phantasmagorie des Tauschwerts? Verstellt sich die Analyse des Gebrauchswerts nicht ihrerseits den Blick auf die gesellschaftliche Konstitution dessen, was als Gebrauchswert Wert, das heißt Wert für den anderen, ist? Wird der religiöse Widerschein, den Marx auf den Tauschwert zurückführt, im Gebrauchswert nicht nur verdoppelt? Oder, noch kürzer gefragt, ist der Gebrauchswert nicht seinerseits ein Tauschwert, also konstituiert durch ein Kapital, nämlich das Kapital der Nutzbarkeit?

Die Marxsche Antwort auf die gesellschaftliche Hieroglyphe der Arbeitsprodukte, seine Entzifferungstechnik, war eine Formanalyse, die nach dem historischen Charakter der Form fragt: Nicht an seinen Resultaten, sondern an seinem Prozeßcharakter sei ein Entwicklungsprozeß wie der des gesellschaftlichen Lebens zu begreifen.[4] In seiner achten These über Feuerbach findet Marx dafür das Wort der »Praxis«: »Das gesellschaftliche Leben ist wesentlich *praktisch*. Alle Mysterien, welche die Theorie zum Mystizismus verleiten, finden ihre rationelle Lösung in der menschlichen Praxis und im Begreifen dieser Praxis.«[5] In der Sprache der Kybernetik zweiter Ordnung würde man von einem Wechsel von der Ontologie zur Ontogenetik reden. Nicht *was* etwas ist, sondern *wie* etwas verwendet wird, ist dann die Fragestellung, die über das, als was etwas einem anderen erscheint, Auskunft gibt. So hat Heinz von Foerster die Entzifferungstechnik der kybernetischen Ontogenetik am Beispiel des Bauchnabels einmal auf den Begriff gebracht: »Ontologisch Unerklärliches kann sich als ontogenetische Notwendigkeit herausstellen. Der Na-

3 Jacques Derrida, Spectres de Marx: L'État de la dette, le travail du deuil et la nouvelle Internationale. Paris: Galilée, 1993, insbes. S. 237 ff. »Hantologie« ist im Französischen akustisch nur minimal von »ontologie« zu unterscheiden. Vgl. meine Besprechung »Eine neue Internationale«. In: Soziologische Revue 20 (1997), S. 21-26.

4 Marx, Das Kapital. S. 89 f.

5 Karl Marx, Thesen über Feuerbach, zitiert nach Karl Marx, Friedrich Engels, Ausgewählte Schriften in zwei Bänden, Bd. II. Berlin: Dietz, 1974, S. 372.

bel ist ein ontologischer Scherz, ein Schnörkel, ein barockes Rätsel auf dem Bauch. Ontogenetisch gesehen, würden wir ohne ihn nicht leben.«[6]

Jahrzehnte nach Marx und nicht zuletzt in dauernder Auseinandersetzung mit ihm und sozialistischen Utopien hat sich die moderne Organisation der Unternehmen und in Ansätzen auch der Verwaltungen und Universitäten, der Kirchen, Vereine, Galerien und Theater in eine Entzifferungstechnik gesellschaftlicher Hieroglyphen verwandelt. Konstruktivistische und dekonstruktivistische Epistemologien sekundieren diesen Institutionen durch eine Analyse der Entstehung und Aufrechterhaltung, des Verschwindens und Variierens von Form. Und sie zögern nicht, noch diese Institutionen und natürlich auch sich selbst dieser Analyse zu unterwerfen. Das führt zu sehr verschiedenen Ergebnissen, denen jedoch immer wieder gemeinsam ist, daß dem Schluß vom ontologisch Unerklärlichen auf das in einem bestimmten ontogenetischen Zusammenhang Notwendige der Schluß vom Vorhandenen auf das Kontingente hinzugefügt wird. Denn was notwendig ist, ist dies nur in eben diesem Zusammenhang, der seinerseits genau das ist, ein Zusammenhang, aber nichts Notwendiges.

Der entscheidende Schritt zu dieser Formanalyse ist die Radikalisierung des Marxschen Ansatzes auf der Linie der Derridaschen Einwände: Es geht nicht mehr nur darum, den gegenständlichen Schein der Tauschwerte, sondern auch den gegenständlichen Schein der Gebrauchswerte auf deren gesellschaftliche Konstitution zurückzuführen. Marx wies die soziale Konstitution des Tauschwerts nach. Nachzuweisen wäre jetzt die soziale Konstitution auch des Gebrauchswerts. Nachzuweisen wäre heute darüber hinaus, daß auch die Differenz zwischen Tauschwert und Gebrauchswert einen Tauschwert hat, dessen Gebrauchswert für die Theorie der Ökonomie eher zweifelhaft ist.[7]

6 Siehe Heinz von Foerster, KybernEthik. Berlin: Merve, 1993, S. 104.

7 Vgl. dazu wichtige Anregungen bei Jean Baudrillard, vor allem in dessen Arbeiten Pour une critique de l'économie politique du signe. Paris: Gallimard, 1972, und Le miroir de la production ou l'illusion critique du matérialisme historique. Paris: Casterman, 1973.

Es bedurfte zahlreicher Anläufe, um die Marxsche Analyse über sich selbst hinaus zu radikalisieren. Kaum einer dieser Anläufe fand im engeren Bereich ökonomischer Theorien oder gar Theorien menschlicher und gesellschaftlicher Arbeit statt. Man hat eher im Gegenteil den Eindruck, daß sich hier besonders lange anthropologische Referenzen gehalten haben, angesichts derer man schon froh sein konnte, wenn sich die Reichweite zumindest der Marxschen Einsichten halten ließ.[8] Man konzentrierte sich auf immer neue Versuche »bewußter planmäßiger Kontrolle« (Marx),[9] die die Planwirtschaft auf Organisationsebene zu einem Phänomen machte, das nicht auf bestimmte Regionen der Weltgesellschaft begrenzt werden kann. Die entscheidenden, gar nicht einmal auf Marx, geschweige denn dessen Radikalisierung zielenden Anläufe kamen aus dem Bereich der gesellschaftlichen Praxis und der Philosophie.

Die gesellschaftliche Praxis verwandelte sich zwar nicht ingesamt, aber doch partiell und mit sehr unterschiedlichem Erfolg in jene »Verhältnisse des praktischen Werkeltagslebens«, die »den Menschen tagtäglich durchsichtig vernünftige Beziehungen zueinander und zur Natur darstellen«, von denen Marx im Rahmen seiner Vision einer revolutionierten Gesellschaft gesprochen hatte. Nicht die Gesellschaft, aber die Organisation wurde sich selbst in dem Maße durchsichtig (und undurchsichtig), wie sie sich als das Produkt (und als

8 Siehe dazu aufschlußreich viele Beiträge in Helmut König, Bodo von Greiff und Helmut Schauer (Hg.), Sozialphilosophie der industriellen Arbeit. Leviathan, Sonderheft 11/1990, Opladen: Westdeutscher Verlag, 1990. Den Anschluß an Marx hielt insbesondere Alfred Sohn-Rethel, Geistige und körperliche Arbeit: Zur Theorie der gesellschaftlichen Synthesis. Frankfurt am Main: Suhrkamp, 1972. Die Arbeit als »Unruhe« der bürgerlichen Gesellschaft untersuchen Oskar Negt und Alexander Kluge, Geschichte und Eigensinn. Frankfurt am Main: Zweitausendeins, 1981.

9 Einer der Gipfelpunkte ist die Begeisterung Lenins für die deutsche Post, die er zum Vorbild der Gestaltung der gesamten Volkswirtschaft nahm. Siehe W. I. Lenin, Staat und Revolution: Die Lehre des Marxismus vom Staat und die Aufgaben des Proletariats in der Revolution, in: Werke. Aus dem Russischen besorgt vom Institut für Marxismus-Leninismus beim Zentralkomitee der SED, Bd. 25, Berlin: Dietz, 1960, S. 393-507, hier S. 439 f. Aber auch Henry Fords Visionen einer dezentralisierten, Landwirtschaft und Fabrikwirtschaft integrativ miteinander verbindenden, Abfälle recyclenden Produktionswirtschaft wirken so, als seien sie bei Rudolf Bahro abgeschrieben. Siehe Henry Ford, Mein Leben und Werk. Unter Mitwirkung von Samuel Crowther, aus dem Amerikanischen von Curt und Marguerite Thesing, Leipzig: List, 1923.

Voraussetzung) ihres eigenen rekursiv auf sich selbst angewandten Designs entdeckte. Und parallel dazu verwandelte sich die Philosophie über die verschiedenen »Etappen« einer romantischen Kritik des Deutschen Idealismus, einer pragmatistischen Überwindung der europäischen Philosophie und verschiedener phänomenologischer »Kehren« aus einer Bewußtseinsphilosophie in eine Philosophie der Kommunikation, die nur noch, aber immerhin, der Glaube an die Vernunft mit ihrer Herkunft verbindet.[10]

Die Kommunikation liefert das entscheidende Stichwort. Zu rasch hatte Marx von der Arbeit auf die Gesellschaft geschlossen und die Riskanz dieses Schlusses nur durch eine Beschwörung menschlicher und dinglicher Selbstverständlichkeiten absichern können, denen sich kein vernunftbereiter Beobachter verschließen konnte. Dabei wurde übersehen, daß auch die Verständigung auf Menschliches und Dingliches, vor allem jedoch auf Selbstverständliches Kommunikationsabläufe voraussetzt, die von einer historischen Formanalyse als alles andere als selbstverständlich nachgewiesen werden können. Vor allem wurde übersehen, daß nicht schlicht die Arbeit den Menschen mit dreierlei Natur (der Natur der Natur, der Natur des Menschen und der Natur der Gesellschaft) konfrontiert, sondern daß sie ihn zunächst einmal mit der »Natur« der Organisation, das heißt mit einer bestimmten Form organisierter Arbeit und das heißt nicht zuletzt: mit einer bestimmten Form der Kommunikation über Arbeit, konfrontiert.

Zwar hatte Marx das Verbotsschild »No admittance except on business« mißachtet und war dem Geldbesitzer und dem Arbeitskraftbesitzer in die »verborgne Stätte der Produktion« nachgefolgt,[11] aber was er dort zu sehen bekam, waren nicht viel mehr als unerfreuliche Methoden der Auspressung des Mehrwerts durch zunehmend raffinierte Methoden der Maschinenarbeit und Zeitökonomie. Was er nicht sah, vielleicht nicht sehen konnte, weil ihm der Blick für die Kommunikation wie ein letzter Trick gesellschaftlicher Mystifizierung erschienen wäre, war die kommunikative Organisation der Arbeit. Damit war es ja auch in der Tat nicht weit her. Sie schien sich in Techniken der Disziplinierung zu erschöpfen. Die Kommunikation der Arbeit war nur ein Abglanz dessen, womit ein Handwerker und

10 Siehe vor allem Jürgen Habermas, Der philosophische Diskurs der Moderne: Zwölf Vorlesungen. Frankfurt am Main: Suhrkamp, 1985, zur Überwindung des Produktionsparadigmas durch das Kommunikationsparadigma.

11 Marx, Das Kapital. S. 189.

ein Bauer fertig zu werden gelernt hatten, und schien sich ansonsten in den Köpfen der Kapitalisten abzuspielen.

Erst die jüngere Unternehmensgeschichte konnte zeigen, daß der Planungs-, Koordinations- und Problembewältigungsaufwand der Kommunikation über Arbeit in den Unternehmen immerhin ausreichte, eine vollkommen neue Klasse von Arbeitern zu schaffen, die sich unter bewußter Verheimlichung des Problems, von dem sie sich ernährte, »manager« nannte.[12] Tatsächlich agierten diese Man-ager nicht nur die einfachen Arbeiter, sondern vor allem sich selbst. Jede Hierarchieebene, die eingezogen wird, um Koordinationsaufgaben lösen zu können, muß ihrerseits mit anderen Ebenen koordiniert werden.[13] Das Management multipliziert sich selbst. Es ist der Parasit der Probleme, die es schafft, indem es sie löst.

Das Management ist ein Produkt der eigenen Form der Kommunikation. Die Arbeit, die es leistet, ist die Arbeit der Kommunikation über Arbeit. Das Management, so kann man die These von Stanley H. Udy lesen, setzt sich selbst, das heißt seine eigenen Koordinationsansprüche und die damit einhergehende Morphogenese von Organisation, an die Stelle eines systematisch nicht zu bewältigenden Widerspruchs. Dieser Widerspruch resultiert daraus, daß die Ansprüche der »physical constraints« einerseits und des »social setting« andererseits an die Ziele, die Technologie und die Form der Organisation prinzipiell inkonsistent sind.[14] Arbeitsorganisation kommt nur zustande, wenn sie sich über die Ansprüche entweder der einen oder der anderen Seite generös hinwegsetzt. So kann zum Beispiel soziale Akzeptanz oft nur erreicht werden, wenn sachliche Ineffizienz in Kauf genommen wird. Das zeigen etwa die Nahrungsmittelproduktion in Stammesgesellschaften mit relativer Überschußsituation oder die gewerkschaftlich abgefederte industrielle Produktion in

12 Siehe Alfred D. Chandler, Strategy and Structure: Chapters in the History of the American Industrial Enterprise. Cambridge, Mass.: Harvard UP, 1962; ders., The Visible Hand: The Managerial Revolution in American Business. Cambridge, Mass.: Harvard UP, 1977; ders., Scale and Scope: The Dynamics of Industrial Capitalism. Cambridge, Mass.: Harvard UP, 1990.

13 Im Anschluß an Talcott Parsons, Some Ingredients of a General Theory of Formal Organization. In: Structure and Process in Modern Societies. New York: Free Press, 1960, S. 59-96, kann man die Hierarchie als die Lösung der paradoxen Aufgabe der Konditionierung von Autonomie beschreiben.

14 Siehe Stanley H. Udy, jr., Structural Inconsistency and Management Strategy in Organizations. In: Craig Calhoun, Marshall W. Meyer und W. Richard Scott (Hg.), Structures of Power and Contraint: Papers in Honor of Peter M. Blau. New York: Cambridge UP, 1990, S. 217-233.

Wohlstandsgesellschaften. Umgekehrt kann hohe Leistungsfähigkeit oft nur über eine markante Ausdifferenzierung der Arbeit aus der Gesellschaft erreicht werden. Beispiel dafür ist die Jagd in manchen Stammesgesellschaften, die einer so fremden sozialen Organisation folgte, daß sie nur zugelassen werden konnte, weil sie weit weg vom Lager stattfand und die Rückkehr der Jäger mit eigenen Ritualen der Wiedereingliederung begleitet wurde. Das »Management der Innovation«, um einen berühmten Buchtitel zu zitieren, scheint auch heute wesentlich über Ausdifferenzierung und Versöhnungsrituale der Wiedereinbettung zu funktionieren, wie etwa das Beispiel der Entwicklung der Java-Software in einem einen ganz anderen Typ von Produkten pflegenden Unternehmen der Computerbranche zeigt.[15]

Erst in jüngerer Zeit beginnt man wieder, wenn man nach Formen der Kommunikation über Arbeit fragt, nicht nur das Management, sondern auch die Arbeiter im engeren, um nicht zu sagen: beengten, Sinne zu beobachten, für die sich lange Zeit nur die Arbeitsphysiologie, die Betriebspsychologie und die Gewerkschaften interessierten. Aber es fällt immer noch schwer, die Arbeit selbst in einem genauen Sinne als Kommunikation zu beobachten. Nichts belegt besser, daß wir noch immer in einer bürgerlichen Gesellschaft leben, als dieser Widerstand, den wir spüren, wenn wir Handlungen, Handreichungen, Handhabungen, kurz: Arbeit, als Kommunikation zu beschreiben versuchen.

Schlanke Produktion

Der entscheidende Durchbruch kommt aus Japan, auch wenn er, und auch das ist bezeichnend, erst vom westlichen Auge überhaupt als solcher identifiziert und dann auch mit seinem Namen getauft wurde. In Japan kann nicht als Durchbruch verstanden werden, was gar keinen Widerstand zu überwinden hatte. Es geht auch nicht um vollkommen neuartige Produktionstechniken, Organisationsverfahren und Arbeitsformen, sondern um eine Verschiebung der Akzente, die die Organisationstheorie zu setzen versteht. Es war bestimmt alles schon einmal da, aber in der notorisch vergeßlichen Organisationstheorie spielt das keine Rolle.

Lean production ist nur ein Name für die Wiederentdeckung der

15 Siehe dazu David Bank, The Java Saga. In: wired 3.12 (1995), S. 166-169 und 238-246.

Arbeit als Kommunikation, eine Wiederentdeckung allerdings, die nicht auf Humanisierung, sondern auf Technologisierung zielt. Als Verbindung von *craft production* und *mass production*, aber ohne die hohen Kosten ersterer und die rigiden Strukturen letzterer, ist *lean production* in der Tat nicht viel mehr als die Form der Wiedereinführung der Einsichten *über* die Organisation *in* die Organisation. Sie ist der vorläufig letzte Schritt einer die Organisation von Anfang an auszeichnenden rekursiven Anwendung der Organisation auf die Organisation.[16] Freilich verändert sich in diesen rekursiven Anwendungen auch das, was Arbeit sein kann. Aber auch das ist nicht zuletzt ein Beleg für die kommunikative Qualität von Arbeit.

Als die entscheidenden Elemente der *lean production* nennt die berühmte MIT-Studie von James P. Womack, Daniel T. Jones und Daniel Roos: Persönlichkeit, Teamarbeit, Kommunikation und Simultaneität:[17]

Man könnte alle vier Elemente auf ihr drittes reduzieren, denn unter »Persönlichkeit« wird eine Form der Engführung (Adressierung) von Kommunikation verstanden, die ein ansonsten unauflösbares, das heißt unverfügbares Konglomerat von Kompetenz, Motivation, Loyalität, Kreativität und beinflußbarer Unbeeinflußbarkeit (vulgo: Person) bezeichnet.

Teamarbeit ist schon insofern Kommunikation, als die Teammitglieder mit Blick auf die Abteilungen ausgesucht werden, die miteinander an bestimmten Problemstellungen arbeiten müssen, und die Teammitglieder untereinander nahezu ausschließlich auf eine Selbstorganisation von Kompetenzengagements und einander überbietender, also die Beiträge der anderen immer wieder voraussetzender *und* durchstreichender Mitteilung von Einfällen angewiesen sind. Diese Kommunikation kann sich nicht aus der Sache, sondern nur aus der Verständigung über sie ergeben.

Auch Simultaneität impliziert Kommunikation, und zwar in ihren beiden Hinsichten der Unterscheidung jedes kommunikativen Beitrags von jedem anderen *und* der möglichen Verknüpfung der Beiträge untereinander. Simultaneität bedeutet, leicht überspitzt, daß die eine Abteilung bereits an der Lösung des Problems einer anderen Abteilung arbeitet, das dort noch gar nicht aufgetreten ist.

16 Siehe dazu jetzt Günther Ortmann, Formen der Produktion: Organisation und Rekursivität. Opladen: Westdeutscher Verlag, 1995, insbes. S. 291 ff.

17 Siehe James P. Womack, Daniel T. Jones und Daniel Roos, The Machine That Changed the World. New York: Macmillan, 1990, S. 112 ff. (am Fall des lean design).

Unter dem Element der Kommunikation schließlich verstehen die Autoren der Studie selbst nur die Offenlegung möglicher Konflikte. Sie reduzieren damit die Kommunikation auf die Initiierung und Beilegung von Streitfällen. Alles andere wird nicht als Kommunikation angesehen und kann insofern als Sozialtechnologie der reibungslosen Gestaltung von Produktionsabläufen verstanden werden.

Lean production ist jedoch auch diesseits möglicher Konflikte Kommunikation insofern, als die Organisation der Arbeit vollständig darauf abstellt, innerhalb eines Betriebs im Prinzip alle Arbeiter über Anzeigetafeln über im Prinzip alle Abläufe im Betrieb im Prinzip laufend zu informieren. Expliziter kann man die Beobachtung der Beobachtung, das eigentliche Futter der Kommunikation, nicht machen. Das Prinzip kann nur eingeschränkt verwirklicht werden. Und es wird auch nur insoweit verwirklicht, als es seinen Zweck der Verwandlung des Gesamtbetriebs in einen Betrieb der Behebung möglicher Störungen des Betriebs erfüllt. Denn das ist der Sinn der Anzeigetafeln: »Every time anything goes wrong anywhere in the plant, any employee who knows how to help runs to lend a hand.« Und erst daraus ergibt sich der Charakter der *lean production*: »So in the end, it is the dynamic work team that emerges as the heart of the lean factory.«[18]

Die Paradoxie, die die schlanke Produktion erzeugt und ausnutzt, liegt darin, daß sie aus ihrer eigenen Fragilität Robustheit zu entwikkeln versucht. Gerade weil die schlanke Produktion für jede Störung anfällig ist, steigert man die Anfälligkeit, um auch die Notwendigkeit und Bereitschaft rascher Abhilfemaßnahmen zu steigern. Man kann sich Fehler nicht leisten. Und das garantiert die Qualität der Produktion. Das Nebenprodukt dieser Produktionsform ist eine Zeitökonomie, die eine extrem scharfe Selektion möglicher Beiträge zur Kommunikation aus dem Gesamtgeschehen des Betriebs bewerkstelligt. Was an einer Sache zu tun ist, ergibt sich *nur noch* daraus, worauf sich die Gesamtorganisation verständigt hat. Der Zeitdruck setzt durch, daß *alles andere* außen vor bleibt, wenn es nicht, wiederum vermittelt über die Verständigungsprozesse der Organisation, eine Zeitstelle zugewiesen bekommt. Dieses Nebenprodukt erscheint aus soziologischer Perspektive als das Hauptprodukt der schlanken Produktion. Der Zeitdruck ist ihr Organisationsprinzip.

18 Beide Zitate ebd., S. 99.

Die Möglichkeit der schlanken Produktion setzt einen Blickwechsel voraus. Es kann zwar nicht darum gehen, den Blick für die Sache zu streichen und statt dessen nur noch auf Kommunikation zu achten. Dagegen spricht nicht nur das zitierte Udy-Theorem der prinzipiellen Inkonsistenz von Sach- und Sozialanforderungen an die Arbeitsorganisation, sondern auch die notorische Sach- und Technikbegeisterung der Japaner. Denn diese Begeisterung legt den Verdacht nahe, daß die Japaner uns nicht den Verzicht auf die Vergegenständlichung, sondern »nur«, als lebten sie nicht in einer bürgerlichen Gesellschaft, den Verzicht auf die anthropologische Inpflichtnahme der Vergegenständlichung (und der Vermenschlichung als deren vermeintlichen Gegenterminus) voraus haben. Aber was mit dem Prinzip der schlanken Produktion erneut auf der Tagesordnung steht, ist die Frage nach der Konstruktion der Sache durch die Kommunikation über sie.[19] Produktion ist Design, und Design ist Vergleich mit anderen Möglichkeiten, und dieser Vergleich wird kommuniziert, was immer auch heißt, daß er kommunikativ blockiert werden kann.

Unser altes Verständnis von Arbeitsteilung wird auf den Kopf gestellt. Die frühe Organisationstheorie ging von einem Maschinenverständnis der Organisation aus, deren Produktionsverfahren am Tisch des Ingenieurs so zu planen sind, daß sie dem Betrieb vorgegeben werden können. Arbeit im Betrieb hieß Durchführung gegebener Arbeitsteilung, mit theoretisch geringen, aber praktisch beachtlichen Variationschancen, die das tägliche Brot des Managements ausmachten. Heute hingegen deutet sich an und wird von den Managementphilosophien bereits empfohlen, daß Arbeitsteilung im Betrieb weitgehend und bei laufendem Betrieb, ja als Motor des Betriebs, allererst ausgehandelt wird. Man stellt sich vor, daß neue und alte Mitarbeiter im Betrieb in der Auseinandersetzung mit anderen immer wieder überhaupt erst herausfinden müssen, was von ihnen erwartet wird und was sie von anderen erwarten können. Mehr noch, sie müssen durch Kommunikation, also durch beobachtbare Beobachtungen der Beobachtungen anderer, andere überhaupt erst dazu bringen, von ihnen zu erwarten, daß sie an der Kommunikation teil-

19 Selbstverständlich gilt dies für jede Organisation. Man kann die Organisation schlechthin als die Form definieren, in der gesellschaftlich folgenreiche Kommunikation über Arbeit stattfindet. Siehe dazu weitere Hinweise in Dirk Baecker, Die Form des Unternehmens. Frankfurt am Main: Suhrkamp, 1993.

nehmen und damit eigene Erwartungen von Erwartungen ins Spiel bringen.[20]

Überzeugen kann diese Konzeption einstweilen nur für Professionsorganisationen wie Arztpraxen, Rechtsanwaltskanzleien, Wirtschaftsprüfungsunternehmen, Ingenieurbüros, Unternehmensberater, Theater und, bei heruntergespielter Kommunikation, Universitäten.[21] Aber das ändert nichts daran, daß am Fall interaktiv ausgehandelter Arbeitsteilung deutlich wird, daß alle Arbeit auf einem Prozeß der Kommunikation über die Arbeit, und sei es auch nur über Einsatzbereitschaft, Lohnerhöhungsspielräume und Karriereerwartungen, aufruht, und zwar höchst unruhig aufruht.[22] Arbeit setzt Kommunikation voraus, weil jedes Arbeitsprodukt nur Anschluß an andere Arbeitsprodukte findet, wenn es sich durch diese anderen Produkte interpretierbar macht und zu diesem Zweck seinerseits interpretiert, woran es Anschluß finden kann.

Arbeit ist Interpretationsarbeit. »Er hat gesponnen«, sagt Marx vom Arbeiter, der ein Produkt erstellt hat, »und sein Produkt ist ein Gespinst.«[23] Jedes Produkt, das nicht nur ein mehr oder minder unmittelbares Bedürfnis stillt, sondern darüber hinaus durch seine eigene Differenzierung gegenüber ähnlichen Produkten das Bedürfnis nach Differenzierung stillt, ist ein solches Gespinst. Und je umfangreicher jene Produktion wird, die nicht nur die Bedürfnisse des Konsums, sondern die Bedürfnisse der Produktion stillt (Maschinen, Techniken, Verfahrenskenntnisse, Finanzierungsbereitschaften, Rechnungslegungstricks, Personalführungsmethoden, Energie, Arbeitsqualifikationen, die hardware und software elektronischer Da-

20 Die klassische Studie dazu, am Fall gescheiterter Kommunikation, ist Tom Burns und George M. Stalker, The Management of Innovation. London: Tavistock, 1961. Tom Peters ist der wichtigste Herold der Aufforderung, sich durch das Scheitern der Kommunikation nicht entmutigen zu lassen. Siehe etwa Thriving on Chaos. New York: Knopf, 1987, und Liberation Management: Necessary Disorganization for the Nanosecond Nineties. London: Macmillan, 1992. Für die Entwicklung des Kommunikationsparadigmas am Beispiel der Studie von Burns und Stalker siehe Karl E. Weick, Theorizing about Organizational Communication. In: Frederic M. Jablin u. a. (Hg.), Handbook of Organizational Communication: An Interdisciplinary Perspective. Newbury Park, Cal.: Sage, 1987, S. 97-122.

21 Das ändert nichts am Udy-Theorem. Ihre größten Forschungserfolge erzielten die deutschen Universitäten im 19. Jahrhundert. Damals waren sie primär mit anderem beschäftigt, nämlich mit der Lehre.

22 Auch dazu gibt es eine bereits klassische Studie, nämlich Michael Burawoy, Manufacturing Consent: Changes in the Labor Process under Monopoly Capitalism. Chicago: Chicago UP, 1979.

23 Das Kapital. S. 195.

tenverarbeitung, Informationsmanagementsysteme und so weiter), desto gespinsthafter wird deren Charakter, weil geringfügige Produktionsverschiebungen ganze Produkte und Produktpaletten obsolet machen können.

Es kann daher nicht überraschen, daß einer der wenigen Versuche der Fortführung einer Kritik der politischen Ökonomie, Robert Reichs *Work of Nations*, auf die Idee kommt, fast das gesamte Spektrum der Arbeit einer Industrie-, Dienstleistungs- und Informationsgesellschaft unter dem Gesichtspunkt dessen zu analysieren, was man bislang für einen Sonderfall gehalten hätte: die *symbolic-analytic services* von Informationsmaklern, Finanzmaklern, Produktmaklern, Rechtsmaklern und Personalmaklern. Die Fähigkeiten dieser Makler liegen in der Entwicklung von Problemlösungen, in der Identifizierung der Probleme, für die sie eine Lösung haben, bei den Kunden, denen ein entsprechendes Problemverständnis unter Umständen erst noch nahegebracht werden muß, und in der strategischen Zusammenführung aller Leute, die man für die Implementation einer bestimmten Lösung für ein bestimmtes Problem braucht.[24] Man wartet nicht darauf, daß sich sachliche Probleme einstellen. Sondern man entwickelt ein Kommunikationspotential der Problemlösung und Problemidentifizierung, an das Anschluß suchen kann, wer damit etwas machen kann.

Und da der Konkurrent den Anschluß oft schon gefunden hat, tut man selbst auch gut daran, ihn zu suchen, und sei es nur, damit man auf dem Laufenden bleibt. Was hier »läuft«, ist die Kommunikation beziehungsweise der Versuch der Verhinderung jeglichen unfreiwilligen Ausschlusses aus der Kommunikation.

Damit sind die Zeiten vorbei, in denen einer der wichtigsten Begriffe der Organisationsanalyse der Begriff der »Indifferenzzone« war. Darunter verstand man jene Zone, innerhalb derer sich ein Arbeiter jede Anweisung, irgend etwas zu tun oder zu unterlassen, mit Blick auf seinen Arbeitslohn gefallen ließ.[25] Das nämlich bedeutete, daß alle für die Organisation relevante Kommunikation in die Indifferenzzone fallen mußte, das heißt für den Mitarbeiter *keinen Unter-*

24 Siehe Robert B. Reich, The Work of Nations: Preparing Ourselves for 21st-Century Capitalism. New York: Alfred A. Knopf, 1991, S. 177 f. Tatsächlich unterscheidet Reich (1) routine production services, (2) in-person services und (3) symbolic-analytic services. Aber sind die beiden ersten wirklich von allen Erwartungen bestimmter Fertigkeiten in der »Symbolanalyse« zu befreien?

25 Siehe Chester I. Barnard, The Functions of the Executive. Reprint, Cambridge, Mass.: Harvard UP, 1968, S. 167 ff.

schied machen durfte. Organisation war da möglich, wo der Mitarbeiter gleichgültig ist. Ein gleichgültiger Mitarbeiter jedoch ist für die Interpretationsarbeit eigener und fremder Beiträge zur Produktion untauglich. Die für Kommunikation wieder geöffnete Organisation etabliert sich selbst in einer Differenzzone: Nichts darf den Mitarbeiter gleichgültig lassen, alles muß für ihn zur Information, das heißt zu einem Unterschied, der einen Unterschied macht (Gregory Bateson) werden können. Erst wenn diese Differenzzone etabliert ist, können verschiedene Selektionsformen wie Unternehmenskulturen, corporate identities, Missionen und Visionen für jenes Maß an Orientierung sorgen, das eine Arbeit braucht, die nicht durch alles und jedes ständig irritierbar sein kann.

Denn darüber darf man sich nicht täuschen. Der Streßpegel der Organisationen, die laufend mit der Entzifferung gesellschaftlicher Hieroglyphen beschäftigt sind und dafür angesichts turbulenter, nur Punkt-für-Punkt zwischen Kunden und Produzenten zu bearbeitender Märkte nahezu jeden Mitarbeiter in Anspruch nehmen müssen, steigt enorm. Es ist vorbei mit der schönen alten Sicherheit der Hierarchien, in denen jeder genau wußte, von wem er bei der Arbeit oder Nicht-Arbeit gestört werden konnte und von wem nicht, nämlich nur von Vorgesetzten, aber nicht von Gleichrangigen (es sei denn, es handelte sich um Karrierekonkurrenten). Jetzt kann einen ständig jeder mit der eigenen Arbeit (und Nicht-Arbeit) bei der Arbeit (und Nicht-Arbeit) stören, und niemand weiß, wie die Organisationen und ihre Mitarbeiter vor einer ständigen Selbstbehelligung und Selbstüberforderung zu schützen sind.

Kontexte

Es ist also alles noch viel schlimmer, als sich Karl Marx das vorgestellt hat. Die Auflösung des »gegenständlichen Scheins« des »gesellschaftlichen Charakters« der Arbeit stößt nicht auf Gebrauchswerte, über deren Sinn für seine Auseinandersetzung mit der Natur sich der Mensch verständigen könnte (so als reichten dafür seine Sinne aus), sondern auf Organisationen, die als gesellschaftlich relevante Form der Kommunikation von Arbeit Tauschwerte und Gebrauchswerte allererst konstituieren. Allerdings tun sie dies nicht eigenverantwortlich, sondern verwickelt in einen Prozeß der Auseinandersetzung mit Produkt-, Kapital- und Personalmärkten. Die Differenz zwischen Tauschwerten und Gebrauchswerten, auf die Marx seine Analyse stützte, ist daher nicht einfach obsolet, sondern sie ist einerseits zu endogenisieren (worauf Derrida hinweist) und andererseits in die Differenz von Arbeit, Organisation und Gesellschaft zu übersetzen.

Bei dieser Endogenisierung und Übersetzung wechselt man von einer Wertanalyse zu einer Kommunikationsanalyse. Eine Wertanalyse macht nur Sinn, wenn man den Wert als eine externe, zumindest als extern behandelbare Instanz behaupten kann. Das ist jedoch, wie jede Werttheorie seit Marx vorführt, nicht mehr der Fall. Die Kommunikationsanalyse jedoch bewährt sich gerade dann, wenn man es nur noch mit endogenisierten Verhältnissen beziehungsweise, wie man in der Systemtheorie sagt, mit operational geschlossenen Systemen *und deren Umwelten* zu tun hat.[26] Denn unter diesen Verhältnissen weiß die Kommunikationsanalyse sich zu bewähren: Sie analysiert operationale Schließung, Anschluß von Kommunikation an Kommunikation unter der Bedingung der Öffnung dadurch produzierter Systeme auf dem Wege der Kommunikation *über* etwas.

Die Referenz für die Analyse der Arbeit ist daher nicht mehr die Anthropologie von Natur, Mensch und Gesellschaft, sondern die Organisation. Wir haben es nicht mehr mit einem offenen Kosmos zu tun, in dem die Arbeit Sündenfall und Gnadenakt darstellt, sondern mit dem geschlossenen System der Organisationen, die sich von anderen Organisationen und von ihren gesellschaftlichen Umwelten daraufhin beobachten lassen müssen, an welchen Gespinsten sie weben und was das in ihren Umwelten anrichtet.

Das Produkt wird zum Gespinst, und war es immer schon, weil es es sich in seinem *content* nicht erschöpft, sondern auf einen *context* verweist, über den es selbst nicht verfügt. Weil es beides ist, *content* und *context*, sieht es sich auf Kommunikation verwiesen. Sein Wert liegt in der Kommunizierbarkeit. Mehr und mehr geht die Arbeit daher dazu über, die Produkte im engeren Sinne, ihre Inhalte, nur als Werbung dafür zu verstehen, worin die eigentliche Arbeit besteht: in der Verknüpfung dieser mit anderen Produkten, in der Analyse möglicher Anschlüsse, in der Lösung möglicher Probleme, ja in der Lei-

26 Siehe dazu Niklas Luhmann, Soziologische Aufklärung 6: Die Soziologie und der Mensch. Opladen: Westdeutscher Verlag, 1995.

stung der Problemidentifizierung. In letzter Konsequenz werden die Produkte dann nicht mehr verkauft, sondern frei verteilt: das mögliche Geschäft liegt erst in den Anschlußaufträgen, in der Arbeit an der Arbeit mit den Produkten.[27]

27 So für die Fälle der Softwareentwicklung und des Handels mit Information auf dem Internet Esther Dyson, Intellectual Value. In: Wired 3.07 (1995), S. 136-141 und 182-184.

Die Unterscheidung der Arbeit

Arbeit als »Gestalt« der modernen Gesellschaft

Es besteht kein Mangel an Möglichkeiten, sich über die eigene Arbeit und die Arbeit fremder zu verständigen. Wir können über die *Absichten* reden, die wir mit der Arbeit verfolgen oder von denen wir durch unsere Arbeit abgelenkt werden. Wir können über die *Leute* reden, die wir bei der Arbeit treffen oder denen wir dank unserer Arbeit aus dem Wege gehen können. Wir können über die *Zeit* sprechen, die wir mit Arbeit verbringen, und wie sie sich von der Zeit unterscheidet, die wir auf andere Dinge verwenden. Natürlich können wir über das *Geld* reden, das wir mit unserer Arbeit verdienen, über die Angemessenheit des Lohns, über die Gerechtigkeit im Verhältnis zur Bezahlung anderer und über die Unmöglichkeit, sich auf dieser Grundlage jemals auf eigene Füße zu stellen. Wir können darüber reden, ob wir die *Arbeitslosigkeit* im Vergleich mit der Arbeit für einen glücklichen oder einen unglücklichen Zustand halten. Und wir können an der Art und Weise, *ob und wie jemand über seine Arbeit spricht*, unterscheiden, ob wir es mit einem Arbeiter, einem Angestellten, einer Hausfrau, einem Schüler, einem Priester, einem Lehrer oder einem Manager zu tun haben.

In der modernen Gesellschaft ist die Arbeit allgegenwärtig, gleichgültig ob man sie hat oder ob sie einem fehlt. Der Arbeiter ist die »Gestalt« der modernen Gesellschaft, wie Ernst Jünger festgestellt hat:[1] Er prägt die moderne Gesellschaft, er drückt ihr seinen Stempel auf, weil kaum noch eine Tätigkeit vorstellbar ist, die nicht unter dem Gesichtspunkt individuellen Aufwands und mühsamer Produktion betrachtet wird, gleichgültig ob es sich um Lohnarbeit handelt, um Beziehungsarbeit, Freizeit, Kunst und Wissenschaft oder Arbeit an der eigenen Reproduktion.[2] Der Arbeiter ist die Gestalt der modernen Gesellschaft, weil er alle anderen Gestalten, den Jäger, den

1 Siehe Ernst Jünger, Der Arbeiter: Herrschaft und Gestalt [1932]. Nachdruck Stuttgart: Klett-Cotta, 1982.

2 Siehe dazu Konrad Paul Liessmann, Im Schweiße deines Angesichtes: Zum Begriff der Arbeit in den anthropologischen Konzepten der Moderne. In: Ulrich Beck (Hg.), Die Zukunft von Arbeit und Demokratie. Frankfurt am Main: Suhrkamp, 2000, S. 85-107.

Krieger, den Bauern, den Seemann, den Mönch, den Aristokraten, den Bürger, ja sogar den Bohemien erfolgreich verdrängt beziehungsweise in seine eigene Gestalt aufgenommen hat.

Allenfalls muß man befürchten, daß auch die Gestalt des Arbeiters, der immerhin noch wußte, *woran er arbeitet*, beziehungsweise, wenn er es nicht mehr wußte, über »Entfremdung« klagen konnte, inzwischen von der Gestalt des »Angestellten« verdrängt wurde,[3] der Siegfried Kracauer noch vor dem »Arbeiter« Ernst Jüngers und angemessenerweise nicht im Singular »des« Angestellten, sondern im Plural »der« Angestellten eine Studie gewidmet hat.[4] Die Angestellten wissen nicht mehr, woran sie arbeiten.[5] Sie haben sich ganz und gar darauf eingestellt, daß *die Organisationen*, die sie anstellen, es für sie wissen, und beobachten daher nicht mehr die Arbeit, sondern die Unternehmen, Behörden, Vereine und Anstalten, die ihnen Arbeit geben. Ihr Schicksal ist nicht mehr die Entfremdung, sondern die Arbeitslosigkeit. Daraus bezieht auch die Behauptung der »glücklichen Arbeitslosen« ihren Charme:[6] Sie profitiert gleichermaßen von der Erinnerung an den befreiten Arbeiter wie von der Hoffnung auf den selbständigen Unternehmer. In beiden Bildern ist die »Gestalt« des Angestellten »glücklich«, weil zurückfindend zum Spaß an der Arbeit selbst, aufgehoben.

Die Angestellten waren vermutlich nur ein Zwischenspiel. In ihren von allem Mitdenken entlasteten Jobs ebenso wie in ihren fröhlichen Spielen des Konsums und im tauben Müßiggang des Fernsehens wa-

3 Präzise hat darum Rudolf M. Lüscher, Henry und die Krümelmonster: Versuch über den fordistischen Sozialcharakter, aus dem Nachlaß herausgeben vom Freundeskreis R. M. Lüscher. Tübingen: Gehrke, o. J. [1988], die eigentliche Gefährdung des Arbeiters nicht in der »Entfremdung« gesehen, sondern darin, daß ihm mit der Beziehung zwischen ihm, seinem Leben und seinem Produkt der Maßstab abhanden kommt, an dem Entfremdung zu messen wäre. Im Fordismus und Taylorismus fand nicht nur die Verwissenschaftlichung des Managements, sondern auch die schleichende Verwandlung des Arbeiters in den Angestellten und der Entfremdung in die Arbeitslosigkeit statt.

4 Siehe Siegfried Kracauer, Die Angestellten: Aus dem neuesten Deutschland [1929]. Frankfurt am Main: Suhrkamp, 1971. Und vgl. die für diese Analyse maßgebenden Stellen bei Georg Simmel, Philosophie des Geldes [1900]. Frankfurt am Main: Suhrkamp, 1989, S. 591 ff., über den »Stil des Lebens«.

5 Nicht zuletzt deswegen konnte Jünger dem deutschen »Arbeiter- und Bauernstaat« noch 1979/1980 einige anerkennende, fast wehmütige Zeilen widmen. Siehe a. a. O., S. 314 ff.

6 Siehe dazu das Manifest »Endlich habe ich Zeit« der Glücklichen Arbeitslosen, in: Guillaume Paoli (Hg.), Mehr Zuckerbrot, weniger Peitsche: Aufrufe, Manifeste und Faulheitspapiere der Glücklichen Arbeitslosen. Berlin: edition Tiamat, 2002.

ren sie nur das Produkt einer Gesellschaft, die noch am Programm festhielt, *jedermann* einen Arbeitsplatz geben zu können, und auf dieses Programm die Ideen von Wohlstand und Gerechtigkeit, wenn nicht sogar Freiheit und Brüderlichkeit begründete. Dem entsprach eine politische Ökonomie, die bis in die Produktion und den Konsum von Zeichen hinein auf die Organisierbarkeit von Massen zählte, vergeblich, wie sich bald herausstellen sollte, weil die Masse ihre Bewegung jedem Gesetz zu entziehen vermag.[7] Heute nähert sich die Gesellschaft einem neuen Aggregatzustand, der eher in Begriffen von Milieus, Netzwerken und Medientechnologien zu beschreiben ist denn in Begriffen von Organisation und Masse.[8] Dem entspricht ein Bild und Selbstbild des Individuums, die dessen »Eigensinn« und »Lebenszeit« (mit zwei Ausdrücken von Alexander Kluge[9]) nicht mehr in die Differenz von Konformität mit oder Abweichung gegenüber den Formen kollektiver Ordnung zu bringen versuchen, sondern zum mobilen Spielmaterial eines evolutionären Portefeuilles an Vernetzungsmöglichkeiten machen. Zu Recht hat man festgestellt, daß die »Dekonstruktion« des Subjekts in der Philosophie und die »Flexibilisierung« des Individuums durch die Organisation von Arbeit hier Hand in Hand gehen.[10]

Uns interessieren hier weder die gesellschaftstheoretischen noch die subjekttheoretischen Konsequenzen dieser neuen Lage, sondern nur die Frage, welches Arbeitsverständnis mit ihr einhergeht. Wie läßt sich Arbeit definieren, wenn sie nach wie vor Zugangsvoraussetzung zur Ökonomie des Geldes ist, nach wie vor mit individueller Selbstverwirklichung korreliert ist, jedoch nicht mehr eindeutig unter dem Gesetz der Ausbeutung von Arbeitskraft durch das Kapital und auch nicht mehr eindeutig unter dem Gesetz der kollektiven Formierung

7 Siehe zu beiden Aspekten Jean Baudrillard, Pour une critique de l'économie politique du signe. Paris: Gallimard, 1972, und ders., A l'hombre des majorités silencieuses ou la fin du social. Paris: Utopie, 1978.

8 Den Roman darüber schrieb Neal Stephenson, Snow Crash. New York: Bantam, 1992; die Theorie Harrison C. White, Identity and Control: A Structural Theory of Action. Princeton, NJ: Princeton UP, 1992. Daß durch die Kategorie des Netzwerks auch die alte Differenz zwischen kleiner Nahwelt und großer Fernwelt aufgehoben wird, machen nicht nur das Internet, sondern auch Duncan Watts, Small Worlds: The Dynamics of Networks Between Order and Randomness. Princeton: Princeton UP, 1999, deutlich.

9 Siehe Alexander Kluge, Chronik der Gefühle. Frankfurt am Main: Suhrkamp, 2000.

10 So Claus Pais in der Frankfurter Allgemeinen Zeitung, Nr. 136, vom 14. Juni 2000, S. N 6, in einem Bericht über eine Konstanzer Tagung zum Thema »Anthropologie der Arbeit«.

durch die hierarchische, bürokratische und tayloristische Organisation steht? Nach wie vor ist Arbeit »Funktion« im Sinne Ernst Jüngers, aber nicht mehr eine Funktion, die sich wie bei ihm noch »total«,[11] sondern nur noch eine Funktion, die sich »partiell« »in Beziehung setzt«. Wie läßt sich diese Arbeit als Funktion begreifen? Wovon und wofür ist sie in diesem Sinne Funktion? Und um welchen Typ von Beziehung zu was geht es?

Arbeit an der Arbeit

Es steht außer Frage, daß es den Organisationen der modernen Gesellschaft in einem überraschenden Ausmaß gelungen ist, Arbeit nicht mehr durch das Produkt, um das es geht, sondern durch die Organisation, die nötig ist, um es herzustellen, zu determinieren.[12] Seither versteht sich Arbeit nicht mehr sachlich, sondern sozial. Man hat es zwar immer noch mit *Dingen* zu tun, die *hergestellt* werden, seien es Produkte, Dienstleistungen, Aktenvorgänge oder Schulnoten, zugleich jedoch – und nach allem, was man sieht, dominierend – *mit Leuten* und einem *Beziehungsmuster zwischen diesen Leuten*, das die Arbeit selbst dafür in Anspruch nimmt, festzulegen, welche Arbeit von wem wie zu machen ist. Bevor man das Produkt auch nur zu sehen bekommt, hat man es bereits mit Koordination zu tun, das heißt mit Vorgaben, mit wem und mit wem nicht in bestimmten Fragen zu kooperieren ist. Die Koordination nimmt die Form von Hierarchie, aber auch die Form von Kollegialität an. Sie wirkt vertikal und horizontal. Sie spannt ein und schafft dadurch den Raum, in dem gearbeitet werden kann und in dem vielfach nur gearbeitet werden kann, wenn und indem gleichzeitig gegen ihn gearbeitet wird.

Man kann es als Phänomen betrachten, daß der Arbeitsbegriff diesen Wechsel der Determination vom Produkt zur Organisation unbeschadet überstanden hat. Offensichtlich war ein bestimmter Fremdbezug für Arbeit immer schon maßgebend. Wer arbeitet, tut etwas, was man freiwillig nicht tun würde. Selbst wenn sich künstlerische und intellektuelle Arbeit als freiwillig verstehen, wird ihnen fast nie eine Tendenz zur Betonung einer Notwendigkeit, einer durch diese Arbeit abgewendeten Not, fehlen, und sei es die Not der

11 Siehe a. a. O., S. 103.

12 Siehe diesen Befund bei Niklas Luhmann, Organisation und Entscheidung. Opladen: Westdeutscher Verlag, 2000, S. 380 ff.

anders nicht möglichen Selbstverwirklichung oder auch nur der anders nicht möglichen Absorption von Unruhe und Orientierungslosigkeit.

Jede Arbeit kombiniert daher einen Fremdbezug und einen Selbstbezug. Sie positioniert eine Tätigkeit, die das Selbst eines Individuums oder einer Gruppe oder einer Organisation auf das Fremde einer Hierarchie, einer konkurrierenden Gruppe oder eines Marktes bezieht und für dieses Inbeziehungsetzen immer in der Lage sein muß, das Selbst und das Fremde auseinanderzuhalten. Selbst wenn man von determinierter Arbeit spricht, gleichgültig ob determiniert durch das Produkt oder durch die Organisation, muß die Determination immer auf ein Determinierbares, auf ein für sich selbst also Anderes, ein Selbst, stoßen. Sonst hätten wir es nicht mit »Determination« und schon gar nicht mit einer »Funktion« zu tun.

Das scheint der Grund dafür zu sein, daß man bei der Suche nach einem Arbeitsbegriff nur weiterkommt, wenn man von vorneherein von einer *Arbeit an der Arbeit* ausgeht.[13] Wir führen also ein *Konzept zweiter Ordnung* ein, um eine *Differenz* bezeichnen zu können, die sowohl das Selbst voraussetzen können muß, das für und gegen ein Fremdes arbeitet, wie auch das Fremde, das ein Selbst für sich einspannen will. Arbeit an der Arbeit heißt dann immer zweierlei: die Arbeit des Selbst an der Arbeit des Anderen; und die Arbeit des Anderen an der Arbeit des Selbst.

Für diesen Trick einer begrifflichen Verkomplizierung machen wir uns zunutze, daß Konzepte zweiter Ordnung etwa in der Kybernetik bereits seit langem eingeführt sind, um Phänomene zu bezeichnen, die sich selbst voraussetzen müssen, um sich reproduzieren zu können, dabei und dafür jedoch typischerweise offenlassen müssen, welcher Herkunft sie sind und welcher möglicherweise transzendente Sinn ihnen unterliegt. Konzepte zweiter Ordnung führen eine in einer Ebenendifferenz etablierte Selbstreferenz ein, die an die Stelle von Ursprüngen und Teleologien tritt und die dazu zwingt, Wesensfragen durch operative Fragen nach dem Modus der Reproduktion zu ersetzen. Durchgespielt wurde dieses Begriffsmanöver bereits an den Beispielen des Lebens, des Denkens, des Rechnens, des Bewußtseins, der Wahrnehmung, der Kommunikation, des Sinns, der Welt und nicht zuletzt des Zwecks,[14] aber sicherlich könnte man die Liste

13 Siehe mit dieser Formel auch Birger P. Priddat, Arbeit an der Arbeit: Verschiedene Zukünfte der Arbeit. Marburg: Metropolis, 2000.

14 Siehe exemplarisch Humberto R. Maturana, Was ist Erkennen? Aus dem Englischen

fast nach Belieben erweitern: um das Lieben des Liebens, die Macht der Macht, den Glauben des Glaubens, die Organisation der Organisation, das Theater des Theaters und den Betrug des Betrugs. Wie wird aus der Arbeit Arbeit, ist die nach der Vorgabe dieses Konzepts zu stellende Frage; und die Antwort lautet: durch Arbeit. Man sieht, daß die begriffliche Verkomplizierung auf eine operative Vereinfachung, nämlich auf die Benennung einer Tautologie, die auf ihre operative Entfaltung wartet, hinausläuft.[15]

Man sieht allerdings auch, daß diese Vereinfachung in dem Sinne »gefährlich« ist, als jede in einer Differenz konstituierte Selbstreferenz es riskiert, bei der Bestimmung des Selbsts der Selbstreferenz nicht auf die Innenseite (das bestimmte Selbst), sondern auf die Außenseite (das unbestimmt Andere) der Differenz zu stoßen und somit sich durch das zu bestimmen, was sie nicht ist. Hinter jeder Tautologie versteckt sich eine Paradoxie. (Selbst A = A ist in dem Sinne paradox, als die linke Seite der Gleichung, weil sie die *linke* Seite ist, eben nicht die *rechte* Seite ist, ganz zu schweigen von der Zeit, die man braucht, um von der linken Seite auf die rechte Seite zu kommen und die schon deswegen das zweite »A« vom ersten »A« unterscheidet. Das rechte »A« ist sowohl räumlich als auch zeitlich vom linken »A« unterschieden. Und dieser Unterschied muß vom Gleichheitszeichen *geleugnet* werden, ohne daß man wüßte, wie lange ihm das gelingt und wem das mit welchen Einspruchsmöglichkeiten wann auffällt.[16])

Ähnlich wie die Welt, das Leben, das Bewußtsein oder die Kommunikation, oder auch die Liebe, das Theater und der Betrug hätte man es auch bei der Arbeit mit einer »Einmalerfindung« zu tun, das heißt mit einem Phänomen, das, einmal erfunden, sich evolutionär

von Hans Günter Holl. München: Piper, 1994; Heinz von Foerster, Der Anfang von Himmel und Erde hat keinen Namen: Eine Selbsterschaffung in 7 Tagen, Hg. von Albert Müller und Karl H. Müller. Wien: Döcker, 1997; Niklas Luhmann, Die Gesellschaft der Gesellschaft. Frankfurt am Main: Suhrkamp, 1997; George Spencer-Brown, Gesetze der Form. Aus dem Englischen von Thomas Wolf. Lübeck: Bohmeier, 1997.

15 Streng nach der Vorgabe von Gregory Bateson, Geist und Natur: Eine notwendige Einheit, aus dem Amerikanischen von Hans Günter Holl. Frankfurt am Main: Suhrkamp, 1982, S. 104 ff., daß nur die Tautologie ein robuster Startpunkt für eine Erklärung ist, wenn man in Rechnung stellt, daß jede Erklärung sowieso letztlich in einer Tautologie, nämlich auf uns, die wir etwas erklären, was nur für uns ein Etwas ist, begründet ist.

16 Spencer-Brown, a. a. O., S. 60, definiert das Gleichheitszeichen daher konsequent mit der Formulierung »wird verwechselt mit«.

offensichtlich so sehr bewährt hat, daß es sich seither in der Differenz, *die es zu allem anderen macht*, zu reproduzieren vermag. Arbeit ist Arbeit, indem sie an sich arbeitet und dabei immer wieder alles heranzieht und ausschließt, was nicht Arbeit ist. Arbeit ist Arbeit an der Differenz der Arbeit. Und das heißt, daß sie Arbeit auf beiden Seiten der Differenz ist, dies jedoch nur auf der Innenseite der Differenz für operative Anschlüsse fruchtbar machen kann.

Wie in allen Fällen einer in einer Differenz konstituierten Selbstreferenz müssen wir *Unterscheidungen* einführen, die es uns erlauben, zu beobachten, wie Arbeit durch Arbeit operativ reproduziert wird. Durch diese Unterscheidungen wird die Tautologie operativ gemacht und die Paradoxie entfaltet. Wir beschränken uns hier auf die ebenfalls in der Kybernetik bereits eingeführten Differenzen Unterscheidung/Form, Form/Medium, Operation/Beobachtung sowie, zu guter Letzt, System/Umwelt.

Die Form der Unterscheidung

Als erstes unterscheiden wir zwischen einer *Unterscheidung* und der *Form dieser Unterscheidung*. Wir greifen dazu auf Vorstellungen des Formenkalküls von George Spencer-Brown zurück, in dem Operationen grundsätzlich als Unterscheidungsoperationen gefaßt werden und es durch Wechsel auf eine Ebene der Beobachtung zweiter Ordnung möglich ist, zu sehen, daß Unterscheidungen nicht nur bezeichnen, was sie bezeichnen, sondern dabei unbezeichnet lassen (müssen), was sie auf der Außenseite der Unterscheidung dennoch voraussetzen (müssen).[17]

Das gilt für einfache *Distinktionen*, wenn etwa eine Tasse im Unterschied zu allem anderen bezeichnet wird und man zu unterschiedlichen »Tassen« kommt, je nachdem ob man im Kontext von Geschirr (Teller, Schüsseln, Gläser ...) oder im Kontext möglicher anderer Tassen (schöne, häßliche, bunte, einfarbige, Gebrauchstassen, Designertassen ...) beobachtet. Das gilt jedoch auch für beidseitig bezeichnete *Differenzen*, wenn man etwa zu beobachten versucht, was man typischerweise *nicht* sieht, wenn man mit Hilfe der Unterschei-

17 Siehe Spencer-Brown, Gesetze der Form. A. a. O.; und vgl. dazu die Beiträge in Dirk Baecker (Hg.), Kalkül der Form. Frankfurt am Main: Suhrkamp, 1993; ders. (Hg.), Probleme der Form. Frankfurt am Main: Suhrkamp, 1993; sowie http://www.robotwisdom.com/jorn/gsb.html und www.rgshoup.com/lof.

dung von schön und häßlich beobachtet (gut und böse zum Beispiel, oder oben und unten, drinnen und draußen, billig und teuer, verdammt und erlöst ...).

Nun bräuchte man sich auf einen Großteil der Überlegungen, die wir hier anstellen, gar nicht einlassen, wenn klar wäre, *wovon Arbeit typischerweise unterschieden wird.* Aber das ist alles andere als klar, weil die Unterscheidungen vom *Müßiggang*, wie sie für die Antike maßgebend war,[18] vom *immer etwas anrüchigen Ungebundensein*, wie sie im Mittelalter vorherrschte,[19] von *Sünde und Schuld*, wie sie in der Neuzeit sich durchsetzte,[20] und von der *Arbeitslosigkeit*, wie sie heute auffällt, nicht etwa in historischer Folge eindeutig aufeinanderfolgen, sondern sich übereinanderlegen, so daß fallweise die eine, dann wieder die andere dominiert. Wenn dies aber so ist, ist klar, daß unklar sein muß, was Arbeit »ist«. Denn bestimmt ist etwas nur, wenn es sich *clare et distincte* unterscheiden läßt. Was den Unterschied wechseln kann, ist offensichtlich von anderer Qualität.

Daher fällt auch dann, wenn man auf die *Form der jeweiligen Unterscheidung* achtet, auf, daß Arbeit im Unterschied zu Müßiggang auf zwei verschiedene Weisen des *Lebens* (*vita activa* im Unterschied zur *vita contemplativa*), im Unterschied zum Ungebundensein auf *Dienst*, im Unterschied zur Schuld auf *Religion* und im Unterschied zur Arbeitslosigkeit auf *politische Ökonomie* und *individuelle Selbstverwirklichung* verweist. Offensichtlich fungiert die Arbeit wie ein *shifter*,[21] der die Stellung wechselt, je nachdem, wer wie von ihr spricht. Das bedeutet, daß sie im Kontext der genannten Unterscheidungen und ihrer Form bestimmt ist, *ohne auf diese Bestimmung jeweils festgelegt werden zu können.* Wer immer von »Arbeit« spricht, mag wissen, was er jeweils meint. Doch sobald man auf die Form der jeweiligen Unterscheidung achtet, kann diese zwar ebenfalls noch

18 Etwa Aristoteles. Siehe dazu Hannah Arendt, Vita Activa oder Vom tätigen Leben. München: Piper, 1967, Neuausgabe 1991, S. 14 ff.: Arbeit als Un-ruhe, als nec-otium.

19 Das Mittelalter verstand die Arbeit als eine Mühsal und Qual, die zu akzeptieren die Würde des Menschen ausmacht. Daher war Arbeit vor allem »Frauen-, Herren- und Gottesdienst«. Siehe dazu Werner Conze, Arbeit, in: Otto Brunner, Werner Conze, Reinhart Koselleck (Hg.), Geschichtliche Grundbegriffe: Historisches Lexikon zur politisch-sozialen Sprache in Deutschland, Bd. 1. Stuttgart: Klett-Cotta, 1972, S. 154-215, hier: S. 160 ff.

20 Siehe Max Weber, Die protestantische Ethik I: Eine Aufsatzsammlung, Hg. von Johannes Winckelmann. 4. Auflage, Hamburg: Siebenstern, 1975.

21 Im Sinne von Roman Jakobson, Shifters, Verbal Categories, and the Russian Verb. In: Selected Writings, Bd. II: Work and Language, Den Haag/Paris: Mouton, 1971, S. 130-147.

bestimmt werden, fällt jedoch zugleich auf, daß andere Formen mehr oder minder alternativ naheliegen.

Für den gesellschaftlichen Diskurs bis hin zu Arbeiterbewegungen und bis hin zum Protest gegen Arbeitslosigkeit mag es vorteilhaft scheinen, daß sich mit dieser einen Kategorie der Arbeit Konnotationen des Lebens, der menschlichen Würde, der Religion, der politischen Ökonomie und der Selbstverwirklichung aufrufen lassen. Denn dementsprechend unabweisbar und dringlich scheint der Protest. Doch dieser Vorteil verliert sich schlagartig, wenn der Gegner mit einer Differenzierung antwortet und dem Protest dann nur die Empörung bleibt.

Daran ändert sich auch nichts, wenn man die Arbeit nicht *von etwas anderem*, sondern *von sich selbst* zu unterscheiden versucht. So scheint heute die Unterscheidung *kreativer* von *nicht-kreativer Arbeit* an Bedeutung zu gewinnen. Mit dieser Unterscheidung kann man die eigene Arbeit positiv werten, ohne deswegen ein Opfer derjenigen zu werden, die Arbeit generell negativ werten. Denn man kann in die Ablehnung der nicht-kreativen Arbeit einstimmen, ohne sich davon mitgemeint fühlen zu müssen. Außerdem kann man das Gespenst der Arbeitslosigkeit auf Abstand halten beziehungsweise kann man markieren, daß es eher die nicht-kreative als die kreative Arbeit bedroht. Und man kann soziale Distinktionsgewinne einfahren, indem man die eigene Arbeit als »kreativ« und die Arbeit anderer als »nicht-kreativ« bezeichnet. Interessanterweise ist die Unterscheidung für diese Zwecke sogar robust gegenüber der Frage nach der Höhe des Verdiensts, weil Gehalt nicht mit Kreativität korreliert, ohne daß umgekehrt Kreativität ein gutes Gehalt ausschließen müßte.

Diese Unterscheidung besitzt demnach ein großes operatives Potential im sozialen Vergleich mit anderen ebenso wie im Bereich der Selbstmotivation (und -frustration), *jedoch ohne daß sie irgendeinen Beitrag zur Bestimmung der Arbeit selbst leisten würde.* Was Arbeit »ist«, bleibt hier vollständig offen, weil es nur auf die Frage ankommt, ob die Arbeit immer wieder dieselben Produkte (»nicht-kreativ«) oder immer wieder neue Produkte (»kreativ«) hervorbringt. Dabei wird typischerweise ausgeblendet, daß große Kreativität erforderlich sein kann, um unter schwierigen Bedingungen eine bestimmte gleichbleibende Qualität eines bestimmten Produktes gewährleisten zu können, wie auch ausgeblendet bleibt, daß jede Kreativität ihre eigenen Routinen hat, wenn nicht sogar ihre stupideste Disziplin.

Interessant ist jedoch die *Form* der Unterscheidung zwischen kreativer und nicht-kreativer Arbeit, weil sie auf *Zustände* verweist, die mit Arbeit bewirkt werden, immer wieder »dieselben« oder immer wieder »neue«. Wovon lassen sich diese Zustände unterscheiden? Offensichtlich von allem, was ist, was es ist, ohne daß darauf eine besondere Bemühung, eine Sorge, eine Betreuung, eine Bewirkung verwendet werden müßte. Jede Arbeit hätte es dann, darauf kommen wir gleich zurück, mit einer Medialisierung der Welt in die Kontingenz ihrer eigenen Zustände zu tun. Alles, was *nicht* Arbeit ist, akzeptiert hingegen Notwendigkeit und Zufall, Schicksal und Faktizität, Sein und Nicht-Sein, Werden und Vergehen – und damit, an der vormodernen Begrifflichkeit bereits erkennbar, offensichtlich vormoderne Weltzustände, die in der modernen Gesellschaft einen nur noch marginalen Stellenwert haben. Auch damit ist die Zentralität des Konzepts der Arbeit für das Verständnis und Selbstverständnis der modernen Gesellschaft belegt.

Form und Medium

Die soeben bereits angedeutete zweite Unterscheidung, die wir einführen können, um die mit dem Konzept zweiter Ordnung eingeführte Ebenendifferenz zu erläutern, ist die *Unterscheidung zwischen Form und Medium.* Sie wurde von Fritz Heider ursprünglich für Fragen der Wahrnehmungspsychologie entwickelt und formuliert die Beobachtung, daß jedes »Ding« oder allgemeiner jede »Form« eine feste Kopplung zwischen Elementen darstellt, die nicht nur in dieser Form, sondern auch im Aggregatzustand der losen Kopplung, nämlich als »Medium« vorliegen können.[22] Wir sehen nur etwas, weil die Gegenstände, die wir sehen, Lichtwellen in einer ganz bestimmten Form reflektieren, die ansonsten unsichtbar bleiben. Wir hören nur etwas, weil Laute dem Schall eine Form geben, der ansonsten unhörbar bleibt. Wir können nur Sätze in eine Form bringen, weil uns eine lose gekoppelte Menge von Buchstaben, Worten, grammatischen Möglichkeiten und Sinnverweisungen zur Verfügung steht, die wir als solche nicht sehen, aber voraussetzen müssen, wenn wir einen Satz formulieren. Das gilt für alle Medien, gleichgültig ob es sich um Wahrnehmungsmedien (Licht, Schall, Luft), Verbreitungsmedien

22 Siehe Fritz Heider, Ding und Medium. In: Symposion. Philosophische Zeitschrift für Forschung und Aussprache 1 (1926), S. 109-157.

(Sprache, Schrift, Funk, Internet) oder Kommunikationsmedien (Geld, Macht, Liebe, Wahrheit, Recht) handelt. In jedem Fall erkennen wir die Existenz eines solchen Mediums nur an den Formen, die in ihm gebildet werden können.

Das gilt, so können wir vermuten, auch für die Arbeit. Eines der interessantesten Phänomene der Arbeit ist, daß sie die Welt medialisiert. Wer arbeitet, arbeitet an Formen, die ein Medium voraussetzen, das alles andere als selbstverständlich ist. Wenn nach der Wende in Ostdeutschland Immobilienmakler durch die Straßen ostdeutscher Städte gingen und ihre Blicke prüfend an den Fassaden herauf- und heruntergleiten ließen, verwandelten sie eine mehr oder minder charmant verfallene Heimat in ein Terrain für Investitionsgelegenheiten. Wenn ich einen meiner Künstlerkollegen mit einem Block Papier in der Hand durch das Gebäude der Universität wandern sehe, ahne ich bereits die nächste künstlerische Verwandlung der unbescholtenen Hallen. An den Blicken, die man beobachtet, studiert man die Transformation bestimmter Formen in ein Medium für ganz andere Formen, ohne daß von diesen anderen Formen irgendeine konkret vorliegen müßte.

Dasselbe gilt für bereits vollendete Arbeitsprodukte. Auch sie sind Formen, die zugleich als Medium für die Vorstellung ihrer Verbesserung, ihrer Verbilligung oder ihrer gefälligeren Gestaltung dienen können, wenn auch nicht müssen. Dem Blick des Arbeiters wird alles zum Medium, gleichgültig auf welche Form er trifft. Man kann diese Form der Medialisierung von Formen nur stoppen, indem man mit Hilfe einer anderen Unterscheidung beobachtet. Aber welche anderen Unterscheidungen bieten sich hier noch an? Ist die Moderne nicht längst in der Situation des König Midas, dem alles, was er anfaßte, in der Hand zu Gold wurde? Kann in der modernen Gesellschaft irgend etwas beobachtet werden, ohne die Vorstellung parallel laufen zu lassen, *daran arbeiten zu können*? Wenn ich etwas besitze oder nicht besitze, etwas verschenke oder nicht verschenke, etwas weiß oder nicht weiß, etwas will oder nicht will, etwas erreicht habe oder nicht erreicht habe – ist damit nicht immer schon ein Element der Arbeit angesprochen, die ich entweder hinter mir habe oder vor mir habe oder sogar in dem Moment verrichte, in dem ich zum Beispiel etwas verschenke oder etwas erreiche?[23] Selbst die Trauer und

23 Das war der Verdacht, dem Marcel Mauss, Die Gabe: Form und Funktion des Austauschs in archaischen Gesellschaften. In: ders., Soziologie und Anthropologie, Bd. II. Aus dem Französischen von Eva Moldenhauer, Henning Ritter und Axel Schmal-

die Beziehung geraten mir zu einer Arbeit, sobald ich sie unter dem Gesichtspunkt medialisiere, daß ich ihre Möglichkeiten noch längst nicht ausgeschöpft habe.[24] Alles, was ich tue, wird mir zu einer unvollkommenen Form seiner selbst. »Perfektibilität« ist daher eine der Zauberformeln der Freisetzung der modernen Gesellschaft, zumal diese Formel sich sehr schön mit der Absicht kombinieren läßt, jeden »positiv« vorliegenden Gegenstand als »Negativfassung« desselben Gegenstandes in einem höheren Perfektionsgrad zu betrachten.[25] Auf dem Umweg über die Negation verwandeln sich die Formen dieser Welt in das Medium ihrer anderen Möglichkeiten.

Brisant ist dies unter anderem deswegen, weil mit der Unterscheidung zwischen Form und Medium alteuropäische Stabilitätserwartungen auf den Kopf gestellt werden. In Alteuropa galten *die Dinge* als »essentiell« und »substantiell« stabil und *die Umstände* um sie herum als »akzidentell« und instabil. In der Unterscheidung von Form und Medium hingegen ist die Form das Wandelbare und das Medium das Stabile.[26] Verlaß ist darauf, daß lose gekoppelte Elemente zur Verfügung stehen, solange sie zur Verfügung stehen. Auf jede einzelne Form ist hingegen kein Verlaß, weil schon der zweite Blick ein Blick sein kann, der kontingent setzt und eine Variation imaginiert.

Das macht verständlich, warum sich die Arbeit immer wieder ins *Arbeiten* entzieht und jedes Produkt auch den Arbeitenden nur als *Zwischenprodukt* überzeugt. Die Arbeit sucht den (unmöglichen) Kontakt mit dem Medium, denn nur hier ist sie als Arbeit an der Arbeit ganz bei sich. Aber genau hier wird sie sich und anderen unsichtbar, weil auch das Medium unsichtbar ist. Darum kann zum Unglück von Künstlern, die in jüngerer Zeit genau dies versuchen, die Arbeit selbst als Arbeit nicht gezeigt, nicht erfahrbar gemacht, nicht erlebt werden, es sei denn an einem ihrer Produkte, die jedoch

fuß, Frankfurt am Main: Ullstein, 1978, S. 9-144, ursprünglich nachgegangen war, um eine Alternative dazu zu finden – vergeblich, wie man studieren kann, wenn man die »Schlußfolgerungen« dieser Studie liest.

24 Ist nicht vieles von dem, was die Moderne unter dem Titel »Ethik« formuliert, eine Aufforderung zu dieser Art von Medialisierung? Unser »ethos« ist nicht mehr das glückliche Leben der Antike, sondern die laufende Transformation der Welt.

25 So Niklas Luhmann, Frühneuzeitliche Anthropologie: Theorietechnische Lösungen für ein Evolutionsproblem der Gesellschaft. In: ders., Gesellschaftsstruktur und Semantik: Studien zur Wissenssoziologie der modernen Gesellschaft, Bd. 1, Frankfurt am Main: Suhrkamp, 1980, S. 162-234, hier: S. 212 f.

26 Darauf macht Niklas Luhmann, Einführung in die Systemtheorie. Carl Auer, 2002, S. 228, aufmerksam.

den Blick auf das Medium gerade verstellen. Darum waren die alten Gesellschaften wahrscheinlich besser beraten, die an der wohlverdienten Müdigkeit die getane Arbeit begriffen und mit einem Fest festhielten, welche Elemente der Kooperation in sie Eingang gefunden hatten. Uns bleibt nichts anderes, als uns mit den Insignien der Arbeit auszustatten, dem wettergegerbten Gesicht des Bauern, dem maschinenerprobten Blick des Arbeiters, der blasierten Unruhe des Angestellten, der Autorität des Experten, der Zerstreutheit des Professors und der dröhnenden Stimme des Managers, um an ihnen ablesbar werden zu lassen, auf wie vertrautem Fuße wir mit welchem Medium der Arbeit stehen – und dies ganz unabhängig davon, ob wir im Zweifel auch die dazu passenden Formen liefern könnten.

Operation und Beobachtung

Unsere dritte Unterscheidung bringt einen zum Verhältnis von Form und Medium passenden Aspekt zur Sprache. Die *Unterscheidung von Operation und Beobachtung* ist vor allem dazu geeignet, zu beobachten (!), daß jede Beobachtung zwar geeignet ist, auch eine Operation (eine Handreichung, eine Entscheidung, ein Akteneintrag, eine Regieanweisung, die Ermahnung eines Schülers, das Lächeln eines Verkäufers) zu beobachten, dabei jedoch nicht in der Lage ist, *sich selbst als Operation* zu beobachten. Jede Operation ist in dem Moment, in dem sie vorgenommen wird, für sich selbst blind; jede Beobachtung der Operation durch die Operation selbst kommt immer einen Moment zu spät. Die Operation ist wie die *différance* Derridas[27] ihrer eigenen Beobachtung vorläufig, jede Beobachtung ihrer eigenen Operation nachträglich.

Für unser Thema bedeutet dies, daß die Arbeit zunächst einmal sein muß, was sie ist, bevor sie *als das* beobachtet werden kann, was sie ist, ohne daß irgend etwas dafür garantieren würde, daß sie als das beobachtet werden kann, was sie ist, wenn sie ist. Diese Eigentümlichkeit wird durch die Metapher des »blinden Flecks« formuliert. Die Arbeit ist ihr eigener blinder Fleck. Selbst wenn ich an diesem Text sitze und an ihm arbeite, kann ich nicht, während ich arbeite,

27 Siehe Jacques Derrida, Die différance. In: ders., Randgänge der Philosophie, aus dem Französischen von Eva Pfaffenberger-Brückner, Hg. von Peter Engelmann. Wien: Passagen, 1988, S. 29-52.

Beobachtungen darüber anstellen, was es heißt, zu arbeiten, ohne daß ich für diese Beobachtungen voraussetzen muß, daß ich weiterarbeite, während ich sie anstelle. Selbst wenn ich mich als Arbeitenden, ja als Arbeiter an der Arbeit hier kenntlich mache, könnte ich doch nur von der immer noch unzureichenden Zettelkastenbasis dieses Textes, vom allmählichen Entstehen der Sätze, von weggeworfenen Entwürfen, von meinen hartnäckigen, aber letztlich erfolglosen Fluchtversuchen vor diesem Thema berichten,[28] aber nicht von der Arbeit selbst, wie sie zum Beispiel vom Zettelkasten motiviert wird, der mehr Fragen aufwirft, als ich aufgreifen kann.

Wenn die Operation immer schon stattgefunden hat, wenn die Beobachtung einsetzt (und selbst wenn dies im Zehntelsekundenabstand der Fall ist), so bedeutet das, daß jede Beobachtung von Arbeit die Vergangenheit einer unbekannten Zukunft thematisiert, und zwar eine Vergangenheit, die für diese Zukunft allenfalls dort relevant ist, wo sie ihr Postrationalisierungen liefert, die sie gegen alternative Entwürfe ihrer selbst (im Medium der Perfektibilität) zu verteidigen erlaubt. Jede Beobachtung verfehlt, weil sie nur *abgeschlossene* Operationen zum Gegenstand nehmen kann, die für diese Operationen selbst maßgebende *Offenheit* der Erfahrung ihrer unbekannten Zukunft. Das kann man eindrucksvoll an der Kritik künstlerischen Arbeitens studieren, in der es schwerfällt, sich vom Vorliegen des fertigen Werkes zu lösen und sich vorzustellen, welche Entscheidungsprobleme der Künstler beim Verfertigen des Werkes, solange dies *nicht* fertig war, zu lösen hatte. Niemand ist in der Lage, sich mit dem Künstler jene Strecke des Weges den Zeitstrom zurückzubewegen, um sich *dort* anzuschauen, was nur so entstanden ist, wie es entstanden ist, *weil* es in jedem seiner Momente ganz anders hätte entstehen können.

Arbeit an der Arbeit bedeutet daher vor allem, Rückkopplungsschleifen zu erproben, in denen Beobachtungen der Arbeit Orientierungspunkte für die Operationen selbst liefern können. Im Grunde ist dies die Arbeit, die wir alle kennen: die Prozessualisierung eines Vorgangs mit Blick auf ein bereits vereinbartes, bereits vorgestelltes

28 Es war in diesem Falle hilfreich, nicht an einem, sondern an zwei Texten zu arbeiten, um den einen mit dem Blick des Themas des anderen beobachten zu können. Siehe den Zwilling dieses Textes, »Die gesellschaftliche Form der Arbeit«, in: Dirk Baecker (Hg.), Archäologie der Arbeit. Berlin: Kulturverlag Kadmos, 2002, S. 203-245. Aber auch angesichts dieser beiden Texte, zu denen diese Fußnote sich in das Verhältnis des ausgeschlossenen Dritten begibt, habe ich den Eindruck, daß die Blindheiten sich nicht kompensieren, sondern aufschaukeln.

und nicht zuletzt bereits akzeptiertes Ziel. Letztlich heißt dies jedoch, die Arbeit an der Arbeit zu verhindern, um mit ihr fertig werden zu können und um sich nicht in die Paradoxie zu verstricken, nur vor der Operation wissen zu können, was man nach der Operation nicht mehr weiß.

Das ist der vielfach verborgene Haken an der Prozeßkategorie: Wir tun so, als würden wir uns mit der Rede vom »Prozeß« temporal öffnen für die Beobachtung der Unwahrscheinlichkeit seines Gelingens. Tatsächlich jedoch führen wir mit der Kategorie des »Prozesses« nur die Vorstellung ein, daß jeder einzelne Arbeitsschritt etwas mit vorherigen und etwas mit nachherigen Schritten zu tun hat. Das heißt, wir lassen uns auf eine sich selbst verstärkende Selektivität ein, die letztlich nur die Unbekanntheit und Blindheit jedes einzelnen Schrittes zu vergrößern vermag, *weil* der Schritt ja gehalten ist von denen, die vorher kamen, und denen, die nachher kamen. Und dies gilt, Gipfel der Ironie, für jeden einzelnen Schritt, so daß wir, wenn wir von der Ebene der Beobachtung des »Ergebnisses« auf die Ebene der Beobachtung des »Prozesses« wechseln, nur konzedieren, daß wir die (externen) Maßstäbe für die Ergebnisse fallenlassen und uns ganz auf das unbekannt Zielführende des Prozesses selbst einlassen. Wer vom »Prozeß« spricht, gibt nur zu, es für unproblematisch zu halten, daß er nicht weiß, wozu das führt, was er treibt. Dies ist eine aufgeklärte Haltung – mit einem nicht unromantischen Hang zur Finsternis der Gegenaufklärung.

System und Umwelt

Radikale Versuche, die Arbeit als Arbeit an der Arbeit zu denken, führen früher oder später auf den griechischen Begriff der práxis, das heißt einer sich selbst genügenden, sich in sich selbst verwirklichenden und befriedigenden Tätigkeit. Die Griechen hatten diese práxis von der poiésis unterschieden, einer Tätigkeit, bei der es um das Hervorbringen eines Werkes geht, das auch außerhalb der Tätigkeit selbst von Bestand ist und Interesse findet. Praktiken in diesem Sinne sind heute schwer zu finden, wenn man nicht gleich an die beiden von Luhmann gegebenen Beispiele des Rauchens und des Schwimmens denkt.[29]

29 Immerhin schwimme man in der Regel nicht, so Luhmann, um irgendwo hinzukommen. Siehe Luhmann, Einführung in die Systemtheorie, a. a. O., S. 111.

Es fällt auf, daß es seit Karl Marx immer wieder Versuche gegeben hat, die Arbeit in diesem Sinne als práxis zu denken,[30] Versuche überdies, die von Autoren unternommen worden sind, denen man hinlängliche Griechischkenntnisse unterstellen kann, um nicht annehmen zu müssen, daß sie die moderne Unterscheidung von »Theorie« und »Praxis« vor Augen hatten. Diese moderne Unterscheidung, die nach dem Vorbild von »Denken« und »Handeln« gebaut ist, steht selbst so sehr im Zeichen einer versuchten Umwertung der traditionellen Höherwertung des Denkens zugunsten des Handelns, einschließlich einer damit hingenommenen Abwertung der Theorie als »grau«, daß sie selbst Teil an der modernen Universalisierung des Arbeitsbegriffs hat und eher nicht als Ausgangspunkt für ein Denken der Arbeit als Arbeit dienen kann.

Marx wußte, was er tat, wenn er die Arbeit (der Menschen) als práxis bezeichnete. Arbeit war für ihn wie für Hegel die Hervorbringung eines Werkes, in dem der Mensch sich selbst im Unterschied zur Natur erschafft und durch Arbeit verwirklicht.[31] In der Arbeit genügt nicht die Tätigkeit, sondern der Mensch sich selbst, dies allerdings in einem Sinne, der vom Ungenügen seinen Ausgangspunkt nimmt und die Negativität, die Abweichung vom vorherrschenden Zustand der Welt ebenso wie des Menschen, zum movens der Arbeit macht. Damit war von Hegel, so Derrida, nicht nur *auf* die Arbeit, sondern auch *gegen* das Spiel und *gegen* den Zufall gewettet.[32] Marx hingegen war nicht nur Philosoph und Wissenschaftler, sondern auch Revolutionär.[33] Er konnte sich vorstellen, auf die Arbeit zu wetten und mit dem Menschen – und nicht nur: mit der Idee des Menschen! – zu spielen. Seither ist der Gedanke möglich, daß wir nicht etwa arbei-

30 Siehe vor allem Karl Marx, Thesen über Feuerbach. In: ders. und Friedrich Engels, Ausgewählte Schriften in zwei Bänden, Band II. Berlin: Dietz, 1974, S. 370-372.

31 Siehe zu Hegel Jürgen Habermas, Arbeit und Interaktion: Bemerkungen zu Hegels Jenenser »Philosophie des Geistes«. In: ders., Technik und Wissenschaft als »Ideologie«. Frankfurt am Main: Suhrkamp, 1968, S. 9-47; Horst Folkers, Die Neutralität gesellschaftlicher Gewalt und die Wahrheit der Unterscheidung. In: Niklas Luhmann (Hg.), Soziale Differenzierung: Zur Geschichte einer Idee. Opladen: Westdeutscher Verlag, 1985, S. 42-67.

32 Siehe Jacques Derrida, Von der beschränkten zur allgemeinen Ökonomie. Ein rückhaltloser Hegelianismus. In: ders., Die Schrift und die Differenz, aus dem Französischen von Rodolphe Gasché. Frankfurt am Main: Suhrkamp, 1972, S. 380-421.

33 So Maurice Blanchot, Les trois paroles de Marx. In: ders., L'Amitié. Paris: Gallimard, 1971, S. 115-117.

ten, weil wir einen seit der Vertreibung aus dem Paradies verlorenen Perfektionszustand wiedererreichen wollen und dazu jede Unvollkommenheit, wo wir ihrer habhaft werden, durch Arbeit bekämpfen müssen, sondern: *weil wir nicht wissen, was aus uns wird.* Die Arbeit ist unsere práxis, uns selbst zu genügen, indem wir der unbekannten Zukunft immer wieder die eine oder andere Erwartbarkeit abtrotzen, damit jedoch gleichzeitig ihr Unbekanntsein besiegeln, weil wir weder wissen, woran wir arbeiten, noch was wir tun werden, wenn wir einmal zu arbeiten aufhören.

Wenn wir in diesem Sinne Arbeit als práxis zu denken versuchen,[34] geraten wir in eine aufschlußreiche Nähe zu einem Begriff der »Systemrationalität«, der als »rational« jede Systemoperation bestimmt, die die Auswirkungen dieser Operation *auf die Umwelt* und die Rückwirkungen dieser Auswirkungen *auf das System* in der Operation reflektiert und berücksichtigt.[35] Denn sobald diese práxis nicht mehr den perfekt geordneten und harmonischen Weltzustand voraussetzen kann, den die Griechen kontemplierten, sondern sich in einen höchst unruhigen, vom Zweiten Hauptsatz der Thermodynamik (»in geschlossenen Systemen kann die Entropie nur steigen ...«) gekennzeichneten Zeitzustand versetzt sieht, wird Arbeit Arbeit am Selbsterhalt der Fähigkeit, arbeiten zu können. Daß wir arbeiten *müssen*, weil und wenn wir *leben* wollen, gilt dann nicht nur in einem biblischen, in einem herrschaftlichen und in einem ökonomischen, sondern auch in einem anthropologischen Sinn, der das Prekäre unseres Aufenthalts auf dieser Erde selber bezeichnet.

Nur wenn wir an der Arbeit arbeiten, können wir Ansprüche auf »Vernunft« erheben. Denn nur dann bewegen wir uns im Wissen um den blinden Fleck unserer »Arbeitsgesellschaft« in der Nähe dieses blinden Flecks. Nur dann genügen wir uns selbst, wenn wir wissen, daß wir uns noch nie selbst genügt haben. Nur dann sind wir in der Lage, uns bei der Arbeit durch eine *Unterscheidung von System und*

34 Siehe auch Herbert Marcuse und Alfred Schmidt, Existenzialistische Marx-Interpretation. Frankfurt am Main: Europäische Verlagsanstalt, 1973; Herbert Marcuse, Über die philosophischen Grundlagen des wirtschaftswissenschaftlichen Arbeitsbegriffs. In: ders., Kultur und Gesellschaft 2. Frankfurt am Main: Suhrkamp, 1965, S. 7-48; und auch die Tendenz bei Hannah Arendt, Vita activa, a. a. O., die beiden Gegenbegriffe der vita activa und vita contemplativa in einen einheitlichen Begriff der »politischen« Tätigkeit des Menschen zusammenzuführen.

35 So Luhmann, Einführung in die Systemtheorie, a. a. O., S. 182 ff.; oder auch ders., Organisation und Entscheidung, a. a. O., S. 444 ff.

Umwelt leiten zu lassen, die es für uns beobachtbar macht, wie sich die Welt sachlich, zeitlich und sozial verwandelt, während wir in ihr und weil wir in ihr arbeiten. Wir transformieren sie *sachlich*, indem wir Dinge vermehren, die bisher knapp waren, Dinge knapp werden lassen, die es bisher im Überfluß gab, Dinge miteinander kombinieren, die bisher nichts miteinander zu tun hatten, Dinge auseinanderbringen, die bisher zusammengehörten und Dinge mißachten, die dies nicht verdienen.[36] Wir transformieren sie *zeitlich*, indem wir Beschleuniger (»Technologie«) und Verlangsamer (»Politik«) in die Welt setzen, die in ein um so größeres Spannungsverhältnis zueinander treten, als wir darauf verzichten, sie *beide* als Arbeit an der Zeit zu begreifen.[37] Und wir transformieren sie *sozial*, indem wir nach einer mit der amerikanischen, Französischen und russischen Revolution gestarteten grandiosen Inklusion beinahe der Gesamtbevölkerung in die Arbeitsgesellschaft nun daran arbeiten, den diese Inklusion immer schon begleitenden Traum zu verwirklichen, die Arbeit von Maschinen erledigen zu lassen, ohne die Bevölkerung deswegen aus der Gesellschaft exkludieren zu müssen.[38]

Das System der modernen Gesellschaft schafft sich seine eigene Umwelt, ohne dabei sicher sein zu können, daß es ihm gelingt, jene »Matrix« in Rechnung zu stellen, die die Differenz von System und Umwelt sowohl trägt als auch aushält. Diese Matrix ist ein sachlich, zeitlich und sozial verfaßtes Medium, in dem die Möglichkeiten vorgezeichnet sind, auf die unsere Organismen, unser Bewußtsein und unsere Kommunikation zurückgreifen. Es ist verblüffend, daß wir uns ein Ende der Arbeit nicht vorstellen können, *obwohl* wir dieser Matrix nur gewahr werden, wenn wir uns wie die Griechen zurück-

36 Das arme Ding, rief Heidegger aus. Siehe Martin Heidegger, Das Ding. In: ders., Vorträge und Aufsätze, 5. Auflage Pfullingen: Neske, 1985, S. 157-179.

37 Das scheint sich zu ändern. Siehe zur Technologie als Beschleuniger Ray Kurzweil, The Age of Spiritual Machines: When Computers Exceed Human Intelligence. New York: Penguin, 1999. Wenn die These von Kurzweil zutrifft, daß Beschleunigung durch Zustände größerer Ordnung wahrscheinlich wird (weil bei festen Kopplungen jedes Ereignis eine höhere Zahl von Effekten hat), müßte man im Umkehrschluß folgern, daß Vorgänge immer dann verlangsamt werden können, wenn Zustände eines größeren Chaos vorherrschen (also Ereignisse durch lose Kopplungen ausgebremst werden). Politik als Chaoslieferant, das wäre eine politologische Untersuchung wert. Unter dem Decknamen »Liberalismus« wäre sie das schon längst, wenn dieser nicht gleichzeitig die Ideologie der ungestörten Autonomisierung hochgeordneter Teilbereiche der Gesellschaft wäre.

38 Genau das scheint sich hinter dem Konzept der »Zivilgesellschaft« zu verbergen. Siehe hierzu Priddat, Arbeit an der Arbeit. A. a. O., S. 159 ff.

lehnen und uns der Muße überlassen. Diese Muße jedoch, gestehen wir es ruhig, ist nichts anderes als ein Entwurf von Arbeit. Wir arbeiten, um uns einzubuddeln in unseren »Bau« der Welt.[39] Und wir arbeiten, um uns genau dabei zu beobachten.

39 Ja, Kafka. Nämlich »Der Bau«. In: Beschreibung eines Kampfes: Novellen, Skizzen, Aphorismen aus dem Nachlaß. Gesammelte Werke, Bd. 5, Frankfurt am Main: Fischer, 1976, S. 132-165. Eine Geschichte, die für die Systemtheorie selber herhalten kann, so Jens Soentgen, Der Bau: Betrachtungen zu einer Metapher der Luhmannschen Systemtheorie. In: Zeitschrift für Soziologie 21 (1992), S. 456-466.

Die »andere Seite« des Wissensmanagements

Wie liest man ein Schlagwort?

Fast alle Schagworte der Managementphilosophie haben eine polemische, zumindest aber normative Komponente. Indem sie für etwas werben, wenden sie sich gegen etwas anderes, das zumeist nur implizit genannt wird. Wer über »Qualitätsmanagement« spricht, bringt die bis dato mangelnde Qualität der Produkte und Produktionsverfahren zum Ausdruck. Wer für »lean management« wirbt, prangert damit den »organizational slack« an und hofft, daß die bislang im Speck der Organisation angesammelten Reproduktionsreserven erübrigt werden können, indem man die Organisation unter Zeitdruck setzt und ihr auf der Ebene der Arbeitsprozesse flexible und selbstorganisierte Reaktionsmöglichkeiten einräumt. Das Plädoyer für »business reengineering« ist zugleich eine Aussage darüber, daß man über Jahre versäumt hat, sich die Wertschöpfungsprozesse einer Organisation kritisch anzuschauen und nun im Hinblick auf neue Märkte und anspruchsvollere Vernetzung Anlaß hat, dies nachzuholen. Das Stichwort der »learning organization« bringt zum Ausdruck, daß Organisationen normalerweise nicht lernen, sondern sich, genau das ist ja auch ihr Sinn, an bewährte Routinen halten, gleichgültig, welche Störungen die Umwelt produziert.

Wer die Managementphilosophien der vergangenen Jahre mit ihren positiven Schlagworten auf die in diesen Schlagworten implizit mitkommunizierte »andere Seite« hin beobachtet, bekommt jene fehlerhafte, unbewegliche, undurchdachte und lernunfähige Organisation vorgeführt, mit der Praktiker, Theoretiker und Berater sich alltäglich auseinandersetzen. Jeder kennt diese Organisation und in der mündlichen Kommunikation fehlt es nicht an negativen Vokabeln, mit deren Hilfe man sich beredt über sie austauschen kann. In der schriftlichen Kommunikation jedoch sucht man sofort die positiven Komplemente dieser negativen Vokabeln. Man sucht die Schlagworte, mit deren Hilfe man die Realität kommunizieren und sich zugleich zugunsten einer besseren Realität über sie hinwegsetzen kann. Was eigentlich gemeint ist, kann dann nur noch durch den normativen Gehalt dieser Schlagworte zum Ausdruck gebracht werden.

Das entspricht einer Organisationswirklichkeit, die durchweg mit der Negation ihre Schwierigkeiten hat, so als seien mit jedem Nein die Reproduktion und gesellschaftliche Funktion einer Organisation gleichermaßen gefährdet. Eine Organisation kann darum die Beschreibung ihrer selbst nur im Gestaltungsauftrag an sich selbst zum Ausdruck bringen.

Für das Schlagwort des »Wissensmanagements« muß man Ähnliches vermuten. Auch es hat eine »andere Seite«, die in der Behauptung besteht, daß es in Unternehmen bisher kaum Bemühungen gibt, ihr Wissen über ihre Umwelt und ihr Wissen über die eigenen Abläufe auf eine Art und Weise aufzubereiten und zur Verfügung zu halten, daß es zum Gegenstand organisatorischer Entscheidung werden kann.[1] Oder kürzer: Organisationen mögen auch bisher gewußt haben, was sie tun; aber sie wissen nicht, was sie wissen; und sie wissen nicht, was sie wissen müssen, um tun zu können, was sie tun; und genau das gilt es zu ändern.

Wenn man genauer herausfinden möchte, was man sich unter dem Schlagwort des »Wissensmanagement« vorzustellen hat, muß man sich dementsprechend beide Seiten anschauen, denn erst so erschließen sich die begrifflichen Qualitäten eines Schlagwortes: Die positive Seite des Begriffs (»mehr Wissen nutzen«) bezeichnet den beabsichtigten Zugriff des Managements auf Ressourcen der Organisation. Darin steckt die revolutionär neue Einsicht, daß die Organisation weiß, was das Management (noch) nicht weiß. Die negative Seite des Begriffs (»Organisationen nutzen ihr Wissen nicht«) bezeichnet die Organisationen, in denen der Zugriff stattfinden soll. Und darin steckt die dann wieder vertraute Einsicht, daß Organisationen ihr Wissen nicht umstandslos zu erkennen geben.

Der blinde Fleck

Wir müssen, um an dieser Stelle mit unseren Überlegungen fortfahren zu können, gegen eine Grundregel jeder Managementlehre verstoßen. Diese Grundregel besteht darin, die Organisation als »blinden Fleck« des Managements zu akzeptieren und diesen blinden

1 Siehe nur Ikujiro Nonaka und Hirotaka Takeuchi, The Knowledge-Creating Company. New York: Oxford UP, 1995; Gilbert Probst, Steffen Raub und Kai Romhardt, Wissen managen: Wie Unternehmen ihre wertvollste Ressource optimal nutzen. Frankfurt am Main: FAZ, 1997.

Fleck auf sich beruhen zu lassen. Erich Gutenberg hat diese Regel der Betriebswirtschaftslehre verschrieben;[2] und Tom Peters scheint sie bis heute zu unterschreiben, so sehr er von den in den Organisationstheorien von Herbert A. Simon, James G. March, Richard M. Cyert und Karl E. Weick vorgenommenen »Revisionen der Rationalität« zugunsten eines »verhaltenswissenschaftlichen« Blicks auf die Organisation profitiert hat.[3] Tatsächlich muß man annehmen, daß jedes Management nur davon profitieren kann, ja vielleicht sogar seine Möglichkeitsbedingung darin hat, wenn es die Organisation, in der es arbeitet, nur in dem Sinne als Realität akzeptiert, daß es sie als Widerstand gegen die eigenen Maßgaben und Maßnahmen begreift. In diesem Sinne sind Betriebswirte Ökonomen, denn wie diese gehen sie von der Zweiseitenform »rationality« versus »custom« (John Stuart Mill) aus. Und dabei begreifen sie »custom« nicht als gesellschaftliche Wirklichkeit, die mitdeterminiert, was als »rationality« vorstellbar und möglich ist, sondern als Restbestand, der zusehends rationaleren Formen der Betriebsgestaltung, Wirtschaftsförderung und Lebensführung zu weichen hat beziehungsweise nur in jener Ersatzform seiner selbst neu geschaffen wird, in der er sich eignet, Märkte zu konstituieren, Kunden zu binden und Vertrauen unter Netzwerkpartnern zu bilden.

Seither ist die Organisation der blinde Fleck des Managements. Sie macht das Management »sehend«, das heißt operationsfähig, indem sie es blind für die Organisation (und damit für die eigene Abhängigkeit von dieser Organisation) macht. Die Organisation ist die Stelle, an der der »Sehnerv« des Managements die »Retina« verläßt und das Management mit den ihm unbekannten gesellschaftlichen Voraussetzungen seiner selbst einschließlich der dem Management zur Verfügung stehenden Rechenkapazität organisierter Entscheidungen verknüpft. Nur so kann die Organisation als Gegenstand der Gestaltung und Objekt rationaler und rationalisierender Kalküle gelten, ohne daß in diesen Gedanken die Erfahrung einfließen muß, daß das Management seinerseits ein Produkt der Organisation ist, also immer auch gegen sich selbst arbeiten, gestalten und planen muß. Diese

2 Spätestens in: Erich Gutenberg, Die Unternehmung als Gegenstand betriebswirtschaftlicher Theorie. Berlin: Spaeth & Linde, 1929.

3 Siehe Tom Peters, The Circle of Innovation: You Can't Shrink Your Way to Greatness. New York: Vintage, 1999; im Kontext von Albrecht Becker, Willi Küpper und Günther Ortmann, Revisionen der Rationalität. In: Willi Küpper und Günther Ortmann (Hg.), Mikropolitik: Rationalität, Macht und Spiele in Organisationen. Opladen: Westdeutscher Verlag, 1988, S. 89-113.

Erfahrung kann dann jedoch an vermittelter Stelle in das Managementwissen von der Organisation eingebaut werden, indem das Management Teile seiner selbst als Teil jenes Organisationswiderstands beschreibt, gegen den das Management sich allererst durchsetzen muß. In diesem Sinne hat schon Thorstein Veblen die vornehmste Leistung der Unternehmensführung darin gesehen, Manager entlassen zu können und schließlich sogar sich selbst, als Teil jener Organisation, gegen deren Widerstand die rationale Organisation durchzusetzen ist, überflüssig zu machen.[4]

Die Diskussion um Möglichkeiten des Wissensmanagements ist deswegen so faszinierend, aber auch verwirrend für Theoretiker und Praktiker, weil sie nicht umhinkommt, den blinden Fleck des Managements, die Organisation, auszuleuchten. Mit dem schlichten Stichwort der »Explizierung« »impliziten« Wissens hat Ikujiro Nonaka die Grundregel jeder Managementlehre verletzt und den Blick der Manager zurückgerichtet auf das, wovon sie bisher abgesehen haben.[5] Daß wir »mehr wissen, als wir zu sagen wissen«,[6] wird zum Mantra einer Selbsterforschung der Organisation durch das Management, die noch lange nicht abgeschlossen ist.

Rekonstruktion, Vernetzung und Korrektur

Als vornehmste Aufgabe des Wissensmanagements gilt es, eine Organisation fit zu machen für die »Wissensgesellschaft«,[7] die am Horizont heraufzieht, und sicherzustellen, daß sie die Chancen und Risiken handhaben kann, die mit dieser Gesellschaft einherzugehen versprechen. Die klassische Funktion des Managements, die Koordination der Arbeitsprozesse in einer Organisation zu kontrollieren, zu überwachen und zu verwalten,[8] wird um die Aufgabe erweitert, zum einen das dafür erforderliche Wissen bereitzustellen und zum ande-

4 So in Thorstein Veblen, The Theory of Business Enterprise. Reprint Clifton, NJ: Kelley, 1973, S. 47 ff.

5 Vgl. Ikujiro Nonaka, The Knowledge-Creating Company. In: Harvard Business Review 69 (November-December 1991), S. 96-104.

6 So Michael Polanyi, Implizites Wissen. Aus dem Englischen von Horst Brühmann, Frankfurt am Main: Suhrkamp, 1985, S. 14.

7 Im Sinne von Helmut Willke, Supervision des Staates. Frankfurt am Main: Suhrkamp, 1997.

8 So Chester I. Barnard, The Functions of the Executive. Neudruck Cambridge, Mass.: Harvard UP, 1968.

ren das dafür in der Organisation bereits vorhandene Wissen zu erheben, zu überprüfen, so zu generalisieren, daß es als Organisationsressource zur Verfügung gestellt werden kann, und nicht zuletzt zu variieren. Auch hier reibt sich das Management an der Organisation, muß jedoch zunehmend zur Kenntnis nehmen, daß die Organisation vor jedem Eingriff des Managements oder auch in der Auseinandersetzung mit Eingriffen des Managements Formen der Kooperation gefunden hat, die für das Management attraktiv genug sind, um kopiert und übernommen zu werden.

Hatte man sich bisher damit begnügen können, jedem »stakeholder« innerhalb und außerhalb der Organisation sein eigenes wie immer milieugebundenes und ideologisches Wissen zuzumessen, so wird es nun nicht nur interessant, sondern überlebensnotwendig, diese unterschiedlichen Wissenstypen verhandelbar, das heißt diskursfähig zu machen und zu überprüfen, wie weit sie dem Wissen angemessen sind, das die Wissensgesellschaft erfordert und in Reichweite rückt. Die »Mikropolitik«[9] wird als »Beobachtung zweiter Ordnung« rekonstruiert[10] und zum Gegenstand von Unternehmensführung, Unternehmenskultur und Geschäftspolitik. Was immer Arbeiter, Angestellte und Unternehmensführung, Lieferanten, Kunden, Kapitalgeber und Analysten bisher »wußten« und wie immer sie ihr Wissen pflegten, ab jetzt wird es erforderlich, diese Wissenstypen aufeinander abzustimmen, sie wechselseitig rekonstruktionsfähig zu machen und auf der Ebene ihrer Rekonstruktion zur Disposition zu stellen.

Der tiefere Grund dafür könnte brisanter nicht sein: Als hätten Ideologiekritik, Wissenssoziologie, Ethnomethodologie, Ideengeschichte, Deconstruktion und Konstruktivismus erst jetzt ihre eigentliche Aufgabe gefunden, wird jede Form des Wissens einem grundsätzlichen Zweifel unterzogen. Wie sich Arbeiter, Angestellte, Vorgesetzte, Kunden und Kapitalgeber ihre Welt zurechtlegen, wird als »mundane reason« verstanden,[11] innerhalb derer sich die jeweiligen Zirkel von Beobachtern der Objektivität und Intersubjektivität ihrer Weltanschauung versichern, ohne zur Kenntnis nehmen zu

9 Im Sinne von Tom Burns, Micropolitics: Mechanisms of Institutional Change. In: Administrative Science Quarterly 6 (1961), S. 257-281.

10 Vgl. dazu Dirk Baecker, Die Form des Unternehmens. Frankfurt am Main: Suhrkamp, 1993.

11 Im Sinne von Melvin Pollner, Mundane Reason: Reality in Everyday and Sociological Discourse. Cambridge: Cambridge UP, 1987.

können, ob und wie die mit dieser Weltanschauung ausgeblendeten Weltwirklichkeiten die Reproduzierbarkeit der Beobachtungen gefährden.[12]

Allerdings kommt es dem »Wissensmanagement« nicht auf »Aufklärung« an. Es nutzt den Zweifel nicht im cartesianischen Sinne als Einsatzbedingung für die Selbstaufklärung der »Vernunft«, sondern im Husserlschen Sinne zur Rekonstruktion der »transzendentalen«, das heißt das jeweilige Bewußtsein überschreitenden Bedingungen jeden Bewußtseins in der das Bewußtsein tragenden »Lebenswelt«. Es rekonstruiert den Beobachter anhand der Bedingungen seiner Möglichkeit. Allerdings tut es dies nicht in philosophischer Absicht. Es geht nur partiell darum, dem Beobachter das Wissen um die transzendentalen Bedingungen seiner selbst anschließend zur Verfügung zu stellen und auch dies dann wieder »Aufklärung« zu nennen.

Sondern es geht um Rekonstruktion, Vernetzung und Korrektur. Das eigene Wissen wird rekonstruiert, um in den Anschlüssen der Organisation, in dem dieses Wissen gepflegt wird, Dispositionsspielräume, das heißt ungenutzte Vernetzungsmöglichkeiten zu schaffen. Das Wissen der Partner, mit denen man es zu tun hat, sei es innerhalb der Organisation, sei es außerhalb bei Kunden, Lieferanten und Kapitalgebern, wird rekonstruiert, um sich selbst mit den Augen der anderen beobachten zu können und daran anschließend die eigenen Vernetzungsangebote für diese anderen attraktiver gestalten zu können. In beiden Fällen ist die entscheidende Vernetzungspraxis die Korrektur. Das eigene Wissen wird korrigiert, um Vernetzungsmöglichkeiten wahrnehmen zu können, die bislang außer Reichweite lagen. Und auch das Wissen der Partner wird mit Hilfe eigener Wissensangebote so bearbeitet, daß diese Vernetzungsmöglichkeiten wahrnehmen können, von denen sie bisher nicht wußten, daß sie in ihrem Interesse liegen.

Niemand kann absehen, ob diese Praxis des Wissensmanagements zur wechselseitigen Aufklärung oder zur Konstruktion eines wechselseitig gestützten Verblendungszusammenhangs führen wird. Beides ist möglich, ja wahrscheinlich ist das eine nichts anderes als das andere. Die Kriterien für eine wirkliche Wirklichkeit gehen verloren, wenn nichts als Wissen zur Verfügung steht, um Wissen zu korrigieren. Und solche Kriterien sind auch gar nicht mehr erforderlich,

12 Siehe beispielhaft Nobuyuki Chikudate, The State of Collective Mypopia in Japanese Business Communities: A Phenomenological Study for Exploring Blocking Mechanisms for Change. In: Journal of Management Studies 36 (1999), S. 69-86.

wenn sie es je waren, denn es zählt nur die gelungene Vernetzung. Jede Vernetzung zählt, die die eigene Reproduktion absichert. Jede Korrektur wird aufgegriffen, die die Vernetzung und damit die Reproduktion absichert. Und all das geht so lange gut, wie es gutgeht. Denn über die Anpassung an die Umwelt kann man nur sagen, daß sie offensichtlich gegeben ist, sonst gelänge die Reproduktion nicht, ohne daß man daraus andererseits einen Schluß darauf ziehen kann, wie sie gegeben ist, warum sie gegeben ist und wie lange sie noch gegeben ist.[13]

Konditionen

Jedes »Wissensmanagement«, darauf sollten die vorstehenden Überlegungen aufmerksam machen, ist seine eigene Ressource. Wer glaubt, die Pointe des Wissensmanagements bestünde darin, daß das Management es jetzt erstmals nicht nur mit mehr oder minder arbeitswilligen Arbeitskräften, nicht nur mit mehr oder minder elaborierten Entscheidungshierarchien, nicht nur mit mehr oder minder über ihre Bedürfnisse aufgeklärten Kunden und nicht nur mit mehr oder minder willigen Kapitalgebern, sondern endlich auch mit der wertvollsten Ressource des Menschen, seinem Wissen, zu tun hat, irrt sich. Oder vorsichtiger gesagt: Wer dies glaubt, irrt sich dann, wenn er meint, Wissen ließe sich wie eine Ressource behandeln, wie ein Bestand, der mehr oder minder geschickt verwaltet und eingesetzt werden kann.

Schon die Arbeitskräfte, Entscheidungshierarchien, Kunden und Kapitalgeber sind keine Ressourcen des Managements, die von diesem mehr oder minder effizient zur geplanten Zielerreichung der Organisation eingesetzt werden könnten. Sie sind keine Bestände, die dann nur noch einzusetzen sind. Sondern sie sind »Produktionsfaktoren«, die vom Management als solche definiert werden müssen und deren Definition gegenüber den Arbeitern, Organisationen, Nachfragern und Eigentümern mit mehr oder weniger Resonanz und Entgegenkommen durchgesetzt werden muß. Nichts an einer Arbeitskraft, an einer Entscheidungshierarchie, an einem Kunden, an einem Kapitalgeber ist selbstverständlich. Alles an ihnen ist Ge-

13 Lesenswert dazu: Rolf Peter Sieferle, Rückblick auf die Natur: Eine Geschichte des Menschen und seiner Umwelt. München: Luchterhand, 1997.

genstand einer Konstruktion durch den Manager, die entweder »monologisch-disziplinierend« oder »dialogisch-partizipativ« erarbeitet wird und die sich – unabhängig von ihrem Zustandekommen – entweder bewährt oder nicht bewährt.

Ebenso macht es dann umgekehrt Sinn, sich das Management nicht als eine definierte und festliegende Form der Führung und Steuerung einer Organisation vorzustellen, sondern die jeweilige Form als abhängig von den wichtigsten eingesetzten »Produktionsfaktoren« zu beschreiben. Ein Management, das darauf spezialisiert war, Arbeitskräfte zu koordinieren, ist deswegen noch lange nicht in der Lage, effiziente Entscheidungsabläufe zu entwerfen oder Kunden zu binden. Und ein Management, das im Beziehungsmanagement mit Kapitalgebern brilliert, hat unter Umständen keine Sprache, die Lieferanten verstehen. Die Produktionsfaktoren einer Organisation sind das Medium, in dem das Management seine Form jeweils erst finden muß, und dies parallel zur Selektion und Definition der Produktionsfaktoren. Diese Sichtweise macht verständlich, daß das Management in seinen jeweiligen Ausprägungen so historisch ist wie die Organisation, in der es arbeitet, so daß jede neue Managementphilosophie nicht nur sich, sondern auch die zu ihr passende Organisation erfinden muß – und dafür, das versteht sich, auf gesellschaftliche Vorgänge im allgemeinen und wirtschaftliche Vorgänge im besonderen verweisen muß.[14]

Ähnliches gilt auch für den neuentdeckten Produktionsfaktor »Wissen«. Selbst wenn allerorten klar wäre, was unter »Wissen« zu verstehen ist, müßte das Management dies als »unklar« behandeln, um diejenigen Definitionen zu entwickeln, die den eigenen Eingriffsmöglichkeiten in eine Organisation des Wissens entsprechen. Es führt daher nicht sehr weit, andernorts erprobte Definitionen des Wissens auch dem Management anzudienen. Dieser Typ des Vorgehens ist bereits gescheitert, als man im 19. Jahrhundert erst einmal festhalten wollte, was unter einem »Arbeiter« zu verstehen ist, oder im 20. Jahrhundert, was unter einem »Kunden« zu verstehen ist. Dies können allenfalls flankierende »diskurspolitische« Maßnahmen einer Gesellschaft sein, die wie immer kritisch oder affirmativ die Zugriffe des Managements und seiner Organisationen auf neue Produktionsfaktoren beobachtet und diese Zugriffe zu konterkarieren oder zu unterstützen sucht.

14 Siehe dazu beispielhaft Roland Springer, Rückkehr zum Taylorismus? Arbeitspolitik in der Automobilindustrie am Scheideweg. Frankfurt am Main: Campus, 1999.

Auch den Produktionsfaktor »Kapital« versteht man erst, wenn man beobachtet, wie das Management mit ihm umgeht,[15] und nicht dann, wenn man unabhängig von dieser Form einer gesellschaftlichen »Praxis« zu definieren versucht, worum es sich »an und für sich« handeln könnte.

Ähnlich gilt für unsere Frage nach Möglichkeiten und Chancen des »Wissensmanagements«, daß man sie nur als Frage nach der wechselseitigen Konditionierung des Wissens durch das Management, das auf es zugreift, und des Managements durch das Wissen, auf das es zugreifen will, verstehen und erläutern kann. Schon der erste Blick in einen betriebswirtschaftlichen Text zum Wissensmanagement zeigt, daß Wissen hier in einer organisierbaren, geordneten, verwalteten, kategorisierten und systematisierten Form vorkommt. Das heißt, es kommt als Bestand vor, der auf organisierte Weise produziert wurde und der auf organisierte Weise abgerufen werden kann. Man erkennt am Wissen die Organisation, die es produziert hat, wenngleich eher das Selbstverständnis der Organisation als das reale Chaos, dem dieses Selbstverständnis abgetrotzt ist. Man sieht, daß man erwartet, daß jeder weiß, an welchem Wissen er arbeitet. Und sieht, daß man erwartet, daß jeder weiß, wo er welches Wissen findet, wenn er nach Wissen sucht.

Dies gilt für das Wissen über die Binnenwelt der Organisation wie für das Wissen über ihre Außenwelt. Auch die Märkte, auch die Gesellschaft, in der die Organisation operiert, kommen in der Form allerdings rasch wandelbarer Wissensbestände vor, die dann durch Verfahren des »issue management«, der »Trendforschung« oder des »data mining« in eine managementkompatible Form gebracht werden. Managementkompatibel ist jede Form, die Probleme nennt und in der Formulierung der Probleme ihre Lösbarkeit mit unterstellt. Das »issue«, der »Trend«, die »Daten« sind jeweils Wissensartefakte, die bereits Informationen über ihre Vernetzung beziehungsweise, wichtiger noch, ihren Vernetzungsbedarf enthalten. Das »issue« deutet an, daß hier ein Phänomen auftaucht, für das man entweder eine Antwort schon hat oder nicht hat. Der »Trend« fordert, sämtliche aktuellen Fassungen des Kundenzugangs, der Mitarbeitermotivation und der Öffentlichkeitsarbeit in seinem Licht neu zu betrachten, selbst wenn man weiß, daß auf diesen Trend alsbald ein anderer folgen wird. Und die »Daten« sind für diese Form managementkompati-

15 Vgl. Karl Marx, Das Kapital: Kritik der politischen Ökonomie. Erster Band, Berlin: Dietz, 1980.

blen Wissens die willkommenste und geeigneteste Form, weil sie einerseits frei von allen möglichen Interpretationen sind, andererseits und gerade deswegen jedoch auf Interpretationen angewiesen sind: das Tummelfeld des Managements.

Mit anderen Worten, managementkompatibel ist jedes Wissen, das auf Konsequenzen hin gelesen werden kann: auf Konsequenzen hier und jetzt, auf praktische Konsequenzen, auf Konsequenzen, aus denen ein Gestaltungsbedarf abgeleitet werden kann. Je mehr Spielraum dieses Wissen einräumt und je genauer dieser Spielraum mit dem Blick auf dieses Wissen selbst eingegrenzt werden kann, desto geeigneter ist es als Medium einer neuen Form des Managements.

Und umgekehrt ist diese neue Form des Managements als eine Form zu begreifen, die durch den Umgang des Managements mit Wissen konditioniert ist. Es ist nur ein erster Schritt, jedes Wissen als eine »Zumutung« für den, der es noch nicht weiß, zu beschreiben und daraus die Ablehnungswahrscheinlichkeit von Wissensangeboten abzuleiten.[16] Ebenso wichtig ist in einem zweiten Schritt die Frage, wie das Management mit diesen Ablehnungswahrscheinlichkeiten umgeht. Das Management hat Formen des Umgangs mit Arbeitskräften ebenso gefunden wie mit Kunden und Kapitalgebern.[17] Es wird auch die Ablehnungswahrscheinlichkeit von Wissen zu handeln lernen, denn daran hängt nichts weniger als die eigene Reproduktionsmöglichkeit.

Wie also verändert sich das Management durch die Einführung von Versuchen des Wissensmanagements? Wahrscheinlich ist es zu früh, diese Frage zu beantworten, aber es fällt auf, daß das Management in seinem Selbstverständnis in den letzten zehn Jahren, also in etwa parallel zum Auftauchen des Wissensmanagements, eine, vorsichtig formuliert, »hermeneutische«, das heißt Sinn freilegende und Sinn produzierende Komponente bekommen hat,[18] die ihm vorher fehlte. Zwar versucht es, das ihm verfügbare und von ihm angeforderte und produzierte Wissen in die Form interpretierbarer Datenpakete zu bringen. Aber zugleich erfährt es zum einen, wie voraussetzungsvoll das ist, das heißt wie wenig sich das Wissen in

16 Siehe dazu auch Dirk Baecker, Zum Problem des Wissens. In: ders., Organisation als System: Aufsätze. Frankfurt am Main: Suhrkamp, 1999, S. 68-101.

17 Siehe Neil Fligstein, The Transformation of Corporate Control. Cambridge, Mass.: Harvard UP, 1990.

18 So vor allem: Karl E. Weick, Sensemaking in Organizations. Thousand Oaks: Sage, 1995.

die Form der Daten bringen läßt, und zum anderen, daß die Interpretierbarkeit der produzierten Daten weniger leicht kontrolliert werden kann als manch anderer »Bestand«. Irgendwann »ist« ein Arbeiter ein Arbeiter, ein Kunde ein Kunde, eine Entscheidung eine Entscheidung und ein Kapitalgeber ein Kapitalgeber. Aber wann ist Wissen Wissen? Wann ist eine Interpretation sinnvoller als eine andere? Wie kann man ausschließen, daß meine Interpretation von heute mein Problem von morgen wird? Natürlich ist man es gewohnt, mit fluktuierenden und volatilen Datenbeständen umzugehen, aber bisher hatte man es mit als »objektiv« behandelbaren Interpretationen von Ungewißheiten zu tun: der Preis ist die Sonde für sich ändernde Kundenwünsche, der Lohn die Sonde für das Ausmaß verfügbarer Mitarbeitermotivation und der Zins und Aktienpreis die Sonden für Kapitalgeberlaunen. Aber wie sondiert man das eigene Wissen, wenn man dafür nur das eigene Wissen und Interpretationen, die man nicht in die Form des Wissens bringen kann, zur Verfügung hat?

Wer sich auf Wissen einläßt, muß auch den Zweifel akzeptieren. Die alten Formen eines Expertenwissens, das mit allen Zeichen der Autorität kommuniziert werden konnte, weichen einem »ökologischen«, das heißt Grenzen in Rechnung stellenden und Grenzen überschreitenden Bewußtsein möglicher Formen des Umgangs mit Nichtwissen.

Wenn man die dieses abbildenden Organisations- und Managementlehren beim Wort nehmen kann, beginnt das Management, sich mit Ambivalenz, Ungewißheit und Nichtwissen zu beschäftigen. Es wird »postheroisch«,[19] es wird »epistemologisch«,[20] es beginnt, sich als »Kommunikation« zu begreifen.[21] All das sind Zeichen dafür, daß es dem Management nicht mehr gelingt, sich auf ein instrumentelles Verständnis seiner selbst zu reduzieren, sondern daß es zunehmend den Gedanken ins Auge faßt und ausspricht,[22] daß es an

19 So Dirk Baecker, Postheroisches Management: Ein Vademecum. Berlin: Merve, 1994.

20 So Georg von Krogh, Johan Roos und Ken Slocum, An Essay on Corporate Epistemology. In: Strategic Management Journal 15 (1994), S. 53-71.

21 So Arnold Picot, Ralf Reichwald und Rolf T. Wigand, Die grenzenlose Unternehmung. Information, Organisation und Management: Lehrbuch zur Unternehmensführung im Informationszeitalter. Wiesbaden: Gabler, 1996.

22 Siehe Alfred Kieser, Über die allmähliche Verfertigung der Organisation beim Reden: Organisieren als Kommunizieren. In: Industrielle Beziehungen 5 (1998), S. 45-75.

Konstruktionen einer Wirklichkeit arbeitet, die sich nur als Konstruktionen bewähren können.

Das Management des Wissensmanagements wird eines sein, das mehr und mehr von der Erfahrung des Nichtwissens und von der Fähigkeit, mit dieser Erfahrung umzugehen, geprägt ist. Das gilt auch und gerade dann, wenn es immer noch und weiter versuchen wird, den anderen die Objektivität der Daten, das heißt die Eindeutigkeit ihrer Interpretation, vorzuspielen. Je mehr jedoch die Erfahrung des Nichtwissens in der modenen Gesellschaft nicht nur geteilt, sondern kommuniziert wird,[23] desto mehr wird das Management seine Chance darin sehen, mit Verweis auf Organisation Formen des Umgangs mit diesem Nichtwissen zu erproben, die in einem sehr alten Sinn auf »Kultur« rekurrieren,[24] nämlich auf die Fähigkeit, im Umgang mit verfügbaren Produktionsfaktoren deren Unverfügbarkeit mitzudenken. Organisation wird dann nicht länger als »blinder Fleck« des Managements zu halten sein. Sie wird im Gegensatz selbst zur Sonde werden, mit der wir dieses »runaway system« namens Industrie- und Dienstleistungsgesellschaft zu erkunden versuchen, in das wir auf Gedeih und Verderb eingespannt sind.

23 Siehe Michael Smithson, Ignorance and Uncertainty: Emerging Paradigms. New York: Springer, 1989.

24 Vgl. dazu Dirk Baecker, Wozu Kultur? 2., erw. Auflage, Berlin: Kulturverlag Kadmos, 2001.

Organisation und Geschlecht

»But in the domain of women nothing can be theorized. No science can say anything about it. The only thing one can say is that writing can, not tell or theorize it, but play with it or sing it.«
(Hélène Cixous)[1]

Organisation als soziales System

In den vergangenen zwanzig Jahren hat sich in der Managementtheorie im Hintergrund der jeweiligen Moden der »organizational culture«, des »lean management«, des »business reengineering«, des »organizational learning« und des »knowledge management« fast unbemerkt eine interessante Wiederentdeckung der Organisation als *soziales System* abgespielt. Damit ist gemeint, daß sowohl das *Netzwerk der Kommunikationen*, das eine Organisation ausmacht, als auch die sozial adressierte *Individualität der Mitarbeiter*, die in und für eine Organisation arbeiten, als für Performanz und Effizienz der Organisationen ausschlaggebende *Unterschiede* wiederentdeckt worden sind. In diesem Zusammenhang beginnt auch das *Geschlecht* der Organisationsmitglieder eine Rolle zu spielen, weil Kommunikationen sich selbst dadurch beeinträchtigen oder auch beflügeln können, wie sie die vorliegende Geschlechtlichkeit ihrer Mitglieder codieren, und weil die Individualität der Mitglieder nicht unwesentlich dadurch mitbestimmt ist, wie der Unterschied der Geschlechter in der Organisation adressiert wird.

Angesichts einer sowohl intern (Aufbau der Organisation, Teams, Projekte, Personal, Technologien) als auch extern (Deregulierung, Globalisierung, neue Informations- und Kommunikationstechnologien) *wachsenden Komplexität* der Umwelten der Organisation überzeugt weniger und weniger ein *planungsdeterminierter Ansatz*, der Unternehmensorganisationen als technische und im Grundsatz triviale Maschinen interpretiert. Statt dessen wird eine seit den vierziger

1 Siehe Hélène Cixous, From the Scene of the Unconscious to the Scene of the History. In: Ralph Cohen (Hg.), The Future of Literary Theory. London: Routledge, 1989, S. 1-18, Zitat: S. 11 f.

und fünfziger Jahren entwickelte *verhaltenswissenschaftliche Perspektive* wieder ernst genommen, in der die Organisation nicht nur als Mittel zum Zweck, sondern als seinerseits Zwecke setzendes und Zwecke suchendes System interpretiert wird.[2]

Dieses System operiert in dem Sinne *nicht-trivial*, als es alle eigenen Operationen nicht nur an »Vorgaben« und »Aufgaben«, sondern auch an eigenen »Zuständen« orientiert, die nicht nur *betriebswirtschaftlicher*, sondern auch *soziologischer und psychologischer Art* sind.[3] Es wird *komplex* und es beschreibt sich als »*komplex*« mit dem Ergebnis, daß es zunehmend nicht mehr als technologisch *isoliertes*, sondern als mit seiner gesellschaftlichen, psychischen und natürlichen Umwelt *vernetztes* System betrachtet werden muß.[4]

Diese Wiederentdeckung der Organisation als *soziales System* spielte sich im wesentlichen in drei Themenfeldern ab:

– Die vor allem mit Büchern des McKinsey-Beraters Tom Peters gestartete *Managementphilosophie* stellt den Grundgedanken der Betriebswirtschafts- und Führungslehre um von *Rationalität* (à la Max Weber, Frederick Taylor, Henri Fayol, Erich Gutenberg und vielen anderen)[5] auf *Motivation*.[6] Damit werden die Entdeckun-

2 Siehe die klassischen Ansätze von Herbert A. Simon, Administrative Behavior: A Study of Decision-Making Processes in Administrative Organization. Reprint New York: Macmillan, 1997; James G. March und Herbert A. Simon, Organizations. 2. Auflage, Cambridge, Mass.: Blackwell, 1993; Niklas Luhmann, Funktionen und Folgen formaler Organisation. 4. Auflage, mit einem Epilog 1994, Berlin: Duncker & Humblot, 1995; Karl E. Weick, Der Prozeß des Organisierens. Aus dem Amerikanischen von Gerhard Hauck, Frankfurt am Main: Suhrkamp, 1985; und die neuere Lehrbuchliteratur von Wolfgang H. Staehle, Management: Eine verhaltenswissenschaftliche Perspektive. 6., überarb. Auflage, München: Vahlen, 1991; und Horst Steinmann und Georg Schreyögg, Management: Grundlagen der Unternehmensführung. Konzepte – Funktionen – Fallstudien. 3., überarb. Auflage, Wiesbaden: Gabler, 1993

3 Vgl. Hans Ulrich und Gilbert J. B. Probst, Anleitung zum ganzheitlichen Denken und Handeln: ein Brevier für Führungskräfte. 2. Auflage, Bern: Haupt, 1990; Dirk Baecker, Organisation als System: Aufsätze. Frankfurt am Main: Suhrkamp, 1999; Niklas Luhmann, Organisation und Entscheidung. Opladen: Westdeutscher Verlag, 2000.

4 So Barbara Czarniawska-Joerges, The Three-Dimensional Organization: A Constructivist View. Lund: Studentlitteratur & Chartwell Bratt, 1993; und Sonja A. Sackmann (Hg.), Cultural Complexity in Organizations: Inherent Contrasts and Contradictions. Thousand Oaks: Sage, 1997.

5 Siehe dazu Niklas Luhmann, Zweckbegriff und Systemrationalität: Über die Funktion von Zwecken in sozialen Systemen. Neuausgabe Frankfurt am Main: Suhrkamp, 1977.

6 Siehe Thomas J. Peters und Robert H. Waterman, Auf der Suche nach Spitzenlei-

gen der Organisationstheorie aufgegriffen, daß zum einen keine Rationalität nicht letztlich auf eine *Irrationalität* zurückgeführt werden kann[7] und daß zum anderen weniges die Mitarbeiter einer Organisation stärker *demotiviert* als die Verpflichtung auf Rationalität.[8] Und damit wird auf das Problem reagiert, daß in einer von Wertewandel und Käufermärkten geprägten Wirtschaft und Gesellschaft *nicht mehr die Hierarchie und ihr Disziplinierungsmechanismus sowie ihr Karriereversprechen* die Mitarbeiter einer Organisation motivieren können, sondern nur noch die *Inhalte* der eigenen *Arbeit* sowie die *Intensität der Interaktion mit anderen*, Mitarbeitern wie Kunden.

– Das zweite wichtige Thema war die Entdeckung beziehungsweise Propagierung der Idee einer *Unternehmenskultur*.[9] Hierbei ging es im wesentlichen darum, die Rolle und Bedeutung eines innerhalb der Organisation arbeitenden Netzwerks von Werten, Geschichten, Mythen, Persönlichkeiten, Leitbildern und Professionsethiken zu schildern, das in hohem Maße festlegt, welche Entscheidungen in einer Organisation getroffen werden und welche Performanz eine solche Organisation an den Tag legt. Dabei wurde eine Unternehmenskultur als ein Ensemble von Identitäten, Ge-

stungen: Was man von den bestgeführten US-Unternehmen lernen kann. Aus dem Amerikanischen von Hartmut Reddmann, 3. Auflage, München: mvg-Verlag, 1991; Tom Peters, Kreatives Chaos: Die neue Management-Praxis. Aus dem Amerikanischen von Friedrich Mielke und Hans-Gunther Schoop, Hamburg: Hoffmann und Campe, 1988; ders., Liberation Management: Necessary Disorganization for the Nanosecond Nineties, London: Pan Books, 1993; ders., The Circle of Innovation: You Can't Shrink Your Way to Greatness. New York: Vintage, 1999.

7 Prominent: der dispositive, also unternehmerische Faktor bei Erich Gutenberg, Grundlagen der Betriebswirtschaftslehre, Bd. 1: Die Produktion. 24. Auflage, Berlin: Springer, 1983.

8 So Nils Brunsson, The Irrational Organization: Irrationality as a Basis for Organizational Change and Action. Chichester: Wiley, 1985; ders., The Organization of Hypocrisy: Talk, Decision and Actions in Organizations. Chichester: Wiley, 1989.

9 Siehe wiederum Peters/Waterman, Auf der Suche nach Spitzenleistungen. A. a. O.; ferner Terence E. Deal und Allen A. Kennedy, Corporate Cultures: The Rites and Rituals of Corporate Life. Reading, Mass.: Addison-Wesley, 1982; William G. Ouchi, Theory Z: How American Business Can Meet the Japanese Challenge. Reading, Mass.: Addison-Wesley, 1981; Andrew M. Pettigrew, On Studying Organizational Cultures. In: Administrative Science Quarterly 24 (1979), S. 570-581; Linda Smircich, Concepts of Culture and Organizational Analysis. In: Administrative Science Quarterly 28 (1983), S. 339-358; Peter Frost u. a. (Hg.), Organizational Culture. Beverly Hills: Sage, 1985; ders. u. a. (Hg.), Reframing Organizational Culture. Newbury Park: Sage, 1991.

schichten, Werten und Orientierungen verstanden, das sich historisch in einer Organisation ausbildet, diese Organisation individualisiert und sowohl zu einer gewissen weiteren Evolution befähigt als auch bestimmte evolutionäre Pfade ausschließt (»path-dependence«, »history matters«, »population ecology« etc.). Diese Kultur ist einer Organisation in wesentlichen Zügen implizit und latent. Sie besteht aus »hidden rules«, die nur durch elaborierte Verfahren der Selbstbeschreibung der Selbstbeschreibung der Organisation ans Licht gehoben, also explizit und manifest gemacht werden können, dann jedoch nicht mehr in dem Sinne »gelten«, in dem sie zuvor gegolten haben.[10]

– Das dritte Thema ist das Thema des *Lernens und Wissens*.[11] Hier stieß man, ohne damit bis heute recht umgehen zu können, auf das *Problem der Differenz von Individuum und Organisation* (oder von psychischen und sozialen Systemen) und damit auf die Einsicht, daß Lernen und Wissen einer Organisation davon abhängen, wie die *Schnittstellen* zum Individuum gearbeitet sind. Die traditionelle Praxis der *Infantilisierung* der Mitarbeiter einer Organisation durch die Organisation (beziehungsweise Blockade eines Reifungsprozesses zum *Erwachsenen*) bedurfte dringend einer Korrektur, ohne daß man gewußt hätte, wie man Ansprüche auf Disziplin und Kontrolle gegenüber Erwachsenen durchsetzen konnte.[12] Der Begriffszusammenhang von *Delegation und Verantwortung, auch Führung*, erfreut sich seither des Status einer *Sollbruchstelle* der Organisation, an der Zugriffe der Organisation auf das Individuum, aber auch umgekehrt des Individuums auf die Organisation scheitern, weil die »Integration« individueller und sozialer Perspektiven nahezu jederzeit pathologisiert und psychiatrisiert

10 Siehe Edgar Henry Schein, Organizational Culture and Leadership. San Francisco: Jossey-Bass, 1985; ders., Organisationsentwicklung und die Organisation der Zukunft. In: Organisationsentwicklung 17, Nr. 3 (1998), S. 41-49; Peter Scott-Morgan, The Unwritten Rules of the Game: Master Them, Shatter Them, and Break Through the Barriers to Organizational Change. New York: McGraw-Hill, 1994.

11 Vgl. Chris Argyris und Donald A. Schön, Organizational Learning: A Theory of Action Perspective. Reading, Mass.: Addison-Wesley, 1978; dies., Organizational Learning II: Theory, Method, and Practice. Reading, Mass.: Addison-Wesley, 1996; Peter M. Senge, The Fifth Discipline: The Art and Practice of the Learning Organization. New York: Doubleday, 1990; Ikujiro Nonaka und Hirotaka Takeuchi, The Knowledge-Creating Company. New York: Oxford UP, 1995.

12 So Chris Argyris, Personality and Organization. New York: Harper & Brothers, 1957; ders., Integrating the Individual and the Organization. New York: Wiley, 1964.

werden kann. Seither versteckt sich hinter den Positivvokabeln des Lernens und Wissens eine wachsende Einsicht in das Nichtlernenkönnen von Organisationen und in das Nichtwissen über alle relevanten Fragen des Wissens.[13]

Individualisierung und Geschlecht

Aus einer im engeren Sinne *soziologischen* Perspektive fällt auf, daß sich die moderne Gesellschaft in einem zunehmenden Maße als »*individualisiert*« beschreibt, ohne sich besonders davon beeindrucken zu lassen, daß Individualisierung nur paradox, nämlich nur als Kopie dafür zur Verfügung stehender Muster, zu haben ist.[14] Seit Individualitätsmuster nicht mehr über Herkunft, Schicht, Ausbildung und Profession laufen (allesamt Kriterien, die in einem im Rückblick beneidenswerten Grade mit organisationaler Hierarchie abgestimmt oder »strukturell gekoppelt« waren), sondern über *Milieu, Anspruchsniveau und Idiosynkrasiebereitschaft*,[15] weichen die alten und verläßlichen Standards der Unterscheidung, Sortierung und Sanktionierung konformen und abweichenden Verhaltens eher chaotischen und in jedem Fall launischen Moden der Selbstdarstellung. Darauf muß die Organisation sich sowohl im Umgang mit den eigenen *Mitarbeitern* wie den *Kunden* umstellen, ohne daß sie wissen kann, wie unter diesen Umständen *Entscheidungsroutinen* beibehalten werden können. Im Moment, so viel ist bereits erkennbar, scheint sich nur noch die *Routine der Individualisierung* zu bewähren, die es der *Interaktion zwischen Mitarbeitern und Kunden*

13 Vgl. Karl E. Weick und Frances Westley, Organizational Learning: Affirming an Oxymoron. In: Stuart Clegg, Cynthia Hardy, Walter R. Nord (Hg.), Handbook of Organizational Studies. London: Sage, 1996, S. 440-458; Soeren Hallden, The Strategy of Ignorance: From Decision Logic to Evolutionary Epistemology. Stockholm: Thales, 1986.

14 Vgl. Theodor W. Adorno, Minima Moralia: Reflexionen aus dem beschädigten Leben. Frankfurt am Main: Suhrkamp, 1951; Niklas Luhmann, Individuum, Individualität, Individualismus. In: ders., Gesellschaftsstruktur und Semantik: Studien zur Wissenssoziologie der modernen Gesellschaft, Bd. 3. Frankfurt am Main: Suhrkamp, 1989, S. 149-258; Ulrich Beck, Risikogesellschaft: Auf dem Weg in eine andere Moderne. Frankfurt am Main: Suhrkamp, 1986.

15 Siehe Gerhard Schulze, Die Erlebnisgesellschaft: Kultursoziologie der Gegenwart. Frankfurt am Main: Campus, 1992; Joachim Bessing, Christian Kracht, Eckhardt Nickel, Alexander von Schönburg und Benjamin von Stuckrad-Bare, Tristesse Royale: Das popkulturelle Quintett. Berlin: Ullstein, 1999.

überläßt, welche Entscheidungen jeweils in den engeren Bereich des Möglichen rücken.

Es ist dieser Zusammenhang von *Individualisierungsparadox* und *Routinenaufhebungsroutinen*, der die Geschlechtskategorie prominent werden läßt. Er kommt in seiner paradoxalen Konstruktion einer Kategorie entgegen, die selbst eher paradox denn in irgendeinem Sinne sachlich gedacht werden kann. Seit »Ontologie« (zugunsten einer »Ontogenese«), »Humanismus« (zugunsten eines mehr oder minder aufgeklärten »Ökologismus«) und »Anthropologie« (zugunsten der »Ethnographie«) philosophisch und wissenschaftlich diskreditiert sind,[16] ist das »Geschlecht« keine Kategorie einer Ontologie des Menschen mehr, sondern eine Kategorie zur Beschreibung der Selbstauflösung der Selbstbeschreibung seiner Identität.

An der Geschlechtskategorie läßt sich studieren, daß die Form einer Unterscheidung (Mann/Frau) in dem Moment paradox wird, in dem offenkundig wird, daß die Unterscheidung selbst weder auf der einen Seite noch auf der anderen Seite der Unterscheidung lokalisiert und re-präsentiert werden kann. Die Unterscheidung kann nur von einem Beobachter getroffen werden, der sich in dem Moment, in dem er sie trifft, nicht selbst beobachten kann, sich selbst also nur mitmeinen kann, wenn sich *nicht* beobachtet, und sich selbst nicht mehr mitmeinen kann, *wenn* er sich beobachtet. Einfacher gesagt, die Unterscheidung von Mann und Frau trägt nur, solange man davon ausgeht, daß die *eine* Seite der Unterscheidung *beide* Seiten repräsentieren kann, etwa der Mann das »Menschliche« sowohl am Manne als auch an der Frau oder die Frau das »Spielerische«, »Gemeinschaftliche« sowohl am Manne als auch an der Frau. Das klappt jedoch nur, solange man in Kauf nimmt und auch begrüßt, daß die jeweils unter-repräsentierte Seite mitgeführt wird – in unseren Fällen als »ewige Ironie« beziehungsweise als »Macht«.[17]

16 Siehe nur Martin Heidegger, Sein und Zeit. Tübingen: Niemeyer, 1972; Gregory Bateson, Ökologie des Geistes: Anthropologische, psychologische, biologische und epistemologische Perspektiven. Aus dem Amerikanischen von Hans Günter Holl, Frankfurt am Main: Suhrkamp, 1981; Heinz von Foerster, Wissen und Gewissen: Versuch einer Brücke, Hg. von Siegfried J. Schmidt. Frankfurt am Main: Suhrkamp, 1993.

17 So Georg Wilhelm Friedrich Hegel, Phänomenologie des Geistes. Frankfurt am Main: Suhrkamp, 1973, S. 352, zur »Ironie«; und Humberto R. Maturana und Gerda Verden-Zöller, Liebe und Spiel: Die vergessenen Grundlagen des Menschseins. 2.

Führt man die unter-repräsentierte Seite auf der repräsentierenden Seite wieder ein, wird also der Mann »ironisch« und die Frau »mächtig«, ist es nicht nur mit der Ordnung der Repräsentation, sondern auch mit der Repräsentation der Ordnung vorbei. Diese Wiedereinführung ist jedoch nicht zu vermeiden, wenn man es mit Verhältnissen einer sachlich nicht stillzustellenden Selbstbeschreibung zu tun hat (so erfolgreich der entsprechende Sachaufwand sowohl »biologisch« als auch »soziologisch« gewesen sein mag) und mit Gründen, die andere Seite für attraktiv zu halten.[18] Die Unterscheidung steht dann zwar »subversiv« zur Verfügung, findet jedoch nichts mehr, das subvertiert werden könnte. Sie bezeichnet schließlich nur noch ihre eigene Leere – eine Geschichte der »Aufhebungen«, wenn es je eine gab.[19]

Seither bezeichnet die Geschlechtskategorie zwar zum einen die historische Selbstdetermination sozialer Strukturen, zum anderen jedoch nur noch die operative Unhaltbarkeit von Kategorien, in die der Beobachter, der die Kategorie formuliert, miteingeschlossen werden muß.[20] *In genau dieser Form jedoch*, so kann man spekulieren, *eignet sich die Geschlechtskategorie für die Individualisierungsrituale der modernen Gesellschaft und die Dramaturgie der Reorganisation der Organisationen.* Denn zum einen ist jedes geschlechtlich bestimmte Individuum unübersehbar ein Individuum, ohne deswegen bereits in seiner Individualität festgelegt zu sein. Und zum anderen können Forderungen der Gleichbehandlung, Umstellungen auf Formen einer eher »weiblichen« sozialen Kompetenz, worin auch immer diese besteht, und Anpassungen an Abstimmungsnotwendigkeiten des Arbeitsalltags mit einem Familienalltag dazu benutzt werden, Reorganisationen anzuregen und auszuprobieren, die aus einer neuen gegenüber technischer Effizienz und wirtschaftlicher Performanz Abstand haltenden Rationalität motiviert werden können. Sowohl neue

Auflage, Heidelberg: Carl Auer, 1994, zur »Macht«. Siehe zur Logik der Markierung Linda R. Waugh, Marked and Unmarked: A Choice between Unequals in Semiotic Structure. In: Semiotica 38 (1982), S. 299-318.

18 So sehr dann gerade die »Verführung« die Unterscheidung zu inszenieren hat, siehe Sören Kierkegaard, Das Tagebuch des Verführers. In: ders., Entweder/Oder. Erster Teil, Bd. 2, Gütersloh: Gütersloher Verlagshaus, 1979.

19 Vgl. dazu Eva Meyer, Zählen und Erzählen: Für eine Semiotik des Weiblichen. Berlin: Medusa, 1983; Niklas Luhmann, Frauen, Männer und George Spencer Brown. In: Zeitschrift für Soziologie 17 (1988), S. 47-71; Judith Butler, Gender Trouble: Feminism and the Subversion of Identity. New York: Routledge, 1990.

20 Siehe Niklas Luhmann, Die Paradoxie der Form. In: Dirk Baecker (Hg.), Kalkül der Form. Frankfurt am Main: Suhrkamp, 1993, S. 197-212.

Rollenspiele der Individualisierung als auch neue Formen der Abstimmung von Kooperation rücken in Reichweite, weil die Differenz zwischen Mann und Frau neue Hinsichten und Rücksichten der Selbstorganisation verfügbar macht.

Körper, Psyche, Kommunikation

Es gibt verschiedene Motive für die aktuell zu beobachtende Reorganisation von Organisationen. Neue Informations- und Kommunikationstechnologien spielen dabei ebenso eine Rolle wie neue Märkte, neue Gemengelagen von Deregulierung und Reregulierung durch die Politik, eine globalisierte Kultur und ein immer noch wachsendes Bewußtsein für den Umgang mit den ökologischen Selbstgefährdungen der modernen Gesellschaft. Die moderne Organisation sucht nach einer neuen Politik und einer neuen Ökonomie, vielleicht sogar Ethik, ihrer Selbstgestaltung und ihres Selbstverständnisses.

Legt man die Analyse um einige Ebenen tiefer, kann man erkennen, daß die Organisation, immer noch verstanden als soziales System, nach einer neuen Balance von Körper, Psyche und Kommunikation sucht. Der *Körper* wird nicht mehr nur als Energiequelle, sondern Restriktion und Potential im Umgang mit aktuellen und virtuellen Welten gesehen.[21] Die *Psyche* ist nicht mehr nur die Adresse für die Zurechnung pathologischen Verhaltens und motivationaler Ressourcen, sondern zugleich eine Adresse für die Zurechnung komplexer Wahrnehmungen, die kommunikativ immer nur in eng begrenzten Ausschnitten rekonstruiert werden können.[22] Und die *Kommunikation* ist nicht mehr nur ein mehr oder minder störanfälliger und optimierbarer Kanal der Übertragung von »Befehl« (von oben nach unten) und »Information« (von unten nach oben), sondern wird zunehmend als eine eigene Emergenzebene der Konstruktion von Wirklichkeit gesehen.[23] Die alte »humanistische« Vorstellung, nach der eine Organisation eine Institution ist, in der »Menschen« mehr oder minder freiwillig zusammenkommen, um sich durch Verträge wechselseitig auf das Verfolgen gemeinsamer

21 So etwa Maurice Merleau-Ponty, Le Visible et l'Invisible. Texte établi par Claude Lefort. Paris: Gallimard, 1964.

22 Siehe dazu Fritz B. Simon, Meine Psychose, mein Fahrrad und ich: Zur Selbstorganisation der Verrücktheit. Heidelberg: Auer, 1991.

23 So Karl E. Weick, Sensemaking in Organizations. Thousand Oaks: Sage, 1995.

Ziele festzulegen, weicht einer »ökologischen« Vorstellung,[24] nach der eine Organisation eine höchst unwahrscheinliche strukturelle Kopplung zwischen separaten operational geschlossenen Systemen, nämlich organischen, psychischen und sozialen Systemen ist.[25]

So sehr die Kognitionswissenschaften noch damit beschäftigt sein werden, diese Analyse der strukturellen Kopplung operational geschlossener, also »ökologisch« miteinander verbundener Systeme auszubuchstabieren,[26] so sehr kann man vermuten, daß die Gesellschaft etwa mit Hilfe der Kategorie des *Geschlechts*, aber auch der *Erkenntnis* und nicht zuletzt der *Intelligenz* bereits mit alten und neuen Formen dieser Kopplung und mit Möglichkeiten der Übergänge zwischen diesen Formen experimentiert. Daraus resultiert eine bestimmte *heuristische Nähe* von Geschlechterforschung, Epistemologie und Intelligenzforschung, die, da sie noch keinen paradigmatischen Kern gefunden hat, vielleicht am ehesten unter dem Stichwort »Zukunft der Systeme« zusammengefaßt werden kann. Hier konvergieren Gen-, Bio-, Computer- und Informationstechnologien in der Brisanz einer gemeinsamen Fragestellung, die die Gesellschaft in den nächsten Jahrzehnten beschäftigen wird.[27]

In dem hier skizzierten Forschungszusammenhang genügt es, darauf hinzuweisen, daß ein *Management*, das nicht nur mit Männern, sondern auch mit Frauen und, wichtiger noch, mit dem Unterschied zwischen Männern und Frauen zu rechnen beginnt, sich von einem an Leitbildern *ökonomischer Effizienz* und *technischer Effektivität* orientierten Management deutlich unterscheiden wird. Körper, Psyche und Kommunikation werden zunehmend als Dimensionen in Rechnung gestellt werden müssen, die sowohl die interne als auch die externe *Vernetzung* der Organisation und damit das *Kapital* ihrer Entscheidungsmöglichkeiten wesentlich mitbestimmen. Das muß nicht heißen, daß Formen eher »männlichen« Managements hinfällig sind. Aber es wird in jedem Fall heißen, daß sie als solche rekonstruiert werden und dann nur als eine Option unter anderen Optionen mög-

24 Im Sinne von Bateson, Ökologie des Geistes. A. a. O.

25 Siehe zur Entwicklung dieser Perspektive verschiedene Beiträge in Niklas Luhmann, Soziologische Aufklärung 5: Konstruktivistische Perspektiven. Opladen: Westdeutscher Verlag, 1990; ders., Soziologische Aufklärung 6: Die Soziologie und der Mensch. Opladen: Westdeutscher Verlag, 1995.

26 Siehe programmatisch Francisco J. Varela, Kognitionswissenschaft – Kognitionstechnik: Eine Skizze aktueller Perspektiven. Aus dem Englischen von Wolfram Karl Köck, Frankfurt am Main: Suhrkamp, 1990.

27 Siehe dazu auch Dirk Baecker, Wozu Systeme? Berlin: Kulturverlag Kadmos, 2002.

lichen Managements überzeugen werden. Vermutlich steckt bereits in dieser Optionalisierung der Form des Managements ein so gerüttelt Maß an *Kontingenzzumutung*, daß traditionelle Organisationen und ihr Management genug *damit* zu tun haben werden, alleine damit umzugehen. Von der Ablehnung der Frau als Verletzung aller guten Sitten bis zur Erkenntnis, daß nicht die Frau, sondern die sie ablehnenden (weil begehrenden und in diesem Begehren ihr bereits vorhandenes wechselseitiges homosexuelles Begehren wiedererkennenden und fürchtenden) Männer »das Problem« sind,[28] ist es in aller Regel ein weiter Weg.

Wenn sich die Einsicht bewährt, daß das Management einer Organisation ein *komplexer Rechenvorgang der Vernetzung unterschiedlicher Systeme* (Körper, Individuum, Organisation, Funktionssystem, Gesellschaft ...) ist,[29] kann man der Geschlechterproblematik einen geradezu katalytischen, aber auch einen hohen diagnostischen Wert im aktuellen organisationalen Wandel und seiner Analyse beimessen.

28 So Master Chief John Urgayle in »G. I. Jane«, Regie: Ridley Scott, USA 1997.

29 Im Sinne des Beitrags »Ausgangspunkte einer soziologischen Managementlehre« in diesem Band.

Begeisterte Unternehmer

Es geschieht nicht häufig, daß man sich in einem universitären Rahmen über das Thema der Begeisterung äußern kann. Die Wissenschaft ist vor diesem Thema auf der Hut, denn die Begeisterung gilt ihr als ein höchst suspekter Geisteszustand, dem es meist an Umsicht ebenso wie an Gründen fehlt.

Nun wird man sagen können, daß es spätestens bei einem Fest durchaus gestattet sein kann, die eigene Hut vor der Begeisterung fallenzulassen und deutlich werden zu lassen, wie sehr man tatsächlich begeistert ist: von der Fakultät, von den Studenten, von den Professoren, vom universitären Umfeld, kurz: von den Möglichkeiten, ebenso ungestört wie angeregt der eigenen Arbeit nachgehen und sich mit anderen in gemeinsame Arbeit verstricken zu können.[1] Und ist diese Fakultät nicht der Ort, an dem dafür geworben werden kann, ja an dem sogar gelehrt und gelernt werden kann, sich für die Sache des Unternehmertums zu begeistern, von der man weiß, daß es sich um ein hartes Geschäft, ein geneidetes Geschäft und ein vielfach enttäuschendes Geschäft handeln kann? Wo soll man denn den Mut und die Fähigkeit zu diesem Geschäft erwerben, wenn nicht hier an dieser Fakultät?

Nein, sobald man diese Position ausformuliert, diesen Gedanken zu Ende denkt, merkt man, daß es so nicht gehen kann. Man will sich, auch als Unternehmer, begeistern können. Aber man will nicht begeistert werden. Der ganze Unterschied liegt im Einsatz des Reflexivpronomens. *Sich* zu begeistern mag hingehen, Begeistert*werden* ist verdächtig. Wenn man sich schon begeistert, dann muß es einer eigenen Wahl entsprechen. Wer sich begeistern läßt, riskiert, sich Kriterien auszusetzen, die nicht die eigenen sind. Aber wie stellt man den Unterschied zwischen einer eigenen Begeisterung und einer Begeisterung durch andere fest? Ist die Begeisterung nicht gerade dadurch gekennzeichnet, daß das Reflexivpronomen nicht zum Einsatz kommt, daß man also nicht mehr nachrechnet, woher die Begeisterung kommt, sondern sie als das nimmt, was sie ist: als Begeisterung, die sich *für* etwas begeistert, ohne noch zu fragen, woher und warum.

1 Der Text ist die Vorlage eines Vortrags auf dem Fakultätsfest der Fakultät für Wirtschaftswissenschaft der Universität Witten/Herdecke am 25. Oktober 1997.

Offensichtlich ist es mit der Begeisterung so eine Sache. Irgend etwas scheint dran zu sein am vorsichtigen Umgang der Wissenschaft und Universitäten mit der Begeisterung. Wir alle neigen dazu, spontan zu sagen, daß wir uns begeisterte Unternehmer wünschen. Aber auf den zweiten Blick entwickeln wir Bedenken. Das liegt nicht nur daran, daß wir in Deutschland mit der Begeisterung Erfahrungen sammeln mußten, die uns skeptisch werden ließen.[2] Sondern es liegt auch daran, daß wir Begeisterung in einem ganz elementaren Sinne für unklug, für unvorsichtig halten. Und tatsächlich: Wenn wir eine Klugheitslehre aufschlagen wie etwa Baltasar Graciáns Handorakel aus dem siebzehnten Jahrhundert,[3] werden wir immer wieder Maximen finden, die darauf hinauslaufen, *andere* sich begeistern zu lassen, denn dann werden sie ihrer eigenen Begeisterung Beute, aber niemals *sich selbst* der Begeisterung auszuliefern.

Der Anlaß, über Begeisterung sprechen zu können, ist das Motto, das diesem Fest vorangestellt ist: »Enter the Ghost, Exit the Ghost, Re-enter the Ghost«. Dabei handelt es sich um Bühnenanweisungen in der ersten Szene des ersten Aktes von Shakespeares Hamlet, die Jacques Derrida in seinem Buch über Marx' Gespenster zum Paradigma einer Lektüre des Marxschen Werkes nimmt.[4] Hier bekommt die Begeisterung einen ganz anderen Akzent. Plötzlich nimmt man wahr, daß im Wort von der »Begeisterung« das Auftreten eines Geistes mitgemeint sein kann und daß ein »Geist« durchaus als ein »Gespenst« bezeichnet werden kann.[5] Im Französischen funktioniert das

2 Das gilt auch für die Begeisterung für die Sache, die Helmut Lethen, Verhaltenslehren der Kälte: Lebensversuche zwischen den Kriegen. Frankfurt am Main: Suhrkamp, 1994, als typisch für die Jahre vor dem Zweiten Weltkrieg schildert. Siehe dazu auch die aufschlußreiche Arbeit von Ulrich Herbert, Best: Biographische Studien über Radikalismus, Weltanschauung und Vernunft 1903-1989. Bonn: Dietz, 1996.

3 Siehe Baltasar Gracián, Handorakel und Kunst der Weltklugheit. Deutsch von Arthur Schopenhauer. Mit einer Einleitung von Karl Voßler, Stuttgart: Kröner, 1978. Zur Aktualität von Gracián siehe Werner Krauss, Graciáns Lebenslehre. Frankfurt am Main: Klostermann, 1947; sowie Akademie Schloß Solitude (Hg.), Klugheitslehre: militia contra malicia. Berlin: Merve, 1995.

4 Siehe Jacques Derrida, Marx' Gespenster: Der verschuldete Staat, die Trauerarbeit und die neue Internationale. Frankfurt am Main: Fischer, 1995. Siehe dazu auch Dirk Baecker, Eine neue Internationale. In: Soziologische Revue 20,1 (1997), S. 21-26.

5 Tatsächlich ist der »Geist« dem »Gespenst« näher, als ihm lieb sein kann. Es war erst die Einführung der Schrift, die aus dem griechischen psyche, das soviel hieß wie »Gespenst«, eine »Seele« und einen »Geist« machte, den man sich selbst zurechnete, um sich sein Bewußtsein und sein Wissen zu erklären. Dazu war es erforderlich gewesen, daß die Schrift die Unmittelbarkeit des Bezugs zwischen mündlicher Rede und individuellem Gedächtnis unterbrach. Siehe dazu Eric A. Havelock, Preface to Plato,

Wortspiel etwas anders. Hier wird das Gespenst als »spectre« bezeichnet, wobei die Pointe darin besteht, daß ein *spectre* keinen *spectateur* duldet, das heißt einem Zuschauer weder erscheint noch an ihn das Wort richtet, noch ihm überhaupt seine Aufmerksamkeit schenkt.[6] Derrida nutzt dieses französische Wortfeld, aber es geht ihm um einen Kommentar zur deutschen Philosophie. Es geht ihm um Marx und Marx' Nähe zur Hegelschen »Philosophie des Geistes« einerseits und die verblüffende Faszination von Marx, die er mit seinen Zeitgenossen teilt, für Gespenster aller Art andererseits. In Frage steht, ob es jemandem, der an Gespenster glaubt,[7] tatsächlich gelungen sein kann, sich von der Philosophie des Geistes befreit zu haben, wie es Marx behauptet hat – indem er sie vom Kopf auf die Füße stellte.

Derrida macht ein Experiment. Er schlägt vor, die Philosophie des Geistes als eine Philosophie der Gespenster zu lesen. Und er zögert nicht, auf seine meditative Weise die Vermutung zu formulieren, daß es Marx gelungen sein mag, sich von Hegels Philosophie des *Geistes* freizuschreiben, daß es ihm jedoch nicht gelungen ist, sich von einer Philosophie der *Gespenster* zu emanzipieren. An die Stelle des Begriffs des Geistes tritt im Historischen Materialismus von Marx der Begriff der Praxis. Deswegen heißt es in der achten Feuerbachthese mit aller Distanzierung von den Gespenstern der Vergangenheit: »Das gesellschaftliche Leben ist wesentlich *praktisch*. Alle Mysterien, welche die Theorie zum Mystizismus verleiten, finden ihre rationelle Lösung in der menschlichen Praxis und im Begreifen dieser Praxis.«[8]

Aber dabei bleibt es nicht. Sobald Marx in der von Derrida mit Genuß gelesenen Szene aus dem Warenkapitel des ersten Bands des Kapitals die Tauschwertqualität einer Ware analysiert, sind alle Gespenster wieder da: »Sobald er als Ware aufritt, verwandelt er [der Tisch] sich in ein sinnlich-übersinnliches Ding. Er steht nicht nur

Oxford: Blackwell, 1963. Es ist kein Zufall, daß ausgerechnet Derrida den Geist wieder ans Gespenst zurückführt. Denn niemand interessiert sich so sehr für Schrift wie er. Siehe vor allem Jacques Derrida, Grammatologie. Aus dem Französischen von Hans-Jörg Rheinberger und Hanns Zischler, Frankfurt am Main: Suhrkamp, 1974.

6 Siehe Marx' Gespenster, S. 29.

7 Man denke nur an den Anfangssatz des »Manifests der Kommunistischen Partei«: »Ein Gespenst geht um in Europa – das Gespenst des Kommunismus.« Siehe Karl Marx und Friedrich Engels, Manifest der Kommunistischen Partei. Stuttgart: Reclam, 1989, S. 19. Und diesem Gespenst gelte es ein Manifest entgegenzustellen.

8 Siehe Karl Marx, Thesen über Feuerbach. In: ders. und Friedrich Engels, Ausgewählte Schriften in zwei Bänden, Band II. Berlin: Dietz, 1974, S. 370-372, hier: S. 372. Hier wird die Praxis bereits auf eine Art und Weise mit dem Rationellen gleichgesetzt, die das Herz jedes Betriebswirts höher schlagen lassen müßte.

mit seinen Füßen auf dem Boden, sondern er stellt sich allen andren Waren gegenüber auf den Kopf und entwickelt aus seinem Holzkopf Grillen, viel wunderlicher, als wenn er aus freien Stücken zu tanzen begänne.«[9] Der Verweis aufs Sinnlich-Übersinnliche macht seine Tauschwertanalyse nicht falsch, bewahre, aber sie macht sie verdächtig, weil hier der Begriff der Praxis und ihrer Rationalität offensichtlich nicht ausreicht zu analysieren, was analysiert werden muß. Es geschieht hier, es spukt hier noch etwas anderes, was die Praxis in ein anderes Licht rückt, weil es, wie man dann so schön sagt, »hinter dem Rücken der Menschen« passiert.

Der Geist ist ein Gespenst, vor dem auch die Praxis nicht sicher ist: Das würde bedeuten, daß die Philosophie in ihrem Kern keine »Ontologie«, keine Seinskunde, sondern eine »hantologie« (von französisch »hanter«: »heimsuchen«), eine Gespensterkunde, eine Kunde der Heimsuchungen zu sein hätte. Und Derrida macht diesen Vorschlag nicht, weil es ihm um ein weiteres Wortspiel zu tun wäre. Ihm geht es, wie in allen, vor allem jedoch seinen jüngeren Büchern, um eine Lebenskunst, vielleicht sogar um einen Versuch, das Motiv des Marxschen Praxisbegriffs wieder aufleben zu lassen.[10] Ganz zu Beginn seines Buches schreibt er: »Jemand, Sie oder ich, tritt vor und sagt: *Ich möchte endlich lernen, endlich lehren, zu leben.*«[11] Darum also geht es, um eine Gespensterkunde, die einen Beitrag dazu leistet, uns zu lehren, ohne Gespenster leben zu können. Aber Vorsicht, das ist nicht Derridas letztes Wort. Er macht einen Absatz[12] und schreibt: »Endlich, aber warum.« Ist das Leben, unser Wunsch, leben zu lernen und leben zu lehren, nicht selbst wieder ein Gespenst, mit dem wir uns heimsuchen und abhalten von dem, was einer Erfüllung des Wunsches vielleicht entspräche?

Spätestens jetzt, wo wir vor der Wahl zwischen den Gespenstern und dem Leben stehen und fürchten müssen, daß auch das Leben ein Gespenst ist, müssen wir genauer wissen, was das ist, ein Ge-

9 So Karl Marx, Das Kapital: Kritik der politischen Ökonomie, Erster Band. Berlin: Dietz, 1980, S. 85.

10 Eine andere Möglichkeit bestünde darin, Motive des Marxschen Praxisbegriffs mit Hilfe des neurobiologischen Begriffs der »Autopoiesis« wiederaufzunehmen. Siehe die Entfaltung des Autopoiesisbegriffs bei Humberto R. Maturana und Francisco J. Varela, Autopoiesis and Cognition: The Realization of the Living. Dordrecht: Reidel, 1980.

11 Marx' Gespenster. S. 9.

12 Die wichtigsten Gedanken eines Textes stecken häufig in den Absätzen, die er macht, stellt Gertrude Stein, How to Write. New York: Dover, 1974, fest.

spenst. Das heißt, wir müssen wissen, wie es funktioniert. Nur dann kommen wir der Frage näher, was das heißt, wenn wir uns begeistern und begeistern lassen.

Ein Gespenst, so Derrida, ist etwas, das wir nicht sehen, das uns aber beobachtet und von dem wir uns beobachtet wissen.[13] Das Gespenst setzt die uns gewohnte Haltung des Zuschauenkönnens außer Kraft. Man kann sich vom Gespenst heimsuchen lassen, aber man kann es nicht dabei beobachten, wie es einen heimsucht. Denn dann hätte man sich von der Heimsuchung und damit vom Gespenst schon wieder in einer wichtigen *Hinsicht* befreit. Die Beobachtung hält auf Distanz. Die Heimsuchung hebt jede Distanz auf.[14]

Ein Gespenst ist etwas, vom dem man sich beobachtet weiß, das man jedoch selbst nicht beobachten kann. Es wirft den, den es heimsucht, in einen Bann: Man kommt ihm nicht auf die Schliche, selbst wenn man weiß, zu welcher Stunde es wie üblich auftritt.[15] Man findet keine Distanz zu ihm. Entweder man glaubt an das Gespenst: dann ist man und weiß sich von ihm heimgesucht. Oder man glaubt nicht an das Gespenst: dann ist es auch keins und der Effekt, sich beobachtet zu wissen, kommt gar nicht erst zustande.

Wenn diese Logik des Sich-durch-etwas-beobachtet-Wissen-aber-selbst-nicht-beobachten-Könnens die Logik ist, nach der die Heimsuchung durch ein Gespenst funktioniert, wissen wir auch, was eine Begeisterung ist. Man begeistert sich, indem man sich einem Blick aussetzt, den man auf sich ruhen fühlt oder auf sich ruhen fühlen will und den man nicht erwidert, nicht erwidern kann. Dann wissen wir aber auch, warum Wissenschaft und Universität vor der Begeisterung auf der Hut sind. Denn selbstverständlich besteht der wesentliche Impuls der Wissenschaft darin, keinen Blick zu akzeptieren, den man nicht erwidern kann, sondern sich grundsätzlich und ohne Einschränkungen in die Position dessen begeben, dessen Blick auf allem anderen ruht. Wenn man das Spiel der Moderne als eines beschrieben hat, in dem Beobachter Beobachter beim Beobachten beobachten,[16] dann besteht der Versuch der Wissenschaft darin, sich selbst als

13 Marx' Gespenster. S. 24 f.

14 Daraus erklärt sich vielleicht die moderne Faszination für Gespenstergeschichten und jetzt auch Horrorfilme: In ihnen können wir uns dabei beobachten, wie wir unsere Fähigkeit der Beobachtung, der Unterscheidung, verlieren.

15 Man kann sein Kommen und Gehen nicht kontrollieren, sagt Derrida, Marx' Gespenster. S. 28, denn bereits bei seinem ersten Auftritt ist es ein Wiedergänger.

16 Siehe dazu Niklas Luhmann, Beobachtungen der Moderne. Opladen: Westdeutscher Verlag, 1992.

Letztbeobachter einzusetzen, das heißt sich selbst hinter alle anderen Beobachter zu stellen und alle anderen beim Beobachten zu beobachten.[17]

Lassen wir die Wissenschaft hier auf sich beruhen. Wir wissen jetzt, wie ein Gespenst funktioniert, das heißt, wir wissen etwas über uns, wenn wir uns heimsuchen lassen, und wir sind der Frage etwas näher gekommen, warum es nicht ganz leichtfällt, sich für die Begeisterung zu begeistern. Was können wir aus all dem über das Phänomen der begeisterten Unternehmer lernen? Gibt es dieses Phänomen überhaupt? Darf sich ein Unternehmer begeistern in diesem Sinne der Wahl einer Heimsuchung, der er sich anheimstellt?

Die Antwort auf diese Fragen liegt nicht auf der Hand. Denn natürlich wissen wir, daß sich ein Unternehmer durch größtmögliche und strikt operative Skepsis auszeichnet. Ein Unternehmer wird es nie so weit treiben, zum Stoiker zu werden. Das würde seinen Handlungsimpulsen zu sehr im Wege stehen. Aber er wird sich niemals von einem Unternehmen begeistern lassen, ohne dieses Unternehmen nicht auf Schritt und Tritt mit Fragen und Gegenfragen zu begleiten, die jeder Begeisterung die Luft ausgehen lassen.[18] Er prüft auf Herz und Nieren. Er ist der Beobachter letzter Instanz. Er begeistert andere, wenn er es kann. Aber er wird sich hüten, seiner eigenen Begeisterung auf den Leim zu gehen. Er versucht andere dabei zu beobachten, wie sie sich und wofür sie sich begeistern, seine Kunden ebenso wie seine Mitarbeiter. Aber er wird sein Bestes tun, sich nicht bei einer Begeisterung erwischen zu lassen, die es ihm hinterher unmöglich macht, den Preis herunterzuhandeln. Und wenn er sich für seine eigenen Sachen begeistert, hat er keinen Blick mehr für den Markt, auf dem sie sich erst noch bewähren müssen.

Das ist das eine. Wenn wir uns jedoch auf der anderen Seite fragen, ob nicht auch der Unternehmer jemand ist, der sich einem Blick ausgesetzt sieht, den er nicht erwidern kann; wenn wir uns also fragen, ob nicht auch der Unternehmer heimgesucht und in diesem Sinne »begeistert« ist, werden wir stutzig. Man denke an den Wettbewerb.[19] Welcher Unternehmer kann sich schon sicher sein, daß er nicht

17 Siehe Michel Serres, Der Parasit. Frankfurt am Main: Suhrkamp, 1981; und Niklas Luhmann, Die Wissenschaft der Gesellschaft. Frankfurt am Main: Suhrkamp, 1990.

18 Siehe Theodore Levitt, Thinking About Management. New York: Free Press, 1991.

19 Baumol hat angemessenerweise Märkte als »contestable« definiert. Siehe William J. Baumol, Contestable Markets: An Uprising in the Theory of Industry Structure. In: American Economic Review 72 (1982), S. 1-15.

längst von einem Konkurrenten aufs Korn genommen und um seine wohlverdienten Früchte gebracht zu werden im Begriff ist? Und welcher Unternehmer wüßte nicht, daß man den Blick des Wettbewerbs nicht erwidern kann, sondern daß man nur versuchen kann, ihm auf der Ebene der eigenen Produktinnovationen auszuweichen? Der Unternehmer muß sich für den Markt begeistern, weil nur er der Ort seines Erfolgs sein kann (politische Manöver der Marktsicherung hier einmal ausgeschlossen, aber auch die sind nicht ohne Tischerükken zu haben). Und er muß sich vor dem Markt grausen, denn nur hier entscheidet sich sein Mißerfolg.

Oder man denke an Max Webers protestantischen Unternehmer.[20] Der war nun wirklich begeistert von seinem asketischen Leben, in dem er Werk auf Werk häufte, um völlig aussichtslos die Chance zu erhöhen, daß er von Gott erkannt würde als jemand, der sich den Gnadenstand verdient hat. Dieser Unternehmer wußte sich beobachtet. Und er hatte keine Chance, Gott seinerseits zu beobachten, weil dieser vorsorglich alle Kriterien, den eigenen Sündenpegel abschätzen und das erforderliche Maß der Buße ausrechnen zu können, wie es die katholische Kirche noch vorsah, einkassiert hatte. Der protestantische Unternehmer war heimgesucht und hatte nur die Wahl, sich zu begeistern.[21]

Aber auch heute haben wir es mit Heimsuchungen zu tun. Was leistet das Stichwort der »Globalisierung« anderes, als deutlich zu machen, daß wir uns beobachtet wissen müssen, ohne zu wissen, woher und von wem wir beobachtet werden? Das läuft auf eine »Kränkung« des uns ans Herz gewachsenen Eurozentrismus hinaus, die wir den Amerikanern vielleicht noch verzeihen, weil sie uns so vieles verdanken, die wir jedoch den Asiaten noch lange nicht verzeihen. Wir werden heimgesucht von japanischen Waren. Wir können kaum glauben, daß sich an den asiatischen Börsen (mit Rückschlägen) ein Kapital aufbaut, das unsere uns liebgewordenen Investitionskalküle einschließlich ihrer politischen Abfederung durch den Wohlfahrtsstaat aus der Weltliga in die Regionalliga verweist.

20 Siehe Max Weber, Die protestantische Ethik I: Eine Aufsatzsammlung. Hg. von Johannes Winckelmann, 4. Auflage, Hamburg: Siebenstern, 1975.

21 Wenn wir dieser Heimsuchung den »Kapitalismus« verdanken, wie Max Weber vermutet hat, dann kann man den Entwicklungsländern, falls sie sich von Europa noch beraten lassen, nur raten, ähnliche Konstellationen der Heimsuchung zu schaffen. Es kommt in erster Linie weder auf die ökonomische Basis noch auf eine spezielle Religion oder andere mentale Struktur an, sondern auf die Heimsuchung und die Unmöglichkeit, sich ihr zu entziehen.

Und wir haben, das ist die Pointe, gar keine andere Wahl, als uns für diese neue Welt zu begeistern. Wir begeistern uns dafür, mitspielen zu können. Wir schicken einige vor, die neuen Bedingungen der Weltliga zu erkunden, und nennen sie »global players«. Wir wissen uns beobachtet, und haben keine Ahnung, wo die Beobachter sitzen und was sie als nächstes tun.

Aber auch das ist noch nicht alles. Weniges begeistert die Unternehmer im Moment mehr als die Einführung neuer Informations- und Kommunikationstechnologien. Schon der Euphemismus »Einführung« verrät, daß man begeistert ist. Denn natürlich hat kein Unternehmen die Chance, diese Technologien, vulgo: den Computer, »einzuführen«, sondern alle müssen sehen, daß sie den Anschluß an eine Entwicklung[22] nicht verpassen, deren Dynamik niemand überschauen kann. Der Computer sucht die Unternehmen heim. Er spukt in ihnen, denn er führt zu einer weitreichenden, aber im einzelnen kaum einzuschätzenden Veränderung der Binnen- und der Außenkommunikation, ohne daß man wüßte, wie es zu diesen Veränderungen kommt. Soll man tatsächlich den »Wertewandel« der Gesellschaft ebenso wie die »Hierarchiekrise« der Organisation auf den Computer zurechnen? Und wäre der Computer dann das Problem – oder bereits die Lösung?

Welche andere Chance hat der Unternehmer, da er diese Frage nicht entscheiden kann und auch nicht entscheiden will, als sich für den Computer zu begeistern, wie er sich einst nur für den deus absconditus begeistert hat? Die Antwort heißt heute allerdings nicht: Askese, sondern: Wissensmanagement. Wissensmanagement ist nichts anderes als der Versuch, sich vom Gespenst des Computers auf eine Art und Weise beobachten zu lassen, die es dem Unternehmen ganz allmählich ermöglicht, herauszufinden, von welchem Etwas es beobachtet wird. Beim Wissensmanagement geht es darum, das Nichtwissen über die »neuen Möglichkeiten« des Computers in ein Instrument des Managements weniger der Organisation als vielmehr des Computers zu verwandeln.

Landauf, landab begeistert man sich für das Wissensmanagement. Aber das einzige, was man wirklich »weiß«, ist, daß man versuchen muß, dem Computer ebenso auf die Spur zu kommen, wie man einst dem deus absconditus auf die Spur gekommen ist. Aber vielleicht

22 Auch »Entwicklung« ist ein Euphemismus, eher schon handelt es sich um eine »Katastrophe« im mathematischen Sinne der »Katastrophentheorie« (René Thom), nämlich einen Bruch der gewohnten Kommunikationsverhältnisse.

stellt sich heraus, daß die Ideologiekritik der Religion, die in der Aufklärung gestartet worden war, ein Kinderspiel war im Vergleich dazu, was uns als Technikkritik des Computers bevorsteht, die ja den Computer nicht abschaffen, sondern nur »eingrenzen« soll (was immer das heißt).[23]

Auch die aktuelle Diskussion um Tendenzen zur Entwicklung einer »virtuellen Organisation« kann in diesem Licht einer Begeisterung für den Spuk des Computers gesehen werden.[24] Aber sie ist insofern eine intelligentere Bewältigung dieses Spuks, als sie ihre volle Aufmerksamkeit neuen Vernetzungsformen zwischen den Unternehmen und neuen Möglichkeiten eines die alte Trennung von Produzent und Konsument überwindenden »prosumerism« widmet und den Computer nur aus den Augenwinkeln, nur als technologische Variation, die organisatorisch eingeholt werden kann, beobachtet.

Man könnte die Liste der Begeisterungen des Unternehmers um viele Punkte verlängern. »Kultur« zum Beispiel hat den Unternehmer für eine gewisse Zeit, in den achtziger Jahren mit Nachwirkungen bis heute, sehr nachhaltig begeistert. Und auch hier handelte es sich um dieselbe Logik der Heimsuchung. Denn Kultur, vor allem Unternehmenskultur, war und ist nichts anderes als der Versuch, herauszufinden, welcher Geist in der Gesellschaft sein Unwesen treibt, der mit einem Mal nicht nur »menschlichere« Arbeitsverhältnisse fordert, sondern sogar so etwas wie einen direkteren, nicht nur auf der Werbe- und Verkaufsebene, sondern auf der Produktionsebene stattfindenden Kontakt mit dem, horribile dictu, Kunden.[25] Vielleicht kann man sogar so weit gehen, daß mit der Begeisterung für die Unternehmenskultur der Kunde als Gespenst entdeckt wurde, als ein Gespenst jedoch, das nicht nur wiederkehrt, sondern das auch ausbleibt. Denn in den achtziger Jahren wurde der Kunde nicht nur wählerisch, sondern auch knapp.

Oder die Begeisterung für das Familienunternehmen, die jetzt

23 Siehe dazu Anregungen bei Friedrich A. Kittler, Geschichte der Kommunikationsmedien. In: Jörg Huber und Alois Martin Müller (Hg.), Raum und Verfahren: Interventionen. Zürich: Museum für Gestaltung, und Frankfurt am Main: Stroemfeld/Roter Stern, 1993, S. 169-188.

24 Siehe etwa William H. Davidow und Michael S. Malone, The Virtual Corporation: Structuring and Revitalizing the Corporation for the 21st Century. New York: HarperBusiness, 1992.

25 Siehe dazu nach wie vor Maßstäbe setzend für den Versuch, den Blick des neuen Gespensts zu erwidern: Thomas J. Peters und Robert H. Waterman, In Search of Excellence. New York: Harper & Row, 1982.

auch von dieser Fakultät Besitz ergriffen hat. Was ist das für eine Begeisterung? Ich habe den Eindruck, daß einen hier vor allem begeistert, was aus Familienunternehmen werden könnte, wenn dort wieder ein gewisses Maß an Begeisterung einziehen würde. Man vermißt die Begeisterung, und schließt daraus auf brachliegende Innovationspotentiale. Die Diagnose ist möglicherweise richtig. Doch sollte man vor dem Hintergrund der hier angestellten Überlegungen nicht allzu viele Reserven für die Begeisterung in Familienunternehmen erwarten. Denn worin besteht die typische Struktur eines Familienunternehmens?[26] Sie besteht darin, daß sich Nachfolgegenerationen dem Blick, der Beobachtung, der Vorgängergenerationen, die vielfach noch die Gründergenerationen sind, ausgesetzt wissen.

Das ist in der Tat eine Heimsuchung, wie man sie sich nur wünschen kann. Aber vermag sie zu begeistern? Das Problem besteht darin, daß Väter und Söhne in Familienunternehmen ausgiebig Gelegenheit hatten, sich nicht nur einseitig, sondern wechselseitig zu beobachten. Dem Familienunternehmen steht die Familie im Wege. Man kennt sich, man hatte Gelegenheit, sich zuzuschauen bei der Arbeit. Es gibt keinen Blick, der vom Vater auf dem Sohne ruhen würde, den der Sohn nicht längst und ausgiebig erwidert hat, als der Vater vielleicht noch gar nicht an die Nachfolgeprobleme dachte, sondern schlicht und ergreifend erst einmal zu imponieren versuchte.

Man versteht vor dem Hintergrund dieser strukturellen Unmöglichkeit der Begeisterung, daß Familienunternehmen nur eine Chance haben, die Struktur des Familienunternehmens in Begeisterung umzusetzen. Sie müssen auf *Schwieger*söhne und *Schwieger*töchter setzen. Denn die fühlen den Blick auf sich ruhen, ohne daß sie Gelegenheit hatten, ihn zu erwidern. Die Chance ist relativ schwach, denn sie wird auch hier vom bereits Familiären der wechselseitigen Blicke unterlaufen, aber es ist die einzige Chance, die man nutzen kann.

Auch die wichtigsten topoi der Organisations- und Managementlehre könnte man im Lichte dieser Logik der Begeisterung noch einmal beleuchten.[27] Der Manager selbst ist jemand, der gleich doppelt

26 Siehe dazu zahlreiche Anregungen in Rudolf Wimmer, Ernst Domayer, Margit Oswald und Gudrun Vater, Familienunternehmen – Auslaufmodell oder Erfolgstyp? Wiesbaden: Gabler, 1996.

27 Siehe eine Sammlung dieser topoi in Dirk Baecker, Die Form des Unternehmens. Frankfurt am Main: Suhrkamp, 1993, und ders., Postheroisches Management: Ein Vademecum. Berlin: Merve, 1994.

begeistert ist und dessen Geschick genau deswegen darin besteht, sich die der Situation jeweils angemessene Begeisterung *aussuchen* zu können. Er ist entweder heimgesucht von den Kontrollvorgaben seiner Vorgesetzten, für die er sich begeistern muß, ohne ihnen entnehmen zu können, wie er sie im täglichen Geschäft erfüllen kann. Oder er ist heimgesucht von den Rückmeldungen seiner Abteilungen, für die er sich ebenfalls begeistern muß, ohne wissen zu können, wie er sie in der strategischen Planung des Gesamtunternehmens angemessen zur Geltung bringen kann. Überhaupt ist die Hierarchie das Beispiel schlechthin für die Logik der Heimsuchung, weil sie ständig mitanwesend ist, ohne jemals einen determinierenden Durchgriff auf irgendeine Situation ausüben zu können. Jede Situation in einem Unternehmen ist durch die Hierarchie *überdeterminiert* und kann sich gerade deswegen gegenüber den Determinanten ebenso sperrig wie wählerisch verhalten.[28] Und man glaube nicht, daß das vielfach beschworene Team in diesem Punkt eine Alternative zur Hierarchie bietet. Denn das Team hat auch nur die Wahl zwischen dem Spuk der Individuen, die das Team bilden, ohne noch Individuen sein zu können, und dem Spuk der Gruppe, die sich als gemeinsame Perspektive durchsetzen muß, ohne sich gegenüber den Individuen durchsetzen zu können.

Aber beenden wir unsere Beispielserie hier, bevor die Logik der Heimsuchung uns selber heimzusuchen beginnt. Was lernen wir aus all dem über den begeisterten Unternehmer? Nicht viel mehr eigentlich, als daß auch hier die Unternehmer und die Unternehmen mit ihnen mit einer Paradoxie konfrontiert sind. Natürlich dürfen sie sich nicht begeistern, weil sie das zu einer Gelegenheit (die andere zu nutzen verstehen) fetten Beute werden läßt. Andererseits jedoch müssen sie sich begeistert wissen, weil sie sich sonst nicht sicher sein können, Umständen alten und neuen Typs, dem Wettbewerb, der Globalisierung oder dem Computer, der Hierarchie oder dem Team, gewachsen sein zu können, die immer auch jenseits ihres Kontrollbereichs liegen und auch von keiner »managerial control illusion« in diesen Bereich hineingezogen werden können.

Diese Paradoxie ist nicht aufzulösen. Man kann sie nur unsichtbar zu machen versuchen, nämlich durch die doppelte und ihrerseits pa-

28 Diese Struktur definiert die Entscheidungsspielräume der Großunternehmen, in denen die Differenz zwischen Anweisung und Ausführung (einer Entscheidung) auf allen Ebenen des Unternehmens wieder vorkommt und die Struktur des Unternehmens in sich vielfach und selbstähnlich abbildet.

radoxe Hoffnung, einerseits hinreichend begeisterungsfähig zu sein und andererseits der eigenen Begeisterung nie auf die Spur zu kommen. Wenn diese Hoffnung zutrifft, kann man die Paradoxie auch »entfalten«, nämlich durch Handlung jetzt und Reflexion später. Das ist das unternehmerische Modell, das wir alle kennen. Ihm verdankt die Moderne wichtige Impulse ihrer »Entwicklung«. In der sogenannten »Postmoderne« ist dem nur die Einsicht in das Modell hinzuzufügen. Wir operieren immer noch im Umkreis der Gespenster. Aber immerhin verfügen wir jetzt über eine Gespensterkunde.

Tabus in Familienunternehmen

Die Trennung von Haushalt und Betrieb

Familienunternehmen sind der lebende Beweis dafür, daß es im Kapitalismus so rational nicht zugeht, wie manche Beobachter sowohl gehofft als auch gefürchtet haben. Max Weber hat in seinem großartigen und bis heute beispielhaften Traum der Beschreibung der Bedingungen des Kapitalismus die *Trennung von Haushalt und Betrieb* als den wesentlichen Einsatzpunkt für die Entwicklung der kapitalistischen Rationalität bezeichnet.[1] Denn erst mit dieser Trennung entsteht die Möglichkeit, ein betriebliches Vermögen als »Sondervermögen« aus dem Familienvermögen freizusetzen und damit den eigenen Bedingungen einer kapitalistischen Rentabilität zu unterwerfen. Wird ein Familienvermögen im wesentlichen »politisch« eingesetzt, nämlich je nach Kulturkontext zur Sicherstellung von Erziehung, Examen, Aussteuer und Ämterkauf verwendet, so kann das betriebliche Sondervermögen zum Gegenstand einer Kapitalrechnung gemacht werden, die sich ausschließlich, Gewinnerwartungen der Kapitaleigner in Rechnung stellend, um die Sicherstellung zukünftiger Möglichkeiten rentabler Produktion kümmert. In dieser Freisetzung von den Rücksichten auf eine »Politik der Familie« wurzelt eine kapitalistische Rationalität, die Produktentwicklung und Markterschließung nach ökonomischen, das heißt je nach Gewinnerwartungen revidierbaren Regeln finanzierbar macht. Der wesentliche Ansatzpunkt dafür ist, daß nicht mehr die Familie mit ihren vielfältigen sozialen Verpflichtungen, sondern der Betrieb mit seinem an bestimmten Investitionsprojekten ablesbaren sachlichen Entwicklungspotential Gegenstand von Kreditvergabeüberlegungen werden kann. Kapitalistische Rationalität heißt: gefördert wird nicht die Familie und ihre Sippschaft, sondern das Produkt und sein Markt.

Man kann sich vorstellen, daß diese Vision des Kapitalismus sowohl Hoffnungen als auch Befürchtungen weckt. Einerseits war endlich ein sozialer Mechanismus (die an Kapitalverwertungskriterien orientierte Kreditvergabe) gefunden, der die Gesellschaft aus dem

1 Siehe Max Weber, Wirtschaft und Gesellschaft: Grundriß der verstehenden Soziologie, 5., rev. Auflage, Studienausgabe. Tübingen: Mohr, 1972, S. 59 und 229 f.

Zugriff der Sippschaften befreite. Andererseits war abzusehen, daß von Banken geförderte Konzerne (und umgekehrt) die wirtschaftliche Beweglichkeit zwar kurzfristig erhöhen würden, langfristig jedoch zur Entwicklung eines korporativen Klientelismus führen würde, dem erneut kein Kraut mehr gewachsen sein würde. Seit Max Weber und bis heute wird diese Ambivalenz überwiegend zugunsten des Kapitalismus entschieden, weil er mit der betrieblichen Verankerung des Unternehmertums zugleich das Prinzip eines zukunftsoffenen, niemals abzuschließenden freien Spiels der Ideen (und ihrer Realisierung im Wettbewerb) etabliert – so sehr dieser liberale Traum auch von den einen der Ideologie verdächtigt und von den anderen durch Kapitalentzug ausgetrocknet wird.

Womit Max Weber nicht gerechnet hat, ist, daß Familienunternehmen die Trennung von Haushalt und Betrieb gelassen mitvollzogen haben und heute als vollwertige Mitspieler des kapitalistischen Spiels gelten können. Vor allem mit Hilfe gesellschaftsrechtlicher Regelungen gelang es, die Krediteinheit Betrieb von der Krediteinheit Familie zu separieren und auf diese Weise das Kapitalverwertungsinteresse des Betriebs (als Adresse für Kapitalgeber!) von der Subsistenzsicherung der Familie zu unterscheiden. Was auch immer die Familie aus dem Betrieb abschöpft – es ist als Abschöpfung kenntlich und kann im Kontext des Bedarfs an Eigen- und Fremdkapital abgeschätzt werden. Heute muß sich nicht mehr der Betrieb vor der Familie rechtfertigen, sondern die Familie vor dem Betrieb, wenn Mittel so oder anders eingesetzt werden.

Also ist die Beobachtung von Max Weber durch das Gesellschaftsrecht überholt worden? Ist die »Verselbständigung des Geschäfts«, von der Werner Sombart sprach,[2] zwar zunächst *gegen* das Familienunternehmen durchzusetzen, dann aber auch *mit* ihm zu haben? Sollten wir schlicht und ergreifend die Analyse Max Webers (und mit ihr die ambivalente Einschätzung des Kapitalismus?) vergessen, weil, wie er selbst betont, nicht im Familienunternehmen, sondern in der Entwicklung des betrieblichen Sondervermögens das Problem des take-off des Kapitalismus lag? Jedenfalls müssen wir uns offensichtlich davor hüten, das Familienunternehmen als irrationalen Überrest vorkapitalistischer Traditionsbestände zu betrachten. Es verknüpft den Kapitalismus mit seiner Vorgeschichte. Aber es begleitet ihn auch – und vielleicht sogar, wie manche meinen, über ihn hinaus.

2 Siehe Werner Sombart, Der moderne Kapitalismus. 3 Bde., Nachdruck München: dtv, 1987, Bd. II, S. 101 ff.

Wenn es also Gründe gibt, anläßlich der Existenz von Familienunternehmen an der Rationalität des Kapitalismus zu zweifeln (das war unsere Ausgangsfrage), so liegen diese offensichtlich nicht in familienpolitischen Einschränkungen der Kapitalverwertung. Solche Einschränkungen kommen vor, unterscheiden sich aber systematisch nicht von der empirischen Erratik anderer Kapitaleignerinteressen.[3]

Wenn man mit Familienunternehmern spricht, fällt immer wieder auf, wie leicht es diesen fällt, ihre eigene betriebliche Rationalität gegen die vermeintliche Rationalität des Kapitalismus auszuspielen. Sie drehen den Spieß also um. Nicht sie sind der Rest, sondern der Kapitalismus, von dem sie zu profitieren wissen, ist das Problem. Bis zum bitteren Ende, wenn es sein muß, erzählt man sich Geschichten über unsensible Banken, scheue Investoren, undankbare Arbeitnehmer und flüchtige Verwandte. Ich würde daher vermuten, daß das große Interesse, das Familienunternehmen als Erfolgsmodell heute entgegengebracht wird,[4] etwas mit einer ganz speziellen Resistenz und Renitenz zu tun hat, die fast nur noch Familienunternehmer auszeichnet. Am Familienunternehmen läßt sich studieren, was einen Unternehmer ausmacht. Denn der Unternehmer ist keine Funktion, die sich nach Art eines Algorithmus aus Kapitalverwertungsinteressen errechnen ließe. Er ist eine seinerseits idiosynkratische Figur, die in der Lage sein muß, zunächst einmal von allem, was gängigerweise in der Wirtschaft bereits Erfolg hat, abzusehen, um so eine Investitionslücke zu finden, deren Ausbeutung dann erst dem wirtschaftlichen Kalkül wieder unterworfen werden kann. Die »Form des Unternehmens«[5] errechnet sich nicht aus der Wirtschaft, sondern muß ihre Motive *woanders* finden, um sich dann erst wieder auch auf die Wirtschaft zu beziehen. Das ist der gute Grund dafür, daß Erich Gutenberg in seinem großen Entwurf einer Be-

3 Siehe dazu viele Anregungen bei Franco Modigliani und Merton H. Miller, The Cost of Capital, Corporation Finance, and the Theory of Investment. In: American Economic Review 48 (1958), S. 261-297.

4 Siehe etwa Rudolf Wimmer, Ernst Domayer, Margit Oswald und Gudrun Vater, Familienunternehmen – Auslaufmodell oder Erfolgstyp? Wiesbaden: Gabler, 1996; Miller, Deecke, Keyser, von Sperber und Burfeind (Hg.), Familienunternehmer heute: Herausforderungen, Strategien, Erfahrungen. Wiesbaden: Gabler, 1998.

5 Im Sinne von Dirk Baecker, Die Form des Unternehmens. Frankfurt am Main: Suhrkamp, 1993.

triebswirtschaftslehre von der »Irrationalität« des dispositiven Faktors Unternehmer spricht.[6]

Der wesentliche Punkt meines Arguments ist es nun, daß es Familienunternehmern *leichter fällt*, Unternehmer zu sein, als anderen Unternehmern. Denn wer seine Familie mitbringt, versorgt sein Unternehmen mit Problemen, von denen im Unternehmen alle wissen, über die im Unternehmen jedoch nicht (sondern nur unter vier, sechs Augen) gesprochen werden darf. Der Unternehmer, der seine Familie mitbringt, versorgt sein Unternehmen mit Tabus. Ein Tabu wiederum ist ein durchaus merkwürdiges Phänomen. Wenn ein Unternehmen scheitert, hat daran ein Tabu (zum Beispiel das Tabu, über einen Nachfolger zu reden) unter Umständen großen Anteil. Aber solange ein Unternehmen erfolgreich ist, ist es dies fast durchweg nicht trotz, sondern *wegen seiner Tabus.*

Sozialsystem Familie, Sozialsystem Betrieb

Diese These muß begründet werden. Ich will dies tun, indem ich auf einige Unterschiede zwischen dem Sozialsystem Familie und dem Sozialsystem Betrieb hinweise, die in einem Familienunternehmen, das ist der entscheidende Punkt, *zugleich vorkommen müssen und nicht vorkommen dürfen.* Ein Familienunternehmen ist ebensosehr Familie wie Organisation und kann doch nicht beides sein. Daraus bezieht es seine Stärken, seine Pathologien und seine Schwächen.

Als Sozialsysteme könnten Familie und Betrieb unterschiedlicher gar nicht sein.[7] Für die Familie gibt es nichts Wichtigeres als die *Person.* Ihre Präsenz auch dann (vielleicht sogar gerade dann), wenn sie abwesend ist, ist wichtiger als das, was sie kann oder nicht kann, so sehr der heutige Arbeitsmarkt dazu zwingt, Bewertungen von Kompetenzen mitzuführen. Ihre Geschichte, in allen ihren biographischen Details, wird gewußt, erzählt und zelebriert, und dies auch und gerade dann, wenn sie zu äußerst kantigen Profilen führt, denn gerade daran erweist sich ja die Person als Person (und Persönlich-

6 So in Erich Gutenberg, Grundlagen der Betriebswirtschaftslehre, Bd. 1: Die Produktion. 24. Auflage, Berlin: Springer, 1983, S. 6 ff. u. ö.

7 Siehe zum folgenden Niklas Luhmann, Sozialsystem Familie. In: ders., Soziologische Aufklärung 5: Konstruktivistische Perspektiven. Opladen: Westdeutscher Verlag, 1990, S. 196-217; ders., Organisation. In: Willi Küpper und Günther Ortmann (Hg.), Mikropolitik: Rationalität, Macht und Spiele in Organisationen. Opladen: Westdeutscher Verlag, 1988, S. 165-185.

keit). Im Betrieb dagegen, so sehr Personen auch hier dazu neigen, Personen wahrzunehmen, zählt an erster Stelle die *Sache*. Personen kommen tendenziell nur als Beitrag zur Sache vor und fallen gerade dann besonders auf, wenn dieser Beitrag überdurchschnittlich ist oder sehr zu wünschen übrigläßt. Mit anderen Worten, sie fallen gerade deswegen auf, weil sie sich aus der Sache nicht ohne weiteres bereits ergeben.

Zweitens ist für eine Familie die Person schon deswegen wichtig, weil sie an ihr und nur an ihr erfährt, was sich draußen abspielt. Daß ihre Mitglieder draußen *etwas anderes* sind (Basketballspieler, Designer, Politikerin) und davon berichten, informiert die Familie über den Rest der Welt. Ein Betrieb könnte sich eine so personenzentrierte und ebenso detaillierte wie sparsame Aufnahme von Information über die restliche Welt nicht leisten. Für ihn ist systematisch irrelevant, was Personen draußen treiben (ab und zu entdeckt man dann, daß sie draußen schon können, wozu sie sich drinnen erst Zusatzqualifikationen erwerben müssen). Der Betrieb orientiert seinen Informationsbedarf an der Sache und Personen kommen auch hier wiederum nur insofern vor, als sie diesem Anspruch der Information über eine Sache Genüge tun oder etwa nicht.

Drittens ist die Familie, wie Niklas Luhmann sagt, ein System mit »enthemmter Kommunikation«. Das heißt, man spricht laufend über alles und akzeptiert dafür weder Grenzen des Takts noch irgendeine Vermutung des Nichtwissenkönnens über den anderen. Selbst wenn jedes einzelne Mitglied nicht explizit und nicht verbalisiert im Kreuzfeuer der Meinungen aller anderen steht, so *weiß* es sich doch in diesem Kreuzfeuer. Das heißt, es weiß, daß es laufend als das, was es ist, und als das, was es nicht ist (das bleibt nicht aus), beobachtet wird. Es beobachtet alle anderen auf diese Beobachtungen hin und kann sich das Leben so zum Paradies und zur Hölle machen.

Der Betrieb hingegen ist ein Sozialsystem mit deutlich gehemmter Kommunikation. Auch hier geschieht alles mögliche, was Personen einfallen kann, um Personen zuzusetzen; aber für alle sichtbar gibt es einen Filter, der diese an Personen gebundene Kommunikation von der einzig relevanten Kommunikation trennt, die man daran erkennt, daß sie auf Entscheidungen zugespitzt werden kann. Diese Entscheidungen ergeben sich nicht aus dem Wissen von Personen über Personen, sondern aus einem sachlich und zeitlich codierten Entscheidungsbedarf. Diese Entscheidungen diskriminieren gegenüber Personen und machen gerade so auf Personen aufmerksam, die sich das nicht gefallen lassen und in die »Mikropolitik«[8] ausweichen. Die Hemmung betrieblicher Kommunikation ergibt sich daraus, daß auch die personengebundene Kommunikation (vom Flirt über das mobbing bis hin zur großartigsten Erfindung der Organisation, der Intrige) daraufhin beobachtet und durch diese Beobachtung »deformiert« wird, auf welche Entscheidungen sie eventuell zuläuft und welche Möglichkeiten sie stärkt oder unterläuft.

Viertens unterscheiden sich Familie und Betrieb darin, wie sie mit dem Ungewöhnlichen umgehen. Die Familie hat einen Hang dazu, das Ungewöhnliche gar nicht erst vorkommen zu lassen, so groß das Interesse einzelner Mitglieder an Neuem und anderem auch sein mag. Jede Familie entwickelt Schemata, um das Außergewöhnliche, so es auftritt (die Tochter schwärmt für die Lesbenszene New Yorks, der Vater wird als Randalierer in Paris gerichtsnotorisch, die Mutter eröffnet einen Blumenladen), auf die bereits vorhandenen Personenkenntnisse zurückzubuchstabieren, also gerade keine Identitätsdifferenzen (um die es der Person möglicherweise gehen kann) zuzulassen. Auch ein Betrieb ist normalerweise kein Freund des Ungewöhnlichen. Dazu ist er viel zu sehr sein eigenes »Lob der Routine«.[9] Aber anders als in der Familie wird sowohl die Umwelt als auch die Binnenwelt des Unternehmens laufend auf Neues und Innovationsverdächtiges abgesucht, weil es sein kann, daß neue Produkt- und Marktchancen winken. Die Familie lehnt das Ungewöhnliche sofort ab – so sie nicht an ihm zerbricht oder sich auf einer höheren Ebene der Gleichgültigkeit neu etabliert –, der Betrieb lehnt konditioniert ab und kann in diese Konditionen Akzeptanzbedingungen des Ungewöhnlichen, ja sogar Suchaufträge nach dem Ungewöhnlichen einbauen.

Ich breche diese Liste hier ab, obwohl man sie sicherlich weiterführen könnte. Ich verzichte auch darauf, das wird man gemerkt haben, das zu klären, was man für die üblichen Merkmale von Familie und Betrieb halten könnte. Dazu sind beide Typen von Sozialsystemen zu sehr »im Fluß«, das eine als Ergebnis einer zunehmenden »Individua-

8 Siehe Tom Burns, Micropolitics: Mechanisms of Institutional Change. In: Administrative Science Quarterly 6 (1961), S. 257-281; Willi Küpper und Günther Ortmann (Hg.), Mikropolitik: Rationalität, Macht und Spiele in Organisationen. Opladen: Westdeutscher Verlag, 1988.

9 So Niklas Luhmann, Lob der Routine. In: Verwaltungsarchiv 55 (1964), S. 1-33, wiederabgedruckt in: ders., Politische Planung: Aufsätze zur Soziologie von Politik und Planung, 2. Auflage Opladen: Westdeutscher Verlag, 1975, S. 113-142.

lisierung« der Gesellschaft,[10] das andere wegen einer vielfachen »Auflösung« in innere und äußere Netzwerke.[11] Der wesentliche Punkt dürfte deutlich geworden sein und ist seinerseits nicht unumstritten. Er besteht in dem Unterschied zwischen einer tendenziell persönlichen und einer tendenziell sachlichen Orientierung der Kommunikation.

Das Tabu

Meine These ist nun, daß dieser Unterschied im Familienunternehmen tabuiert wird. Folgt man dem ethnologischen Verständnis von Tabus, wie es Sigmund Freud für seine psychoanalytische Interpretation aufnimmt,[12] so bedeutet dies: der Unterschied zwischen persönlicher und sachlicher Orientierung versteht sich von selbst, aber es wird nicht von ihm gesprochen (weil *und obwohl* alle von ihm wissen). Das Tabu ist selbst tabuiert. Luhmann verfolgt ein sehr ähnliches, allerdings nicht psychoanalytisches, sondern soziologisches Verständnis von Tabus, wenn er unterstreicht, daß ein Tabu regelt, worüber *nicht* kommuniziert wird[13] – wobei jede Kommunikation darüber, worüber *nicht* kommuniziert wird, das weiß man seit Watzlawick, natürlich nichtsdestotrotz eine Kommunikation ist und somit wie jede Kommunikation Individuen in ein bestimmtes (und zwar unbestimmt bestimmtes) Verhältnis zueinander bringt.[14]

In jedem Familienunternehmen existieren Tabus, die die Verwechslung des Betriebs mit der Familie nahelegen und zugleich verbieten. Der Chef ist der Chef, sein Sohn ist sein Sohn und seine Tochter ist

10 Siehe dazu zum Beispiel Elisabeth Beck-Gernsheim und Ulrich Beck, Das ganz normale Chaos der Liebe. Frankfurt am Main: Suhrkamp, 1989.

11 Siehe etwa Arnold Picot, Ralf Reichwald und Rolf T. Wigand, Die grenzenlose Unternehmung. Information, Organisation und Management: Lehrbuch zur Unternehmensführung im Informationszeitalter. Wiesbaden: Gabler, 1996.

12 Siehe Sigmund Freud, Totem und Tabu: Einige Übereinstimmungen im Seelenleben der Wilden und der Neurotiker. In: ders., Essays I: Auswahl 1890-1914. Hg. von Dietrich Simon, Berlin: Volk und Welt, 1988, S. 318-514.

13 So in Niklas Luhmann, Brauchen wir einen neuen Mythos? In: ders., Soziologische Aufklärung 4: Beiträge zur funktionalen Differenzierung der Gesellschaft. Opladen: Westdeutscher Verlag, 1987, S. 254-274; siehe auch ders., Die Gesellschaft der Gesellschaft. Frankfurt am Main: Suhrkamp, 1997, S. 230 ff.

14 Vgl. dazu Dirk Baecker, Kommunikation. In: Karlheinz Barck u.a. (Hg.), Ästhetische Grundbegriffe: Historisches Wörterbuch in sieben Bänden, Bd. 3. Stuttgart: Metzler, 2001, S. 384-426.

seine Tochter. Nichts anderes ist in einem Unternehmen von einer so ehernen Qualität. An diesen familiären Prämissen bricht sich jeder Versuch der Neuorganisation. Ja, man ist gut beraten, wenn man die Organisation so wählt, daß sie auf die nun einmal vorhandenen Personen paßt, und nicht etwa umgekehrt die Personen der Organisation zuweist. Die Flexibilität, die man bei den Familienmitgliedern verliert, kann man ja bei den Nichtfamilienmitgliedern wieder einspielen. Und je näher ein Familienfreund der Familie steht, desto mehr kommt er oder sie in den Genuß von Positionen, die auf die Person zugeschnitten werden – bis irgendwann nur noch die Option Weiterbehalten oder (in Ungnade) Entlassen zur Verfügung steht.

Aber das Familienunternehmen verliert nicht nur Momente personaler Mobilität, sondern auch Möglichkeiten sachlicher Mobilität. Denn alle sachlichen Entscheidungen, die in dem Unternehmen getroffen werden, sind biographisch mit einem (oder mehreren) der Familienmitglieder verknüpft und dementsprechend schwer bis unmöglich zu revidieren – immerhin bekommt man es dann mit der Biographie der betroffenen Person zu tun. Auch hier gewinnt ein Familienunternehmen nur in dem Maße Spielräume, in dem es ihm gelingt, insbesondere die strategisch wichtigen Entscheidungen von Nichtfamilienmitgliedern treffen zu lassen. Denn nur dann sind sie (relativ) problemlos zu revidieren, weil kein Familienmitglied mit auf dem Spiel steht. Aber natürlich widerspricht genau dieses Überlassen wichtiger Entscheidungen an andere dem Existenzprinzip des Familienunternehmens und Existenzwillen des Familienunternehmers.

Dramatisch wird die Einschränkung des Betriebs durch das angekoppelte Familiensozialsystem jedoch dann, wenn es um die Informationsverarbeitung aus der Umwelt und den Umgang mit Ungewöhnlichem geht. Für den Betrieb ist es fatal, wenn er nur die Erfahrungen zur Kenntnis nehmen kann, die einzelne Familienmitglieder draußen gemacht haben. Damit wird zuwenig abgedeckt. Das ist auch dann fatal, wenn die Familie die Flucht nach vorne antritt und Tochter oder Sohn in Stanford, St. Gallen oder Witten/Herdecke studieren läßt. In jedem Fall sind es begrenzte und persönlich gefärbte Kenntnisse, die dort erworben werden können und die den Vater (seltener: die Mutter) dazu zwingen, sie und damit auch Sohn oder Tochter schon deswegen zu diskreditieren, weil sie nicht zum Betrieb passen. Fremdes Wissen kann man nur dann in einen Betrieb importieren, wenn es professionell paßt, also von begrenzter Expertenreichweite ist. Jedes andere Wissen muß der Betrieb im Betrieb unter den Bedingungen des Betriebs entwickeln. Das müssen Töchter und Söhne oft erst mühsam lernen.

Die familiäre Regel zum Umgang mit Ungewöhnlichem verstärkt noch diese Sackgasse der Informationsverarbeitung, in der das Familienunternehmen steht. Denn selbst wenn Sohn oder Tochter aus Los Angeles, Poona oder Taizé mit der zündenden Geschäftsidee zurückkommen, kann dies ja eigentlich gar nicht sein – es sei denn, die Eltern hätten in weiser Voraussicht und enttäuschungsfest von ihren Kindern nur das Ungewöhnliche erwartet.

All dies führt dazu, daß das Familienunternehmen mit nichts anderem als Handicaps (gebundenen Händen) geschlagen zu sein scheint. Nimmt man hinzu, daß die Familie auch im Betrieb die Regeln taktvollen und eigenes Nichtwissenkönnen in Rechnung stellenden Kommunizierens außer Kraft setzt, also alle erreichbaren Personen ständig als Personen einem gnadenlosen (aber liebevoll gemeinten) Bewertungsschema unterwirft (wichtig vor allem: die vermutete Nähe zum »Alten«), das viel Aufmerksamkeit von anderen Dingen abzieht, möchte man am liebsten abwinken und allen Familienunternehmen ein management- oder labor-buy-out empfehlen.

Wie und warum das Familienunternehmen dennoch kein Auslaufmodell, sondern ein Erfolgstyp ist,[15] sieht man erst, wenn man berücksichtigt, daß die genannten Probleme nicht nur Probleme, sondern tabuierte Probleme sind. Sie fallen einem externen Beobachter auf, der schier verzweifeln möchte. Aber *im* Unternehmen definieren diese tabuierten Probleme, was sich von selbst, das heißt ohne weiteres Zutun, verbietet. Sie definieren Einschränkungen, denen man sich unterwirft, ohne auch nur zu fragen, was das ist, wem man sich da unterwirft. Das ganze Unternehmen »redet« dauernd und unter vier, sechs Augen über dasselbe. Aber es steht ganz und gar im Zeichen der Ambivalenz des Tabus, die Freud beschrieben hat: man respektiert das Verbot, bedingungslos, denn es ist von Leuten gesetzt, die man nicht verärgern will, *und* man genießt die Lust, die das Verbot verbietet, die deswegen jedoch nicht weniger spürbar ist.

Die Stärke eines Familienunternehmens resultiert nicht aus seinen Problemen, sondern aus seinen Tabus. Denn die Stuktur eines Familienunternehmens besteht darin, daß es die typischen Personenbindungen der Familie als Einschränkungen in einen Betrieb einführt, dem die kapitalistische Rationalität abverlangt wird, Sachen, Perso-

15 Siehe noch einmal Wimmer, Domayer, Oswald und Vater, Familienunternehmen – Auslaufmodell oder Erfolgstyp? A. a. O.

nen und Entscheidungen unter dem Gesichtspunkt ihrer Austauschbarkeit (nach dem Gesetz der Suche nach der besseren Alternative) zu betrachten. Diese vom Markt durchgesetzte Forderung der Austauschbarkeit widerspricht jedoch dem elementaren Prinzip jeden Unternehmertums, eigenwillige, riskante, scheinbar chancenlose Ideen (Produktideen, Technologieeinsatz, Marktzugang) erst einmal und »gegen alle Vernunft« (der beobachtenden Dritten) *durchzuhalten*, ja selbst dann noch für aussichtsreich zu halten, wenn sie schon widerlegt scheinen.

Tabus in Familienunternehmen verbieten, bestimmte Entscheidungen von Familienmitgliedern (insbesondere des »Alten«, aber auch, wenn hinreichend eingebunden, seines Sohnes oder seiner Tochter, denn diese sind ja, was sie sind: sein Sohn oder seine Tochter) in Frage zu stellen, bevor diese es selbst tun. (Bei Schwiegersöhnen und Schwiegertöchtern lockert sich der Familienzusammenhang etwas, so daß diese vielfach eine Brücken- und Ausgleichsfunktion zum Management wahrnehmen können.) Mit diesem Verbot, Entscheidungen in Frage zu stellen, wird Zeit gebunden, und kaum etwas ist in Zeiten turbulenter Märkte sowohl unverzichtbarer als auch gefährlicher (also: als Risiko nur unternehmerisch zu tragen). Das Tabu ist ein »time-binding mechanism«,[16] das heißt ein Mechanismus, der im Lauf der Ereignisse Identitäten abzugreifen und dem Lauf der Ereignisse Identitäten aufzuprägen erlaubt. In diese, durch das Tabu gebundene Zeit können sowohl Personen als auch Objekte eingebunden werden, so daß man Zeit für Reifeprozesse gewinnt, die andernorts zunehmend verloren gehen.

Aber das Tabu verbietet nicht nur, es transportiert auch die Lust, dem Verbot zuwiderzuhandeln. Ohne darüber jemals nachgedacht haben zu können (wie auch?), macht sich ein erfolgreiches Unternehmen dies zunutze. Es profitiert erstens davon, daß Tabus sich auf Probleme beziehen, die, wie man aus der Psychoanalyse weiß, laufend an ihrer Verschiebung arbeiten. Das heißt, man kann das Zeitbindungspotential eines Tabus auch dort einsetzen, wo es zunächst gar nichts verloren hat. Der Alte geht mit erkennbarer Wehmut an den Druckmaschinen vorbei, die eigentlich ausgemustert werden müssen, und niemand bringt es »über das Herz«, sie tatsächlich gegen die elektronisch gesteuerten Apparate auszutauschen – von de-

16 Im Sinne von Alfred Korzybski, Science and Sanity: An Introduction to Non-Aristotelian Systems and General Semantics. 4. Auflage, Lakeville, Conn.: Institute of General Semantics, 1958, S. 369 ff.

nen man dann wenig später hört, daß sie gravierende Softwaremängel haben. Mit anderen Worten: Man weiß gar nicht, worauf man verzichtet, wenn man auf die Fähigkeit eines Sozialsystems verzichtet, unbegründete Entscheidungen zu treffen.

Zweitens kann ein Familienunternehmen von der verbotenen Lust insofern profitieren, als alle Mitarbeiter, die etwas auf sich halten und keine Familienmitglieder sind, punktgenau und paßfähig nach Innovationsmöglichkeiten suchen werden, die entweder dem Alten bestätigen, was er für tolle Leute in seinem Laden hat, oder aber ihn dazu zwingen, wenigstens dieses eine (unter Umstände wiederholte) Mal zuzugeben, daß auch andere Augen im Kopf haben. So oder so kann es gelingen, Neues und Ungewöhnliches zu plazieren, gerade weil zeitbindende Mechanismen bereitstehen, die auch dieses zur Reife zu bringen erlauben. Der Widerstand gegen das Ungewöhnliche ist stark. Aber am Widerstand stärkt sich auch das Ungewöhnliche, *wenn* Strukturen bereitstehen, die es lohnenswert erscheinen lassen, es gleichsam mit dem Alten gegen den Alten zu versuchen.[17]

Das Tabu, mit sachlichen Argumenten gegen persönliche Entscheidungen zu Felde zu ziehen, macht es möglich, daß es sich in einem Familienunternehmen *von selbst verbietet* (also ohne daß dafür eigene Sanktionsmechanismen bereitgehalten oder psychologisch geschulte Berater eingestellt werden müßten), der unternehmerischen Tatkraft mit Verweis auf die Gelegenheitsstruktur des Marktes ein Beinchen zu stellen (und es ist hauptsächlich die Kunstfertigkeit des Beinchenstellens, in der der Betriebswirt und der angestellte Manager übereinkommen). Natürlich ist damit nicht gesagt, daß das, was der Unternehmer unternimmt, auch gutgehen muß.

17 So, wie die Kantische Philosophie – auch sie ein sehr radikales, durch ihre eigenen Antinomien Zeit bindendes Unterfangen – »mit dem Augenschein gegen den Augenschein« operierte.

Kommunikation und Kultur als Ressourcen der Unbestimmtheit

Organisationsentwicklung

Wenn ich Karsten Trebeschs Einladung folge und zu seinem Forum über die Entwicklung der Organisationsentwicklung (OE) einen Kommentar beisteuere,[1] so muß ich zunächst gestehen, daß ich dies nicht als Mitglied der Szene und ohne eigene Erfahrungen mit einem Organisationsentwicklungsprojekt tue. Mein Kommentar stützt sich auf soziologische und organisationstheoretische Ressourcen und auf eine Reihe von Erfahrungen in workshops zur Beratung der Berater.

Mein Interesse an diesem Forum ergibt sich zum einen daraus, daß die OE als Theorie und Praxis ein Teil des Gegenstandes ist, den ich als Organisationssoziologe erforsche, und zum anderen daraus, daß meine eigene theoretische Grundlage, die Systemtheorie, immer wieder überraschende Ähnlichkeiten mit den Reflexionsgewohnheiten der systemischen Beratung aufweist.

Die systemische Beratung ist in meinen Augen ein wesentlicher Bestandteil der Beratungspraxis, die unter dem Namen »Organisationsentwicklung« bekannt geworden ist. Ich weiß, daß das eine nicht auf das andere reduziert werden kann. Immerhin rekurriert die OE auf ein Verständnis von Gruppendynamik, das sich in der Zuschneidung des Gegenstandes (die »Gruppe«) sachliche Freiheiten herausnimmt, die man weder als Systemiker noch als Soziologe nachvollziehen kann. In diesen sachlichen Freiheiten stecken die Emanzipationsimpulse der Organisationsentwicklungsszene, die normativ, gegen jedes bessere Wissen, darauf setzen, daß eine in Interaktionen unter Anwesenden ausgehandelte Problemsicht die Situation überdauern kann, in der sie ausgehandelt wurde. Dem externen Beobachter fällt auf, daß dabei die Spezifik der Situation, in der die Aushandlung stattfindet, und damit auch die Unwahrscheinlichkeit des setting der »Organisationsentwicklung« viel zu wenig in Rechnung gestellt wird – ein Fehler, der schon deswegen schwer zu korrigieren ist, weil die Reflexion auf die Spezifik der Situation zum Handwerkszeug der OE gehört. Hier fällt der blinde Fleck geradezu lehrbuch-

1 Siehe Heft 2 der Zeitschrift Organisationsentwicklung, 18. Jg. (1999).

haft mit der operativen Differenz zusammen, auf die man sich verläßt.

Würde man diese Überschätzung der Situation im Hinblick auf eine genauere Kenntnis der in Organisationen, in der Wirtschaft, in der Politik, in der Erziehung und auch in der Wissenschaft herrschenden Restriktionen (das heißt: Systemzusammenhänge) korrigieren, würde man sich gegen die weltanschaulichen Einsatzpunkte der OE-Szene versündigen. Aber diese Korrektur ist vielleicht auch gar nicht anzustreben. Je nachdem, worin man die Funktion der systemischen Beratung und OE in und für die Organisationen sieht – ich sehe sie in der therapeutischen Betreuung der schmerzhaften Ausdifferenzierung der Organisation in der Gesellschaft, in der stellvertretenden Bearbeitung der »strukturellen Inkonsistenz«[2] zwischen den technischen und den sozialen Anforderungen an eine Organisation –, muß man als Soziologe dazu neigen, den Beratern und Entwicklern eine gewisse Naivität zuzugestehen, die es ihnen ermöglicht, ihre Arbeit aus Motiven heraus zu machen, die mit dieser Funktion kompatibel sind.

Um so mehr überrascht es den Soziologen dann, wenn die Szene plötzlich Krisensignale von sich gibt. Ist man sich selbst auf die Spur gekommen? Versiegt die Quelle der Motive zusammen mit dem Verschwinden der emanzipatorischen Milieus, aus denen sie sich bisher regenerierten? Hat sich das Problem der Organisationen, das die OE betreute, über Nacht gelöst?

Wahrscheinlich spielen alle diese möglichen Gründe eine gewisse Rolle. Ich glaube allerdings, daß die systemische Beratung und die Organisationsentwicklung gegenwärtig drohen, ein Opfer ihres eigenen Erfolges zu werden. Denn davon, daß hier hervorragende Arbeit geleistet worden ist, gehe ich auch dann aus, wenn das Management der Organisationen vielfach anderer Meinung ist – und anderer Meinung sein muß, denn immerhin ist hier eine Arbeit geleistet worden, für die das Management selbst einmal angetreten ist und an der es gescheitert ist. Die OE-Perspektive hat sich auf breiter Front durchgesetzt. Selbst dort, wo sie nicht akzeptiert wird, tut man dies mit Gründen, die aus dem Wortschatz dieser Perspektive stammen.

Ich hatte kürzlich Gelegenheit, mitzuerleben, wie den versammel-

2 So Stanley H. Udy, jr., Structural Inconsistency and Management Strategy in Organizations. In: Craig Calhoun, Marshall W. Meyer, W. Richard Scott (Hg.), Structures of Power and Constraint: Papers in Honor of Peter M. Blau. New York: Cambridge UP, 1990, S. 217-233.

ten internen Beratern eines großen deutschen Automobilproduzenten auf einem eigens für sie veranstalteten Kongreß regelrecht die Leviten gelesen wurden. Die große strategische Entscheidung des Konzerns, die die Entwicklung und auch das Schicksal des Konzerns auf Jahre hinaus bestimmen wird, kam ohne jede Beteiligung der internen Berater zustande, die in diesem Konzern fast durchweg durch die Schule der OE und systemischen Beratung gegangen waren. Mit Müh und Not konnte dem Vertreter der Unternehmensspitze, der die strategischen Optionen der Zukunft aufzählte, das Zugeständnis entlockt werden, daß bei der anstehenden Fusion mit einem amerikanischen Automobilproduzenten vielleicht das eine oder andere Problem auch unter Mitwirkung von Beratern gelöst werden könnte. Tatsächlich jedoch, dieser Eindruck entstand, sei der Prozeß bereits entschieden und in Frage stehe nur, wer ihm zuarbeiten könne und wer nicht.

Selbst wenn es leicht war, von einer Rhetorik, die selbst bereits eine der anstehenden Organisationsmaßnahmen war, auf die Dimension der Probleme rückzuschließen, denen sich der Konzern gegenübersieht und zu deren Lösung er auf das gesamte Prozeßsteuerungswissen der OEler angewiesen sein wird (wenn er sich nicht komplett in die Drohung mit der eigenen Nichtexistenz verwandeln will) – selbst dann überraschte, wieviel Zustimmung der Redner aus der Beraterszene erfuhr. Fast hatte man den Eindruck eines kollektiven Aufatmens, einer Dankbarkeit für endlich wieder klar erkennbare Aufgabenstellungen, ja sogar einer Dankbarkeit für die Wiederauffrischung des Potentials der Entlassungsdrohungen, mit denen sich auch in den anstehenden Maßnahmen der OE sinnvoll würde arbeiten lassen.

Worin sah man den Sinn und Gewinn der Arbeit der vergangenen Jahre, wenn man so schnell bereit war, in die vertrauten Gleise der Hierarchie und des Projektmanagements zurückzuschwenken? Wo war der Sinn für offene Prozesse, für partizipative Modelle der Entscheidungsfindung, für bottom-up- und multiple-centers-out-Konstruktionen der Organisationszukunft geblieben, wenn man nichts Eiligeres zu tun hatte, als das neue Marschziel zu akzeptieren? Oder anders gefragt: War es nun die Beraterszene, die Ideale hatte, oder der Soziologe, der sie beim Beraten beobachtete? Muß man sich einen schrittweisen Dekonstruktionsprozeß vorstellen, in dem die Theorien der 1960er Jahre, verteidigt und damit exponiert durch externe Berater, von internen Beratern in der Auseinandersetzung mit dem

Management allmählich auf ihren kaum noch brauchbaren Kern reduziert wurden? Müßte man sich also viel genauer als bisher anschauen, was die interne Beratung ebenso wie die ins operative Geschäft gemischte externe Beratung bisher tatsächlich trieben? Gibt es einen für die hochmögenden Absichten der Theorie ebenso wie für das therapeutische Alltagsgeschäft der Praxis wohlwollenden Schleier der Ignoranz, der das ganze Geschäft dem Blick entzieht?

Die Wiedereinführung der Kommunikation

Sicherlich fehlt uns hier wie so häufig in der Organisationssoziologie verläßliche, das heißt theoretisch informierte empirische Arbeit. Also sind wir auf Vermutungen angewiesen. Ich vermute, daß die Begeisterung der internen Beraterszene für klare externe Strategiesetzungen daraus resultiert, daß man *vom eigenen Erfolg* der letzten Jahre erschöpft ist. Man weiß nicht weiter, denn es ist alles gelungen, was gelingen konnte. Man befindet sich in dem von Jean Baudrillard so oft beschriebenen Zustand der enttäuschenden Realisierung der eigenen Utopie.[3]

Die tatsächliche Aufgabe, das hidden curriculum[4] der OE bestand in den vergangenen Jahrzehnten in der *Wiedereinführung der Kommunikation in die Organisation*, das heißt in der Korrektur eines technischen zugunsten eines sozialen Verständnisses von Organisation. Nur so konnte die Funktion bedient werden, die strukturelle Inkonsistenz zwischen den technischen und den sozialen Anforderungen an die Organisation zu bearbeiten. In dem Moment, in dem die Abstraktion der Arbeit von allem, was Individuen außerhalb von Organisationen erleben können, diesen Individuen nicht mehr zugemutet werden kann (Stichwörter: »Krise der Hierarchie«, »Wertewandel«, »neue Selbstverwirklichungsmilieus«), kann sich die Organisation nicht mehr auf eine technische Grenzziehung verlassen, sondern muß sich selbst als kommunikatives »interface« herausputzen, in dem einerseits entsprechend gesellschaftlicher Gewohnheiten und Wertmaßstäbe (»Autonomie«, »Partizipation«, »Selbstverwirklichung«) kommuniziert werden kann und anderer-

3 Siehe nur Jean Baudrillard, Transparenz des Bösen: Ein Essay über extreme Phänomene. Berlin: Merve, 1992.

4 So ein Begriff von Robert Dreeben, Was wir in der Schule lernen. Aus dem Amerikanischen von Thomas Lindquist, Frankfurt am Main: Suhrkamp, 1980.

seits noch höher getriebene Grade der technischen Schließung realisiert werden können.

Mit anderen Worten, es ging spätestens seit den sechziger Jahren des vergangenen Jahrhunderts nicht mehr darum, die Arbeit der Individuen gegenüber der gesellschaftlichen Umwelt abzuschotten (Prinzip Fließband), sondern es ging darum, die technischen Abläufe im Unternehmen gegenüber den Zugriffen durch die Arbeiter zu isolieren (Prinzip Automatisierung). Genügte es im ersten Modell, dafür Sorge zu tragen, daß die Arbeit für den Bedarf der Arbeit *diszipliniert* wurde, so mußte jetzt in der Organisation *ein eigener Kokon* geschaffen werden, in dem die Arbeiter für die Kommunikation freigestellt werden und diese Kommunikation zur Ressource für die Bewältigung von Störungen im Produktionsprozeß präpariert wird. »Lean production« hat nicht darin ihren Sinn, daß sie die alten Muster der industriellen Arbeit noch effektiver realisiert, sondern darin, daß sie zu einem neuen Muster der Kommunikation über Arbeit vorstößt.[5]

Es kann nicht überraschen, daß diese Wiedereinführung der Kommunikation in die Organisation mit einem enormen Gewinn an Unbestimmtheit einherging. Jede Kommunikation über Kommunikation schafft Unklarheit, worum es eigentlich geht. Wichtig ist, daß es um genau diesen *Gewinn an Unbestimmtheit* ging. Denn sie erwischt den Arbeiter auf dem falschen Fuß, dreht die Schraube der Erfahrungsdeprivation[6] um eine Drehung weiter und macht den Arbeitsprozeß damit *doppelt empfänglich* gegenüber *Störungen der Produktion*, auf die rasch eine Antwort zu finden ist, und *Störungen aus dem Management*, auf die ebenso rasch mit Umstellungen reagiert werden können muß.

5 So auch James P. Womack, Daniel T. Jones und Daniel Roos, The Machine That Changed the World. New York: Maxwell Macmillan, 1990.

6 Im Sinne von Thomas Malsch, Die Informatisierung des betrieblichen Erfahrungswissens und der »Imperialismus der instrumentellen Vernunft«. In: Zeitschrift für Soziologie 16 (1987), S. 77-91.

Wenn Edgar H. Schein darauf hinweist, daß die OE in der Vergangenheit vor allem die Kommunikation thematisiert habe, daß es jetzt aber darauf ankomme, Probleme der Kultur, der »interkulturellen Kommunikation«, zu thematisieren,[7] kann man sich darauf einstellen, daß die OE eine neue Quelle der Unbestimmtheit zu präparieren im Begriff ist. Die Aufgabe ist nicht geringer, denn jetzt kommt es darauf an, Organisationen für die »Globalisierung« fit zu machen. Aber man wird darüber hinaus auch damit rechnen können, daß die Berater zunehmend durch die selbstproduzierte Unbestimmtheit überfordert sein werden und nicht immer genau dort Strukturgewinne abfragen werden, wo diese im Sinn der Organisation liegen. Doch wenn der OE inmitten ihrer eigenen Krisenstimmung (und man erinnere sich des Hinweises von Luhmann: Die Krise, das »ist« die Gesellschaft) auch die nächste Wende gelingt, wird sie eine neue Störungssensibilität geschaffen haben, die dieses Mal nicht nur auf Technik und nicht nur auf Management, sondern darüber hinaus *auch auf den Markt* reagiert.

Denn das war es, was, wenn mich nicht alles täuscht, die Berater auf dem Beraterkongreß des Automobilproduzenten faszinierte: ein neues Interesse am Markt, ein neues Gefühl dafür, daß hier die Strukturgewinne einzuholen sind, die Technik und Management nicht mehr liefern, und ein genauer Sinn dafür, daß man wieder mit im Boot ist, wenn sich herausstellen wird, daß das Kulturproblem des Marktes (überall »Fremde«: der Kunde, der Partner, der Analyst, der Politiker, der Forscher ...) nicht mehr auf der Grundlage der hergebrachten Eindeutigkeiten in Technik und Management gelöst werden kann. Die alte Allianz von optimaler technischer Lösung und hierarchischer Durchsetzung ihrer Produktion ist nicht zuletzt dank des Wissens um Alternativen, das die OE in die Organisation eingeführt hat, zerbrochen und macht einer neuen Suche nach Mustern der *Koproduktion kundenangepaßter Dienstleistungen* Platz, auf die unsere Organisationen kaum vorbereitet sind.

Karsten Trebesch hat recht, wenn er fordert, daß die OE in ihrem Beratungsgeschäft ebenso wie in ihrem Selbstverständnis mehr »ökonomische und strukturelle Bezüge« herstellen muß.[8] In Sachen Wirt-

7 Siehe Edgar H. Schein, Organisationsentwicklung und die Organisation der Zukunft. In: Organisationsentwicklung 17, Nr. 3 (1998), S. 41-49.

8 So Karsten Trebesch, Die Entwicklung der Organisationsentwicklung. In: Organisationsentwicklung 17, Nr. 3 (1998), S. 37-39.

schaftstheorie und Gesellschaftstheorie, zuweilen auch auf dem Gebiet der Organisationstheorie, besteht Nachholbedarf. Aber ich glaube nicht, daß viel gewonnen wäre, wenn man »Esoteriker« aus der Szene vertreiben würde, wie Trebesch vorschlägt. Klarheit, Nüchternheit und Eindeutigkeit sind verlockende Ziele, aber sie entsprechen nicht der offenen Zukunft, die den Organisationen und ihrer Entwicklung bevorsteht. Wichtig ist nur, und deswegen »Theorie«, daß man genauer als bisher um die Funktion von Unbestimmtheit weiß. Wir müssen lernen, die »Esoteriker« daraufhin zu beobachten, an welchen Stellen sie welchen kommunikativen Bedarf abdecken. Und noch etwas: Unbestimmtheit hat nichts mit dem Land der Freiheit zu tun, das die Organisationsentwickler einmal mit den besten Absichten für ihre Klientel gesucht haben. Unbestimmtheit ist eine Stelle innerhalb einer Rechenfunktion,[9] und um sie würdigen zu können, muß man wissen, wie soziale Systeme rechnen.

9 Im Sinne von George Spencer-Brown, Die Gesetze der Form. Aus dem Englischen von Thomas Wolf, Lübeck: Bohmeier, 1997; und Niklas Luhmann, Die Kontrolle von Intransparenz. In: Heinrich W. Ahlemeier und Roswita Königswieser (Hg.), Komplexität managen: Strategien, Konzepte und Fallbeispiele, Wiesbaden: Gabler 1997, S. 51-76.

Der Witz der Organisation

Die Doppelbewegung

Der Witz der Organisation liegt in einer Doppelbewegung. Eine Organisation grenzt sich aus ihrer Umwelt aus, indem sie ihre Mitglieder mit Verhaltenszumutungen konfrontiert, die außerhalb der Organisation nicht akzeptiert würden. Man bekommt Aufgaben zugewiesen, wird nach oben und nach unten hierarchischen Anweisungen unterworfen, muß Regeln der Kollegialität akzeptieren, läßt sich auf Sprachfloskeln ein und hält sich von der Kleidung bis zum Briefpapier mit mehr oder minder großen Abweichungen an ein Corporate Design, die allesamt jenseits der Grenzen der Organisation nur auf Verwunderung stoßen würden, könnte man nicht damit rechnen, daß all dies als Eigenheit von Organisationen hinreichend bekannt und erwartbar ist.

In der Gegenbewegung projiziert eine Organisation diese Charakteristiken, die sie von ihrer gesellschaftlichen und natürlichen Umwelt unterscheiden, auf eine Reihe von Absichten und Zielen, die sie in dieser Umwelt verfolgt. Ihre Besonderheiten erklärt die Organisation nicht mit Blick auf sich, sondern auf ihre Umwelt. Sie dienen ihr dazu, sich von ihrer Umwelt für ihre Umwelt zu unterscheiden. Das ist es, was die Organisation als Organisation identifiziert. Man erfüllt Aufgaben, die mit Blick auf das wirtschaftliche, politische, erzieherische oder wissenschaftliche Umfeld der Organisation Sinn machen. Man unterwirft sich einer Hierarchie, die auf allen ihren Ebenen mit den gesellschaftlichen Plausibilitäten der Arbeitsteilung, der Arbeitsorganisation und der Führung korreliert ist. Man akzeptiert eine Kollegialität, die mit zunehmend schwächerem Wirkungsgrad auch noch abends beim Bier oder Sport und am Wochenende bei der gemeinsamen Grillparty individuell kenntlich und vertrauenswürdig macht. Man spricht eine Sprache, die man in den einschlägigen Publikationen der Profession, in Lehrbüchern, Handbüchern, Fachzeitschriften und Milieu-Comics wiederfinden kann. Man hält sich an ein Corporate Design, das mehr oder minder respektierende Blicke der interessierten Öffentlichkeit auf sich zieht. Und mit all dem kann man beobachten, wie der Witz der Organisation einen Unterschied schafft, der

der Organisation ihr Profil, ihr Image und ihren Markenwert verleiht.

Diese *Doppelbewegung von Ausgrenzung und Wiedereinbettung* verschafft der Organisation eine Identität, die dreifach prekär ist. Erstens müssen die Verhaltenszumutungen als solche akzeptiert werden. Zweitens muß es gelingen, aus ihnen Handlungen zu gewinnen, die sich mit Blick auf die Umwelt der Organisation bewähren. Und drittens muß jede einzelne Maßnahme in der Organisation diese beiden Funktionen im Einklang, jedoch voneinander unterscheidbar erfüllen. Die Organisation sieht sich zu einer Trennung zwischen innen und außen gezwungen, die als diese Trennung erforderlich ist, um innen und außen miteinander zu verknüpfen. Der Witz der Organisation liegt in dieser Trennung-als-Verknüpfung.

Die Form der Trennung-als-Verknüpfung ist eine Konstruktion, von der man weder erwarten kann, daß sie durchweg gelingt, noch, daß sie von Beobachtern innerhalb und außerhalb der Organisation durchweg nachvollzogen werden kann. Es handelt sich bei dieser Form um eine Grenzziehung, die paradoxerweise isoliert und relationiert zugleich. Daher muß die Organisation Zweitfassungen dieser Grenze anbieten, die nach beiden Seiten hin Eindeutigkeit durch Übertreibung schaffen, zugleich jedoch die operative Form der Unterscheidung selbst nicht aus den Augen verlieren. Diese Zweitfassungen, der mürrische Arbeiter, der schnittige Angestellte, der bedächtige Beamte oder der auftrumpfende Manager, »symbolisieren«, worauf es bei der Organisation ankommt. Sie fassen zusammen, was operativ auf die beiden Seiten der Unterscheidung verteilt werden müßte, und machen den Unterschied als Einheit in der Organisation verfügbar.

Es sind diese Übertreibungen des Witzes der Organisation, auf die das Lachen in und über Organisationen reagiert. Das Lachen bringt, um die Formel aus der Kritik der Urteilskraft (B 225 f.) zu zitieren, den Widersinn der Grenzziehung auf den Punkt. Das Lachen mißfällt dem »Verstand«, der an Unterscheidungen festzuhalten gewohnt ist. Und es gefällt dem »Gemüt«, das mit der Einheit in der Form der Unterscheidung auf vertrauterem Fuße lebt. Das Lachen zieht die beiden Seiten der Unterscheidung zusammen und zeigt das Ununterschiedene auf, das jede Unterscheidung voraussetzen muß, um einen Unterschied treffen zu können.[1] Das Lachen kommuniziert den

1 Im Sinne von George Spencer-Brown, Gesetze der Form. Aus dem Englischen von Thomas Wolf. Lübeck: Bohmeier, 1997.

Widersinn im Witz der Organisation, ohne andere kommunikative Anschlüsse zu erwarten als das Lachen selbst. Wer lacht, kann gleich anschließend ganz im Rahmen des Widersinns kommunizieren, hat jedoch eine Markierung der Organisation als Organisation gewonnen, die die Doppelbewegung der Trennung-als-Verknüpfung kenntlich und erträglich macht. Das Lachen wird daher selbst zum »Symbol«, das den Witz der Organisation nicht auflöst, sondern ihn trägt und kommuniziert.

Kommunikation über Arbeit

Dieser Witz der Organisation markiert die Gesellschaft, seit es Organisationen gibt. Und es gibt Organisationen, seit die Gesellschaft entdeckt hat, daß sie auf Formen der Arbeit zurückgreifen muß und zurückgreifen kann, die sich nicht mehr von selbst verstehen und daher einer eigenen kommunikativen Rahmung bedürfen. Ab wann dies der Fall ist, ist schwer zu sagen, da für die Einschätzung der Form der Arbeit nicht nur die tatsächlichen Arbeitsabläufe, sondern auch die Sozialitätserwartungen der umgebenden Gesellschaft eine Rolle spielen. So kann bereits die gemeinsame Jagd in einer einfachen Gesellschaft eigene Formen der Arbeitsorganisation erfordern, weil die Art und Weise, wie hier mit Gefahr und Todesmut umgegangen wird, in der Dorfgemeinschaft weder gelernt werden kann noch anschließend in der Dorfgemeinschaft zum Ausdruck gebracht werden darf. Daher wird mit besonderen Initiationsriten auf diesen Unterschied zwischen Jüngling und Jäger aufmerksam gemacht und werden Quarantänestationen geschaffen, in denen die von der Jagd zurückkommenden Jäger auf sozialverträgliche Muster des Verhaltens und Redens abgekühlt werden, bevor sie wieder das Dorf betreten dürfen. Man kann vermuten, daß die Kneipe für den Arbeiter und der Aperitif für den Angestellten zu Beginn des Feierabends mit weniger sicheren Folgen heute noch dieselbe gesellschaftliche Funktion erfüllen.

Der Arbeitssoziologe Stanley H. Udy, jr. spricht mit Blick auf diese und andere Phänomene organisierter Arbeit von einer prinzipiellen Inkonsistenz zwischen dem physischen und dem sozialen setting der Arbeit.[2] Je nachdem, worum es materiell bei der Arbeit geht, stellt sie

2 Siehe Stanley H. Udy, jr., Organization of Work: A Comparative Analysis of Produc-

Anforderungen an die Arbeitenden, die kommunikativ nur in Formen bewältigt werden können, die in der umgebenden Gesellschaft auf Befremden und Irritation, freilich auch auf Faszination und Imitation stoßen. Das gilt für die Jagd ebenso wie für das Fließband, für den Matrosen auf hoher See ebenso wie für den Schreiber im Kontor, für den Soldaten ebenso wie für den Lehrer. Sie alle dürfen und müssen sich bei der Arbeit ganz anders benehmen als anschließend im geselligen Verkehr der Familie, des Freundeskreises und der Öffentlichkeit. Und es gilt im Positiven für Formen der Herausforderung, des Engagements und des Einfallsreichtums, die in der Arbeit abverlangt werden, im Rest der Gesellschaft jedoch nur unangenehm auffallen, ebenso wie im Negativen für Formen der Verarmung, der Reduktion körperlicher und geistiger Möglichkeiten und der Monotonisierung, auf die die Arbeit verpflichten kann, die außerhalb der Arbeit jedoch als unzumutbar gelten. Hinzu kommt, daß das Positive vom Negativen nicht immer unterschieden werden kann, weil die Herausforderungen auf monotone Weise immer dieselben sind und gerade in der zugemuteten Reduktion die Voraussetzung für wirkliches Engagement gesehen werden kann. Dann kommt es zur Oszillation um die Inkonsistenzen der Arbeit, die ihren eigenen Witz hat und die selbst nichts anderes ist als eine Form der Wiedereinpassung des Nichtpassenden in die Gesellschaft.

Man kann sich fragen, ob diese Inkonsistenz damit etwas zu tun hat, daß die Gesellschaft Gleichgewichtszustände sozialer Verträglichkeit sucht und findet, die im Verkehr zwischen Alt und Jung, Mann und Frau, Herr und Knecht Anforderungen stellen, die mit gleichzeitig gestellten Anforderungen der Arbeitskoordination inkompatibel sind, oder ob die Gesellschaft diese Inkonsistenz als Ressource der Ausgrenzung und Wiedereinbettung von Arbeitsorganisationen selbst produziert. Wahrscheinlich ist beides der Fall, solange die Gesellschaft immer wieder mit einer physischen, biologischen und technologischen Umwelt konfrontiert ist, die sich keinem Muster der Sozialverträglichkeit fügt, und solange ebendiese Muster für ihre eigene Reproduktion darauf angewiesen sind, den Blick auf das bedrohliche und faszinierende Andere außerhalb dieser Gesellschaft mitzuführen und in der Arbeit zu bearbeiten. Zur Gesellschaft gehört daher beides, die Inkonsistenz ebenso wie ihre Ausbeutung und ihre Domestizierung, die Behauptung ihrer Externalität ebenso wie

tion among Nonindustrial Peoples. New Haven: Hraf Pr., 1959; ders., Work in Traditional and Modern Society. Englewood Cliffs, NJ: Prentice Hall, 1970.

ihre immer mitlaufende Internalisierung. Die rasche Koordination wechselseitiger Wahrnehmung unter Arbeitskollegen fasziniert die Gesellschaft und muß gleichwohl auf Distanz gehalten werden, um anspruchsvollere Formen indirekter Koordination über Schrift, Herrschaft, Liebe und Märkte erproben und aufrechterhalten zu können. Der interaktive Zugriff von Lehrern auf Schüler erscheint zuweilen als geradezu erotische Form der Wissensvermittlung und darf dennoch in der Gesellschaft nicht verallgemeinert werden, weil sowohl die Neigung zur Abweichung um der Abweichung willen als auch die Beschränkung der Ressourcen zur Abweichung in der Schulsituation inkompatibel sind mit gesellschaftlichen Formen des Erkenntnisgewinns, die befreit sind vom korrigierenden Blick des Lehrers und von der rivalisierenden Imitation der Schüler. Für einen nicht eben kurzen Moment vermochte in der Gesellschaft auch die Idee zu locken, sie am Vorbild der großen Schreibbüros zu messen und sie in eine Maschine zur Produktion von Schrift und Einschreibung, in Kafkas »Strafkolonie«, zu verwandeln. Doch auch hier mußte die Gesellschaft Abstand halten und dafür sorgen, daß Schrift und Buchdruck aus Einsicht in die Begrenztheit der Formulare anderen Wegen als denen der Aktenvorgänge folgen können.

Immer wieder zeichnet die Organisation als Kommunikation über Arbeit Möglichkeiten der sozialen Koordination in die Gesellschaft ein, die ebenso attraktiv wie abschreckend sind. Interessanterweise ist es nie gelungen, die Gesellschaft insgesamt in eine Form der Kommunikation über Arbeit zu verwandeln, so sehr Ernst Jünger[3] und andere mit Blick auf die Herrschaft der Technik diese Möglichkeit beschworen haben und so sehr das große sozialistische Experiment sich im 20. Jahrhundert um eine Realisierung dieses Gedankens bemüht hat.[4]

Der Witz

Man ginge sicherlich zu weit, wollte man die Beobachtung, daß der Gesellschaft insgesamt das Schicksal der Organisation bislang erspart blieb, dem Umstand zuschreiben, daß diese Organisation nur um den Preis ihres Witzes zu haben ist und daß dieser Witz nicht nur die Pointe, sondern auch das Lachen, also die »Verwandlung einer ge-

3 In: Der Arbeiter: Herrschaft und Gestalt. Nachdruck Stuttgart: Klett-Cotta, 1982.

4 Vgl. dazu Philip Selznick, The Organizational Weapon: A Study of Bolshevik Strategy and Tactics. New York: Free Press, 1960.

spannten Erwartung in nichts« (Kritik der Urteilskraft, B 225) mit sich führt. Aber was sonst schützt die Gesellschaft vor der Organisation und ermöglicht in dieser Form, daß die Gesellschaft sich auf Organisation einläßt, ohne in ihr aufzugehen?

Max Weber, der genaue Beobachter der Bürokratie sowohl in ihrer Verwaltungs- wie in ihrer Fabrikversion, sah nur im kapitalistischen Unternehmer eine »gegen die Unentrinnbarkeit der bureaukratischen rationalen Wissens-Herrschaft (mindestens: relativ) *immune* Instanz. Alle andern sind in *Massen*verbänden der bureaukratischen Beherrschung unentrinnbar verfallen, genau wie der Herrschaft der sachlichen Präzisionsmaschine in der Massengüterbeschaffung.«[5] Der Grund dafür ist nicht das Gewinnstreben, nicht die individuelle Selbstverwirklichung und nicht das Bestehen auf Autonomie, sondern der Umstand, daß der Unternehmer der einzige ist, der dem Wissen der Bürokratie an »Fachwissen und Tatsachenkenntnis« überlegen ist, wenn auch nur »innerhalb *seines* Interessenbereiches«.

Dieser Gedanke ist nur insofern originell, als er im Widerspruch zu der zuweilen anzutreffenden Auffassung steht, daß bereits die Individualisierung ein hinreichendes Korrekturmoment gegenüber allzu starken Tendenzen zu einer Organisation der Gesellschaft liefert. Die Individualisierung läuft der Organisation nicht zuwider, sondern sie arbeitet ihr in die Hände. Nicht zuletzt daran, dies nicht rechtzeitig erkannt zu haben, ist der Sozialismus, der das Individuum immer für eine Form der Abweichung vom ideologisch brauchbaren Humanen gehalten hat, gescheitert. Die Individualisierung, so hat Chris Argyris in einer Reihe von Büchern herausgearbeitet,[6] ist die Begleitmusik zum Witz der Organisation. Denn sie ist die Voraussetzung dafür, daß das Individuum für die Zwecke der Arbeitsorganisation so sehr infantilisiert werden kann, wie das andernfalls mit keiner gesellschaftlichen Erwartungsstruktur abgestimmt werden könnte. Einmal von der Organisation in Anspruch genommen, sorgt sie jedoch in der Organisation dafür, daß in der Form der sogenannten »infor-

5 Siehe Max Weber, Wirtschaft und Gesellschaft: Grundriß der verstehenden Soziologie, 5., rev. Auflage, Studienausgabe. Tübingen: Mohr 1972, S. 129; vgl. ders., Zur Psychophysik der industriellen Arbeit. In: ders., Aufsätze zur Soziologie und Sozialpolitik. Tübingen: Mohr, 1924, S. 61-255.

6 Siehe Chris Argyris, Personality and Organization. New York: Harper & Brothers, 1957; ders., Integrating the Individual and the Organization. New York: Wiley, 1964; ders., Overcoming Organizational Defenses: Facilitating Organizational Learning. Boston: Allyn, 1990.

mellen« Organisation[7] nicht-intendierte Strukturen entstehen, die die Verhaltenserwartungen der Organisation mit ihrer gesellschaftlichen Umwelt abzustimmen erlauben. Schließlich ist das Individuum, Einheit der Differenz dieser beiden Bewegungen von Infantilisierung und Informalisierung, auf genau die Art und Weise fähig und inkompetent zugleich, die es ihm erlaubt, die komplexen Anforderungen organisierten Verhaltens mitzuvollziehen, ohne sie zu überschreiten, aber auch ohne ihnen jemals ganz auf den Leim zu gehen.

Das Individuum spielt mit, indem es nie ganz mitspielt. In dieser Form trägt es den Witz der Organisation mit. In dieser Form ist es empfänglich für das Lachen, das dieser Witz auslöst. In dieser Form wäre es jedoch nicht in der Lage, die Organisation als solche dauerhaft zu konterkarieren, wenn ihm nicht abgesehen von der eigenen, gleichsam nicht-organisierbaren Form Beobachtungen zu Hilfe kämen, die es nur machen kann, weil es der Organisation nie ganz anheimfällt, so wie es der Organisation nur deswegen nie ganz anheimfällt, weil es laufend Beobachtungen machen kann, die von der Organisation als Kommunikation über Arbeit nicht eingefangen werden können. Das Individuum realisiert gegenüber der Organisation eine Differenz, die sich auf sich nur berufen kann, weil das Individuum nicht nur gegenüber der Organisation, sondern auch in und gegenüber der Gesellschaft seine distanzierenden Beobachtungen machen kann. Es beruft sich in der Organisation auf Ressourcen der Gesellschaft und in der Gesellschaft auf Ressourcen der Organisation, und genau darin ist es selbst dann unersetzbar, wenn es auf Organisation und auf Gesellschaft angewiesen ist, um seinen Einwand hörbar und die jeweiligen Ressourcen kommunikabel zu machen.

Max Weber formuliert daher nur noch einmal den liberalen Grundgedanken,[8] der auf das Individuum zur Korrektur der Gesellschaft wie aber ebenso auf die Gesellschaft zur Korrektur des Individuums abstellt und zwischen diesen beiden Möglichkeiten scheinbar unentschieden, tatsächlich aber auf der Höhe des Witzes dieser Gesellschaft, die Entscheidung verweigert. Worauf es ankommt, ist weder das Individuum noch die Organisation, noch die Gesellschaft,

7 Vgl. Philip Selznick, TVA and the Grass Roots: A Study in the Sociology of Formal Organization. New York: Harper & Row, 1966.

8 In der Fassung von Friedrich August Hayek, Wahrer und falscher Individualismus. In: ders., Individualismus und wirtschaftliche Ordnung, 2., erw. Auflage Salzburg: Philosophia, 1976, S. 9-48.

sondern alle drei in Differenz miteinander. Darum rekurriert die moderne Gesellschaft zur Absicherung dieser Differenz auf »Funktionssysteme«, die Gewinnmotive, Machtinteressen, Erkenntnisziele, Erziehungsabsichten, Liebe, Recht und Glauben abhängig und unabhängig zugleich von Fähigkeiten der individuellen Einsicht und der organisierten Kommunikation zur Verfügung stellen und verfolgbar machen.[9]

Max Webers Formulierung stellt im Einklang mit der liberalen Tradition auf Fragen der Wissensverteilung ab. Welche Form, so könnte man die Frage generalisieren, muß eine Gesellschaft annehmen, die unter Bedingungen ihrer eigenen demographischen Erfolge und der enormen technologischen Abhängigkeiten, um deren Preis diese Erfolge möglich geworden sind, für eine ihrer eigenen Komplexität angemessene Verteilung des Wissens über sie und in ihr Sorge tragen will? Oder, noch einmal etwas anders formuliert, wie kann sich die moderne Gesellschaft über sich, ihre Möglichkeiten und Gefahren, informieren, wenn sie nichts anderes hat als die Unterschiede, in denen sie sich zu der Form differenziert hat, die wir heute beobachten können? Die Antwort lautet, daß es diese Unterschiede sind, die sie informieren. Es gibt, so zumindest die Auskunft der mathematischen Kommunikationstheorie,[10] keine andere Möglichkeit, Information zu generieren als mit Hilfe des Vergleichs einer beliebigen ausgewählten Nachricht mit einer Menge möglicher anderer Nachrichten. Nicht in der Nachricht, sondern im Vergleich steckt die Information. Man braucht also, das ist der Witz,[11] eine Möglichkeit, die tatsächlich ausgewählte Nachricht oder Aussage mit möglichen anderen Nachrichten oder Aussagen zu vergleichen, die gar nicht ausgewählt wurden, also aktuell gar nicht vorliegen. Darum kann Jean Paul den Witz als »die Kraft zu wissen« bezeichnen: der Witz greift aus in einen nicht benannten Raum der Möglichkeiten und bezieht diese Möglichkeiten als Möglichkeiten ein in den Raum des Wissens.

9 Vgl. Niklas Luhmann, Die Gesellschaft der Gesellschaft. Frankfurt am Main: Suhrkamp, 1997.

10 Siehe Claude E. Shannon, und Warren Weaver, The Mathematical Theory of Communication. Urbana, Ill.: Illinois UP, 1963.

11 So Jean Paul, Vorschule der Ästhetik. Nach der Ausgabe von Norbert Miller herausgegeben, textkritisch durchgesehen und eingeleitet von Wolfhart Henckmann. Hamburg: Meiner, 1990, S. 171 ff.

Wenn heute in Ablösung der bürokratischen und tayloristischen Organisation von Netzwerk-Organisationen die Rede ist,[12] dann ist damit der Witz der Organisation ebenso präzise getroffen wie gefährdet. Denn die Netzwerk-Organisation stellt zum einen in Abkehr von den traditionellen Symbolismen der Ausdifferenzierung so genau auf trennscharfe Verknüpfungsformen ab, wie dies bislang nur der Witz konnte, riskiert jedoch genau damit den Verzicht auf jene Zweitfassungen der Grenzziehung, an denen der Witz sich immer wieder neu entzünden konnte. Die Nachricht, anders gesagt, die die Organisation kommuniziert, verliert eben jenen obsessiven, vom ausgegrenzten Anderen längst angesteckten Tonfall einer artifiziellen Identität,[13] der von sich aus bereits dazu motivierte, nach einem alternativen Raum der Möglichkeiten Ausschau zu halten. Die Symbole, die jetzt kommuniziert werden, sind Verknüpfungsangebote, die ihre Adressaten schon deswegen nicht zum Lachen bringen, weil diese viel zu sehr damit beschäftigt sind, den für sie überlebensnotwendigen Alternativenraum möglicher Verknüpfungen laufend im Auge zu behalten. Das Lachen nimmt die Form der ohne weiteres Aufheben vorgenommenen Abwendung zugunsten anderer Möglichkeiten an – und daraus läßt sich weder eine an Aufhebungen interessierte hegelsche noch eine am Widerstand interessierte marxsche Dialektik gewinnen, und dies schon deswegen nicht, weil dafür die Zeit und der Milieurückhalt fehlt. Damit werden die gröberen ebenso wie die virtuoseren Formen des Witzes hinfällig und es fragt sich, wie es die Organisation sicherstellen kann, weiterhin über die Differenzen des Individuums, der Gesellschaft und ihrer Funktionssysteme informiert zu bleiben.

Wenn es denn darauf weiterhin ankommt. Möglich wäre auch, daß das bisherige Gewicht auf einer Sozialkorrektur der sachlich motivierten Ausdifferenzierung verschoben wird auf eine eher technologisch geführte Korrektur einer temporal motivierten Ausdifferenzierung. Dann bekäme man es nicht mehr mit dem Witz, sondern mit

12 Siehe nur Walter W. Powell, Neither Market nor Hierarchy: Network Forms of Organization. In: Research in Organizational Behavior 12 (1990), S. 295-336.

13 Siehe dazu Philipp Sarasin, Die Rationalisierung des Körpers: Über »Scientific Management« und »biologische Rationalisierung«. In: Michael Jeismann (Hg.), Obsessionen: Beherrschende Gedanken im wissenschaftlichen Zeitalter. Frankfurt am Main: Suhrkamp, 1995, S. 78-115.

der Kunst der Organisation zu tun, wenn »Kunst« hier heißen darf, daß sich die Beobachtung der Organisation nicht mehr auf das auffällig Andersartige ihrer Verhaltenszumutungen,[14] sondern auf das unwahrscheinlich Ungewisse ihrer Fortsetzbarkeit bezieht.[15]

Wir hätten es zunächst nur mit einer Nuancenverschiebung in der gesellschaftlichen Selbstbeschreibung der Organisation zu tun. In ihrem gesellschaftlichen Verständnis hat sich die Organisation bisher auf das Problem bezogen, wie man aus Arbeitsanforderungen resultierende (oder auf sie projizierte) Verhaltensmuster gegenüber gesellschaftlich präferierten Verhaltensmustern legitimieren und konstant halten kann. Der Witz markiert die Differenz, zieht Verbindungen und macht erträglich, daß es beim Unterschied bleibt. Jetzt hingegen bezieht sich die Organisation in ihrem gesellschaftlichen Selbstverständnis zunehmend auf das Problem, wie die mit jeder Organisation verbundene Schaffung einer eigenen und ungewissen Zukunft mit Technologien der Produktion, des Konsums, der Distribution und der Kommunikation rekompatibilisiert werden kann, die auf die Gleichzeitigkeit der Organisation mit ihrer gesellschaftlichen Umwelt und mit anderen Organisationen in dieser Umwelt sowie mit nicht als Mitarbeiter verpflichteten Individuen in dieser Umwelt abstellen. Die auffälligen Verhaltensmuster eines Arbeiters, Angestellten, Manager oder Beamten sind längst und nicht zuletzt dank eines über Jahrhunderte geübten Witzes von kulturellen Unterschieden auf folkloristische Unterschiede reduziert worden, die die Kommunikation mit dem gesellschaftlichen Umfeld nicht behindern, sondern anekdotisch anregen und bereichern. Statt sich über Verhaltensmuster zu wundern, wird schnell, genau und absprungbereit darauf abgestellt, wessen Zukunftsentwürfe (vulgo: Zwecksetzungen) mit den eigenen abgestimmt und mit Hilfe der vorhandenen Technologien realisiert werden können.

Es ist dann nicht mehr der Witz, sondern die Kunst der Organisation, die sie gesellschaftlich in Form hält, wenn die Kunst das Vermögen ist, operative Anschlüsse aus selbstgesetzten Unsicherheiten zu gewinnen.[16] Ob sich die Kunst in ähnlicher Weise zu einer allgemein

14 So Niklas Luhmann, Funktionen und Folgen formaler Organisation. 4. Auflage, mit einem Epilog 1994. Berlin: Duncker & Humblot, 1995.

15 So Niklas Luhmann, Organisation und Entscheidung. Opladen: Westdeutscher Verlag, 2000.

16 So Niklas Luhmann, Die Kunst der Gesellschaft. Frankfurt am Main: Suhrkamp, 1995.

gesellschaftlichen Ressource verallgemeinern läßt, wie dies mit dem Witz möglich war, muß zwar dahingestellt bleiben. Daß jedoch ein Interesse an der Kunst nicht als Kultur des Schönen und Erhabenen, sondern als Feld einer experimentellen Ästhetik und eines ökologischen Schnittstellenmanagements zwischen Körper, Geist, Kommunikation und Maschine in den letzten Jahren auch in Organisationen, vor allem Unternehmen, stetig an Bedeutung gewinnt, läßt ahnen, daß die vorstehenden Bemerkungen zum Witz der Organisation bereits ein Nachruf sind.

Andererseits schließt sich damit nur ein Kreis, denn immerhin ist unsere kognitionstheoretische Bestimmung des Witzes als Einspruch des Gemüts gegen den Verstand einem Buch entnommen, dem es nicht zufällig um die Bestimmung der ästhetischen Urteilskraft geht (nämlich Kants Kritik der Urteilskraft). Ist der Witz noch der Einspruch des darauf beharrenden Individuums, sich selber mitmeinen zu können, gegen eine Gesellschaft, die genau dies anerkennen muß und zugleich in Abrede stellt (Kant entwickelt seine Idee des sensus communis), so ist die Kunst eine ökologisch verallgemeinerte Heuristik der Differenz, die des Individuums als stärkster Referenz des Einspruchs nicht mehr bedarf, weil diese Differenz längst dem Körper, der Maschine, dem Bewußtsein und der Kommunikation ebenso zugute gehalten wird wie einst dem Individuum. Zu lachen gibt es jetzt nichts mehr. Womit der Verstand seine Schwierigkeiten hat, woran aber das Gemüt sein Vergnügen, das sind jetzt die ökologischen und technologischen Innovationen, die Schnittstellen bearbeitbar machen, von denen man bisher kaum etwas ahnt

Die Strategie der Organisation

Die drei Begriffe »Raum«, »Wissen« und »Macht« reichen aus, einen Kalkül der Strategie der Organisation zu schreiben: Die Strategie einer Organisation besteht darin, ihr Wissen so zu strukturieren und für andere anschlußfähig zu kommunizieren, daß ein Raum der Möglichkeiten definiert und mit Hilfe von Macht, das heißt unter unsicheren Verhältnissen, durchgesetzt und aufrechterhalten werden kann. Das müßte so allgemein gelten, daß es für jede Organisation gilt, handele es sich um eine staatliche Behörde, eine Universität, einen Kulturverein, eine Armee oder ein Unternehmen. Voraussetzung für diese Bestimmung ist nur, daß es möglich ist, die drei Begriffe mit einem operationalen Inhalt zu füllen und sie auf einen seinerseits explizierten Begriff der Organisation zu beziehen.

Organisation

Der Begriff der Organisation definiert unseren Gegenstand. Wir starten daher mit diesem seinerseits schillernden Begriff, um hinreichend selektionsfähig gegenüber unseren anderen vier Begriffen des Raumes, des Wissens, der Macht und der Strategie zu werden, die allesamt auf eine reichhaltige semantische und strukturelle Tradition zurückblicken. Mit Blick auf den Kalkül, den wir hier skizzieren wollen, nehmen wir uns die Freiheit, relativ eng an begrifflichen Bestimmungen zu arbeiten und den empirischen Gehalt unserer Überlegungen nur in Andeutungen mitzuführen. Das scheint, nebenbei gesagt, Lesegewohnheiten zu entsprechen, die das theoretische Argument zur Verknappung drängen und, dies »kompensierend«,[1] dem literarischen Zugriff Ausführlichkeit zubilligen. Vielleicht kann man unter einer »Theorie« einen verbalen Apparat von Argumenten verstehen, die einerseits im antiken Sinne mit Berufung auf eigene Anschauung berichten, was andernorts zu sehen ist, andererseits jedoch im eher modernen Kontext unterwegs zu einer mathematischen Formulierung sind, die den Vorteil hat, auf einen Blick eine »Struktur«

1 So Odo Marquard, Philosophie des Stattdessen: Studien. Stuttgart: Reclam, 2000, S. 60 ff.

darzustellen, die jenseits einer sequentiellen und kausalen Reduktion auf das Erzählbare unter Inanspruchnahme von Gleichzeitigkeit, Interdependenz und Differenz funktioniert. Das »Kalkül«, von dem wir hier reden, stellt diese Struktur zugleich dar und realisiert sie.

Wir verstehen unter einer »Organisation« im Anschluß an Niklas Luhmann ein operatives Netzwerk der Kommunikation von Entscheidungen.[2] Dieses Netzwerk besteht in der Produktion und Aufrechterhaltung der Prämissen, unter denen Entscheidungen kommuniziert werden können.[3] Diese Prämissen sind »autopoietisch«[4] konditioniert durch die Bedingung, mit allen Entscheidungen neben allem anderen auch einen Beitrag zur Reproduktion des Netzwerkes zu leisten, innerhalb dessen die Entscheidungen getroffen werden können.

Die Organisation produziert sich als Voraussetzung ihrer selbst und verläßt sich dazu auf zwei Strukturmerkmale, die zum einen gesellschaftliche Voraussetzungen der Organisation aufgreifen (»zitieren«), sie jedoch zum anderen organisationstypisch recodieren. Diese beiden Strukturmerkmale sind die Person und die Stelle. Personen sind ersetzbar (auch durch Maschinen) und Stellen können im Kontext und Konzert anderer Stellen jederzeit, eine gewisse Trägheit in Rechnung gestellt, umgewidmet, verschoben und gestrichen werden. Diese beiden Bedingungen definieren das »Medium«, die lose Kopplung bereits spezifizierter Elemente, in dem eine Organisation ihre Form, ihre feste Kopplung gewinnt.[5]

Eine Person ist in der Regel ein Individuum, das als unteilbar vorausgesetzt wird, jedoch nur in ausgewählten Hinsichten, etwa in seinen Kompetenzen, seinen Karriereabsichten, seiner Motivierbarkeit und Disziplinierbarkeit von der Organisation in Anspruch genommen wird. Eine Stelle ist eine Zuschreibung von Rollen, Kompetenzen und Qualifikationen sowohl auf eine Person als auch auf die Organisation selbst, die zum einen an gesellschaftliche Vorgaben der Arbeitsteilung und der hierarchischen Ordnung appelliert, zum an-

2 Siehe vor allem Niklas Luhmann, Organisation und Entscheidung. Opladen: Westdeutscher Verlag, 2000.

3 So maßgebend und bahnbrechend Herbert A. Simon, Administrative Behavior: A Study of Decision-Making Processes in Administrative Organization. New York: Macmillan, 1945, S. 154 ff.

4 Im Sinne von Humberto R. Maturana und Francisco J. Varela, Autopoiesis and Cognition: The Realization of the Living. Dordrecht: Reidel, 1980.

5 So Niklas Luhmann, Die Wirtschaft der Gesellschaft. Frankfurt am Main: Suhrkamp, 1988, S. 302 ff.

deren jedoch funktional der Respezifikation durch die Organisation unterliegt.

Eine Organisation kann daher immer behaupten, nichts anderes zu »organisieren« als das, was gesellschaftlich bereits vorliegt. Man versammelt sich, man produziert, man lehrt, man heilt, man führt Krieg, man gibt Anordnungen und nimmt für all dies eine bestimmte gesellschaftliche Ordnung in Anspruch. In der Organisation wird jeweils nur entschieden, wer wann was wie macht. Organisation ist auf den ersten Blick ein »Instrument« gesellschaftlicher Aufgabenstellungen. Zugleich gewinnt eine Organisation aus der Wahrnehmung gesellschaftlicher Aufgabenstellungen jedoch Entscheidungsspielräume, die es vorher nicht gab. Sie kann Stellen schaffen, wo es bislang nicht einmal eine Aufgabe gab. Und sie kann Personen ein Verhalten zumuten, das außerhalb der Organisation undenkbar wäre. In dem Moment, in dem die Organisation sich organisiert, gewinnt sie die Fähigkeit, sich von gesellschaftlichen Aufgabenstellungen zu emanzipieren und sich ihre Ziele selbst zu suchen. Das setzt zwar voraus, daß sie sich gesellschaftlicher Sicherheiten entledigt und Unsicherheit in Kauf nimmt. Aber diese Unsicherheit definiert den Spielraum, innerhalb dessen Entscheidungen nicht nur erforderlich, sondern auch möglich sind.[6]

Mit Hilfe ihrer Strukturvoraussetzungen Person und Stelle setzt die Organisation eine Differenz, die auf beiden Seiten informativ ist, also weitere Unterschiede macht. Auf der Außenseite der Differenz, auf ihrer gesellschaftlichen Seite, bereichert sie die Gesellschaft mit neuen Typen von Personen und mit Stellen als Adressen für bislang unbekannte Verhaltenserwartungen. Man verläßt sich auf Funktionäre, kritisiert Beamte, befreit Arbeiter, fragt nach Mitarbeitern, fordert von Managern und nimmt mit all dem eine gesellschaftliche Ressource in Anspruch, die es vor der Organisation nicht gab. Auf der Innenseite der Differenz, auf ihrer Organisationsseite, entsteht ein Potential für die Gestaltung von politischen Maßnahmen, Vereinsprogrammen, Lehrplänen und Produktionsabläufen, das zwar weiterhin an gesellschaftliche Plausibilität gebunden bleibt, jedoch weitgehend durch eigene Vorgaben, Zielsetzungen und Sinnevidenzen konditioniert werden kann.

Diese Differenz ist es, die in Anspruch genommen wird, wenn Ent-

6 Siehe James G. March (Hg.), Entscheidung und Organisation: Kritische und konstruktive Beiträge, Entwicklungen und Perspektiven. Aus dem Englischen von Karl-Heinz Gschrey, Wiesbaden: Gabler, 1990.

scheidungen kommuniziert werden. Die Kommunikation von Entscheidungen geschieht in der Gesellschaft, wie alle Kommunikation in der Gesellschaft geschieht.[7] Sie setzt jedoch voraus, daß sie auf Personen und auf Stellen zugerechnet werden kann, wenn sie operative Bedeutung gewinnen soll. Denn eine Entscheidung kann nur kommuniziert werden, wenn sie auf eine Person zugerechnet wird, die sich mit dieser Entscheidung selbst bindet, etwa in der Hinsicht, eine »richtige« Entscheidung getroffen zu haben, oder in der Absicht, das Verhalten von anderen mit dieser Entscheidung festlegen zu können. Und eine Entscheidung kann nur kommuniziert werden, wenn entweder deutlich ist, welche Stelle mit welchen Kompetenzen sie ausspricht oder an welche Stelle mit welchen Kompetenzen sie sich richtet. Entscheidungen, die diese Momente der personalen Selbstfestlegung und der Stellenkausalität nicht aufbringen, versanden im allgemeinen Rauschen der Kommunikation, weil sie zu wenig Ungewißheit absorbieren, ob und wie mit ihnen umgegangen werden soll.

Da die Kommunikation von Entscheidungen noch einmal um Größenordnungen unwahrscheinlicher ist als die Kommunikation selbst, muß jede Entscheidung die Anschlüsse spezifizieren, die mit ihr einhergehen. Das heißt, sie muß die Ungewißheit absorbieren, ob und wie berechtigt sie ist, wie ernst sie gemeint ist, welche Ressourcen sie in Anspruch nimmt und an wen sie sich richtet. Nur wenn diese Ungewißheiten in den Prämissen der Entscheidung bereits abgearbeitet sind beziehungsweise in der Entscheidung selbst abgearbeitet werden, kann man erwarten, daß eine Entscheidung Anschlüsse findet. Darum ist das im Text des Organisationsbuches von James March und Herbert Simon noch unscheinbare Theorem der »Ungewißheitsabsorption« zum zentralen Theorem der Organisationstheorie geworden.[8] Und darum kann man formulieren, daß die Kommunikation einer Entscheidung nur im Netzwerk bereits getroffener und erwarteter Entscheidungen möglich ist. Deswegen setzt eine Entscheidung bereits eine ganze Organisation voraus, wie immer diese spezifiziert ist, und deswegen ist die Organisation nichts anderes als die Autopoiesis ihrer Entscheidungen. Das soll das Wort der »Entscheidungsprämisse« zum Ausdruck bringen: Entscheidungen können nur kommuniziert werden, wenn sie sich auf Prämissen

7 Siehe Niklas Luhmann, Die Gesellschaft der Gesellschaft. Frankfurt am Main: Suhrkamp, 1997.

8 Siehe James G. March und Herbert A. Simon, Organizations. 2. Auflage Cambridge, Mass.: Blackwell, 1993.

berufen können und wenn sie als Prämissen für Weiteres in Anspruch genommen werden können.

Nur unter dieser Voraussetzung der Kommunikation von Entscheidungen über die Besetzung von Stellen mit Personen (oder zumindest einer minimalen Kompetenzzuschreibung sei es an eine Stelle, sei es an eine Person) können Organisationen ihre Entscheidungen intern wie extern anschlußfähig kommunizieren, wobei die interne Kommunikation auf weitere Entscheidungen zielt, die externe Kommunikation jedoch als Kommunikation unbestimmt lassen muß, was anschließend passiert. Dabei können die internen Festlegungen weiterer Entscheidungen durchaus größere Verhaltensspielräume als die externen Unbestimmtheiten enthalten. Eine Organisation besteht darin, intern Möglichkeiten zu schaffen, die es extern noch gar nicht gibt, dafür jedoch in Kauf nehmen zu müssen, daß extern ohne weitere Spezifikationen die Kommunikationen der Organisation (ihre Anordnungen, Produkte, Lehrangebote etc.) entweder akzeptiert oder nicht akzeptiert werden. Die Organisation projiziert zwar zur Strukturierung ihrer internen Verhaltensmöglichkeiten diese nach außen, das ändert aber nichts daran, daß es sich dabei nur um eine Projektion handelt.

Die Kommunikation einer Entscheidung im Netzwerk der Entscheidungen einer Organisation ist die Form des Übergangs von den Irritationen und negativen Selektivitäten *der Umwelt* der Organisation zu den Informationen und Anschlußfähigkeiten *des Systems* der Organisation.[9] Jede Entscheidungskommunikation enthält ein Moment der Veranlassung durch Irritation, kann sich als Kommunikation einer Entscheidung jedoch nur behaupten, wenn sie diese Irritation in eine Information über externe oder über interne Gegebenheiten und Möglichkeiten verwandelt. Sowohl die Irritation als auch die Information decken sowohl interne wie externe Anlässe ab. Die Verwandlung der Irritation in eine Information jedoch zieht eine Grenze zwischen dem System der Organisation und seiner Umwelt. Sie ist der Moment der Konstitution der Organisation, andernfalls bliebe es bei der Irritation und einer nicht spezifizierten Möglichkeit, aus ihr eine Information zu gewinnen.

An dieser Begriffsbestimmung ist auch und gerade dann festzuhalten, wenn man in Rechnung stellt, daß jede Transformation von Irritation in Information in einer Organisation durch eine andere Or-

9 Frei nach Luhmann, Organisation und Entscheidung. A. a. O., S. 56 ff.

ganisation beobachtet werden kann, die sich durch diese Transformation irritieren läßt und aus dieser Irritation andere Informationen gewinnt. Schon deswegen besteht ein Gutteil der Selbstorganisationsfähigkeit einer Organisation darin, die Hinsichten zu spezifizieren, in denen sie sich irritieren läßt (ohne dadurch die Möglichkeit auszuschließen, sich auch von der Auswahl dieser Hinsichten irritieren zu lassen).

Darum bleibt es auch und gerade dann, wenn die Organisation Personen und Stellen in Anspruch nimmt, um sich organisieren, das heißt diese Personen und Stellen in einen erwartbaren Zusammenhang bringen zu können, dabei, daß Personen und Stellen irritierbar sein müssen. Anders könnten sie ihre Funktion der Produktion von Information nicht erfüllen. Daher gibt es keine Organisation, die nicht die Mehrdeutigkeiten in wie immer transformierter Weise reproduziert, aus deren Reduktion sie sich gewinnt.[10]

Raum

Der Raum der Möglichkeiten, den eine Organisation sich anschikken kann, strategisch auszunutzen, ist mit der Konstitution der Organisation, das heißt mit der »ersten« Entscheidung, die sich auf vorherige Entscheidungen beruft und weitere Entscheidungen nach sich zieht, bereits weitgehend definiert. Der Spielraum, den die Organisation hat, sobald sie sich konstituiert hat, besteht in der Reduktion ihres Spielraums durch ihre Konstitution.

Wir legen daher für die weiteren Schritte in der Skizze unseres Strategiekalküls der Organisation einen Begriff des »Raums« zugrunde, der auf nichts anderes abstellt als auf die Definition von Möglichkeiten. Ein Raum ist gegeben durch die Möglichkeiten, die er enthält, und die Möglichkeiten, die er ausschließt. Diese Möglichkeiten können abhängig von der Systemreferenz, die man benutzt, um einen Raum zu beobachten, physischer, organischer, technischer, sozialer oder mentaler Art sein. Unabhängig von der Wahl einer Systemreferenz gibt es keinen Raum, wiewohl man in Rechnung stellen muß, daß der Begriff des Raums ähnlich wie der Begriff der Welt Möglichkeiten auf beiden Seiten der Unterscheidung von System und Umwelt anspricht.

10 Siehe Karl E. Weick, Der Prozeß des Organisierens. Aus dem Amerikanischen von Gerhard Hauck. Frankfurt am Main: Suhrkamp, 1985.

Entscheidend ist die Rede von »Möglichkeiten« anstelle von »Wirklichkeiten«. Ein Raum definiert zwar, daß an der Stelle, wo ein bestimmtes Ding ist, nicht zugleich auch ein anderes Ding sein kann, macht damit jedoch darauf aufmerksam, daß die Besetzung einer Raumstelle durch ein Ding kontingent ist und dieses Ding sowohl woanders sein wie auch an dieser Stelle ein anderes Ding sich vorfinden könnte. Jede Wirklichkeit profiliert sich durch ihre Möglichkeiten. Das ist der Grund dafür, daß »das Einfache, in der Zeitfolge wie im Raum, schlechterdings unmöglich« ist.[11] Das Wirkliche wird durch das Mögliche so sehr kompliziert, daß das Einfache, wie Kant gegen Leibniz einwendet, allenfalls im Raum der Transzendenz vermutet werden kann.

Wenn man den Begriff des Raumes von dem der Dinge, die ihn ausfüllen, und damit von der Angabe einer Systemreferenz, die die jeweilige Dimension der Dinglichkeit definiert, abstrahiert, gelangt man zu jenem »calcul des places en tant que vides«, der laut Jacques Lacan sowohl die Kybernetik als auch die Psychoanalyse interessiert.[12] »Leer« heißt im Zusammenhang eines »Kalküls«, daß über Besetzbarkeit, Verschiebbarkeit und Offenlassen des Platzes, der Stelle, nachgedacht und entschieden werden kann. Die Leere ist damit eine Leere mit Blick auf eine bestimmte Systemreferenz, sei es daß man beobachtet, daß ein System nur funktioniert, wenn es bestimmte Plätze leer läßt,[13] sei es daß jede Leere das Reproduktionsproblem aktualisiert, aus dessen Lösung ein System sich jeweils neu gewinnt.

Wie Lacan unterstellen wir im folgenden ein »kybernetisches« und damit ein »informationstheoretisches« Verständnis des Raumes. Ein in den Hintergrund gedrängter Aspekt der Informationstheorie von Claude Shannon sieht vor, daß eine »Information« dann zustande kommt, wenn sie von einem Empfänger als eine Auswahl aus einem entweder technisch definierten Raum abzählbarer Möglichkeiten

11 So Immanuel Kant, Ueber eine Entdeckung, nach der alle neue Critik der reinen Vernunft durch eine ältere entbehrlich gemacht werden soll. In: Werke in zwölf Bänden, Bd. V. Frankfurt am Main: Suhrkamp, 1958, BA 33.

12 Siehe Jacques Lacan, Psychanalyse et cybernétique, ou de la nature du langage. In: Le Séminaire de Jacques Lacan. Texte établi par Jacques-Alain Miller, Livre II: Le moi dans la théorie de Freud et dans la technique de la psychanalyse, 1954-1955. Paris: Seuil, 1978, S. 339-354, hier: S. 344.

13 Siehe Gotthard Günther, Logik, Zeit, Emanation und Evolution. In: ders., Beiträge zur Grundlegung einer operationsfähigen Dialektik. Bd. 3, Hamburg: Meiner 1980, S. 95-135; Ernesto Laclau, Why do Empty Signifiers Matter to Politics? In: Jeffrey Weeks (Hg.), The Lesser Evil and the Greater Good: The Theory and Politics of Social Diversity. London: Rivers Oram Pr., 1994, S. 167-178.

oder einem sozial definierten Raum nicht-abzählbarer Möglichkeiten wahrgenommen wird. »The significant aspect is that the actual message is one *selected from a set* of possible messages. The system must be designed to operate for each possible selection, not just the one which will actually be chosen since this is unknown at the time of design.«[14] Ohne die Wahrnehmung des Raums (»set«) von Möglichkeiten, aus denen eine durch die Auswahl bestimmte Möglichkeit ausgewählt wird, gibt es keine Information. Deswegen spricht Gregory Bateson von der Information als einem Unterschied (im Raum der Möglichkeiten), der einen Unterschied macht (für den Empfänger, selbst nur eine Möglichkeit im Raum der Möglichkeiten).[15]

Der sogenannte »Sender« einer Information ist bereits in der Situation des »Empfängers«, weil er nicht anders kann, als im Raum der ihm zur Verfügung stehenden Möglichkeiten die eine oder andere Möglichkeit auszuwählen, wobei eine dieser von möglichen »Inhalten« der Information zunächst prinzipiell nicht unterschiedenen Möglichkeiten die Wahl eines »Kanals« ist, der für die »Übertragung« der Information für sinnvoll gehalten wird. Er kann nur deswegen als »Sender« gelten, weil er mit der Auswahl einer Möglichkeit (einer Nachricht oder eines Kanals) den Raum der Möglichkeiten, aus denen er seine Auswahl trifft, gleich mitdefiniert. Zumindest wird ihm diese Definition als »Handlung«, nämlich als »Mitteilung der Nachricht« oder als »Auswahl der Information« zugerechnet, obwohl diese Reduktion der Kommunikation auf einen »Sprechakt«, wie man der Kommunikationstheorie Luhmanns entnehmen kann,[16] nur ein Sprachgebrauch (also selbst eine Auswahl aus bestimmten und unbestimmten Möglichkeiten) ist, der Attributionsgewohnheiten entspricht, die die Komplexität der Kommunikation handhabbar machen.

Eine Organisation reproduziert sich in einem Zweiseitenraum von Möglichkeiten, nämlich zum einen in einem »Innenraum«, der durch die Verfügungsmöglichkeiten für die Entscheidungen der Or-

14 So Claude E. Shannon, The Mathematical Theory of Communication. In: ders. und Warren Weaver, The Mathematical Theory of Communication. Urbana, Ill.: Illinois UP, 1963, S. 29-125, Zitat: S. 31; vgl. dazu Dirk Baecker, Kommunikation im Medium der Information. In: ders., Wozu Systeme? Berlin: Kulturverlag Kadmos, 2002, S. 111-125.

15 Siehe Gregory Bateson, Steps to an Ecology of Mind. New York: Ballantine, 1972.

16 Siehe Niklas Luhmann, Soziale Systeme: Grundriß einer allgemeinen Theorie. Frankfurt am Main: Suhrkamp, 1984, S. 191 ff.

ganisation definiert ist, und zum anderen in einem »Außenraum«, auf den die Organisation sich als ihr Milieu bezieht, das ihr unverfügbar ist und in der Form der Unverfügbarkeit die Kriterien definiert, an der sich die Reproduktion der Organisation orientiert. Dieser Außenraum ist, wie bereits gesagt, die Projektion eines Innenraums, so daß er zwar für die Organisation die Bedingungen ihrer Reproduktion definieren kann, die Organisation jedoch nicht davon entlastet, sich in ihrem Innenraum und nur dort tatsächlich zu reproduzieren.

Vom »Zweiseitenraum« der Möglichkeiten einer Organisation ist daher vor allem deswegen die Rede, um die Unterscheidung von Wirklichkeit und Möglichkeit, von Aktualität und Potentialität, treffen zu können. Diese Unterscheidung ist für die Organisation durch den Unterschied zwischen Innenraum und Außenraum motiviert, weil und obwohl beide Seiten der Unterscheidung auf beiden Seiten des Unterschieds relevant werden. Sowohl im Innenraum findet man Mögliches und Wirkliches als auch im Außenraum. Profilierbar wird dies für eine Strategie der Organisation jedoch erst dann, wenn das Wirkliche des Innenraums mit dem Möglichen des Außenraums oder das Mögliche des Innenraums mit dem Wirklichen des Außenraums der Organisation in Beziehung gesetzt wird. Erst diese Asymmetrisierung, die vermutlich Strukturwert bekommt, also nicht einfach revidiert werden kann,[17] schafft in der Organisation einen für die Organisation handhabbaren Sinn.

Die Pointe an diesem Verständnis eines Möglichkeitenraums liegt darin, daß die Wirklichkeiten dieses Raumes mögliche Wirklichkeiten und die Möglichkeiten dieses Raumes wirkliche Möglichkeiten sind. Das macht die Dinge in dem Sinne kompliziert, als jede Wirklichkeit laufend neu und damit auch immer anders realisiert werden muß und sich dabei daran messen lassen muß, welche Möglichkeiten sie aufzugreifen in der Lage ist und welche sie verpaßt. Die Unterscheidung zwischen Innenraum und Außenraum beziehungsweise, wenn man den Aspekt der unwahrscheinlichen und unvorhersehbaren (weil rekursiven) Reprodukion unterstreichen will, die Unterscheidung zwischen System und Umwelt schafft hier eine unverzichtbare Entlastung, weil sie die Dinge zu sortieren und neu zu sortieren erlaubt.

Sowohl die Personen als auch die Stellen einer Organisation de-

17 So Harrison C. White, Markets From Networks: Socioeconomic Models of Production. Princeton: Princeton UP, 2002.

finieren daher den Raum der Möglichkeiten dieser Organisation, indem sie sie mit einer Wirklichkeit ausstatten, die jeweils neu aktualisiert werden muß, und sie als Teil dieser Wirklichkeit mit Möglichkeiten ausstatten, die entweder wahrgenommen oder verfehlt werden können. Jede Veränderung im Personenbestand der Organisation und jede Verschiebung innerhalb ihres Stellengefüges verändert ihren Raum der Möglichkeiten.

Personen und Stellen definieren den Raum der Möglichkeiten, indem sie ihn einschränken. Zum einen ist nur das möglich, was man den Personen, die man hat, oder den Personen, die man glaubt einstellen zu können, zumuten kann, und was als Stellenbeschreibung im Kontext der anderen Stellen der Organisation mehr oder minder formal festgelegt werden kann. Zum anderen jedoch ist alles möglich, was in diese Form gebracht werden kann. Sobald man jemanden findet, der sich zu entsprechenden Entscheidungen motivieren läßt, kann eine Organisation ein entsprechendes Handeln vorsehen, gleichgültig ob es sich dabei um das Backen einer Pizza, die Bestrafung eines Schülers, die Entlassung eines Kassenwarts oder das Sprechen eines Gerichtsurteils handelt. Und sobald Stellen entsprechend beschrieben und kontextualisiert werden, kann eine Organisation in Stellung gebracht werden, die Blitzkriege, Werbekampagnen, Softwareentwicklung oder städtebauliche Großprojekte ermöglicht. Die harte Restriktion, daß jede Organisation auf Personen im Sinne der Adressierbarkeit von Entscheidungen und Stellen im Sinne der Kontextuierung von Entscheidungen angewiesen ist, eröffnet nahezu unbegrenzte Spielräume an Möglichkeiten.

Diese Spielräume werden noch einmal dadurch erweitert, daß es nicht nur die aktuellen Personen und Stellen sind, an deren Beobachtung eine Organisation ihre Möglichkeiten feststellt, sondern auch diejenigen Personen und Stellen, die man sich angesichts der aktuellen wünscht. Jede Organisation ist von einem Kranz imaginärer Möglichkeiten umgeben, der aus all den Vorstellungen besteht, die sich daraus ergeben, daß man sich die vorhandenen Personen besser motiviert oder ausgebildet sowie die vorhandenen Stellen besser definiert und genauer aufeinander abgestimmt und daß man sich andere Personen und mehr (oder weniger) Stellen wünschen kann. Jeder organisatorische Zugriff auf die eigene Organisation, nicht nur der betriebswirtschaftliche, der auf Effizienz und Effektivität zielt, bekommt es in diesem Sinne sofort mit Personalpolitik und Stellenbeschreibungen sowie Stellenkoordination zu tun.

Die Restriktion des Raums der Möglichkeiten unter dem Gesichtspunkt von Personen und Stellen ist in der Organisationsdiskussion schon seit langem bekannt. Sie läuft jedoch unter immer wieder anderen Titeln, so daß der Zusammenhang auf den ersten Blick nicht immer zu erkennen ist. So war die große Entdeckung zum Ende des 18. Jahrhunderts, daß eine »arbeitsteilige« Differenzierung bürokratischer, militärischer, erzieherischer und produktiver Abläufe in distinkte, aber untereinander koordinierte Stellen ungeahnte organisatorische Möglichkeiten erschließt. Nicht zuletzt war dies die Geburtsstunde des »Managements« als einer eigenen Funktion innerhalb einer Organisation, die nicht selber arbeitet, sondern die Arbeit der anderen voneinander trennt, neu ordnet und wieder aufeinander bezieht. »Arbeitsteilung« bedeutet dann, daß die Arbeit von der sie motivierenden und dirigierenden Evidenz des erfahrungsgeleiteten Umgangs mit dem Gegenstand abgekoppelt wird und einer vom Gegenstand abstrahierenden und ihn neu artikulierenden Planung unterworfen wird.

Seit diesen Erfahrungen mit der Arbeitsteilung wird fast jede Organisation unter dem Gesichtspunkt der »Technologie« betrachtet. Grundsätzlich unterstellt man, daß alle Stellen der Organisation untereinander in ein zugleich rational zweckorientiertes und ein kausales Gesamtgefüge gebracht werden können, in dem keine Entscheidung getroffen wird, die nicht als Mittel für den Zweck der Organisation oder als Ursache für die bezweckte Wirkung in Anspruch genommen werden kann – und andernfalls überflüssig, das heißt einzusparen ist. Es hat lange gedauert, bis man entdeckt hat, daß es keine Isomorphie zwischen Rationalität und Kausalität gibt, weil weder Mittel noch Zwecke unproblematisch als Ursachen in Anspruch genommen werden können, weil die Koordination der Arbeit neben der kausalen und rationalen eine soziale Dynamik in Rechnung stellen muß und weil die Hierarchie nur insofern in die Zweck/Mittel-Ordnung und in die Ursache/Wirkungsketten eingebaut werden kann, als sie überall dort »durch scharfe Aufsicht heilt«, wo die Zwekke aus den Augen verloren werden und die Ursachen auf nicht bezweckte Wirkungen zielen.[18] Diese die Defizite der Rationalität und der Kausalität kompensierende Funktion hindern die Hierarchie überdies nicht daran, nur diejenigen Mittel zuzulassen, die mit der

18 Siehe Niklas Luhmann, Zweckbegriff und Systemrationalität: Über die Funktion von Zwecken in sozialen Systemen. Neuausgabe Frankfurt am Main: Suhrkamp, 1977, Zitat: S. 77.

aktuellen sozialen Balance der Organisation kompatibel sind, und sich selbst in einem Maße zum Zweck zu setzen, das der Bürokratiekritik immer wieder ein dankbares Material in die Hände spielt.[19]

Auf der Seite der Personen ist seit dem 18. Jahrhundert und früher eine ähnliche Erfolgs- und Mißerfolgsgeschichte der »technologischen« Organisation von »Arbeitsteilung« unter Titeln wie »Beruf«, »Bildung«, »Erziehung« und »Training« zu beobachten. Hier geht es darum, daß die spezifisch organisatorischen Zugriffe auf das Individuum aus der Organisation herausgelagert werden und bereits im Vorfeld zu Kompetenzsicherungsmaßnahmen, Professionalisierungsbemühungen und Konkurrenzausschlußpraktiken führen. Zum einen werden Schulen dafür in Anspruch genommen, die Kompetenzen bereitzustellen, die Organisationen in ihren Stellen bereits ausgewiesen haben. Und zum anderen entwickeln die mit bestimmten Kompetenzen bereits auf Stellen sitzenden Personen ein Interesse daran, den Zugang zu ihrer Profession zu begrenzen und damit ungewünschte Konkurrenz zu verhindern. Drittens schließlich entdeckt man immer wieder, daß die Personen mit den möglichen Stellenprofilen nicht Schritt halten und daher Weiterbildungs- und Trainingsmaßnahmen unterworfen werden müssen, die den Möglichkeitenraum der Organisation beweglich halten.

Wir werden unter dem Gesichtspunkt der »Macht« auf weitere Gestaltungsmöglichkeiten des Verhältnisses von Person und Stelle zurückkommen.

Wissen

Die bisherigen Überlegungen zu einem möglichen Kalkül der Strategie der Organisation legen einen Wissensbegriff nahe, der ebenfalls eher kommunikations- und unterscheidungstheoretisch angelegt ist. Nicht zuletzt in diesem Zwang, begriffliche Anpassungen vornehmen zu müssen, liegt der Reiz eines theoretischen Vorgehens. Unsere Absicht, so etwas wie einen Kalkül schreiben zu können, unterstreicht diesen Zwang noch einmal. Denn hier müssen alle zusätzlichen Bedingungen und Bestimmungen jederzeit auf das vom Kalkül

19 Siehe nur C. N. Parkinson, Parkinsons Gesetz und andere Studien über die Verwaltung. Aus dem Amerikanischen von Richard Kaufmann. München: Econ, 1999.

beschriebene Problem der Reproduktion eines spezifischen Operationstyps bezogen werden können.

Wir halten uns auch für den Wissensbegriff an konstruktivistische und systemtheoretische Vorgaben und definieren »Wissen« nicht als mehr oder minder abrufbaren Bestand eines Speichers, sondern als »komplexe Prüfoperation«,[20] die den Umgang mit Informationen erleichtert oder, je nachdem, auch erschwert.[21] Wissen ist das, was in je aktuellen Operationen strukturell zur Verfügung steht, um die Frage zu klären, welchen Unterschied ein Unterschied macht. Wenn zu wenig Wissen vorliegt, kann die zu verarbeitende Information nicht hinreichend profiliert werden. Wenn zu viel Wissen vorliegt, macht ein Unterschied so viele Unterschiede, daß es schwerfällt, einen Unterschied zu erkennen. In beiden Fällen ist der Begriff des Wissens frei von qualitativen Spezifizierungen. Es gibt, außer für einen Beobachter, kein angemessenes oder unangemessenes Wissen, sondern nur die Fähigkeit oder ihre Abwesenheit, mit Informationen umzugehen.

Auch die Information ist indifferent gegenüber der Frage, ob nun ein statistisches, semantisches, literarisches, theoretisches oder Lebensweltwissen »geeignet« ist, den Unterschied zu errechnen, den sie macht. Denn welchen Unterschied y ein Unterschied x macht, ist nicht »instruktiv« davon abhängig, worin der Unterschied x besteht, sondern »konstruktiv« davon, in welchem Licht der Unterschied x dem Unterschied y erscheint. Wie die Kommunikation ist auch die Information ein Prozeß, der sich »von hinten her«[22] ermöglicht. Das schließt nicht aus, daß in den Augen bestimmter Beobachter ein bestimmtes Wissen erforderlich ist, um einen Unterschied x überhaupt erkennen zu können. Und es schließt auch den kryptologischen Sonderfall nicht aus, daß ein Unterschied x nur für einen bestimmten Unterschied y zu entziffern ist. Dennoch ist wesentlich, daß jeder Beobachter mit nahezu jedem Wissen nahezu alle Unterschiede der Welt auf irgendeine Weise zu sortieren vermag, und dies tut, solange er damit einen für ihn hinreichenden, etwa nach Kriterien der »bounded rationality« bemessenen Erfolg hat.[23] Sobald auffällt, daß

20 So Niklas Luhmann, Die Wissenschaft der Gesellschaft. Frankfurt am Main: Suhrkamp, 1990, S. 129.

21 So Luhmann, Die Gesellschaft der Gesellschaft. A. a. O., S. 120 ff.

22 Luhmann, Soziale Systeme. A. a. O., S. 198.

23 Siehe Herbert A. Simon, Models of Bounded Rationality. 2 Bde., Cambridge, Mass.: MIT, 1982.

die Selektivität eines bestimmten Umgangs mit Unterschieden mit einem in seiner Selektivität nicht durchschauten Wissen korreliert, spricht man von »Kultur«.[24]

Es liegt nahe, diesen Begriff des Wissens für unsere Zwecke auf den Unterschied zu beziehen, den eine Organisation macht. Allerdings kann man nicht ohne weiteres annehmen, daß eine Organisation etwas von dem Unterschied »weiß«, den sie macht, oder daß sie gar »weiß«, wie sie diesen Unterschied macht. Im Gegenteil ist seit den entsprechenden Theorieeinsichten des 19. Jahrhunderts von Marx über Darwin bis zu Freud davon auszugehen, daß die Organisation wie jedes andere soziale System – und wie in dieser Hinsicht auch jedes psychische System – von ihrem eigenen Unterschied nur in der Form des Wissens um ihr Nichtwissen etwas weiß.

Das klingt kompliziert, erschließt sich jedoch, wenn man unser Verständnis vom »Raum der Möglichkeiten« der Organisation mitlaufen läßt. Eine Organisation beobachtet sich und ihre Umwelt. Sie weiß, was ihr möglich ist, und sie weiß, was ihr unmöglich ist. Das gilt auch dann, wenn ein Beobachter erkennen kann oder zu erkennen können glaubt, daß die Organisation zwischen sich und ihrer Umwelt nur unzureichend oder vielleicht auch gar nicht unterscheidet, in diesem Sinne also keinen »Begriff« von sich, das heißt von ihren Grenzen, hat. Und es gilt auch dann, wenn ein Beobachter erkennen kann oder zu erkennen können glaubt, daß die Organisation ihre Möglichkeiten und Unmöglichkeiten überschätzt oder unterschätzt. In jedem Fall hat die Organisation ein Wissen von sich, das in irgendeiner Form aus der Beobachtung ihres Raums der Möglichkeiten gewonnen ist und es in dieser Form der Organisation erleichtert oder erschwert (vielfach auch beides zugleich), Informationen zu verarbeiten.

Dieses Wissen der Organisation kann in allen möglichen Formen auftreten. Es kann sich an einer Ideologie orientieren, die die Aufgabe der Organisation beschreibt. Es kann sich an Personen festmachen, die als die Gründer und »Köpfe« der Organisation gelten. Es kann Abläufe, zum Beispiel Aktenvorgänge, festhalten, die bei allem, was die Organisation tut, in jedem Fall zu beachten sind. Es kann die Form von Geschichten annehmen, die die Organisation erlebt und

24 So zum Beispiel Mary Douglas, A Typology of Cultures. In: Max Haller, Hans-Joachim Hoffmann-Nowotny, Wolfgang Zapf (Hg.), Kultur und Gesellschaft: Verhandlungen des 24. Deutschen Soziologentags, Zürich 1988. Frankfurt: Campus, 1989, S. 85-97.

überlebt hat. Und es kann in Kombinationen dieser Formen auftreten, bis man es mit einer höchst individuellen, auf ihre eigene Biographie festgelegten Organisation zu tun hat. Kein Element dieses Wissens ist in irgendeiner Weise beliebig, da es aus den Operationen gewonnen ist, die die Organisation durchlaufen hat, und, solange es Verwendung findet, für die Informationen von Belang ist, die es zu sortieren erlaubt. Und mit allen Elementen dieses Wissens ist in zum Teil überraschenden Formen zu rechnen, da sie sich untereinander konditionieren, das heißt je unterschiedlich aufrufen und gewichten. Der Begriff des »sozialen Netzwerkes«, wenn man ihn auf strukturelle Bezüge nicht nur zwischen Personen, sondern zwischen Personen, Institutionen, Geschichten und Ideologien bezieht,[25] trifft das Gemeinte ebenso wie der Begriff des »neuronalen Netzwerkes«, dessen Verarbeitungsfähigkeit von Informationen mit der Verfügbarkeit einer eigenen und von außen undurchschaubaren individuellen Geschichte korreliert.[26]

Es bestehen demnach zum einen Freiheitsgrade in der Ausbildung eines Wissens, die von historischen Kontingenzen ebenso abhängen wie von den jeweiligen Formen, in denen eine Organisation ihre eigenen Zustände überhaupt zu Gesicht bekommen und in irgendeine Art von Bild und Sprache bringen kann. Zum anderen ist dieses Wissen dennoch nichtbeliebig korreliert mit der Art und Weise, wie es der Organisation gelingt sich zu reproduzieren. Auch eine Organisation, die sich in den Augen eines Beobachters »verkennt«, mag damit über ein Wissen verfügen, das ihr den Umgang mit Informationen erleichtert. Tatsächlich wissen Gründer von Organisationen ebenso wie Berater, daß eine Reduktion des möglichen Organisationswissens auf eine ganz bestimmte und hochpartikulare Form zuweilen gar nicht drastisch genug sein kann, um die Organisation zu einem effizienten und effektiven Umgang mit Informationen zu befähigen. Eine in sich transparente Übereinstimmung des Wissens der Organisation mit der Organisation ist schon deswegen nicht möglich, weil Erwartungen aufrechterhalten werden müssen, die schon oft genug enttäuscht wurden, weil Abweichungen verkraftet werden müssen, die das Ziel schon lange in Frage stellen, und weil unvermeidbare Rücksichtslosigkeiten gegenüber Personal und Ressourcen geleugnet

25 So Harrison C. White, Identity and Control: A Structural Theory of Action. Princeton, NJ: Princeton UP, 1992.

26 Etwa Ray Kurzweil, The Age of Spiritual Machines: When Computers Exceed Human Intelligence. New York: Penguin, 1999.

werden müssen, die dem Selbstverständnis der Organisation widersprechen. Deswegen weist jedes Wissen einer Organisation (oder eines anderen sozialen Systems) »kompensierende« Züge auf, die letztlich nie »kontrolliert« werden können, sondern weitere Kompensationen nach sich ziehen, bis die Organisation von den kompensierenden Geschichten, die sie um sich spinnt, kaum noch zu unterscheiden ist.

Dennoch beharrt die Theorie auf der Verknüpfung von Wissen und operativer Unterscheidung. Auch die luftigste Imagination, das nichtssagendste mission statement und die spekulativste Zielsetzung erfüllen ihre Funktion in der Bereitstellung eines Wissens, das es erlaubt, Informationen zu verarbeiten, an welcher vermittelten, belächelten oder verachteten und deswegen nicht weniger belangvollen Stelle auch immer. Im Rahmen unserer Theorie können wir daher einen Schritt weiter gehen und dieses informationsverarbeitende Wissen in der Weise auf den Raum der Möglichkeiten der Organisation beziehen, daß es eine Verknüpfungsleistung zwischen den Möglichkeiten und Unmöglichkeiten auf der Innenseite der Unterscheidung der Organisation und den Möglichkeiten und Unmöglichkeiten auf der Außenseite der Unterscheidung der Organisation erfüllt. Selbst wenn die Organisation von dieser Verknüpfungsleistung nichts weiß, so erfüllt sie sie im Effekt der Anwendung ihres Wissens auf die Informationen, die sie verarbeitet. Denn ein Beobachter (Theoretiker) kann erkennen, daß die Lage der Organisation in bezug auf ihre Möglichkeiten und Unmöglichkeiten innerhalb und außerhalb der Organisation im Anschluß an die Verarbeitung einer Information eine wie immer minimal andere ist als vorher. Selbst dann, wenn nichts anderes als Routinen befolgt werden, kann man sehen, wie sehr Organisation und Umwelt es immer schwerer oder auch immer leichter werden lassen, diese Routinen zu befolgen.

Deswegen sprechen wir in allen jenen Fällen von einem »Wissen« der Organisation, in denen es gelingt, aus dem prinzipiellen Nichtwissen über die Umwelt der Organisation ein Wissen innerhalb der Organisation zu machen. Wir hatten gesehen, daß dafür schon die einfachste Entscheidung im Netzwerk der Entscheidungen in Anspruch genommen werden kann, insofern sie eine Irritation in eine Information verwandelt. Diese Verwandlung einer Irritation in eine Information ruft ein Wissen auf und produziert dieses Wissen, für welche anderen Entscheidungen diese Information eine Information ist. In diesem Sinne entzündet sich jedes Wissen an der Differenz von System und Umwelt. Es verdankt sich dieser Differenz, es bearbeitet dieses Differenz und es verstellt diese Differenz.

Noch kürzer formuliert können wir sagen, daß das Wissen der Organisation ihr Nichtwissen kompensiert, also an der Stelle dieses Nichtwissens steht, und in dieser Form auf den »calcul des places en tant que vides« (Lacan) zugeschnitten ist, den wir oben beschrieben haben. Ob dieses Wissen die Form eines technologischen Wissens um mögliche Abläufe, eines Managementwissens um die Durchsetzbarkeit des ökonomischen Kalküls in einer widerwilligen Organisation, eines Motivationswissens um die Gemütslage der Organisationsmitglieder oder eines politischen Wissens um relevante Ausschnitte der Umwelt der Organisation annimmt, ist zwar nicht gleichgültig, aber von sekundärer Bedeutung gegenüber der Feststellung, daß es irgendein Wissen dieser Art geben muß. Auch hier haben wir es daher nicht mit der Arithmetik, sondern mit der Algebra eines Kalküls der Organisation zu tun. Wir benennen den funktionalen Ort des Wissens der Organisation und lassen offen, von welchem konkreten Wissen er jeweils besetzt wird.

Das Wissen der Organisation ist ihre Fähigkeit, im Raum ihrer Möglichkeiten dort Bestimmungen vorzunehmen, wo sie Unbestimmtes vorfindet. Das geschieht in der Form, die der Organisation »auf den Leib geschrieben« ist, nämlich in der Form der Zurechnung eines Wissens auf Personen und Stellen. Obwohl hier in aller Schärfe die Einsicht gilt, daß eine Person nichts wissen kann, was sie nicht als Wissen aus der von ihr wahrgenommenen Situation abrufen kann,[27] und daß eine Stelle über keine Kompetenz verfügt, die nicht als Kompetenz im Konzert der Stellen ihr Profil und ihren Inhalt gewinnt, wird dennoch der Einfachheit halber auf die Person und die Stelle direkt zugerechnet, was an Wissen verfügbar gehalten werden soll, und werden auch entsprechende Schuldzuweisungen direkt adressiert, wenn es zu einer unzureichenden Informationsverarbeitung kommt.

Diese Vereinfachung ist im Organisationsalltag offensichtlich unverzichtbar und entspricht der gängigen Vorliebe für personale anstelle situationaler Zurechnungen.[28] Spätestens die Planung und

27 Vgl. Kurt Lewin, Feldtheorie. Kurt-Lewin-Werkausgabe, Hg. von Carl-Friedrich Graumann, Bd. 4, Bern: Huber, 1982.

28 Vgl. Fritz Heider, Social Perception and Phenomenal Causality. In: Psychological Review 51 (1944), S. 358-374.

das Management einer Organisation wie auch ihre Beratung sind jedoch gegenüber dieser Vereinfachung auf der Hut und beobachten anstelle der Adressen die Zusammenhänge, in denen sie stehen.

Macht

Auch die Frage der Macht kann man auf der hier gewählten algebraischen Ebene abhandeln. Wir sprechen im Anschluß an einen Vorschlag von Michel Crozier und Erhard Friedberg immer dann von »Macht«, wenn Positionen innerhalb eines Systems in die Lage kommen, sowohl Unsicherheit zu schaffen als auch die von ihnen geschaffene Unsicherheit zu reduzieren.[29] Macht besteht in der Fähigkeit, selbstgeschaffene Zwangslagen auszubeuten, wobei der Unterschied zwischen den Machthabern und den Machtunterworfenen darin besteht, daß die Machtunterworfenen von den Zwangslagen, die Machthaber von ihrer Fähigkeit, diese zu schaffen, gebunden werden.

Dieser Begriff ist abgestimmt sowohl mit der Beschreibung von Macht als Androhung (nicht: Ausübung, denn dann ist es mit der Macht bereits vorbei) einer negativen Sanktion wie auch mit der Beschreibung der »Mikrophysik« der Macht.[30] Denn die Androhung lebt davon, eine Sicherheit darüber zu schaffen, welche Sicherheit man verliert, wenn man sich der Macht nicht fügt. Und die Mikrophysik ergibt sich daraus, daß der Machthaber nicht in Person droht, sondern die Verhältnisse, in denen Machthaber und Unterworfene stehen, gleichsam stellvertretend drohen läßt. Der Machthaber spielt mit einer Situation, mit der abzufinden der Machtunterworfene Anlaß hat.

Mit dieser begrifflichen Situierung stimmt überein, daß es die Situationsdefinition der Unterworfenen wesentlicher noch als die der Machthaber ist, die die Macht zu dem werden läßt, was sie ist. Macht, so sagt man, ist ein Attributionsphänomen,[31] das dadurch

29 Siehe Michel Crozier und Erhard Friedberg, L'acteur et le système: Les contraintes de l'action collective. Paris: Seuil, 1977, S. 30 ff. und 65 ff.

30 Siehe Niklas Luhmann, Macht. Stuttgart: Enke, 1975; und Michel Foucault, Überwachen und Strafen: Die Geburt des Gefängnisses. Aus dem Französischen von Walter Seitter. Frankfurt am Main: Suhrkamp, 1976, S. 38 f.

31 Siehe Jeffrey Pfeffer, Power in Organizations. Cambridge, Mass.: Ballinger, 1981.

seine Dynamik und Brisanz erhält, daß die Machthaber auch die Attribution zur Bewältigung einer Unsicherheitslage nahezulegen verstehen. Durch die Inszenierung der Macht ebenso wie der ungewünschten und auszuschließenden drohenden Alternative wird zu Attributionen eingeladen, die die Macht schließlich als das etablieren, was sie ist.

Macht entsteht in Organisationen aus der Inszenierung von Irritationen als Bedrohungen beziehungsweise, etwas kühler und eher auf der Linie der aktuellen Organisationssemantik formuliert: aus der Verdopplung von Irritationen in Chancen und Risiken. Wem es gelingt, eine Chance in Aussicht zu stellen und damit ein Risiko auszuschließen (für den Fall, daß die Chance greift) und einzuschließen (für den Fall, daß sie nicht greift), bezieht eben daraus Macht. Insofern ist Macht in Organisationen (und andernorts) unvermeidbar. Sie ist nur um den Preis des Verzichts auf die Verarbeitung von Informationen, nämlich um den Preis des Verzichts auf die Wahrnehmung von Irritationen, zu vermeiden. So weit kommt es jedoch nur selten und wenn, dann nicht sehr lange. Tatsächlich kann keine Organisation darauf verzichten, Entscheidungen zu treffen, die Irritationen in Informationen umsetzen und die denen, die dies in prominenter, das heißt die Organisation entlastender (Ungewißheit absorbierender) Art und Weise tun, die Rolle von »gatekeepers« beimißt.[32]

Eine Organisation kann ihre Macht steigern, wenn sie mehrere Typen von Irritationen und Ungewißheiten in einer »gate section« bündelt und in einer kaum wieder aufzulösenden Form an den Rest der Organisation weitergibt. Deswegen ist »Gewaltenteilung« ein wichtiges Instrument des Schutzes auch der Organisation vor ihrer eigenen Tendenz zu einer Usurpation von Macht durch Macht. Programmentscheidungen, Personalentscheidungen und Außenkontakte laufen in der »Spitze« der Organisation immer wieder zusammen, müssen jedoch von der auch zu diesem Zweck erfundenen Spitze der Organisation immer wieder zurückverteilt werden an die Organisation, um die Macht zum einen zu bestätigen, zum anderen jedoch zu verteilen.

In einer Schule entsteht Macht aus der Fähigkeit, Informationen zur Bewältigung der Irritationen der Schülerschaft mit Informationen zur Bewältigung der Irritationen der Aufsichtsbehörden zu kom-

32 Vgl. Kurt Lewin, Frontiers in Group Dynamics: II. Channels of Group Life; Social Planning and Action Research. In: Human Relations 1 (1947), S. 143-153.

binieren. In der Kirche hat Macht, wer Irritationen der Gläubigen mit Irritationen aus dem Wort Gottes beantworten kann. In einem Theater wird Macht demjenigen zugemessen, der in der Lage ist, Informationen über das Publikum mit Informationen über Themen, Medien und Inszenierungsstile zu korrelieren. In einem Unternehmen hat derjenige Macht, der Entlassungsdrohung und Produktentscheidungen miteinander koppeln kann.

All dies heißt, daß immer dann, wenn die jeweiligen Kopplungen nicht gelingen, auch keine Fokussierung und Institutionalisierung der Macht gelingt. Dann haben wir es mit einer zerstreuten, einer wandernden, einer nicht zu greifenden und darum auch nicht fruchtbar zu machenden Macht zu tun. Es genügt eben nicht, Macht zu haben, um Macht zu haben. Entscheidend ist der Blick für die Verknüpfbarkeit relevanter Irritationen. Wenn die bereits zitierte Annahme von Harrison C. White zutrifft,[33] daß Unternehmen ihre Umwelten nur in der Form einer asymmetrischen Problemzuweisung (entweder up-stream oder down-stream) bearbeiten können, dann würde dies bedeuten, daß ihre Macht grundsätzlich begrenzt ist und ihr Zugriff auf ihre Umwelten (Märkte und Netzwerke) ebenso wie ihre interne Machtbildung davon abhängig ist, wie lange sich die entsprechende Asymmetrie bewährt.

Über diese grundsätzliche Beschreibung der Machtbildung in Organisationen hinaus ist allerdings zu bedenken, daß die Macht in Organisationen konkrete Formen annehmen muß, um erlebt werden und damit Strukturwert annehmen zu können. Die beliebteste Form für diese Konkretisierung, wir bleiben dennoch auf der algebraischen Ebene, scheint die Begrenzung des Spielraums in der Kombination von Personen und Stellen zu sein. Denn in der Form der Frage, welche Person wann welche Aussichten auf die Besetzung welcher Stelle hat, ließen sich zumindest in der traditionell hierarchischen Organisation Irritationen mit Bezug auf die Reproduktion der Organisation und ihrer Programme einerseits und Irritationen mit Bezug auf individuelle Schicksale in der Organisation andererseits kombinieren.

Macht in Organisationen ist Macht über Karrieren auch dann, wenn sich beobachten läßt, daß Entscheidungen über Karriereschritte ihrerseits strukturell maßgebend davon abhängen, daß Stellen frei werden. Die aus der Kontingenz des Freiwerdens von Stellen resultie-

33 Siehe Markets from Networks. A. a. O.

renden »chains of opportunity«[34] entlasten die Organisation einerseits davon, ihren eigenen Ansprüchen auf eine aktive, das heißt entscheidbare Personalpolitik gerecht werden zu müssen, und liefern andererseits gerade so viel Spielraum, daß die Organisation darin Macht entfalten kann, nicht die Beförderung, sondern die Aussichten auf die Beförderung auf eine möglicherweise frei werdende Stelle zu regeln. Auch hier ist durch eine Politik der Weckung und Enttäuschung von Erwartungen strukturell schon deswegen wesentlich mehr auszurichten als durch eine Politik der Tat, weil Organisationen wie auch andere soziale Systeme keine anderen Strukturen haben als die in ihnen gepflegten normativ enttäuschungsfesten oder kognitiv lernbereiten Erwartungen.[35]

Für unser Strategiekalkül ist wichtig, daß Macht in einer Organisation Strukturwert, also einen Wert in der wechselseitigen Erwartung von Erwartungen, gewinnt, sobald Ungewißheit absorbierende Instanzen, seien es Personen oder Programme oder auch Werte, die Gelegenheit nutzen, ihre Absorptionsleistungen gegen die Ungewißheit zu profilieren, die sie absorbieren. Personen tun dies, indem sie einen nicht ohne weiteres kopierbaren und damit ihre Unersetzbarkeit unterstreichenden Entscheidungsstil pflegen. Programme erwerben Macht, indem sie Fetischcharakter annehmen, wenn »Fetisch« hier heißen darf, daß das Programm der relativierenden Beobachtung entzogen wird, indem jeder Blick an ihm vorbei einer mehr oder minder unsagbaren Bedrohung ansichtig wird. Das kann die lange Zeit für eher harmlos gehaltene Form annehmen, daß ein Lehrer seinen Unterrichtsstoff fetischisiert, weil er nicht wüßte, was er tun sollte, wenn er ihn nicht hätte. Das kann jedoch auch dramatischere Formen annehmen, wenn eine ganze Industrie ihre Produktionsprogramme absolutiert, weil sie ohne sie ohne jede Alternative ist.[36] Werte schließlich gewinnen dadurch Macht, daß sie ideologisiert, das heißt gegen eine »feindliche« Ideologie in Stellung gebracht und zur Formierung einer internen Diskurspolitik moralisiert werden. Die entsprechenden Phänomene kann man an einer zur »corporate identity« stilisierten Unternehmenskultur ebenso studieren wie an lobbyistischen Vereinen, die ihre Programme dazu nutzen müssen, ihre Mitglieder zu werben und ihre Adressaten zu erreichen.

34 Siehe Harrison C. White, Chains of Opportunity: System Models of Mobility in Organizations. Cambridge, Mass.: Harvard UP, 1970.

35 Siehe Luhmann, Soziale Systeme. A. a. O., S. 377 ff.

36 Vgl. Alfred Sohn-Rethel, Ökonomie und Klassenstruktur des deutschen Faschis-

Um die drei Elemente unseres Strategiekalküls einer Organisation zur Beschreibung dieses Kalküls zusammenfassen zu können, müssen wir eine Annahme einführen, die bisher nur implizit mitlief. Wir sprechen von einer Organisation nicht als Bestand, sondern als Prozeß, nicht als Ding, sondern als Vorgang. Das bedeutet, daß wir eine in den Begriffen der »Operation« und der »Autopoiesis« bereits mitgedachte temporale Dimension in Rechnung stellen müssen, die von aller Organisation zunächst einmal verlangt, daß sie »Ereignis« ist und daß sie sich durch die Produktion anschlußfähiger Ereignisse reproduziert.

Die Berücksichtigung dieser Zeitdimension sprengt unsere hergebrachte Vorstellungswelt verläßlicher als jeder andere Aspekt jener konstruktivistischen Epistemologie, die uns seit den neurophysiologischen Entdeckungen des 19. Jahrhunderts und der informationstheoretischen Herausforderung des 20. Jahrhunderts beschäftigt.[37] Denn Ereignisse können keine weiteren Ereignisse produzieren. Sie tauchen auf und verschwinden wieder. Würden sie etwas anderes hinterlassen als ein Gedächtnis ihrer selbst, wären sie schon nicht mehr nur Ereignisse, sondern Bestände irgendeiner Art. Aber sie hinterlassen nichts als eine Erinnerung (eine »Spur«), die zum einen hochselektiv ist und zum anderen selbst ein Ereignis sein muß, wenn Realität für sie in Anspruch genommen werden soll.

Unser Strategiekalkül muß demnach ohne Bestände auskommen. Es kennt nur Zustände, die ihrerseits Ereignisse sind und denen als diesen Ereignissen angelastet werden muß, was irgend Strukturwert in einer Organisation annehmen soll. Verstehen kann man dies nur, wenn man jedes Ereignis zugleich als Operation denkt. Diese Operation macht einen Unterschied, indem sie einen Zustand in einen neuen Zustand verändert und als dieser neue Zustand sowohl die Geschichte aller Zustände wie immer selektiv mitführt als auch festlegt, welche Anschlußzustände erwartbar sind.

Wir bauen die Ereignishaftigkeit der Organisation in unsere Über-

mus: Aufzeichnungen und Analysen. Hg. und eingel. von Johannes Agnoli, Bernhard Blanke und Niels Kadritzke. Frankfurt am Main: Suhrkamp, 1973.

37 Siehe Paul N. Edwards, The Closed World: Computers and the Politics of Discourse in Cold War America. Cambridge, Mass.: MIT Pr., 1996; und N. Katherine Hayles, How We Became Posthuman: Virtual Bodies in Cybernetics, Literature, and Informatics. Chicago: Chicago UP, 1999.

legungen ein, indem wir davon sprechen, daß die Organisation sich in der Form irreversibler Reversibilitäten reproduziert. Wir benutzen diese paradoxe Formulierung, um dem Phänomen gerecht zu werden, daß die Zeit einerseits vergeht (weil das Ereignis einen Unterschied macht), sie andererseits jedoch zur Koordination dessen, was dadurch für uns Realität gewinnt, in Anspruch genommen werden muß. William James sprach von der »collateral contemporaneity«,[38] die die reale Ordnung unserer Welt ausmacht, und Alfred North Whitehead ging der Frage nach, was aus unseren Erklärungsmustern der Welt wird, wenn wir uns auf die Ordnungsfigur der Gleichzeitigkeit einlassen und uns dementsprechend nicht mehr auf Kausalität verlassen können (weil Kausalität ein Nacheinander voraussetzt).[39] Wir knüpfen daran an, wenn wir die irreversible Reversibilität als die Zeitform des Ereignisses verstehen, das als solches geschieht und dann nicht mehr geändert werden kann, zugleich jedoch offenläßt, was anschließend geschieht.

Personen und Stellen geben der Organisation gerade insofern Struktur, als sie anders denn an den Entscheidungen, die auf sie zugerechnet werden (gleichgültig, ob man sie begrüßt, bedauert oder vermißt), nicht kenntlich werden. Personen und Stellen haben zwar eine gesellschaftliche Realität, indem sie Individuen, Hierarchien und Kompetenzen kennzeichnen. Aber auch das gilt nur, wenn die Gesellschaft Ereignisse produziert, in der diese Realität zum Ereignis wird. Organisational gibt es Personen und Stellen nur insofern, als man Entscheidungen von ihnen erwartet. Nur dazu werden sie qualifiziert, mit Kompetenzen ausgestattet, motiviert, beherrscht und arbeitsteilig in das Gefüge der Stellen eingeordnet. Die Organisation organisiert sich, indem sie Entscheidungen darüber trifft, von welchen Personen auf welchen Stellen in dieser Organisation was entschieden werden darf.

Vorsichtshalber sei hinzugefügt, daß dies zur »Bürokratie«, das heißt zur Herrschaft des Büros, der Stelle über die Person, ausarten kann, aber nicht muß. Attributionen auf Personen und Stellen können sowohl locker als auch rigide gehandhabt werden, können hierarchisch oder marktförmig inszeniert werden und können kulturell

38 Siehe William James, The Principles of Psychology. 2 Bde., New York: Dover, 1950, S. 635.

39 Siehe Alfred North Whitehead, Process and Reality: An Essay in Cosmology. Corrected Edition, Hg. von David Ray Griffin und Donald W. Sherburne. New York: Free Press, 1979, S. 123 ff.

eher an der Identität der Personen und Stellen oder an deren Differenz festgemacht werden. Organisation ist in den Strukturen von Disziplin, Autorität und Hierarchie ebenso zu realisieren wie in den Strukturen von Individualität, Kompetenz und Interaktivität. Aber selbst dann, wenn die Personen kreativ werden und die Stellen sich selbst definieren, muß ein Differenzzusammenhang von Person und Stelle sichtbar bleiben, damit nicht nur Handlungen, sondern Entscheidungen von der Organisation auf die Organisation zugerechnet werden können.

Diesen Zusammenhang von Personen und Stellen macht eine Organisation sich auch dann zunutze, wenn sie eine Strategie formuliert oder sich einer Strategie unterwirft. Denn eine Strategie ist selbst nicht etwa eine Entscheidung, sondern »a pattern in a stream of actions«.[40] Dieses »Muster«, das von einer Strategie und als Strategie identifiziert wird, zieht Personen und Stellen im Raum ihrer Möglichkeiten zu einem Wissen darüber zusammen, ob und wie die Organisationen bei allen Entscheidungen, die sie laufend trifft und die ihren ebenfalls zu sichernden und fortzuführenden Alltag ausmachen, darüber hinaus Entscheidungen zu treffen vermag, die sich als Verfolgen, Erreichen oder Verfehlen von Absichten darstellen lassen. Als Muster von Handlungen und Entscheidungen fungiert eine Strategie wie ein Metaindikator von Organisationszuständen, die nicht nur aufrechterhalten werden, gleichgültig was sonst noch geschieht, sondern die ihrerseits aufgebaut, entwickelt und variiert werden.

Strategien nutzen die Paradoxie der irreversiblen Reversibilität, um irreversibel an allem festzuhalten, was eine Organisation immer auch für reversibel hält, und um Reversibilitäten dort einzuführen, wo die Organisation sich irreversibel festgefahren hat. Insofern ist die Strategie einer Organisation die Anwendung der Organisation auf sich selbst. Der Raum der Möglichkeiten wird auf eine bestimmte Selektion von Möglichkeiten hin verdichtet und auf eine bestimmte Differenz spezifischer Systemzustände und erwarteter Umweltzustände hin zugespitzt. Das Wissen der Organisation wird auf die ihm inhärente Differenz von Wissen und Nichtwissen hin durchgemustert und in bestimmten Konstellationen bewährten Wissens und qualifizierten Nichtwissens zur Beschreibung von Informationsproblemen verwendet, die je nachdem, wie reflexiv die Organisation ihr eigenes

40 So Henry Mintzberg, James A. Waters, Andrew M. Pettigrew und Richard Butler, Studying Deciding: An Exchange of Views between Mintzberg and Waters, Pettigrew, and Butler. In: Organization Studies 11 (1990), S. 1-16, hier: S. 5.

Wissen zu handhaben versteht, entweder als hinzunehmendes Risiko oder als noch zu gewinnende Erkenntnis ausgeflaggt werden.[41] Das Machtpotential der Organisation schließlich wird sowohl darauf verwendet, Personen und Stellen auf ein strategisches Muster festzulegen, wie darauf, beide das Scheitern der Strategie überleben zu lassen. In der Form der Macht behält die Organisation sich vor, ihre eigene Selbstanwendung wieder zu kassieren und sich gegenüber deren Effekten je nach Bedarf zu immunisieren.

Auf eine kürzere Begriffsformel gebracht, könnte man sagen, daß die Strategie einer Organisation diese Organisation mit sich selbst synchronisiert, wobei »Synchronisation mit sich selbst« hier heißt: Synchronisation mit ihrer Differenz von System und Umwelt. Unter »Synchronisation« verstehen wir mit Luhmann nicht etwa die Herstellung von Gleichzeitigkeit, denn diese ist ja bereits und immer schon hergestellt, sondern die Ordnung der Sach- und Sozialdimensionen eines sozialen Systems unter der Voraussetzung von Gleichzeitigkeit.[42] Synchronisation bedeutet, daß Voraussetzungen (ihrerseits nichts anderes als Ereignisse!) geschaffen werden, unter denen die verschiedenen Zustände der Organisation im Geflecht ihrer Personen und Stellen füreinander informativ werden können. Mit Klaus Japp könnte man sagen, daß eine Strategie dadurch synchronisiert, daß sie eine bestimmte und mit Prominenz ausgestattete Selektion von Organisationszuständen in ein mehr oder minder ausgewogenes Verhältnis von Informationsproblemen und Informationsproblemlösungen zueinander bringt.[43]

Die Strategie synchronisiert, indem sie Fragen zu kontinuieren erlaubt, auf die die Organisation unter von ihr selbst zu definierenden und zu schaffenden Bedingungen Antworten liefert. Strategiefähigkeit impliziert daher immer beides, die Fähigkeit, Fragen zu kontinuieren, und die Fähigkeit, an den Antworten zu erkennen, daß die Fragen nicht mehr passen und durch andere ersetzt werden müssen.

Dies bedeutet, daß eine Organisation im Kontext einer Strategie, eines auf sie selbst angewendeten Musters der eigenen Entscheidungen, für sich selbst empfindlich wird. Das ist kein trivialer Punkt,

41 Siehe Klaus P. Japp, Die Beobachtung von Nichtwissen. In: Soziale Systeme: Zeitschrift für soziologische Theorie 3 (1997), S. 289-312.

42 Siehe Niklas Luhmann, Gleichzeitigkeit und Synchronisation. In: ders., Soziologische Aufklärung 5: Konstruktivistische Perspektiven. Opladen: Westdeutscher Verlag, 1990, S. 95-130, hier: S. 117 f.

43 A. a. O.

denn Organisation heißt klassisch immer auch, daß »Routinen« eingerichtet werden, die unempfindlich sind gegen alles, was sie zu stören versucht. In dieser Einrichtung von Routinen liegt nicht zuletzt die Kulturleistung und daher auch der gesellschaftliche Grund für die Anerkennung von Organisationen. Eine »strategische« Organisation stellt jedoch auch ihre Routinen in Frage und beunruhigt damit sowohl die Gesellschaft als auch sich selbst. Die Gesellschaft beruhigt sich angesichts dieses Phänomens mit ideologisierten Fortschrittserwartungen und mit der Akklamation des Prinzips der »freien« Organisation unabhängig von deren tatsächlichen Ergebnissen. Die Organisation kann nur durch Organisationsberatung beruhigt werden, die denn auch gegenwärtig primär Strategieberatung ist, sei es, daß sie die Organisation daran gewöhnt, sich selbst unter dem Gesichtspunkt der Strategie zu organisieren, sei es, daß sie der Organisation dabei behilflich ist, sich selbst auch dann zu behaupten, wenn sie sich strategisch zur Verfügung stellen muß.[44] Auch deswegen mußte die Organisation in den vergangenen vierzig Jahren lernen, daß sie »kommuniziert«,[45] denn damit beginnt sie, jene Metaebene der Entscheidung über Entscheidungen beobachten zu können, die auch von der Strategie in Anspruch genommen wird.

Der Kalkül einer Strategie der Organisation sieht daher letztlich nichts anderes vor als das Errechnen der Entscheidungen der Organisation durch die Entscheidungen der Organisation. Damit jedoch ist, solange die Organisation nicht als eine »künstliche Intelligenz« verstanden werden kann, die auf ihren eigenen »Quellcode« Zugriff hat,[46] gemeint, daß die Organisation die Erfahrung der eigenen Unberechenbarkeit in die Strukturen mit aufnimmt, auf die sie zu ihrer Reproduktion zurückgreift. Denn die Entscheidung über Entscheidungen stößt auf die unberechenbare »andere« Seite jeder Entscheidung, auf ihr Risiko und ihr Nichtwissen, und muß diese Seite auch sich selbst zurechnen. Jede Strategieformulierung läuft daher auf die Paradoxie auf, daß Organisationen strategisch nicht geführt werden können, wenn darunter die Berechnung ihrer Zukunft verstanden

44 So Rudolf Wimmer und Reinhart Nagel, Der strategische Managementprozess: Zur Praxis der Überlebenssicherung in Unternehmen. In: Organisationsentwicklung 19, Nr. 1 (2000), S. 4-19.

45 So Edgar H. Schein, Organisationsentwicklung und die Organisation der Zukunft. In: Organisationsentwicklung 17, Nr. 3 (1998), S. 41-49.

46 Siehe Eliezer S. Yudkowsky, Operation Schutzengel: Wir können nicht verstehen, was Künstliche Intelligenz ist, aber wir können sie dennoch auf den richtigen Weg bringen. In: Frankfurter Allgemeine Zeitung, Nr. 202, 31. August 2000, S. 53.

werden soll. Erst wenn diese Paradoxie verarbeitet ist, wird die Organisation strategiefähig in dem Sinne, daß sie ihre eigene Unberechenbarkeit als Form der Berechnung unberechenbarer Umwelten in Anschlag bringt. Das jedoch widerspricht dem explizierten abendländischen Strategieverständnis so sehr, daß es nur auf dem Umweg über die fernöstliche Philosophie[47] und ganz allmählich zur Kenntnis genommen werden kann.

»Triff eine Unterscheidung«,[48] fordert daher auch das Kalkül der Strategie einer Organisation. Denn nur so kann ein Zustand definiert werden, der spannungsvoll genug ist, um einen Raum der Möglichkeiten, ein Wissen und ein Machtpotential sich entfalten zu lassen, die die Organisation als das strukturieren, was sie ist.

47 Zum Beispiel François Jullien, Über die Wirksamkeit. Aus dem Französischen von Gabriele Ricke und Ronald Voullié. Berlin: Merve, 1999.

48 George Spencer-Brown, Laws of Form: Gesetze der Form. Aus dem Englischen von Thomas Wolf, Lübeck: Bohmeier, 1997.

Die verlernende Organisation

Lernen als Problem

Seit über 20 Jahren versucht die Organisationsforschung das Problem zu lösen, wie Organisationen lernfähig gemacht werden können.[1] Wenn man zu diesen Bemühungen, die sicherlich fortgeführt werden, eine Zwischenbilanz ziehen möchte, dann kann man nur festhalten, daß nach wie vor das Problem überzeugender ist als jede Lösung. Der gesamte Forschungsbereich scheint sich laufend in der Ausgangsdiagnose zu validieren, daß Organisationen zunächst einmal *nicht lernfähig sind.* Um über diesen Stand der Dinge einen Schritt hinauszukommen, plädieren wir im folgenden für eine Umstellung vom Paradigma der lernenden auf das *Paradigma der kompetenten Organisation.*

Eine kompetente Organisation ist eine Organisation, die etwas kann, worauf sie auch angesichts der überzeugendsten Versuche, sie lernfähig zu machen, nicht verzichten will. Die kompetente Organisation *weigert sich, zu verlernen, was sie bereits kann.* Und deswegen, so unsere Ausgangshypothese, ist sie so erfolgreich darin, nicht zu lernen. Sie weiß etwas, was diejenigen, die sie zum Lernen bringen wollen, nicht wissen. Auf der Ebene dieses Wissens widersteht sie allen Informationen, die sie auf neue Wege bringen sollen. Wir können daher im Anschluß an Ansätze zu einer Evolutionstheorie der Wirtschaft[2] eine kompetente Organisation als eine Organisation beschreiben, die über ein Wissen und damit über eine Kunst oder Technik der Informationsverarbeitung verfügt, die es ihr erlauben, sich *gegen Lernen* zu entscheiden. Wenn es, so unsere Anschlußhypothese,

1 Siehe Chris Argyris und Donald A. Schön, Organizational Learning: A Theory of Action Perspective. Reading, Mass.: Addison-Wesley, 1978; dies., Organizational Learning II: Theory, Method, and Practice. Reading, Mass.: Addison-Wesley, 1996; Peter M. Senge, The Fifth Discipline: The Art and Practice of the Learning Organization. New York: Doubleday, 1990.

2 Siehe etwa Pavel Pelikan, Evolution, Economic Competence, and the Market for Corporate Control. In: Journal of Economic Behavior and Organization 12 (1989), S. 279-303; Giovanni Dosi und Luigi Marengo, Some Elements of an Evolutionary Theory of Organizational Competences. In: Richard W. England (Hg.), Evolutionary Concepts in Contemporary Economics. Ann Arbor, Mich.: Michigan UP, 1994, S. 157-178.

überhaupt möglich sein soll, eine Organisation lernfähig zu machen, so nur auf der Ebene dieses Wissens und nicht gegen es.

Wir reagieren mit dem Paradigma der kompetenten Organisation auf drei Probleme, die sich in der Literatur immer wieder gezeigt haben. Erstens führt jede Untersuchung der Möglichkeit des Lernens in Organisationen zu der Entdeckung, daß Organisationen immer schon gelernt haben und genau daraus Momente ihrer jeweils aktuellen Trägheit beziehen.[3] Nichts vergiftet so sehr wie der Erfolg, ist die populär gewordene Schlußfolgerung aus dieser Beobachtung. Eine Organisation wäre, nimmt man diese Einsicht ernst, nur dann in der Lage zu lernen, *wenn sie noch nicht gelernt hat*, das heißt wenn sie in allen Situationen, die ihr bisher widerfahren sind, die »*Kunst, nicht zu lernen*« beherzigt hat.[4] Was aber soll und kann sie dann dazu bewegen, diese Kunst abzulegen?

Zweitens ist es bis heute nicht gelungen, zwischen lernfähigen beziehungsweise lernresistenten *individuellen Mitgliedern* der Organisation einerseits und dem lernfähigen oder lernresistenten *sozialen System* der Organisation andererseits so zuverlässig zu unterscheiden, daß genau angegeben werden könnte, *welche Einheiten einer Organisation als lernfähig beschrieben werden können*.[5] Man könnte diese Frage getrost auf sich beruhen lassen, wenn Lernen tatsächlich beobachtbar wäre. Da aber vor allem *nicht* gelernt zu werden scheint, und dies auf eine äußerst aktive Art und Weise, muß die Frage interessant sein, ob es das Wissen der Organisation, verkörpert und symbolisiert in ihren Konventionen, Traditionen, Buchführungssystemen, Handbüchern zur Entscheidungsfindung, Geschichten und Heldensagen, in ihren Produkten, Verfahren und Märkten, ist, das sie am Lernen hindert, oder die individuellen Beschränkungen, Interessen und Bockigkeiten ihrer Mitglieder. Zwar ist gerade hier nicht auszuschließen, daß sich diese beiden Ebenen in die Hände spielen, aber grundsätzlich macht es doch einen Unterschied, ob Lernwiderstände auf

3 Vgl. Paul C. Nystrom, Bo L. T. Hedberg, und William H. Starbuck, Interacting Processes as Organization Designs. In: Ralph H. Kilmann, Louis R. Pondy und Dennis P. Sleven(Hg.), The Management of Organization Design, Bd. 1. New York: North Holland, 1976, S. 209-230; Barbara Levitt und James G. March, Organizational Learning. In: Annual Review of Sociology 14 (1988), S. 319-340.

4 Siehe Fritz B. Simon, Die Kunst, nicht zu lernen. In: Hans Rudi Fischer (Hg.), Die Wirklichkeit des Konstruktivismus: Zur Auseinandersetzung um ein neues Paradigma. Heidelberg: Carl Auer, 1995, S. 353-365.

5 Vgl. Niklas Luhmann, Organisation und Entscheidung. Opladen: Westdeutscher Verlag, 2000, S. 74 ff.

ein *soziologisch* oder auf ein *psychologisch* zu beschreibendes Problem zurückzuführen sind. Wir sind in diesem Text dezidiert der Auffassung, daß es sich um primär soziologisch zu beschreibende Widerstände handelt, die auf eine der Organisation selbst nicht verfügbare, kulturell eingespielte Differenzierung von Organisation und Gesellschaft sowie Organisation und Interaktion verweisen.[6] Wer Organisationen für lernfähig hält, unterschätzt das Ausmaß an ständig aufzubringender Differenzierungsleistung gegenüber Interaktion und Gesellschaft und überschätzt jene Semantik der Selbstbeschreibung der Organisation, nach der es genügt, Mittel für beabsichtigte Zwekke bereitzuhalten, um diese Zwecke auch zu erreichen.

Drittens kann von einer lernfähigen Organisation nur gesprochen werden, wenn sie in der Lage ist, zu lernen, *ohne sich selbst zu verlernen*. Denn so immerhin hatte die klassische Organisationstheorie die Lernformel eingesetzt: Sie sprach von »Lernen«, wenn es *nicht* möglich war, eine Regel anzugeben, nach der ein bestimmtes Verhalten oder eine bestimmte Routine verändert wurden.[7] »Lernen« war somit synonym für einen »nicht-organisierbaren Vorgang«, und dies wiederum vor dem Hintergrund der Einsicht, daß Organisationen nur arbeitsfähig sind, wenn sie bereits gelernt haben. Die Lernformel verknüpfte damit immer schon die Organisation mit ihrer Umwelt, ohne daß die Form dieser Verknüpfung ihrerseits organisiert werden konnte. Im »Lernen« stößt die Organisation auf ihr selbst unverfügbare Voraussetzungen. Lernen gibt es daher eigentlich *nur auf der Ebene von Populationen*, das heißt auf der Ebene von zufälligen Variationen, selektiven Imitationen und mehr oder weniger kontrollierten Vorgängen der Abweichungsverstärkung.[8]

Diese und andere Einsichten haben die Organisationsforschung dazu gebracht, organisationales Lernen als ein »Oxymoron«, als einen Widerspruch in sich, zu beschreiben.[9] Organisationen, so die Erfahrung seit hunderten von Jahren, werden eingerichtet, um *trotz*

6 Siehe zu dieser Differenzierung Niklas Luhmann, Interaktion, Organisation, Gesellschaft: Anwendungen der Systemtheorie. In: ders., Soziologische Aufklärung 2: Aufsätze zur Theorie der Gesellschaft, 2. Auflage Opladen: Westdeutscher Verlag, 1982, S. 9-20.

7 Siehe Richard M. Cyert und James G. March, A Behavioral Theory of the Firm. Englewood Cliffs, N. J.: Prentice-Hall, 1963, S. 101 f.

8 So Robert Boyd und Peter J. Richerson, Culture and the Evolutionary Process. Chicago: Chicago UP, 1985, S. 33 f.

9 So Karl E. Weick und Frances Westley, Organizational Learning: Affirming an Oxymoron. In: Stuart Clegg, Cynthia Hardy, Walter R. Nord (Hg.), Handbook of Organizational Studies. London: Sage, 1996, S. 440-458.

der Veränderlichkeit der Umwelt bestimmte beabsichtigte Routinen aufrechtzuerhalten. Sie sollen Produkte herstellen, Aktenvorgänge bearbeiten, Kinder ausbilden, Kranke heilen und Nachrichten verbreiten, unabhängig davon, was sich in der jeweiligen Umwelt und in den Köpfen und Körpern der beteiligten Menschen sonst noch gerade abspielt. Organisationen sind *auf Indifferenz und damit auf Lernresistenz* gegenüber fast allem in ihrer Umwelt angewiesen, um auf bestimmte *ausgewählte Signale* (Preisbewegungen, Anträge, gute versus schlechte Leistungen, Krankheiten, politische Ereignisse) um so präziser reagieren zu können. Organisationen werden gegen ihre Umwelt *normativ abgedichtet* und können nur auf dieser Grundlage ihre Programme unabhängig von den in der inneren und äußeren Umwelt der Organisation jeweils vorliegenden Störungen durchführen.

Wer vor diesem Hintergrund die Lernfähigkeit von Organisationen fordert, muß in der Lage sein, eine *Routine für die Aufhebung von Routinen* anzugeben und einzurichten. Karl Weick und Frances Westley sprechen hier vom Einspielen »kleiner Gewinne«, um ausgehend von überschaubaren Störungen oder bereits gezähmten Irritationen die Organisation zu befähigen, die eigenen bereits erbrachten Lernleistungen zu überprüfen, partiell zu verlernen und an ihrer Stelle Neues zu lernen. Sie sprechen von der »Repunktuierung der Erfahrungen«[10] und beziehen sich damit auf ein Konzept der Organisation, das der Art und Weise, wie Organisationen arbeiten, ebensoviel Gewicht einräumt wie der Art und Weise, wie Organisationen ihre eigene Arbeit in eine bestimmte soziale Form bringen, die anschließend als ihre »Kultur« gelten kann und dann nur noch gegen oft ungreifbare Widerstände verändert werden kann.

Im Medium der Abweichung

Das grundsätzliche Problem des Lernens liegt somit darin, daß es sich beim Lernen um einen *Prozeß der Abweichungsverstärkung* handelt und daß ein solcher Prozeß in einem sozialen System, das zur Verringerung, wenn nicht Verhinderung von Abweichungen eingerichtet ist, nur als Widerspruch eingerichtet werden kann. Lernen heißt, auf Anlässe zum Lernen mit der Veränderung des eigenen Ver-

10 Siehe auch Karl E. Weick, Sensemaking in Organizations. Thousand Oaks: Sage, 1995.

haltens zu reagieren. Andernfalls hat man nicht gelernt. Aus gegebenem Anlaß weicht man von den eigenen Routinen ab, reagiert ad hoc anders als geplant oder richtet neue Routinen ein, an die bisher noch niemand gedacht hat.

Lernen ist somit *ein destabilisierender Vorgang*, und dies gilt auch dann, wenn man heute Lernen fordert, um angesichts einer *de*stabilisierenden Umwelt *re*stabilisierende Reaktionen vorzuhalten. Denn auch diese Restabilisierung ist zunächst einmal eine Destabilisierung, ein *Ver*lernen von Reaktionen und Routinen, von denen man glaubt, daß sie sich angesichts der Umweltveränderungen nicht mehr bewähren, und ein *Er*lernen neuer Reaktionen und Routinen, von denen man noch nicht weiß und noch nicht wissen kann, ob sie sich bewähren werden. Nimmt man hinzu, daß die Mitglieder einer Organisation in beiden Hinsichten des Veraltetseins der alten Routinen und der Erfolgsaussichten der neuen Routinen unterschiedlicher Meinung sein können, wird unmittelbar deutlich, daß Lernen letztlich nichts anderes als eine *Konfliktinszenierung mit ungewissem Ausgang* ist. Sowohl mit Bezug auf die Anlässe des Lernens kann man unterschiedlicher Meinung sein als auch mit Bezug auf die konkreten Reaktionen und Routinen, die es zu erlernen gilt. Die einen sehen dieselben Anlässe, fordern jedoch andere Reaktionen. Und die anderen sehen die Anlässe nicht und fordern daher das Beibehalten der bewährten Routinen.

Die in diesen Überlegungen vorgenommene *Problematisierung* des Lernbegriffs ist nur deswegen ungewohnt, weil unser Lernbegriff in der Regel auf Fragen des *kindlichen Lernens* bezogen ist und wir zur Erklärung bis heute undurchschauter Prozesse des Lernens auf die Vorstellung zurückgreifen, daß Kinder so etwas wie ein unbeschriebenes Blatt Papier sind, das durch Wissensangebote, und strukturiert durch Rücksichtnahmen auf Lerngeschwindigkeiten und Erholungsbedarf, nur beschrieben werden muß. Tatsächlich kann man zeigen, daß die Vorstellung des »Kindes« historisch parallel zu seiner Inanspruchnahme durch pädagogische Absichten entstanden ist beziehungsweise erfunden wurde.[11] Es gibt »das Kind« nur als »Medium der Erziehung«.[12] Das bedeutet jedoch umgekehrt, daß »Lernen« anders gefaßt werden muß, wenn es nicht mit »Kindern«, die noch

11 Siehe Philippe Ariès, Geschichte der Kindheit. Aus dem Französischen von Caroline Neubaur und Karin Kersten. München: Hanser, 1975.

12 So Niklas Luhmann, Das Kind als Medium der Erziehung. In: Zeitschrift für Pädagogik 37 (1991), S. 19-40.

nicht gelernt haben, sondern mit »Erwachsenen« rechnen muß, *die bereits gelernt haben*. Zumal auch die Vorstellung des »Kindes« nur kontrafaktisch aufrechterhalten werden kann, da das Kind spätestens mit der ersten Schulstunde einer Lernerfahrung ausgesetzt ist, die sich durchaus nicht auf die Absichten der Erziehung, sondern vielmehr auf ihre Form, auf das sogenannte »hidden curriculum« bezieht:[13] Der Klassenverband als Struktur des erzwungenen Vergleiches zwischen den Schülern unter den Augen eines sanktionierenden Lehrers ist prägender für den Lernzusammenhang als jede konkrete Form des Wissens, um die es auf der Ebene der pädagogischen Absichten geht. Nicht zum Wissen, sondern zum Vergleich mit anderen wird die Person, die lernt, in dem modernen, auf Schulzwang für alle beruhenden Schulsystem erzogen.[14]

Von diesen und anderen Komplikationen des Lernens macht man sich in der Organisations- und Managementliteratur oft keinen zureichenden Begriff. Leichtfertig wird »Lernen« für eine schlechterdings nicht ablehnbare Forderung und für einen positiven Vorgang gehalten, der dann allerdings, wie bereits in der Schule, nur mit wohlwollend drohenden Lehrern und mit störrisch ängstlichen Schülern durchgeführt werden kann und sein Profil wie seine Möglichkeit nur am selbst herausgeforderten Widerstand gewinnt. Wie in der Schule kann dieser Vorgang letztlich nur durch die Versetzungsforderung strukturiert werden, die von den Lehrern verwaltet und von den Schülern mitgetragen wird. In Organisationen nimmt diese Versetzungsforderung die Form der Drohung mit Entlassung oder Nichtkarriere an: Nur wer lernt, wird befördert beziehungsweise hat Aussichten darauf, nicht bei Bedarf entlassen zu werden.

Wir schlagen daher für die folgenden Erörterungen vor, den naiven Begriff des Lernens auf der Grundlage einer Tabula rasa durch einen über *Lernen als Konflikt zwischen bereits vorliegenden Erfahrungen einerseits und neuen Erfahrungen andererseits* informierten Lernbegriff zu ersetzen. Wir lassen dabei die Beobachtung mitlaufen, daß »Erfahrungen« kein einfacher Rohstoff der Weltorientierung, sondern ihrerseits unterschiedlich interpretierbar sind.

13 Eine Entdeckung von Robert Dreeben, Was wir in der Schule lernen. Aus dem Amerikanischen von Thomas Lindquist. Frankfurt am Main: Suhrkamp, 1980. Vgl. auch Michael Robinson, Classroom Control: Some Cybernetic Comments on the Possible and the Impossible. In: Instructional Science 8 (1979), S. 369-392.

14 Siehe auch Niklas Luhmann und Karl Eberhard Schorr (Hg.), Zwischen Absicht und Person: Fragen an die Pädagogik. Frankfurt am Main: Suhrkamp, 1992.

Jeder Lernvorgang weist die beiden Seiten des Erlernens einer neuen Verhaltensweise und des Verlernens einer nicht mehr benötigten oder nicht mehr angebrachten Verhaltensweise auf. Da jede Verhaltensweise jedoch Auswirkungen auf andere Verhaltensweisen hat, regt man mit neuen Verhaltensweisen mehr Änderungen an, als man unter Umständen anregen will, und verunsichert man mit der Verabschiedung alter Verhaltensweisen mehr Dinge, als man überblicken kann. Nicht zuletzt deswegen ist es gerechtfertigt, von Lern*prozessen* und, wenn möglich, von *interaktiv und partizipativ* strukturierten Lernprozessen zu sprechen, in denen parallel zu den beabsichtigten Lernschritten erprobt werden kann, welche nicht intendierten Auswirkungen sie unter Umständen haben werden und welche nicht gesehenen Interessen, Vorlieben und Gewohnheiten durch sie bedroht werden.

Denn gelernt wird nur, wenn kontrolliert werden kann, worauf man sich einläßt, wenn man lernt. Zumindest gilt dies, solange man sich auf Lernen als einen von den Lernenden aktiv gestalteten und nicht nur von ihnen passiv erlittenen Vorgang bezieht.

Die kompetente Organisation

Es kann nicht nur darum gehen, Komplikationen des gerade in der Managementliteratur verbreiteten naiven Lernbegriffs aufzulisten. Wer sich auf Fragen des Lernens einläßt, muß in der Lage sein, in Kenntnis der Komplexität der zugrundeliegenden Prozesse *Vereinfachungen* anzubieten, die zum einen griffig genug sind, um einen Einstieg in diese Komplexität zu bieten, und die zum anderen leicht genug erweitert werden können, um die Komplexität nach Bedarf wieder sichtbar zu machen.

Der Begriff der »*Kompetenz*« ist als eine solche Vereinfachung gedacht. Im allgemeinen bezieht er sich auf die Fähigkeit, *mit einer relativ begrenzten Anzahl von Regeln eine relativ komplexe Palette von Verhaltensmöglichkeiten generieren zu können*. Kompetent ist, wer bestimmte Ressourcen zur Lösung von Problemen vorhält *und* in der Lage ist, Situationen zu erkennen, in denen diese Ressourcen nicht ausreichen und daher durch neu zu erwerbende oder sonstwie einzubeziehende Ressourcen ergänzt werden müssen. Jede Kompetenz ist daher immer auch eine Inkompetenzkompensationskompetenz (Odo Marquard) und in genau dieser Form in der Lage, zwischen

Lernen und Verlernen zu diskriminieren. Die Tautologie, die darin steckt, daß eine Kompetenz als eine Fähigkeit definiert wird, sowie die Paradoxie, daß diese Fähigkeit den Umgang mit Unfähigkeit impliziert, informieren darüber, daß jede Kompetenz zum einen auf ihr selbst unverfügbaren Voraussetzungen aufruht und zum anderen genau darin besteht, situativ leisten zu können, wozu generell keine Ressourcen verfügbar sind.

Der Kompetenzbegriff paßt somit auf das Konzept der Abweichungsverstärkung, wie es Magoroh Maruyama aus dem Rückkopplungskonzept der Kybernetik abgeleitet hat.[15] Denn worauf es hier im wesentlichen ankommt, ist ein Prozeß einer *wechselseitigen Verursachung* zwischen einem System und seiner Umwelt oder zwischen einem System und einem anderen System in seiner Umwelt, der als dieser Prozeß nur zustande kommt, wenn beide beteiligten Partner mitspielen. Nach diesem Begriffsverständnis hat kein System eine Umweltkompetenz, wenn diese Umwelt nicht eine ganz bestimmte Beschaffenheit aufweist, die genau diese Kompetenz abzurufen erlaubt. Kompetenz verweist somit immer schon auf Ressourcen, die dem System prinzipiell unverfügbar sind, weil sie von seiner Umwelt oder von Systemen in dieser Umwelt verwaltet werden. Kompetenz verweist damit auf einen Prozeß der »Interpenetration« zwischen einem System und seiner Umwelt, mit dem ein System mit Blick auf seine Umwelt abruft, worüber es nur verfügt, weil es über eine Koevolution mit dieser Umwelt zu dem geworden ist, was es ist.

Ein Beispiel mag diese eher ungewöhnliche Begriffsfassung beleuchten. Aus der Gedächtnisforschung kennt man Fälle in Ehren gealterter Vorstandsvorsitzender großer Unternehmen, die mit gewohnter Präzision und unschlagbarer Sachkenntnis eine Sitzung leiten und kurz nach der Sitzung ihre Sekretärin fragen, wann denn die gerade stattgefundene Sitzung stattfinden würde. Hier ruft die Situation der Sitzung die Kompetenzen eines Langzeitgedächtnisses ab, denen ein inkompetent gewordenes Kurzzeitgedächtnis keinerlei Abbruch tut, weil die Leistungen des Vorstandsvorsitzenden nicht in ihm, sondern in der Kombination seiner Person mit bestimmten Situationen begründet sind. Manch ein Lehrer kann sich nach der Pensionierung kaum noch vorstellen, wie er je in der Lage war, eine Bande rebellischer Oberstufenschüler zu disziplinieren. Das liegt natürlich daran, daß er die Ordnungsleistungen der Versetzungsdro-

15 Siehe Magoroh Maruyama, The Second Cybernetics: Deviation-Amplifying Mutual Causal Processes. In: American Scientist 51 (1963), S. 164-179.

hung immer unterschätzt hat, aber auch daran, daß er in der Situation ein Können an den Tag legt, das ihm individuell nicht zur Verfügung steht.

Nach diesem Begriffsvorschlag wäre die kompetente Organisation eine Organisation, die Routinen der Abweichungsverstärkung eingerichtet hat, die sich auf bestimmte kausale Abläufe zwischen Umweltereignissen auf der einen Seite und Veränderung der eigenen Verhaltensweisen auf der anderen Seite beziehen. Wichtig ist, daß diese Routinen der Abweichungsverstärkung Routinen auch in dem Sinne sind, daß sie auf Abweichungen von diesen Routinen korrigierend, also abweichungsabschwächend reagieren können. Eine kompetente Organisation ist eine Organisation, die nicht etwa offen läßt, ob, wann und wie sie lernt, sondern die genau dieses vorab bestimmt: im Hinblick auf Zeitpunkte, Beteiligte und sachliche Anlässe. Eine kompetente Organisation ist daher eine Organisation, die ihre eigene Lernfähigkeit *organisiert*, das heißt, die, noch einmal evolutionstheoretisch formuliert, die Selektionen und Restabilisierungsmaßnahmen *plant*, mit denen sie auf eventuelle Variationen, die im System oder in seiner Umwelt auftreten, reagiert. Die kompetente Organisation richtet kausale Verknüpfungen zwischen ihrer Umwelt und ihr selbst ein; und sie kann dies nur, weil sie sich auf ihre operationale Geschlossenheit, das heißt auf ihre selektive Indifferenz gegenüber ihrer Umwelt verlassen kann. Lernen bedeutet dann, dort lernen zu können, wo man nicht lernen muß. Jede Darstellung des Lernens als Notwendigkeit muß mitberücksichtigen, daß Lernen ohne die Kontingenz des Lernens nicht vorstellbar ist.

Kompetenz bemißt sich somit letztlich an der Fähigkeit, auf größere oder kleinere Abweichungen in den Sachverhalten, die vorliegen, mit größeren oder kleineren Abweichungen in den eigenen Maßnahmen reagieren zu können. Damit ist nicht nur Flexibilität gemeint, sondern etwas anspruchsvoller die Fähigkeit der *kognitiven*, das heißt mit Blick auf die Abweichungen im Sachverhalt wie mit Blick auf die Abweichungen in den eigenen Reaktionen *informierten* Reaktion auf Differenzen. Zu diesen kognitiven Reaktionen kann es nur kommen, wenn die in Organisationen programmatisch oder kulturell naheliegenden normativen, also lernunwilligen Reaktionen auf Distanz gehalten werden. Flexibilität liegt auch dann vor, wenn passive Anpassungen an neue Gelegenheiten vorgenommen werden; und schon dies ist organisatorisch anspruchsvoll genug, da auch solche Anpassungen eine Routine der Abweichung von Routinen voraussetzen.

Kognitiv informierte Reaktionen jedoch liegen erst dann vor, wenn aktive Anpassungen an neue Gelegenheiten vorgenommen werden, das heißt, wenn die Organisation weiß, was sie tut, ihre neuen Erfahrungen nicht nur geschehen läßt, sondern für die Zwecke des eigenen Gedächtnisses aufbereitet, und nicht zuletzt diese Erfahrungen außerhalb der Bereiche, in denen sie angefallen sind, zur Verfügung stellt.

Theoretisch maßgebend ist das Stichwort der *informierten Reaktion auf Differenzen.* Denn dies bedeutet, daß Differenzen in der Umwelt auffallen, sagen wir als Variationen in Sachverhalten, Kooperationspartnern und Zeithorizonten, und daß für diese Differenzen ein eigenes Verbuchungssystem, das heißt ein eigenes Differenzschema, in dem die Unterschiede der Umwelt einen systemrelevanten Unterschied machen können, zur Verfügung steht. Diese Verknüpfung von mindestens zwei Unterschieden nennt Gregory Bateson eine »Information«:[16] Eine Information ist ein Unterschied, der einen Unterschied macht. Eine Information kommt demnach nur zustande, wenn das System *mit eigenen Selektionen auf die Variation der Umwelt* reagiert. Und dies gilt auch dann, wenn man nach neueren systemtheoretischen Einsichten davon ausgehen kann, daß die Umweltvariationen ihrerseits vom System erst als solche identifiziert und bezeichnet, also »enacted«[17] werden und unabhängig von den kognitiven Fähigkeiten des Systems gar nicht vorliegen.[18] Denn dann wird es um so wichtiger, daß das System zwischen Ereignissen, die es seiner Umwelt zurechnet, und eigenen Reaktionen, also zwischen Fremdreferenzen und Selbstreferenzen (wie immer selbstreferentiell) unterscheiden kann.

Man kann dieses Verständnis von »Kompetenz« auf einen seinerseits einfachen Nenner bringen und zugleich mit Blick auf Interessen der Kognitionsforschung formulieren, wenn man davon spricht, daß die kompetente Organisation in der Lage ist, die eigenen »Schemen«, »Skripte« und »Rahmungen« mitzubeobachten, mit denen sie auf

16 Siehe Gregory Bateson, Ökologie des Geistes: Anthropologische, psychologische, biologische und epistemologische Perspektiven. Aus dem Amerikanischen von Hans Günter Holl. Frankfurt am Main: Suhrkamp, 1981, S. 582 u. ö.

17 Im Sinne von Karl E. Weick, Enactment Processes in Organizations. In: Barry M. Staw, Gerald R. Salancik (Hg.), New Directions in Organizational Behavior. Chicago: St. Clair Pr., 1977, S. 267-300.

18 Siehe Heinz von Foerster, Über das Konstruieren von Wirklichkeiten. In: ders., Wissen und Gewissen: Versuch einer Brücke. Frankfurt am Main: Suhrkamp, 1993, S. 25-49.

Variationen in der Umwelt oder auch im System reagiert.[19] Das aber setzt einen *in der Organisation auf die Organisation reagierenden Reflexionsprozeß der Organisation* voraus, den man allenfalls den in den vergangenen vierzig Jahren mit genau dieser Absicht tätigen Programmen der »Organisationsentwicklung«,[20] das heißt der Beratung, zurechnen kann. Denn in diesen Programmen lernte die Organisation, ihr eigenes Kommunizieren als Prozeß der Herstellung ihrer Wirklichkeit zu verstehen und daraus die Konsequenz abzuleiten, daß andere Formen der Kommunikation auch andere Wirklichkeiten (nicht nur Chancen, sondern auch Risiken) zur Folge haben.

Eine kompetente Organisation ist somit eine Organisation, die sich selbst darüber informiert, daß sie (a) kommuniziert, (b) Informationen eher selbständig generiert denn bloß verarbeitet und (c) dazu ein Wissen voraussetzen muß, das je nachdem einen eher impliziten oder einen expliziten Status besitzt und daher auch auf unterschiedliche Art und Weise für die Generierung von Informationen zur Verfügung steht. Damit sind jedoch drei Charakteristiken genannt, von denen keine selbstverständlich ist.

Denn »Kommunikation« bedeutet, daß die Organisation nicht als triviale Maschine der Verwandlung von Input in Output verstanden werden kann, sondern als ein nicht-triviales soziales System verstanden werden muß, dessen *eigene Zustände* nicht nur Teil der Transformationsfunktion von Input in Output sind, sondern ein unberechenbarer Teil, weil jeder Versuch der Beeinflussung dieser Transformationsfunktion die Transformationsfunktion zugleich in Anspruch nimmt und verändert, die beeinflußt werden soll.[21]

Daß »Informationen« selbständig generiert und nicht bloß verarbeitet werden, macht darauf aufmerksam, daß *jede Organisation die Umwelt hat, die sie verdient*, oder mit anderen Worten: daß eine Or-

19 Zum Schema bereits Erich Gutenberg, Grundlagen der Betriebswirtschaftslehre, Bd. 1: Die Produktion, 24. Auflage Berlin: Springer, 1983, S. 240 ff.; zu frames und scripts Erving Goffman, Frame Analysis: An Essay on the Organization of Experience. Cambridge, Mass.: Harvard UP, 1974; und Roger Schank und Robert P. Abelson, Scripts, Plans, Goals, and Understanding: An Inquiry into Human Knowledge Structures. Hillsdale, N. J.: Erlbaum, 1977.

20 Im Sinne von Horst Becker und Ingo Langosch, Produktivität und Menschlichkeit: Organisationsentwicklung und ihre Anwendung in der Praxis, 4., erw. Auflage Stuttgart: Enke 1995; und Edgar H. Schein, Organisationsentwicklung und die Organisation der Zukunft. In: Organisationsentwicklung 17, Nr. 3 (1998), S. 41-49.

21 Siehe Heinz von Foerster, Prinzipien der Selbstorganisation im sozialen und betriebswirtschaftlichen Bereich. In: ders., Wissen und Gewissen: Versuch einer Brükke, Frankfurt am Main: Suhrkamp, 1993, S. 233-268.

ganisation von ihrer Umwelt nur wissen kann, was sie in der Lage ist, in dieser Umwelt zu erkennen und zu sehen.[22] ›Willst du wissen, in welcher Umwelt eine Organisation agiert, dann schau dir an, welches Bild dieser Umwelt diese Organisation entwirft‹, wäre eine einfache Regel, die man aus diesem Umstand der selbstreferentiellen Erarbeitung von Information ziehen kann. Das ändert nichts daran, daß Informationen nur als solche zählen, wenn sie auf die Umwelt hin *externalisiert* werden. Was es zu sehen gilt, ist, daß diese Externalisierung eine Eigenleistung des externalisierenden Systems ist.

Daß »Wissen« schließlich nicht einfach eine Summe akkumulierter Informationen ist, sondern eine *hoch reagible und größtenteils unverfügbare Struktur*, die vorausgesetzt werden muß, wenn man verstehen will, wie neu auftretende (neu ins Spiel gebrachte) Informationen überhaupt generiert werden können,[23] folgt aus der Beobachtung, daß Wissen nicht nur explizit, sondern auch implizit sein kann. Diese Entdeckung hat auch in der Organisationsforschung großes Aufsehen erregt.[24] Und dies zu Recht, bedeutet diese Entdeckung doch, daß Organisationen nicht wissen können, was sie wissen, *obwohl* sie voraussetzen müssen, daß sie wissen, was sie wissen. Daraus wurden Bemühungen um die Explizierung des impliziten Wissens abgeleitet, ohne immer in Rechnung zu stellen, daß man sich dafür wiederum auf Strukturen verlassen muß, die im Moment der Explizierung implizit bleiben müssen. Der Versuch der Explizierung schafft ein neues implizites Wissen (zum Beispiel den Umgang mit diesen Versuchen betreffend), das die Explizierung konterkarieren kann und die Organisation mit einer neuen, unter Umständen nicht gewollten Struktur ausstattet.

Wir belassen es hier bei diesen Bemerkungen und halten nur fest, daß eine kompetente Organisation eine Organisation ist, die über ein Wissen verfügt, mit dessen Hilfe Informationen kommuniziert werden können, die anläßlich von Variationen in der Umwelt des Systems oder im System auf die Veränderung der eigenen Strukturen zielen. »Wissen« ist hierbei, ob implizit oder explizit, nichts anderes

22 So Heinz von Foerster, Bemerkungen zu einer Epistemologie des Lebendigen. In: ders., Wissen und Gewissen: Versuch einer Brücke. Frankfurt am Main: Suhrkamp, 1993, S. 116-133.

23 So Niklas Luhmann, Die Wissenschaft der Gesellschaft. Frankfurt am Main: Suhrkamp, 1990, S. 122 ff.

24 Siehe Ikujiro Nonaka und Hirotaka Takeuchi, The Knowledge-Creating Company. New York: Oxford UP, 1995; im Anschluß an Michael Polanyi, Implizites Wissen. Aus dem Englischen von Horst Brühmann. Frankfurt am Main: Suhrkamp, 1985.

als die Fähigkeit, Informationen zu erkennen und mit Informationen diskriminierend umgehen zu können. Wissen ist eine strukturelle Ressource, die nur hilft, wenn sie aktuell zur Verfügung steht, und nur in dem Maße zur Verfügung steht, in dem sie aktuell zur Verfügung steht. Nichts ist daher maßgebender für die Gestaltung einer kompetenten Organisation als der Bezug ihres Wissens auf ihren aktuellen Entscheidungsbedarf, und dies auf eine Art und Weise, die den Entscheidungsspielraum nicht einengt oder gar festlegt, sondern es erlaubt, ihn mit Blick auf Alternativen und Konsequenzen zu strukturieren.

Die Ebenen des Lernens

Was ist mit diesen Überlegungen für unsere Frage nach der »lernenden Organisation« gewonnen? Nicht viel, so will es scheinen, denn es fehlt noch immer an einem Verständnis *für die Operation*, auf die wir das Lernen einer Organisation zurechnen könnten. Zwar ahnen wir etwas von der Komplexität des sozialen Systems Organisation, in der dieses Lernen stattfinden soll.[25] Aber das scheint die Fragestellung eher zu entmutigen denn zu ermutigen. Nicht zu Unrecht scheint denn auch in den vergangenen Jahren die Frage nach der *virtuellen Organisation* an die Stelle der *lernenden Organisation* getreten zu sein: In der virtuellen Organisation muß nicht unbedingt gelernt werden, sondern kann innerhalb des Netzwerks, auf das die virtuelle Organisation sich stützt, *ersetzt* werden.[26] Das geht schneller und muß in seinen Möglichkeiten und Effekten nicht unbedingt nachgehalten und verrechnet werden.

Wir wollen diesen Themenwechsel nicht vorschnell mitvollziehen, sondern halten ihn eher für einen Indikator selbstverschuldeter

25 Vgl. Niklas Luhmann, Funktionen und Folgen formaler Organisation. 4. Auflage, mit einem Epilog 1994. Berlin: Duncker & Humblot, 1995; ders., Organisation und Entscheidung. A. a. O.; Dirk Baecker, Die Form des Unternehmens. 2. Auflage, Frankfurt am Main: Suhrkamp, 1999; ders., Organisation als System. Frankfurt am Main: Suhrkamp, 1999.

26 Siehe Siehe Peter Littmann und Stephan A. Jansen, Oszillidox: Virtualisierung – die permanente Neuerfindung der Organisation. Stuttgart: Klett-Cotta, 2000; Birger P. Priddat, Das Verschwinden der langen Verträge. In: Dirk Baecker (Hg.), Archäologie der Arbeit. Berlin: Kulturverlag Kadmos, 2002, S. 65-86; und die Vorgabe von William H. Davidow und Michael S. Malone, The Virtual Corporation: Structuring and Revitalizing the Corporation for the 21st Century. New York: HarperBusiness Press, 1992.

Schwierigkeiten des Konzepts der lernenden Organisation. Wir schlagen daher vor, die Frage nach der *Operation des Lernens* nicht auf der Ebene des positiv gewerteten Lernens, zu dem dann letztlich nur aufgefordert und »motiviert« werden kann, sondern auf der Ebene eines ambivalent gewerteten *Verlernens* zu stellen, das eigene Prozesse einer darauf eingestellten Kommunikation erfordert.

Da jedes Lernen in einer Organisation mit der *Entwertung* einer bereits gelernten Routine einhergeht, geht es in der Organisation vor allem darum, diese Routine zu verlernen und eine neue, noch nicht bewährte Routine an ihre Stelle treten zu lassen. Es geht darum, mit Mitteln einer negativen Rückkopplung auf einen Prozeß der negativen Rückkopplung zu reagieren, das heißt *zu verhindern, daß Abweichungen verhindert werden*. Nur in dieser Fassung, so unsere Behauptung, ist Lernen *organisierbar*, also *organisationales Lernen* möglich. Gleichzeitig macht diese Begriffsfassung deutlich, (a) wie unwahrscheinlich diese Inhibition von Inhibition ist, wenn alles in Organisationen darauf hinausläuft, Abweichungen von Routinen zu verhindern, und (b) welcher Widerstand damit in der Organisation selbst zu überwinden ist, wenn Abweichungen als mögliche Anstöße zu Neuerungen überhaupt zur Kenntnis genommen, geschweige denn überprüft und gefördert werden sollen. Doch warum soll es der Organisation hier besser gehen als der Gesellschaft, die Jahrhunderte gebraucht hat, um auch nur die »Neugier« positiv zu werten und allfällige Störungen nicht als »Abweichungen«, sondern als »Neuheiten« zur näheren Prüfung zuzulassen?[27]

Für alles Weitere können wir dann auch auf Gregory Batesons Unterscheidung von vier Ebenen des Lernens (0 bis III) zurückgreifen, die bereits im Hinblick auf die Doppelseitigkeit von Lernen und Verlernen formuliert sind:[28]

Auf der *Ebene 0* kann gelernt werden, *ohne daß verlernt werden müßte*, weil hier Variationen aufgenommen werden können, die keine Reibungspunkte mit bisherigen Routinen aufweisen. In der öffentlichen Verwaltung wird gelernt, daß man Bürger, die bisher mürrisch behandelt worden sind, auch freundlich behandeln kann, ohne

27 Vgl. dazu Hans Blumenberg, Der Prozeß der theoretischen Neugierde. Frankfurt am Main: Suhrkamp, 1996; und Niklas Luhmann, Die Behandlung von Irritationen: Abweichung oder Neuheit? In: ders., Gesellschaftsstruktur und Semantik: Studien zur Wissenssoziologie der modernen Gesellschaft, Bd. 4. Frankfurt am Main: Suhrkamp, 1995, S. 55-100.

28 Vgl. Bateson, Ökologie des Geistes, a. a. O., S. 362 ff.

daß dies der Genauigkeit und Schnelligkeit der Aktenabläufe im Wege stehen müßte.

Auf der *Ebene I* hingegen liegen bereits Routinen vor, die vorzusteuern versuchen, was auf der Ebene 0 möglich ist und was nicht. Hier kann die Freundlichkeit des Beamten als Gefährdung der Gleichbehandlung aller Bürger und damit als erster Schritt zur individuellen Sonderfallbehandlung, wenn nicht sogar Korrumpierbarkeit gewertet werden. Auf dieser Ebene kann Freundlichkeit nur gelernt werden, wenn die Assoziation von Freundlichkeit und Ungleichbehandlung verlernt wird, das heißt wenn Freundlichkeit folgenlos und in diesem Sinne unverbindlich gemacht wird. Dann hat man es allerdings auch mit genau diesem Typ von Freundlichkeit im Verkehr mit Beamten zu tun. Auf der Ebene I wird der Kontext verschoben, innerhalb dessen bestimmte Verhaltensweisen *gewertet* werden, und das geht nur, wenn der alte Kontext zugunsten eines neuen Kontexts verlernt wird. Gelernt wird hier nur in dem Maße, in dem gleichzeitig verlernt wird, weil neue Orientierungen nur aufgenommen werden können, wenn alte Orientierungen verlorengehen. Deswegen geht es vor allem Erwerb einer neuen Orientierung zunächst einmal darum herauszufinden, an die Stelle welcher Orientierung sie treten kann und wie sie die Energien umpolen und verwertbar machen kann, die in die alte Orientierung investiert sind.

Auf der *Ebene II* geht es dann darum, etwas über das Verlernen alter und Lernen neuer Orientierungen zu lernen, das heißt zum Beispiel in der Lage zu sein, zu verlernen, nur dann zu verlernen, wenn Verunsicherung der alten Routinen und hilfreiches Angebot neuer Routinen Hand in Hand gehen. Denn solange man nur verlernt, wenn man verunsichert wird, agiert man im Kontext von »Macht«[29] und damit in einem Kontext, der kaum Möglichkeiten einräumt, jene Unterscheidung zwischen Information und Wissen zu treffen, die für eine Selbstbeobachtung des Lernens und damit ein Lernen des Lernens wesentlich ist. Die Ebene II impliziert daher zunächst einmal ein Verlernen auch des Verlernens und damit eine Verstärkung der Möglichkeit, bei den bisher bewährten Strategien und Taktiken der Abweichungsvermeidung zu bleiben. Plötzlich treten kompetente Beamte auf, die inmitten der unverbindlichen Freundlichkeit ihrer Kollegen zur Entscheidung zwischen Freundlichkeit und Unfreundlichkeit in der Lage sind und dies den Bürger auch spüren lassen, der

29 Im Sinne von Michel Crozier und Erhard Friedberg, L'acteur et le système: Les contraintes de l'action collective. Paris: Seuil, 1977.

genau deswegen beginnt, sich individuell behandelt zu sehen, auch wenn dies die Dinge nicht leichter macht. Wer Ungleichbehandlung erwartet, wird unfreundlich, wer Gleichbehandlung erträgt, freundlich behandelt.

Auf der Ebene II werden die Dinge kompliziert, weil nicht einfach gelernt und verlernt wird, sondern überprüft wird, in welche Situationen man kommt, weil man gelernt und verlernt hat. Es kommt zur tentativen Einführung von Reversibilitäten im Lernen und Verlernen, die die Dinge allerdings noch tiefgreifender verändern, weil die dezidierte Rückkehr zu bereits verlernten Verhaltensweisen eben nicht eine einfache Rückkehr ist, sondern eine durch die Alternative informierte Rückkehr und daher eine mit neuen Gründen verstärkte und vorgeführte Wiederaufnahme der alten Verhaltensweisen. Man wird davon ausgehen können, daß im Zuge von Beratungsprojekten oder im Anschluß an Fusionserfahrungen vor allem auf dieser Ebene gelernt und verlernt wird und daß Beratung und Fusion schon deswegen die Organisation mit Verhaltensoptionen vertraut machen, die weder Beratung noch Fusion günstig sein müssen.

Auf der *Ebene III* schließlich wird nicht nur gelernt und verlernt, wie man lernt und verlernt, sondern es werden Veränderungen im Lernen und Verlernen vorgenommen. Ein Beispiel dafür wäre das Herausspringen aus dem Umgang mit Lernofferten, denen man in einer Organisation ausgesetzt ist, um die gemachten Erfahrungen in einem eigenen Unternehmen in einer neuen Form, nämlich aktiv statt passiv, fruchtbar machen zu können. Man lernt und verlernt nicht nur, sich in einer Organisation mit Prozessen und gegen Prozesse der Abweichungsverstärkung durchzusetzen, sondern man setzt das *über die Lernfähigkeit von Organisationen* erworbene Wissen in einer eigenen Organisation (oder, Typ Machiavelli, in Büchern *über* Organisationen) um. Das setzt voraus, nicht nur einzelne Verhaltensweisen, nicht nur Kontexte und nicht nur die Bewertung dieser Kontexte, sondern auch die eigene Verstrickung in die Bewertung dieser Kontexte diese Verhaltensweisen »rejizieren«[30] zu können, und damit ersichtlich eine sich schnell überfordernde Komplexität zu riskieren.

Bateson kennt sogar eine *Ebene IV*, hält diese jedoch für evolutionär unwahrscheinlich und in jedem Fall Einzelorganismen unzugänglich. Ebene IV, um bei unseren Beispielen zu bleiben, wäre eine neue

30 Ein Ausdruck von Gotthard Günther, Cybernetic Ontology and Transjunctional Operations. In: ders., Beiträge zur Grundlegung einer operationsfähigen Dialektik, Bd. 1. Hamburg: Meiner, 1976, S. 249-328.

Struktur von Behörden und Unternehmen, in denen gelernt worden ist, auf der Ebene eines Wissens über den Umgang mit Informationen die Mechanismen organisierter Abweichungsverminderung so einzusetzen, daß Prozesse der Abweichungsverstärkung ausgelöst werden können. Von »business angels« betreute »start-ups« scheinen dieser Struktur relativ nahe zu kommen, obwohl hier noch mit verteilten Rollen gespielt werden muß und daher der Durchblick auf die Komplexität des Geschehens nach wie vor heilsam verstellt ist.

Die Form des Lernens

Operativ gesehen ist die lernende Organisation *eine verlernende Organisation.* Als »Lernergebnis« werden diejenigen Strukturen beschrieben, die an die Stelle bisher gewohnter Verhaltensweisen getreten sind und die in ihrer vergleichsweisen Artifizialität dort nur gehalten werden können, wenn sie auf irgendeine Art und Weise positiv gewertet werden. Deswegen wird kaum ein Prozeß des Lernens und Verlernens ohne eine Beschreibung der inneren und äußeren Umwelt der Organisation auskommen. Von »Zielen«, »Zwecken«, »Programmen«, »Kapital«, »Personal« und »Technologie« spricht man, wenn und weil man in allen diesen Hinsichten Alternativenspielräume sucht. Und deswegen wird auch kaum ein Prozeß des Lernens und Verlernens ohne den Erwerb von Begriffen auskommen, die bestimmte Sachverhalte während des Lernens und Verlernens konstant zu halten erlauben. Man kann vermuten, daß dies insbesondere für die Begriffe »Organisation«, »Kommunikation«, »Wissen«, »Information« und nicht zuletzt »Lernen« selber gilt.

Wir müssen uns also fragen, ob im Gegensatz zur These von der »lernenden Organisation« als Oxymoron nicht bereits unsere gesamte Begrifflichkeit *ein Beleg dafür ist, daß Organisationen lernen.* Nur lernen sie eben nicht so, wie sich das ein optimistischer Pädagoge vorstellt, also durch bloße »Aufnahme« neuer Einsichten in neue Sachverhalte, sondern sie lernen *in der Form der Aufhebung bislang bewährter Strukturen*, das heißt in der Form der Verhinderung der Verhinderung von Abweichungen. In diese Form scheint die soziale Intelligenz investiert zu werden, die dem sozialen System der Organisation heute zur Verfügung steht. Denn so einfach es scheint, Batesons fünf Ebenen des Lernens zu unterscheiden, so kompliziert wird es, wenn man in Rechnung stellt, daß eine Organisation ein komplexer Prozeß der Kommunikation von Entscheidungen ist,[31] der sich in den seinerseits komplexen Umwelten psychischer Systeme (die beteiligten Bewußtseinssysteme), sozialer Systeme unter Anwesenden (ehemals die »informale« Organisation, heute spricht man von »Interaktionen«[32]) und der Gesellschaft insgesamt allererst durchsetzen und bewähren muß.

Organisation ist daher nicht als ein mehr oder minder einfacher Zweckzusammenhang zu begreifen, der nach rationalen Kalkülen der Mittelwahl einzurichten ist, *sondern als Differenz*, die auf beiden Seiten anschlußfähig sein muß: nach innen, auf der Seite der Organisation, müssen *Informationen* verarbeitet werden können; und nach außen, auf der Seite von Psychen, Interaktionen und Gesellschaft (einschließlich ihrer internen Differenzierung in die Funktionssysteme Recht, Politik, Wirtschaft, Erziehung, Wissenschaft, Kunst, Religion, soziale Hilfe), müssen *Irritationen* verarbeitet werden können. Ohne diese doppelte Verarbeitungsfähigkeit kann das evolutionäre Sonderprodukt Organisation gesellschaftlich nicht stabilisiert werden.

Unsere These ist, daß die Verhinderung von Abweichungen, nicht zuletzt realisiert in der disziplinierenden Form der Hierarchie und damit der Suggestion von Steuerbarkeit,[33] diejenige Form ist, die die Organisation auszudifferenzieren erlaubt, das heißt ihr eine eigene Form der Autopoiesis verschafft, während die Verhinderung der Verhinderung von Abweichungen die Organisation an ihre psychische, interaktive und gesellschaftliche Umwelt und hier vor allem an deren Veränderungen rückzukoppeln erlaubt. Tatsächlich ist dies jedoch ein und derselbe Prozeß, weil es keine Ausdifferenzierung ohne Rückkopplung und keine Rückkopplung ohne Ausdifferenzierung gibt.

Allerdings stehen wir jetzt vor der Frage, ob das Konzept der »lernenden Organisation« ein organisationales oder nicht vielmehr ein gesellschaftliches (rechtliches, politisches, wirtschaftliches, wissenschaftliches, künstlerisches?) Konzept, wenn nicht sogar ein Konzept der Wiedereinbindung der psychischen Umwelt ist. Die Organisation lernt, indem sie bestimmte Formen der Verknüpfung von inter-

31 So Luhmann, Organisation und Entscheidung, a. a. O.

32 Vgl. André Kieserling, Kommunikation unter Anwesenden: Studien über Interaktionssysteme. Frankfurt am Main: Suhrkamp, 1999.

33 Siehe Peter Miller und Ted O'Leary, Hierarchies and American Ideals, 1900-1940. In: Academy of Management Review 14 (1989), S. 250-265.

nen und externen Abläufen, von Entscheidung, Psyche und Gesellschaft verlernt und andere an ihre Stelle treten läßt. Es muß unklar bleiben, von welcher Seite dieser Prozeß des Lernens als Verlernen initiiert wird. Aber es ist deutlich, daß auf der Ebene dieses Prozesses ganz andere Verknüpfungschancen realisiert werden können, als auf der Ebene, auf der eine Organisation entscheidungsfähig ist.

Nicht zuletzt deswegen bleibt es vermutlich in Literatur und Praxis bei der Positivwertung des Lernens. Und nicht zuletzt deswegen müssen wir hier auf der Ambivalenz der Wertung bestehen, weil nur dies den Blick für die Komplexität der Verknüpfungen unterschiedlicher Systeme öffnet. Wir können es offenhalten, ob die Organisationstheorie, wie sie in die vorliegenden Überlegungen eingeflossen ist, die Organisation wirklich lernfähig macht. Denn worauf es tatsächlich ankommt, ist die Beobachtung des Unterschieds zwischen Lernen und Verlernen.

Drei Regeln einer wirtschaftlich effizienten Unternehmenskultur

Das Unternehmen als »Rechner«

Die Wirtschaft steht gegenwärtig im Zentrum eines *weitreichenden Strukturwandels der Gesellschaft*. Die verschiedenen Dimensionen dieses Strukturwandels zu benennen, ist noch relativ einfach. Doch es fällt schwer, so etwas wie eine sich durchhaltende Logik, ein allgemeines Prinzip oder auch nur eine klare Richtung zu erkennen. Die *Politik* zieht sich aus dem Regulierungsregime des Wohlfahrtsstaates zurück und entwirft sich neu in einem Wechselspiel internationaler Behörden, denen es zwar an demokratischer Legitimation, jedoch nicht an Aufgaben der Sicherheitspolitik und der Entwicklung internationaler Standards des Zugriffs auf Arbeit, Umwelt und Wissen fehlt. Neue *Informations- und Kommunikationstechnologien* versprechen ähnlich weitreichende gesellschaftliche Veränderungen wie die Einführung der Schrift vor über 5000 Jahren und die Einführung des Buchdrucks vor weniger als 500 Jahren. Die *Religion* verliert ihren verhaltensprägenden Einfluß an Regional- und Weltkulturen mit unterschiedlichem Hang zu Beschleunigungen und Verlangsamungen des Wechsels von Stilen, Moden und Trends. Die *Wissenschaft* gibt ihre großen Gesten der Suche nach objektiven Naturgesetzen auf und interessiert sich statt dessen für die Frage, wie die menschliche Gesellschaft dazu gebracht werden kann, die ökologischen Gefahren zu erkennen und ihnen zu begegnen, die sie selbst hervorgerufen hat. Die *Erziehung* verliert ihren Rückhalt im Autoritätsglauben der Vergangenheit und muß sich statt dessen als Partner im Entwurf und in der Kritik von Lebensstilen bewähren. Und die *Wirtschaft* nimmt Abschied von den hochintegrierten Konzernen der Vergangenheit und differenziert sich in ein hochmobiles Kapital auf der einen Seite und ebenso mobile Netzwerkunternehmen auf der anderen Seite.

Wie können sich *privatwirtschaftliche Unternehmen* in dieser Situation orientieren? Worauf ist Verlaß, wenn die Politik keine nationale Solidarität mehr sicherstellen kann; wenn Mündlichkeit und Schriftlichkeit mit den Bildschirmen des Fernsehens, des Internets und der Maschinenüberwachung konkurrieren müssen; wenn die Launen der Kunden nicht mehr durch die stabilen Sozialkriterien der Herkunft, der Ausbildung, des Vermögens und des Alters gebändigt, sondern durch die neue Lust am Design, durch ökologische Sensibilitäten und durch kulturelle Distinktion zusätzlich herausgefordert werden; wenn die Wissenschaft nicht objektive Sicherheit, sondern konstruktive Unsicherheit liefert; wenn die Erziehung keine fertigen Ausbildungen, sondern Selbstverwirklichungsbedürfnisse und Lernabsichten bereitstellt; und wenn die Wirtschaft selbst sich in eine Gelegenheitsstruktur verwandelt, in der finanzielle Gewinne, abenteuerliche Projekte und unternehmerische Wagnisse locken, die durch keine Karrierestruktur mehr zur Einheit zu bringen sind?

In dieser Situation, so die These der folgenden Überlegungen, hilft nur noch die Umstellung des Unternehmens auf eine *bewegliche, attraktive und lernfähige Unternehmenskultur*, die so entworfen wird, daß sie sich weder auf die Traditionen der Vergangenheit noch auf unsichere Aussagen über mögliche Zukünfte verlassen muß. Es hilft nur die Umstellung auf eine Unternehmenskultur, in der klar ist, worin das *Selbstverständnis eines Unternehmens* besteht, und aus diesem Selbstverständnis alles andere abgeleitet werden kann. Es hilft nur die Umstellung auf eine Unternehmenskultur, die *Flexibilität und Konsistenz* auf einen Nenner bringt. Es hilft nur, mit anderen Worten, die Besinnung auf eine Unternehmenskultur, in der weder die Produkte noch die Produktionsverfahren, noch das Personal, noch die Finanzierung, noch die Organisation festgeschrieben sind, sondern in der nichts anderes gilt als die *Logik des Geschäfts*, das heißt der *gewinnorientierten Befriedigung von Kundenbedürfnissen*.

Diese Unternehmenskultur geht davon aus, daß Wirtschaft und Unternehmen in jedem Moment *neu erfunden werden müssen*, weil nichts garantiert, daß es so bleibt, wie es ist. Die Arbeit muß laufend neu erfunden werden, ebenso der Kunde, das Kapital, der Markt und die Konkurrenz, weil man andernfalls riskiert, Dinge vorauszusetzen, die schon längst nicht mehr vorausgesetzt werden können. Wirtschaft und Unternehmen werden zu einer *intellektuellen Leistung*; und hier kann nur ein Unternehmen mithalten, dessen Kultur es zur Intellektualität, zu kognitiven Leistungen der *Beobachtung, Beschreibung und Mitgestaltung von Situationen* befähigt. Ohne eine laufende Rückbesinnung auf die wirtschaftliche Absicht des Unternehmens werden diese kognitiven Leistungen nicht zu erbringen sein. Deswegen stehen Kultur und Intellektualität nicht wie ehedem in Opposition zur Wirtschaft, zum Unternehmen und zum Geschäft, sondern fungieren als deren wichtigste Produktivkräfte.

Die Unternehmenskultur der Zukunft muß Kompensationen dafür finden, daß weder die Technologie noch das Kapital, noch der Markt weiterhin determinieren werden, wie ein Unternehmen zu organisieren ist. Statt dessen muß alle Organisation auf den einzigen entscheidenden Punkt ausgerichtet werden, daß es darum geht, das Unternehmen geschäftsfähig zu machen.

Aber wie wird ein Unternehmen geschäftsfähig? Auf diese Frage können keine Antworten mehr gegeben werden, die konkrete Strukturen der Anwendung von Technologien, der Verwertung von Kapital, der Belieferung eines Marktes oder der Organisation einer Hierarchie beschreiben, sondern nur noch Antworten, die auf *abstrakte Strukturen der Informationsverarbeitungsfähigkeit* einer Organisation hinweisen. Im Grunde genommen geht es darum, das Unternehmen in einen hochleistungsfähigen »Rechner« zu verwandeln, der *mit einfachen Grundelementen vielfältige Vernetzungen* realisieren kann. Komplexität war das Stichwort der Planung, des operational research und einer komplizierten Steuerungskybernetik des Unternehmens.[1] Einfachheit hingegen ist das Stichwort der Selbstorganisation, des systemischen Managements und einer neuartigen Logik der Verantwortung und des Vertrauens.[2]

Wenn sich ein Unternehmen flexibel auf wechselnde Bedarfslagen, Gewinnchancen und Kundenanforderungen ausrichten können soll, dann kann diese Ausrichtung nicht von einer zentralen Planung, sondern *nur vom Unternehmen selbst*, das heißt: von allen seinen Stellen, vorgenommen werden: Jede Teilstruktur des Unternehmens muß sich sofort mit allen anderen Teilstrukturen des Unternehmens, mit denen es in Berührung kommt, auskennen und mit ihnen kooperieren können; und alle Ressourcen, die für diese Kooperation erforderlich sind, müssen von den beteiligten Stellen gleichsam aus dem Stand selbst entwickelt werden können. Nur in der Frage der Konditionen, das heißt der Start- und der Stoppregel von Koopera-

1 Siehe zum Beispiel Stafford Beer, Brain of the Firm. 2. Auflage, Chichester: Wiley, 1981; Fredmund Malik, Strategie des Managements komplexer Systeme: Ein Beitrag zur Management-Kybernetik evolutionärer Systeme. Bern: Haupt, 1992.

2 Siehe dazu Dirk Baecker, Die Form des Unternehmens. 2. Auflage, Frankfurt am Main: Suhrkamp, 1999; ders., Organisation als System. Frankfurt am Main: Suhrkamp, 1999; Niklas Luhmann, Organisation und Entscheidung. Opladen: Westdeutscher Verlag, 2000. Ferner Dirk Baecker, Postheroisches Management: Ein Vademecum. Berlin: Merve, 1994.

tionen müssen die einzelnen Stellen mit Hilfe von Vorgaben zur Rentabilität, zur Marktführerschaft und zum Innovationspotential fremdgesteuert werden, weil anders nicht sichergestellt werden kann, daß alle Kooperationen, die begonnen werden, auch wieder beendet werden können.

Der Organisationssoziologe Michel Crozier hat auf der Linie dieser Überlegungen und auf der Grundlage umfangreicher Vergleiche in der französischen Industrie drei Regeln vorgeschlagen, an denen sich eine wirtschaftlich effiziente Unternehmenskultur bemißt:[3]

– Sie muß *einfach* sein.
– Sie muß Wert auf *Autonomie* legen.
– Und sie muß so viel Führung wie möglich auf die Ebene der *Kultur* verlagern.

Der vorliegende Beitrag greift diesen Vorschlag auf. Wir behandeln zunächst die drei von Crozier genannten Regeln, fassen sie dann unter dem Gesichtspunkt der wirtschaftlichen Effizienz zusammen und schließen mit zwei Überlegungen zur Theorie der Unternehmensorganisation und zur Wirtschaft der Gesellschaft.

Wir werden zu zeigen versuchen, daß diese drei Regeln ausreichen, um eine Unternehmenskultur zu begründen, die das Unternehmen »rechenfähig« macht und damit in die Lage versetzt, mit einem gesellschaftlichen Strukturwandel zurechtzukommen, der nach wie vor ökonomische Effizienz und technische Effektivität prämiert, dies jedoch nur im Rahmen der Fähigkeit, diesen Strukturwandel als Voraussetzung und als Resultat der Möglichkeit neuer unternehmerischer Geschäfte zu begreifen.

Die Wirtschaft übernimmt damit eine Verantwortung als Agent dieses Strukturwandels, und jedes einzelne Unternehmen steht im Kontext dieser Verantwortung. Es wird in Zukunft nicht mehr ausreichen, die Wirtschaft und ihre Unternehmen als Auftragnehmer gesellschaftlicher und individueller Bedarfsdefinitionen darzustellen. Sondern man wird die aktive Rolle der Wirtschaft begreifen und man wird sie daraufhin beobachten, welche Pfade einer möglichen gesellschaftlichen Entwicklung sie eröffnet und welche sie verschließt.

3 Siehe Michel Crozier, L'entreprise à l'écoute: Apprendre le management post-industriel. Paris: Seuil, 1994, S. 51 ff.

Einfach, so Crozier, muß die neue Logik der Unternehmensorganisation deswegen sein, weil nur das Einfache in der Lage ist, mit der gestiegenen Komplexität der modernen Wirtschaft umzugehen. Konnte man bis vor wenigen Jahren noch davon ausgehen, daß komplexe Strukturen der Wirtschaft nur durch entsprechend komplexe Strukturen der Organisation bearbeitet werden können, so muß man jetzt feststellen, *daß keine Struktur der Informationssammlung komplex genug sein kann*, um die Daten zu verarbeiten, die die Beobachtungen der Kapitalmärkte, des technologischen Wandels und der Kundenwünsche tagtäglich und in ihrerseits komplexer Abhängigkeit voneinander bereitstellen.

Zu diesem Zweck hatte der Kybernetiker W. Ross Ashby sein berühmtes Gesetz der »requisite variety« formuliert: um feststellen zu können, daß es Komplexitätsschwellen gibt, ab denen es nur noch hilft, auf Einfachheit umzuschalten.[4] Ab dieser Schwelle solle man nicht mehr versuchen, *Abläufe zu verstehen*, sondern die *Ergebnisse zu kontrollieren*, die man haben möchte. Das aber bedeutet, daß man Strukturen finden muß, die (a), wenn schon nicht für den externen Beobachter, so zumindest für sich selbst verständlich sind und die (b) in der Lage sind, sich selbständig an gewünschten Ergebnissen zu orientieren.

Crozier bringt eine umfangreiche Diskussion auf einen einfachen Punkt, wenn er feststellt, daß *Menschen* die einfachste Struktur sind, die wir kennen, die in der Lage ist, Komplexität zu verarbeiten. Vielleicht werden wir nie herausfinden, wie wir das schaffen, aber schon die Differenz zwischen hoher Bewußtseinskomplexität und hoher Sozialkomplexität, die wir tagtäglich bewältigen und laufend neu schaffen, bestätigt, daß wir die besten »Rechner« sind, die wir haben – bis auf weiteres, werden uns die Proponenten einer künstlichen Intelligenz entgegenhalten, aber das können wir abwarten. Diese Rechenleistung des Menschen hat damit etwas zu tun, daß er »ein wandelnder Widerspruch und Konfliktherd« ist, wie Thomas J. Peters und Robert H. Waterman festgestellt haben.[5] *In dieser Form* ist er durch keinen Computer zu ersetzen. Denn Menschen sind mit

4 Siehe W. Ross Ashby, Requisite Variety and Its Implications for the Control of Complex Systems. In: Cybernetica 1 (1958), S. 83-99.

5 So in Thomas J. Peters und Robert H. Waterman, Auf der Suche nach Spitzenleistungen: Was man von den bestgeführten US-Unternehmen lernen kann. Aus dem Ame-

und ohne »Protokolle« in der Lage, sich miteinander zu verständigen, und dies auch dann, wenn sie auf Verstehensprobleme stoßen und es mit Intransparenz, Unberechenbarkeit und Feindseligkeit zu tun bekommen.

Eine Unternehmenskultur kann nach dieser Überlegung nur wirtschaftlich effizient sein, wenn sie den Menschen als ihren Hauptakteur begreift, und dies in seiner Emotionalität und Intellektualität, mit seinen Sorgen, Hoffnungen und Befürchtungen, mit seiner Phantasie und seiner Begriffsstutzigkeit, mit seiner Vernunft und seiner strategischen Kompetenz, mit seinen Rücksichten und seiner Rücksichtslosigkeit. Nichts davon kann man fordern und dennoch muß man alles voraussetzen.

Unsere gegenwärtigen Unternehmensorganisationen *abstrahieren* vom Menschen, um die *Funktion* der Organisation möglichst logisch und widerspruchsfrei zu formulieren, und bauen den Menschen dann im nachhinein mit Hilfe von Stellenbeschreibungen und Personalentwicklungsmaßnahmen *in diese Funktion ein.* Dann darf man sich allerdings auch nicht wundern, daß er seine Rechenkünste darauf beschränkt, sich sein Schicksal in der jeweiligen Organisation auszurechnen und an der Sicherstellung und Verbesserung seiner Aussichten zu arbeiten. Die Unternehmenskultur der Zukunft wird die *Zugriffe der Organisation auf den Menschen* in Grenzen halten müssen und sich statt dessen auf die *Individualität ihrer Mitarbeiter* umstellen und einstellen, ohne zu wissen, was diese Individualität im einzelnen bedeutet, und gerade weil sie sich die Unberechenbarkeit des Menschen zunutze machen will und muß.

Der Kybernetiker und Psychologe Neville Moray hat einmal untersucht, worin die Problemlösungsfähigkeiten eines Menschen bestehen.[6] Er hat dabei festgestellt, daß wir in der Lage sind, das best-definierte System (definiert durch Bekanntheit seiner Zustände, Bekanntheit der Übergangswahrscheinlichkeit zwischen diesen Zuständen und Stabilität der Zustände) im Handumdrehen in ein schlecht-definiertes System zu verwandeln, in dem nichts mehr erwartungsgemäß funktioniert, weil wir Varianzen unterschätzen, zu

rikanischen von Hartmut Reddmann, 3. Auflage, München: mvg-Verlag, 1991, S. 81.

6 Siehe Neville Moray, Humans and Their Relation to Ill-Defined Systems. In: Oliver G. Selfridge, Edwina L. Rissland, Michael A. Arbib (Hg.), Adaptive Control of Ill-Defined Systems. New York: Plenum Press, 1984, S. 11-20.

wenig Daten berücksichtigen, auf unseren Hypothesen bestehen oder auch nur, weil wir uns *langweilen*.[7]

Parallel dazu sind wir jedoch in der Lage, schlecht-definierte Systeme (definiert durch unbekannte Zustände, unbekannte Übergangswahrscheinlichkeiten und Instabilität) in gut-definierte Systeme zu verwandeln, weil wir durch deren Rauschen und Zufälligkeit, durch deren Ultrastabilität (also Unempfindlichkeit gegenüber Eingriffen), durch das Verschwinden und Wiederauftauchen von Zuständen, durch ihre Intelligenz und Feindseligkeit *herausgefordert* werden.[8] Ein Mensch auf einem Fahrrad zum Beispiel hat es mit einem schlecht-definierten System zu tun. Er wird das Fahrradfahren nur lernen, wenn er darauf verzichtet, vorher schon wissen zu können, wie man Fahrrad fährt, und sich statt dessen darauf verläßt, *es herauszufinden, während er es tut*. Und wenn er es gelernt hat, wird er dem nächsten nicht sagen können, wie es geht, sondern wird ihn es wiederum nur ausprobieren lassen können, damit er es selber lernt.

Die erste Regel einer wirtschaftlich effizienten Unternehmenskultur lautet daher: *Nichts ist komplizierter, also teurer, als die Substitution des menschlichen Einfallsreichstums durch formale Verfahren der Organisation; und nichts ist einfacher, also günstiger, als eine Struktur, die alles weitere diesem Einfallsreichtum überläßt.*

Die Regel der Autonomie

Die zweite Regel einer wirtschaftlich effizienten Unternehmenskultur heißt *Autonomie*. Crozier weist darauf hin, daß dies ein ungewohntes Organisationsprinzip ist, weil Organisationen zwar nach außen als möglichst autonom, das heißt als unbestimmbar durch politische, wirtschaftliche und andere Einflüsse gedacht werden, es aber nach innen um Organisation geht, und eben nicht um Autonomie. Innerhalb der Organisation geht es um die Sicherstellung des Zugriffs vor allem der Spitze der Organisation auf alle Abläufe der Organisation.

Tatsächlich ist die Regel der Autonomie nun schon seit einigen Jahrzehnten als Komplement der Organisationsregel Hierarchie be-

7 Vgl. auch Daniel Kahneman (Hg.), Judgement under Uncertainty: Heuristics and Biases, Cambridge: Cambridge UP, 1982.

8 Vgl. hierzu auch Michael Smithson, Ignorance and Uncertainty: Emerging Paradigms, New York: Springer, 1989.

kannt. Ganze Bibliotheken füllt die Literatur über die Frage, wie man die eine Regel mit der anderen verbinden kann. Und eine Vielzahl von Reorganisationsexperimenten der Wirtschaft wurden unternommen, um hier nach einer praktischen Lösung zu suchen. Crozier sieht die Lösung des Problems darin, daß es darauf ankommt, in einer Unternehmensorganisation alles zu tun, was die *Bedienung des Kunden* sicherstellen kann, und alles zu unterlassen, was dieser Bedienung im Wege steht.[9]

Autonom ist das Unternehmen und ist jede Struktur im Unternehmen immer dann, wenn *jeder weiß, für welchen Kunden er arbeitet.* Der Verweis auf den Kunden verselbständigt die Einheiten des Unternehmens gegeneinander, ohne daß sie deswegen unkontrollierbar würden. Denn mit Blick auf den Kunden *kontrollieren sich diese Einheiten selbst*, und dies sicherer und einfallsreicher, als es jede Kontrolle durch die Spitze tun könnte.

Hans-Jürgen Warnecke hat den Vorschlag gemacht, Unternehmen nach dem Vorbild von *Fraktalen*, das heißt von selbstorganisationsfähigen und selbstähnlichen Strukturen zu reorganisieren, weil diese Fraktale zu den wenigen Strukturen gehören, die ebenso einfach wie komplexitätsfähig sind.[10] Sie folgen immer wieder *demselben Aufbau* und können deswegen nahezu nach Belieben zu *unterschiedlichen und komplexen Netzwerken* kombiniert werden, oder besser gesagt: sich selbst kombinieren. Sie suchen nach und erkennen Strukturen, die genauso gebaut sind wie sie, und vernetzen sich untereinander zu Netzwerken, die überraschende (»emergente«) neue Eigenschaften aufweisen, die allerdings ihrerseits, eine oder mehrere Stufen höher, derselben Struktur des Fraktals gehorchen.

Man kann Croziers und Warneckes Vorstellungen miteinander kombinieren und zu der Idee ausarbeiten, die *Produzenten/Konsumenten-Interaktion* oder, marktwirtschaftlich formuliert, die *Anbieter/Nachfrager-Interaktion* als die kleinste Einheit der Wirtschaft, als ihr Fraktal, das sich auf allen Ebenen wiedererkennen läßt, zu begreifen.[11] Daraus wäre dann die Empfehlung abzuleiten, ein Unterneh-

9 Siehe auch Tom Peters, The Circle of Innovation: You Can't Shrink Your Way to Greatness, New York: Vintage, 1999.

10 Siehe Hans-Jürgen Warnecke, Revolution der Unternehmenskultur: Das Fraktale Unternehmen. 2. Auflage, Berlin: Springer, 1993; und ders. (Hg.), Aufbruch zum Fraktalen Unternehmen: Praxisbeispiele für neues Denken und Handeln. Berlin: Springer, 1995.

11 Auch das ist keine neue Idee. Siehe bereits Alvin Toffler, Future Shock. New York: Random, 1970.

men sowohl nach außen als auch nach innen nach den Vorgaben dieses Fraktals zu reorganisieren. Die Idee ist, daß das Unternehmen die Interaktion mit dem Kunden nicht nur an seiner Grenze, sondern *in allen seinen Abteilungen und auf allen seinen Stellen* suchen und realisieren muß.

Dieser Kunde kann nicht immer der Endkunde sein, denn welcher Verbraucher hat Bedarf an Buchführung, Revision und Vorstandsentscheidungen. Es kann sich auch um Kunden innerhalb des Unternehmens handeln, solange sie in der Lage sind, ihren Bedarf selbständig zu formulieren und zahlungskräftig (auch in systeminternen Währungen) zum Ausdruck zu bringen.[12] Es geht nur darum, daß in einem Unternehmen nichts geschieht, was nicht *für einen Kunden und im Auftrag eines Kunden* geschieht.

Die Pointe an dieser Idee ist, daß erst dieses Produzenten/Konsumenten-Fraktal autonom in einem nicht beliebigen, sondern bestimmten Sinne ist. Denn Autonomie heißt hier, *Selbständigkeit und Einbezogenheit* miteinander zu kombinieren und in wechselseitiger Abhängigkeit zu steigern.[13] Autonom ist nicht derjenige, der tut, was er will, sondern derjenige, der sein Verhältnis zu seiner Umwelt selbst gestalten kann. In gewisser Weise bleiben wir damit einer Grundidee des Liberalismus treu, die Freiheit als Möglichkeit, sich seine Abhängigkeit selber auszusuchen, gedacht hat. Das Fraktal ermöglicht die Selbstbestimmung nicht aus abstrakt emanzipativen Gründen, sondern aus den konkreten Gründen des Ausprobierens neuer und überraschender Möglichkeiten der Vernetzung.

Seine Stabilität und Vernetzungsfähigkeit bezieht dieses Fraktal daraus, daß *jeder Mitarbeiter des Unternehmens grundsätzlich in beiden Rollen interagiert*, also jede Interaktion von beiden Seiten aus reflektieren kann. Denn grundsätzlich kann man Kundenaufträge nur bearbeiten, wenn man als Produzent seinerseits Kundenbeziehungen zu einem anderen Produzenten unterhält, der einen mit Vorleistungen versorgt, die man selbst nicht erbringen kann oder will. Damit

12 Unser traditionelles Wirtschaftsbild stellt viel zu wenig in Rechnung, dass der überwiegende Teil der Unternehmen für andere Unternehmen produziert und daher die industriellen Bedürfnisse für die Nachfrage nach Waren, Dienstleistungen und Wissen eine viel größere Rolle spielen als die Bedürfnisse des Endkunden.

13 Heinz von Foerster hat diese beiden Autonomiekriterien die Postulate des Konstruktivismus genannt und beschrieben, dass sie sich nicht etwa gegenseitig ausschließen, sondern aufeinander verweisen. Siehe Heinz von Foerster, Entdecken oder Erfinden: Wie läßt sich Verstehen verstehen? In: Ernst von Glasersfeld u. a., Einführung in den Konstruktivismus. München: Oldenbourg, 1985, S. 27-68.

ist man immer zugleich der Produzent für einen Kunden und der Kunde eines anderen Produzenten. Man kennt beide Rollen und bringt in jeder Interaktion Verständnis für die jeweilige Gegenrolle auf, was die Dinge beschleunigen kann und die Interaktion mit einer qualifizierten Vertrauensbereitschaft ausstattet – der Ökonom Charles F. Sabel spricht von »studied trust«, das heißt von Vertrauen aufgrund reflektierter Erfahrungen.[14] Und man weiß, daß man Kunden durch andere Kunden und Anbieter durch andere Anbieter substituieren kann und wird auf diese Art und Weise wettbewerbs- und netzwerkfähig.

Das Fraktal ist eine Struktur, die dem hohen Differenzierungsgrad und der unüberschaubaren Komplexität der gegenwärtigen Wirtschaft angemessen ist. Denn auf der Basis der Beobachtungsfähigkeiten und des Einfallsreichtums der Mitarbeiter eines Unternehmens kann man mit dieser Struktur darauf verzichten, Gesamtordnungen welcher Art auch immer zu entwerfen (und scheitern zu sehen), und kann sich statt dessen darauf konzentrieren, zu beobachten, welche Ordnungen von selber zustande kommen, wenn Produzenten nach Konsumenten und Konsumenten nach Produzenten suchen. Dieser Suchprozeß, das wußte schon Friedrich August von Hayek, ist mit einer Intelligenz und einer Findigkeit ausgestattet, die durch kein Design einer Gesamtordnung realisiert werden kann.[15]

Die zweite Regel einer wirtschaftlich effizienten Unternehmenskultur heißt daher: *Mach alle Struktureinheiten des Unternehmens zu autonomen Fraktalen; denn nur so ist ihre sparsame und wirkungsvolle Verknüpfungsfähigkeit gesichert.*

Die Regel der kulturellen Führung

Auch die Regel der *kulturellen Führung* ist von überzeugender Einfachheit. Sie besagt, daß *keine Unternehmenskultur wirtschaftlich effizient sein kann, die sich nicht in allen wesentlichen Hinsichten von selbst versteht.* Man muß ein Unternehmen betreten *und sofort in ihm arbeitsfähig sein können*, ohne einer Einführung in die Werte und das

14 So in Charles F. Sabel, Studied Trust: Building New Forms of Cooperation in a Volatile Economy. In: Richard Swedberg (Hg.), Explorations in Economic Sociology. New York: Russell Sage, 1993, S. 104-144.

15 Vgl. Friedrich August Hayek, Individualismus und wirtschaftliche Ordnung. 2., erw. Auflage, Salzburg: Philosophia, 1976.

Selbstverständnis, in die Konventionen und die Heldengeschichten des Unternehmens zu bedürfen.

Umgekehrt kann man sogar sagen, daß ein Unternehmen, das ein *nicht-evidentes Selbstverständnis braucht*, damit bereits eines seiner möglichen Probleme zu erkennen gegeben hat.

Kulturelle Führung heißt, daß alle Einheiten des Unternehmens in der Lage sind, *sich* unter Bezugnahme auf ihren Ort im Gesamtunternehmen *selbst zu führen*. Und dieser Ort im Gesamtunternehmen ist nicht bestimmt durch die charts der Organisationshierarchie oder die Matrix der funktionalen Zuweisungen, sondern durch die Frage, welchen Kunden man hat und wessen Kunde man ist.

Alles, was man braucht, um sich in einem Unternehmen mit einer solchen Unternehmenskultur zurechtzufinden, ist die Fähigkeit der »écoute«, wie Crozier das nennt, des Zuhörens vor allem und weniger des Hinschauens, weil man durch das Zuhören über die Ansichten der anderen informiert wird, beim Hinschauen jedoch nur die eigenen bestätigt findet. Wer zuhört, lernt damit *dasselbe Netzwerk*, in dem er sich selbst bewegt, *aus einer anderen Perspektive* kennen und wird feststellen, daß das scheinbar selbe Netzwerk aus jeder Perspektive ein anderes ist. *Das aber macht es erst zu einem Netzwerk.* Denn ein Netzwerk, das einer singulären Logik folgen würde, könnte man ersatzlos streichen und durch eine Organisation nach klassischem Muster, mit definierter Arbeitsteilung, verteilten Kompetenzen und einer hierarchischen Ordnung von Mitteln und Zwecken ersetzen.[16]

Ein Netzwerk ist erst dann ein Netzwerk, wenn es in der Lage ist, *nicht vorwegzunehmen*, wer sich ihm aus welchen Gründen wann anschließt und wer wann wieder aus ihm ausscheidet. Nur dann bleibt es offen für die Möglichkeit, andere Kunden anzulocken und neuartige Produzenten in Anspruch zu nehmen. Eine Betriebswirtschaftslehre, die versuchen würde, Netzwerke zu planen, verkennt diesen wichtigsten Vorteil des Netzwerks und seine eigentliche Leistung. Die Offenheit macht das Netzwerk in wesentlichen Hinsichten unberechenbar und unbeherrschbar. Aber genau das ist es, was die angeschlossenen Produzenten und Konsumenten mit immer wieder neuen Anlässen zu einer weiteren Informationsverarbeitung versorgt. Die *Unberechenbarkeit* und *Unbeherrschbarkeit* machen das Netz-

16 Vgl. dazu die betriebswirtschaftliche Diskussion: Jörg Sydow, Strategische Netzwerke. Wiesbaden: Gabler, 1992.

werk beweglich, die Berechenbarkeit und Beherrschbarkeit würden es still stellen und abtöten.

Wenn in diesem Sinne kulturelle Führung realisiert wird, kann man sich die Mühe einer Kulturdefinition sparen.[17] Denn auch die Kultur wird sich von Stelle zu Stelle *unterscheiden* und wird dennoch immer wieder verläßlich in dem Punkt *konvergieren*, daß man nur der Produzent eines Konsumenten und der Konsument eines Produzenten sein kann. Wo dies nicht mehr der Fall ist, hat man es nicht mehr mit Wirtschaft und einer ihrer Organisationen oder Netzwerke, sondern vielleicht mit Politik, mit einer Familie, mit Wissenschaft, mit Kunst oder mit Religion zu tun, die anderen Logiken folgen und anhand anderer Fraktale strukturiert sind. Kulturelle Führung heißt an dieser Stelle nur noch, *die Differenz der Wirtschaft zu anderen Bereichen der Gesellschaft* zur Kenntnis nehmen zu können. Das ist um so wichtiger, als es durchaus sinnvoll sein kann, in der Politik oder in einer Familie nach Kunden zu suchen oder in der Wissenschaft und in der Kunst nach Produzenten. Man macht dann Geschäfte mit Leuten, die nicht unbedingt wirtschaftliche Interessen haben müssen.

Kultur wird demnach *implizit* und beruht auf der Fähigkeit, sich als Produzent oder als Konsument *mit anderen Produzenten und Konsumenten vergleichen zu können* und auf der Basis dieses Vergleichs seinen Wert einschätzen zu können. Nur so gewinnt man seine Identität. Denn Identität, so viel weiß man aus der Kulturtheorie,[18] beruht auf der Fähigkeit, *sich aufgrund von Vergleichen mit anderen selbst bestimmen zu können.* Das ist ein hochgradig prekärer Prozeß, da man *sich* auf dem Umweg *über den anderen* bestimmt. Aber genau das ist der Preis für jeden gesellschaftlichen Zusammenhang.[19] Wir sind es gewohnt, diesen Preis zu bezahlen. In der Regel

17 Immerhin ist daran die wissenschaftliche Diskussion des Konzepts einer »corporate culture« in den achtziger Jahren des vorigen Jahrhunderts gescheitert. Siehe dazu bereits abschließend Mark Ebers, Organisationskultur – ein neues Forschungsprgramm? Wiesbaden: Gabler, 1985. Festzuhalten ist allerdings, dass dieser Mißerfolg des Konzepts in der Wissenschaft die unternehmerische Praxis nie davon abgehalten hat, der Grundidee treu zu bleiben, dass in einer »Unternehmenskultur« andere Erfolgsbedingungen eines Unternehmens enthalten sind, als sie sich eine traditionelle Betriebswirtschaftslehre und ein rein technisch und ökonomisch orientiertes Management vorstellen konnten. Und dies zu Recht. Heute sieht man, dass die scheinbaren »soft facts« einer Unternehmenskultur die eigentlichen »hard facts« der Unternehmensorganisation sind.

18 Siehe dazu Dirk Baecker, Wozu Kultur? 2., erw. Auflage, Berlin: Kulturverlag Kadmos, 2001.

19 In der Psychoanalyse spricht man vom »Unbehagen in der Kultur«. Siehe Sigmund

halten wir uns an das Ergebnis des Prozesses und blenden den Prozeß selbst aus.

Kultur bestimmt sich nicht über inhaltlich bestimmte Werte, sondern über die Kompetenz, mit anderen, die anderen Werten folgen, ins Gespräch (»l'écoute«) zu kommen und im Geschäft zu bleiben. Die dritte Regel einer wirtschaftlich effizienten Unternehmenskultur lautet daher: *Die beste Führung ist diejenige, die sich kulturell von selbst versteht.* Wenn man dieser Regel folgt, wird man feststellen, daß eine Kultur ebenso auf eine *Fortschreibung* eines bereits existierenden Zusammenhangs wie auf die *Überprüfung und Variation* dieses Zusammenhangs im Licht der *gegenwärtigen Problemwahrnehmungen* hinausläuft. Was sich von selbst versteht, ist das, was sich angesichts einer *ungewissen Zukunft* und einer *nur begrenzt orientierungsfähigen Vergangenheit* in einer *je aktuellen Gegenwart* überzeugend gestalten läßt. Das klassische Industrieunternehmen hatte eine kulturelle Überzeugungsarbeit (»Sinnstiftung«) geleistet, die *an der Spitze der Hierarchie* mit einem mehr oder minder offenen Ohr für die Problemwahrnehmungen *auf den unteren Rängen der Hierarchie* gemacht wurde. Das Unternehmen der Zukunft wird die Arbeit des »sensemaking«[20] auf alle (und insgesamt weniger) Ebenen verteilen und viel stärker auf die Differenz von innen und außen als auf die Differenz von oben und unten beziehen.

Wirtschaftliche Effizienz

Wirtschaftlich effizient ist eine nach diesen drei Regeln gestaltete beziehungsweise sich selbst gestaltende Unternehmenskultur, weil sie den wichtigsten Kostenfaktor aktueller Unternehmensorganisationen reduziert, die von Crozier so genannten »Integrationskosten«.[21] Dazu gibt es keinerlei aussagekräftige Zahlen und kaum eine Kostenrechnung, aber seit Ronald H. Coase nach dem Preis des Preissystems gefragt hat,[22] kann man mit demselben Recht auch nach den Organisationskosten einer Organisation fragen.

Wir stellen diese Frage hier nicht mit Blick auf Transaktionskosten,

Freud, Das Unbehagen in der Kultur und andere kulturtheoretische Schriften, Frankfurt am Main: Fischer, 1994.

20 Im Sinne von Karl E. Weick, Sensemaking in Organizations, Thousand Oaks: Sage, 1995.

21 Vgl. a. a. O., S. 60.

22 Vgl. Ronald H. Coase, The Firm, the Market, and the Law. Chicago: Chicago UP, 1988.

die je nach institutionellem Kontext (Markt, Unternehmen, Recht) variieren, sondern wir stellen diese Frage im Hinblick auf Integrationskosten, die abhängig vom jeweiligen Kontrollaufwand einer Organisation variieren. *Integrationskosten sind um so höher, je mehr ein Unternehmen aufwenden muß, um einen bestimmten operativen und strukturellen Zusammenhang sicherzustellen, und um so niedriger, je geringer dieser Aufwand ist.* Die aus der Transaktionskostenökonomie entwickelte Institutionenökonomie stellt diese Frage bereits, jedoch unter dem Gesichtspunkt, daß das Zustandekommen und die Abwicklung der jeweiligen Transaktionen von vorauszusetzenden Institutionen mit einem unterschiedlichen Kostenaufwand kontrolliert werden, während wir hier die Frage stellen, *unter welchen möglichst geringen Kosten die Integration jedes einzelnen Fraktals (Unternehmen, Abteilung, Stelle) in ein Netzwerk, in dem es operationsfähig ist, sich selbst kontrolliert.*

Für dieses Konzept der Integrationskosten sind wir nicht auf Institutionen angewiesen, sondern wir kommen mit »Agenten« aus, wenn unter einem Agenten jede Einheit verstanden wird, die im genannten Sinne autonom und damit in der Lage ist, sich selbst zu kontrollieren. Man kann einen Schritt weiter gehen und hinzufügen, daß es *Kontrolle nur gibt, wo es auch einen Agenten gibt,*[23] so daß man umgekehrt Agenten autonom setzen muß, *damit Kontrolle überhaupt möglich ist.*

In diesem Sinne ist eine Unternehmenskultur wirtschaftlich effizient, *wenn Kontrollkosten nur dort anfallen, wo sie von sich selbst kontrollierenden Einheiten auch getragen werden müssen.* Nur dann sind die Integrationskosten niedrig. Im Umkehrschluß ist jede Unternehmenskultur wirtschaftlich ineffizient, in der *Kontrollkosten außerhalb der zu kontrollierenden Einheiten anfallen*, zum Beispiel in Einheiten, die keine andere Funktion haben, als Kontrolle über andere Einheiten auszuüben. Ein nach unseren Regeln einfach, autonom und kulturell geführtes Unternehmen kommt *ohne overhead-Kosten* aus, weil es in diesem Unternehmen bis in die Bereiche der Geschäftsführung und Verwaltung hinein keinen overhead gibt, sondern nur sich selbst kontrollierende Agenten beziehungsweise Produzenten/Konsumenten-Fraktale.

Der Begriff der Integration zielt hier nicht auf die Gestaltung einer

23 So Harrison C. White, Agency as Control. In: John W. Pratt und Richard J. Zeckhauser (Hg.), Principles and Agents: The Structure of Business. Boston, Mass.: Harvard Business School, 1985, S. 187-212.

mit sich identischen Einheit, sondern auf die Fähigkeit aller Elemente einer Organisation, die eigenen Freiheitsgrade mit Blick auf alle anderen Elemente einzuschränken.[24] Das können jeweils andere Freiheitsgrade und andere Formen der Einschränkung sein, so daß diese Form der Integration der Autonomie nicht widerspricht, sondern sie voraussetzt. Wechselseitige Einschränkung von Freiheitsgraden kommt immer dann zustande, wenn man auf eigene Verhaltensmöglichkeiten verzichtet, *wenn und weil* man sieht, daß dies der andere auch tut. In der Regel ist dies immer dann der Fall, wenn man sieht, daß der andere *Risiken eingeht*, die ihn in eine gewisse Abhängigkeit bringen, die er aber *nur dann eingeht*, wenn er sieht, daß ich selbst auch Risiken eingehe, die mich von ihm abhängig machen, wie er sich von mir abhängig macht.[25]

Dementsprechend steigen die Integrationskosten und wird die entsprechende Unternehmenskultur ineffizient, wenn es nicht zu wechselseitigen, sondern nur zu einseitigen Einschränkungen von Freiheitsgraden kommt. Das gilt erstens dann, wenn man sich selber unnötigerweise einschränkt. Denn damit bringt man sich in unkontrollierbare Abhängigkeiten und muß hohe Kosten aufwenden, um trotz der nach wie vor vorhandenen Optionen des anderen dessen Netzwerkpartner zu bleiben. Und dies gilt zweitens dann, wenn ich versuche, meinerseits die Freiheitsgrade eines anderen einzuschränken. Denn dann muß ich die entsprechenden Kosten aufwenden, die sicherstellen, daß sich der andere an eine Einschränkung hält, die nicht in seinem, sondern nur in meinem Interesse liegt. Ich kann dann pädagogische Maßnahmen ergreifen, die seine Einschränkung als in seinem Interesse liegend zu deklarieren versuchen, aber auch diese Maßnahmen sind mit Kosten verbunden und zudem zunehmend unzuverlässig, so daß ich zusätzlich einen Aufwand zur Kontrolle der Effizienz dieser Maßnahmen in Rechnung stellen muß.

Das Instrument einer Integrationskostenökonomie bietet ein einfaches Mittel, um Verstöße gegen die drei Regeln der Einfachheit, der Autonomie und der kulturellen Führung eines Unternehmens aufzudecken:

24 So Niklas Luhmann, Organisation und Entscheidung. Opladen: Westdeutscher Verlag, 2000, S. 99 ff.

25 Siehe zu einem entsprechenden Begriff von »Risikostrukturen« Dirk Baecker, Womit handeln Banken? Eine Untersuchung zur Risikoverarbeitung in der Wirtschaft. Frankfurt am Main: Suhrkamp, 1991, S. 135 ff.

Immer dann, wenn

(a) ein Unternehmen Schwierigkeiten hat, einzelnen Mitarbeitern ihre Stelle im Unternehmen zu erläutern,
(b) Aufwand betrieben werden muß, um Stellen zu erhalten, deren Leistung nicht nachgefragt wird, und
(c) einheitliche Werte deklariert werden müssen, die über die Grenzen der Abteilungen und Einheiten eines Unternehmens hinweg eine Art klingende Münze der Kooperation sicherstellen, entstehen vermeidbare Integrationskosten.

Oder vorsichtiger gesagt: Es entstehen Integrationskosten, die mit den Gewinnen des Unternehmens, wenn es noch welche macht, gegengerechnet werden müssen und die das Unternehmen für jedes andere Unternehmen, das einen diese Kosten vermeidenden Reorganisationsgedanken hat, zu einem geeigneten Übernahmekandidaten macht.

Theorie der Unternehmensorganisation

Mit all dem soll nicht behauptet werden, daß eine wirtschaftlich effiziente Unternehmenskultur dieses Typs eine konfliktfreie schöne neue Welt der Wirtschaft hervorbringen wird. Das Gegenteil ist der Fall. Es wird nur eine Form der Konfliktverarbeitung, vielleicht eine zu teure und nicht mehr anpassungsfähige Form, durch eine neue Form, die günstiger und flexibler ist, ersetzt. Auch Crozier betont, daß *jede* Organisationsform *eine Logik der Konfliktverarbeitung* ist, die Konzernorganisation der Industriegesellschaft ebenso wie die Netzwerkorganisation der Dienstleistungsgesellschaft.

Das Fortfallen der alten Konflikte zwischen Arbeit und Kapital, zwischen Vorgesetzten und Untergebenen und zwischen alten und neuen Generationen von Mitarbeitern wird Entlastung von einer bestimmten Kultur des Mißtrauens gegenüber jeder Form von Wirtschaft bringen. Aber diese alten Konflikte werden durch neue Konflikte ersetzt, von denen der schärfste und unerbittlichste sicherlich der Konflikt zwischen Kapital und Betrieb sein wird. Und es wird ein neues Mißtrauen entstehen zwischen denen, die auf Investitionen spekulieren, und denen, die in den Investitionen arbeiten.

Der Konflikt zwischen Kapital und Betrieb beruht darauf, daß die gegenwärtige Reorganisation der Wirtschaft im Zeichen ihrer Globalisierung und immer neuer Fusionen darauf hinausläuft, die klassischen Unternehmensorganisationen der Industriegesellschaft um einen Großteil ihrer Hierarchieebenen zu entkernen und eine neue Konstellation herzustellen, die Adressen für Kapitalgeber auf der einen Seite (die Holding) und operative Geschäftseinheiten auf der anderen Seite voneinander zu unterscheiden erlaubt. Nur so kann ein Unternehmen *intern* die Konkurrenz des Unternehmens auf den Kapitalmärkten mit anderen Unternehmen *abbilden* und zur Maßgabe eigener strategischer Entscheidungen machen.

Unternehmenskäufe und Unternehmensfusionen dienen zwar in der Tat dem Entstehen kapitalkräftigerer Gesamtkomplexe. Aber diese Gesamtkomplexe werden zunehmend auf eine nur noch als Kapitaleinheit vorstellbare Größe auf der einen Seite und eine Vielzahl operativer Einheiten, die als Agenten und Fraktale in unterschiedlichen Netzwerken tätig werden können, auf der anderen Seite zurückgenommen. Wir haben es nicht mit vertikaler Integration, sondern mit horizontaler Desintegration und neuen Formen der Netzwerkintegration über die Grenzen der Unternehmenseinheit hinweg zu tun. Nur so kann es zum Beispiel ein starkes Fusionsmotiv sein, durch outsourcing und desinvestment bislang unrealisierte Gewinne aus der Senkung von Integrationskosten zu realisieren.

Der neue Konflikt konfrontiert nicht mehr Kapital und Arbeit miteinander, sondern Kapital und Betrieb, weil nicht mehr die Arbeit die entscheidende Quelle der Wertschöpfung ist (wenn sie das je war), sondern *die Arbeit in einem Betrieb und für einen Betrieb*. Der Betrieb als unternehmerische Einheit, zu verstehen als sein eigener Agent und mehr oder minder schlank als Fraktal organisiert, ist die entscheidende Quelle der Wertschöpfung, weil erst die Kombination von Arbeit mit Technologie, Netzwerk und Kapital einen Wert produzieren kann. Also wird der Betrieb auch zum vorherrschenden Spekulationsobjekt der neuen Wirtschaft, wobei man hier, und daraus entsteht der Konflikt, *mit demselben Kapital spekuliert, das man in dem Betrieb einsetzen muß, um mit ihm spekulieren zu können*. Das heißt, es konfligieren Spekulation und Kapitalbindung, und dieser Konflikt kommt nirgendwo anders zu einer höchst unruhigen Ruhe als in der (Portfolio-)Konkurrenz der Betriebe und der spekulativen (Investitions-)Konkurrenz der Kapitalien.

Die schöne neue Welt dieses hochflexiblen Kapitalismus wurzelt in einer Logik des Geschäfts, die durch keine »sozialen« Regeln der Quersubventionierung mehr abgemildert wird. Sind wir bisher in einer Gesellschaft aufgewachsen, die Vollbeschäftigung suggerierte und für jeden einen Arbeitsplatz in einer Organisation bereitstellte, so werden wir uns mehr und mehr darüber klar, daß das Prinzip Organisation, in welcher Form auch immer, realiter auf dem *Prinzip der Exklusion* und nicht auf dem Prinzip der Inklusion beruht. Wir sind Nichtmitglieder fast aller Organisationen dieser Gesellschaft, wie Niklas Luhmann diese Prinzip der Exklusion formuliert hat, und können von Glück sagen, wenn wir dennoch in einer dieser Organisationen Mitglied werden. Dieses Glück muß hart erarbeitet werden, ohne daß die neue Netzwerkökonomie verläßliche Kriterien liefern würde, wann welche Produzentenqualitäten für welche Kunden gebraucht werden.

Die Organisationen der Industriegesellschaft dienten zugleich zur Disziplinierung und Beschäftigung großer Teile der Gesamtbevölkerung. Von den Organisationen der kommenden Dienstleistungsgesellschaft wird man dies nicht mehr sagen können, da es jetzt nicht mehr auf Disziplinierung und Beschäftigung, sondern auf die geschäftstüchtige Mitübernahme unternehmerischer Verantwortung ankommt. Wir versuchen uns Mut zu machen, indem wir vom »neuen Unternehmertum« und von den »Chancen der Selbständigkeit« sprechen. Wir werden diesen Mut auch brauchen. Und vielen wird er nichts nutzen.

Die »Dienstleistungsgesellschaft«

Nichtsdestotrotz stecken in der sich abzeichnenden Dienstleistungsgesellschaft und ihrer neuen Unternehmenskultur auch Chancen. Schon das Wort der »Dienstleistungsgesellschaft« ist so gewählt, daß der Blick auf diese Chancen gerichtet wird, obwohl niemand weiß, wie diese Gesellschaft tatsächlich aussehen wird.

Wenn man das Stichwort der Dienstleistung ernst nimmt und wenn man es mit den Regeln der Einfachheit, der Autonomie und der kulturellen Führung in einen Zusammenhang setzt, kann man den Eindruck haben, daß die Dienstleistungsgesellschaft nicht mehr wie noch die Industriegesellschaft dem leeren Wahn des Fortschritts und des Wachstums in rein ökonomischen Größen folgen wird beziehungsweise folgen kann. Statt dessen wird sie die Wirtschaft *dem Gedanken der Dienstleistung unterstellen* und das bedeutet, daß in jeder Interaktion zwischen Anbieter und Kunde oder zwischen Produzent und Konsument nur diejenigen lokalen Bedürfnisse eine Chance haben, sich durchzusetzen und realisiert zu werden, auf die diese beiden Interaktionspartner sich einigen können. Vorbei sind die Zeiten der Massenproduktion, in denen rein technisch gegebene Möglichkeiten der Produktion ausgereizt werden konnten und einem durch Marketing paßgerecht formierten Massenpublikum schmackhaft gemacht wurden.

Eine Dienstleistung kommt nur zustande, wenn der Kunde an ihrer Produktion beteiligt werden kann. Damit ist er zum einen eingebunden, zum anderen jedoch auch der Produzent an ihn gebunden. Wenn man optimistisch sein möchte, kann man hier die Bedingung dafür sehen, daß es der Gesellschaft gelingt, sich *über ihren eigenen Zuständen zu schließen*, weil sie jetzt in den Konsumenten/Produzenten-Fraktalen über genügend Sensoren verfügt, die es ihr erlauben, diese Zustände zur Kenntnis zu nehmen.[26] Diese »Schließung« der Gesellschaft bedeutet nichts anderes als die Einsicht in ihre ungewisse Zukunft, in ihre Unbestimmtheit und in ihre Unberechenbarkeit.

Bis jetzt, das dürfen wir nicht vergessen, bewegen wir uns noch auf der Vertikalen eines exponentiell explodierenden Systems der industriellen Ausbeutung knapper Energieressourcen.[27] Es mag von der Unternehmenskultur zu viel erwartet sein, hier eine Korrektur zu leisten. Aber in einer unternehmerischen Gesellschaft scheint diese Erwartung auch nicht ganz fehl am Platze zu sein.

Nach der Einführung der Schrift und des Buchdrucks hat vielleicht nichts die Gesellschaft so destabilisiert wie die Einführung der Industrie. Das gilt um so mehr, als sie mit ihrer strikten Trennung von Produktion und Konsum genügend Anlässe bot, alle Laster der Produktion mit Hinweis auf die Bedürfnisse des Konsums und alle Untugenden des Konsums mit Hinweis auf das Angebot der Produktion zu *entschuldigen*. Die klassische hierarchische Organisation tat ein übriges, um die Differenz zwischen Produktion und Konsum auszubeuten und zu verstärken, in Wirtschaftsunternehmen ebenso wie in staatlichen Behörden, Schulen, Universitäten und Theatern.

Die Dienstleistung bringt genau hier eine *Korrektur*. Sie führt Konsum und Produktion wieder zusammen, macht die klassischen Muster der Entschuldigung unbrauchbar und hebt damit eine Differenz

26 Heinz von Foerster hat diese Schließung zur Bedingung dafür gemacht, dass der Kollaps der Menschheit vermieden werden kann. Siehe Heinz von Foerster, KybernEthik, Berlin: Merve, 1993, S. 172 f.

27 Siehe nur Rolf Peter Sieferle, Rückblick auf die Natur: Eine Geschichte des Menschen und seiner Umwelt. München: Luchterhand, 1997.

auf, die für die moderne Gesellschaft konstitutiv war. Es ist bemerkenswert, daß die Wirtschaft hier einmal nicht für eine weitere Destabilisierung, sondern für die Korrektur verantwortlich ist. Vielleicht ist dies der Grund dafür, daß Managementmodelle der Wirtschaft auch in anderen Bereichen der Gesellschaft attraktiv werden, in der Politik, in der Erziehung, in der Wissenschaft, in Recht, Kunst und Kultur. Vielleicht bietet dies jedoch auch umgekehrt die Chance, daß Unternehmen von anderen Organisationen, von Universitäten, Theatern oder Fußballvereinen, lernen, welche Möglichkeiten der Kommunikation unter Mitarbeitern und mit Kunden es gibt, von denen sich die Wirtschaft bisher nichts träumen ließ.

Wirtschaftliche Effizienz liegt hier auf einer Linie mit gesellschaftlicher Verantwortung. Man steht so vor dem überraschenden Ergebnis, daß die Frage nach der wirtschaftlichen Effizienz einer Unternehmenskultur von nicht unerheblicher gesellschaftspolitischer Relevanz ist. Das ist um so bemerkenswerter, als diese Frage nach möglichen Unternehmenskulturen gleichzeitig nicht nur ein Diagnoseinstrument verschiedener gesellschaftlicher Zustände, sondern auch ein Instrument des strukturellen Wandels dieser Gesellschaft und damit ihrer evolutionären Selbststeuerung ist. Die Suche nach einer einfachen, autonomen und kulturell geführten Unternehmensorganisation kann daher nicht nur Manager und Betriebswirte interessieren, sondern sie muß für jeden von Bedeutung sein, der an der Idee einer gegenüber ihren eigenen Zuständen *kritischen* Gesellschaft festhält.

Ausgangspunkte einer soziologischen Managementlehre

Warum Soziologie?

Auf den ersten Blick spricht wenig dafür, ausgerechnet auf soziologischer Grundlage eine Managementlehre auszuarbeiten. Bisher ist die Soziologie, mit wichtigen Ausnahmen,[1] nicht durch eine elaborierte Managementforschung aufgefallen. Auch gehört das Management zu den wenigen Themen, zu denen sich bei den soziologischen Klassikern kaum etwas findet und zu denen auch die neuere soziologische Theorie, mit der wichtigen Ausnahme der Netzwerktheorie,[2] nur selten gearbeitet hat. Man müßte die soziologische Literatur relativ mühsam unter Stichworten wie Verwaltung,[3] Führung[4] und Organisation[5] durchsehen, um das durchaus vorhandene soziologische Wissen zum Thema Management zusammenzustellen, und hätte es dann immer noch nicht mit einer eigenständigen Soziologie des Managements zu tun.

Es wäre einen eigenen Artikel wert, über diese Zurückhaltung der Soziologie gegenüber einem für die moderne Gesellschaft nicht unwichtigen Thema nachzudenken. Eine entscheidende Rolle spielt sicherlich, daß es schwerfällt, dem Management im Schnittfeld von Industriesoziologie, Organisationssoziologie und Wirtschaftssoziologie zu einem eigenen Profil zu verhelfen. Es scheint jeweils im blin-

1 Siehe etwa Sir Geoffrey Vickers, Towards a Sociology of Management. New York: Chapman & Hall, 1967; Luc Boltanski, Die Führungskräfte: Die Entstehung einer sozialen Gruppe. Aus dem Französischen von Hella Beister. Frankfurt am Main: Campus, 1990; Michel Crozier, L'entreprise à l'écoute: Apprendre le management post-industriel. Paris: Seuil, 1994; Gill Palmer, Stewart Clegg (Hg.), Constituting Management: Markets, Meanings, and Identities. Berlin: de Gruyter, 1996.

2 Siehe Harrison C. White, Agency as Control. In: John W. Pratt und Richard J. Zeckhauser (Hg.), Principles and Agents: The Structure of Business. Boston, Mass.: Harvard Business School, 1985, S. 187-212; ders., Identity and Control: A Structural Theory of Action. Princeton, NJ: Princeton UP, 1992, S. 92 ff.

3 Zum Beispiel Max Weber, Wirtschaft und Gesellschaft: Grundriß der verstehenden Soziologie. 5., rev. Auflage, Studienausgabe. Tübingen: Mohr, 1972, 125 ff. und 551 ff.

4 Zum Beispiel Niklas Luhmann, Funktionen und Folgen formaler Organisation. Mit einem Epilog 1994, 4. Auflage. Berlin: Duncker & Humblot, 1995, S. 213 ff. und 206 ff.

5 Zum Beispiel Charles Perrow, Complex Organizations: A Critical Essay. 3. Auflage New York: McGraw-Hill, 1986.

den Fleck der diese Soziologien fundierenden Unterscheidungen lokalisiert werden zu müssen: also dort, wo die Industrie vorausgesetzt werden muß, damit das Kapital den Mehrwert der Arbeit abschöpfen kann; dort, wo die Kontingenz der Umwelt transformiert wird in notwendige Vorgaben für die Organisation; und dort, wo Geld, Eigentum und Markt zu Recheneinheiten eines organisierten Sozialsystems werden. Fast hat man den Eindruck, daß das Management jene Agentur einer kapitalistischen Gesellschaft ist, die die Soziologie nicht sehen will, weil sie sich zu schnell dafür entschieden hat, diese Gesellschaft nicht als riskante Praxis, sondern als bereits entschiedene Struktur und sinnstiftende Semantik zu untersuchen.

Wir haben uns hier trotzdem dafür entschieden, die Soziologie für die Ausarbeitung einer Managementlehre zu Rate zu ziehen, weil die Soziologie am ehesten geeignet ist, eine der wichtigsten Überlegungen der neueren Managementforschung einer näheren Untersuchung zu unterziehen, nämlich die Entdeckung, daß Management sich weder in technischen Fragen der Problemlösung noch in ökonomischen Fragen der Kostenrechnung, noch in psychologischen Fragen der Motivation erschöpft, sondern darüber hinaus *als Kommunikation* zu begreifen ist.[6]

Wenn man davon ausgeht, wie wir dies hier tun, daß Management zum einen als Koordinationsaufgabe zu verstehen ist und zum anderen als Wahrnehmung dieser Koordinationsaufgabe im Schnittpunkt technischer Effektivität und ökonomischer Effizienz, dann stellt sich primär die Frage, wie es dem Management gelingt, Ideen der Effektivität und Effizienz in einem Organisationszusammenhang durchzusetzen, der, überließe man ihn seiner eigenen Dynamik, möglicherweise zu nach innen sozialverträglicheren und nach außen rücksichtloseren Koordinationen neigt als zu denen, die ein Management für wünschenswert hält. Das Management arbeitet mit Mitteln der Kooperation und des Konfliktes. Und es arbeitet deswegen mit diesen Mitteln, weil es sich gegen die Kooperationstendenzen und Konfliktneigungen der Organisation erst einmal durchsetzen muß. Das aber bedeutet, daß es ihm gelingen muß, in einer Organisation,

6 Siehe Peter F. Drucker, Management: Tasks, Responsibilities, and Practice. London: Harper & Row, 1973; Arnold Picot, Ralf Reichwald und Rolf T. Wigand, Die grenzenlose Unternehmung. Information, Organisation und Management: Lehrbuch zur Unternehmensführung im Informationszeitalter. Wiesbaden: Gabler, 1996, S. 69 ff.; Alfred Kieser, Über die allmähliche Verfertigung der Organisation beim Reden: Organisieren als Kommunizieren. In: Industrielle Beziehungen 5 (1998), S. 45-75.

die ihre eigenen kommunikativen Gleichgewichte sucht und findet, die eigenen normativen Vorgaben zu kommunizieren, die auf andere Gleichgewichte, beziehungsweise, genauer gesagt, auf die Ausbeutung eines Ungleichgewichts zwischen den tatsächlichen Zuständen und den gewünschten Zuständen der Organisation, zielen.

Wir sprechen in diesem Zusammenhang von Kommunikation, weil wir es hier in der dauernden Auseinandersetzung zwischen den unterschiedlichen Mitarbeitern der Organisation, zwischen Vorgesetzten und Untergebenen, zwischen Designern und Technikern, zwischen Kostenrechnern und Strategen, zwischen Kunden und Verkäufern, zwischen Lieferanten und Einkäufern, zwischen Vorstand und Aufsichtsrat, zwischen Betriebsräten und Personalentwicklern und so weiter und so fort mit einem dauernden Streit darüber zu tun haben, was unter technischer Effektivität und ökonomischer Effizienz überhaupt zu verstehen ist und wie man sich eine Koordination vorstellen kann, die unvereinbare Gesichtspunkte unter einen Hut bringen muß. Das ist das Milieu, in dem sich das Management bewegt. Es kann sich in diesem Milieu nur bewegen, indem es die vielfältige Sprache der Organisation aufnimmt und in dieser Sprache eine eigene Sprache zu sprechen beginnt, die vor allem darin besteht, einzelnen Fragen und Gesichtspunkten »Prominenz« zuzuweisen,[7] und zwar so zuzuweisen, daß andere Fragen und Dinge dadurch nicht abgewertet, sondern funktional gleichwertig situativ nachgewertet werden – mit dem Blick darauf, daß in anderen Situationen andere Prominenzen gelten werden.

Kommunikation, technisch formuliert,[8] ist die rekursive Produktion eines Auswahlbereiches möglicher Mitteilungen durch Mitteilungen, deren Informationswert darin besteht, eine bestimmte der in diesem Auswahlbereich möglichen Mitteilungen zu sein. In technischen Zusammenhängen ist der Auswahlbereich definiert (zum Beispiel durch die Anzahl der Buchstaben, aus denen ein Wort zusammengesetzt sein kann), in sozialen Zusammenhängen variiert jede Mitteilung den als Kontext dieser Mitteilung beobachteten Auswahlbereich. An diesen Kommunikationsbegriff schließt eine epistemologische Literatur an,[9] die diesen Begriff zum einen über den Bereich

7 So Luhmann, Funktion und Folgen formaler Organisation. A. a. O., S. 87.

8 Nämlich im Sinne von Claude E. Shannon und Warren Weaver, The Mathematical Theory of Communication. Urbana, Ill.: Illinois UP, 1963.

9 Siehe etwa Jurgen Ruesch und Gregory Bateson, Communication: The Social Matrix of Psychiatry. New York: Norton Reprint, 1987; Anthony Wilden, System and Struc-

menschlicher Sprache und Gesten hinaus generalisiert und die zum anderen darauf hinweist, daß Kommunikation erst dann zustande gekommen ist, wenn ein Hörer eine (genauer: seine) Unterscheidung zwischen der Mitteilung und dem Auswahlbereich der Mitteilungen vorgenommen hat.

Die Mitteilung des Sprechers ist noch keine Kommunikation. Erst die Beobachtung und Interpretation dieser Mitteilung im Kontext möglicher anderer Mitteilungen macht aus der Mitteilung eine Kommunikation. Und da der Sprecher nicht wissen kann, in welchem Kontext der Hörer ihn beobachtet, kann er so wenig wissen, wie er verstanden wird, wie der Hörer wissen kann, wie der Sprecher verstanden werden wollte. Der Sprecher muß abwarten, wie der Hörer reagiert, um dann seinerseits in der Rolle des Hörers sein zu können und Rückschlüsse auf die gelaufene Kommunikation ziehen zu können. Deswegen kommt Kommunikation *nur rekursiv* zustande. Und deswegen setzt sie die *Differenz mindestens zweier Auffassungsperspektiven* zwingend voraus.

Es ist auch in der Soziologie, die traditionell eher mit Rollen-, Norm- und Handlungsbegriffen arbeitet, nicht üblich, auf einen Grundbegriff der Kommunikation zurückzugehen,[10] obwohl bereits Max Webers und Talcott Parsons' Handlungsbegriff in dem Sinne auf Kommunikation zurückverwiesen, als eine Handlung durch ihren »gemeinten Sinn« und durch ihre »Orientierung an der Situation« und in diesem Sinne durch einen sozialen Austausch zwischen einem Verhalten und seiner Interpretation konstituiert wurde.[11] Erst der Anschluß soziologischer Theoriebildung an konstruktivistische Epistemologien führte dazu, daß der Kommunikationsbegriff als Begriff für die Beschreibung der *Konstruktion des Auswahlbereiches möglicher Mitteilungen durch rekursive Mitteilungen* ernst genommen und für die Analyse *verschiedener sozialer Systeme einschließlich der Gesellschaft* fruchtbar gemacht wurde.[12] Jedes System ist ein Auswahlbe-

ture: Essays in Communication and Exchange. London: Tavistock Publ., 1972; Heinz von Foerster, Epistemologie der Kommunikation. In: ders., Wissen und Gewissen: Versuch einer Brücke. Frankfurt am Main: Suhrkamp 1993, S. 269-281.

10 Siehe jedoch Jürgen Habermas, Die Theorie des kommunikativen Handelns, 2 Bde. Frankfurt am Main: Suhrkamp, 1981; und Niklas Luhmann, Soziale Systeme: Grundriß einer allgemeinen Theorie. Frankfurt am Main: Suhrkamp, 1984.

11 So Max Weber, Wirtschaft und Gesellschaft. A. a. O., S. 1; und Talcott Parsons und Edward A. Shils (Hg.), Toward a General Theory of Action. Cambridge, Mass.: Harvard UP, 1951.

12 So Niklas Luhmann, Soziale Systeme. A. a. O.; und ders., Die Gesellschaft der Gesellschaft. Frankfurt am Main: Suhrkamp, 1997, insbes. S. 36 ff.

reich möglicher Mitteilungen, ein Auswahlbereich allerdings, der nicht ein für alle Mal gegeben und definiert ist, sondern der durch die Mitteilungen, die in ihm getroffen und verstanden werden, immer wieder neu und immer wieder anders konstituiert wird – und dies, ohne daß die Teilnehmer wüßten, worin der Auswahlbereich jeweils besteht und was es mit der Dynamik der Mitteilungen auf sich hat.

Das ist das Hintergrundverständnis von *Soziologie*, das wir für die Managementlehre fruchtbar zu machen versuchen. Es beruht auf dem Grundbegriff der Kommunikation, es ist abgestimmt mit der konstruktivistischen Epistemologie, vor allem dem Formkalkül, dem Autopoiesisbegriff und der Kybernetik zweiter Ordnung,[13] und es nimmt die Anregung der Philosophie der Dekonstruktion auf,[14] jede Sinnkonstitution in dem Sinn für »unmöglich« zu halten, in dem die Unterscheidung zwischen einer Mitteilung und ihrem Auswahlbereich immer prekär ist, der Auswahlbereich immer unklar ist und die Unterscheidung selbst nur auf die Differenz zwischen Hörer und Sprecher und damit auf ein Spiel, einen Nachtrag, einen Aufschub zugerechnet werden kann. Der Kommunikationsbegriff informiert die Soziologie, anders gesagt, mit allen Fragen der Nichttrivialität, Unbestimmtheit, Unberechenbarkeit und Unvorhersehbarkeit, die der Gegenstand der Epistemologie in der zweiten Hälfte des zwanzigsten Jahrhunderts sind. In dieser Fassung ist er für die Soziologie attraktiv; und in dieser Fassung ist die Soziologie für die Managementlehre attraktiv.

Die folgenden Überlegungen konzentrieren sich darauf, einige *Ausgangspunkte einer soziologischen Managementlehre* zu skizzieren. Es geht eher um einen Blick in den Handwerkskasten, den die Soziologie der Managementlehre zur Verfügung stellen kann, als bereits um eine Ausarbeitung dieser Grundgedanken zu einer Soziologie des Managements. Die Grundgedanken geben, wenn man diese Unterscheidung machen kann, die Referenzen an, die für die Ausarbeitung einer Managementlehre relevant sein werden, lassen diese selbst jedoch inhaltlich eher noch unbestimmt.

13 Siehe George Spencer-Brown, Laws of Form: Gesetze der Form. Aus dem Englischen von Thomas Wolf. Lübeck: Bohmeier, 1997; Humberto R. Maturana und Francisco J. Varela, Autopoiesis and Cognition: The Realization of the Living. Dordrecht: Reidel, 1980; und Heinz von Foerster, Wissen und Gewissen: Versuch einer Brücke. Frankfurt am Main: Suhrkamp, 1993.

14 Im Sinne von Jacques Derrida, Randgänge der Philosophie. Hg. von Peter Engelmann. Wien: Passagen, 1988.

Der Tonfall der hier formulierten Grundgedanken ist apodiktisch. Die Aussagen dieses Textes haben den Charakter von statements. Sie entwickeln eine Dogmatik, die davon ausgeht, daß das Potential soziologischer System- und Netzwerktheorien sowie der Komplexitätsforschung und der Evolutionstheorie in der Managementforschung bisher kaum gesehen wird, geschweige denn ausgeschöpft ist. Dieser Tonfall ist nur zu entschuldigen, wenn man die Dogmatik als Teil einer Lehre nimmt, die Sicherheit und Unsicherheit zugleich schaffen will: die Sicherheit, sich bis auf weiteres an eine bestimmte Absicht, einige auch anderweitig bereits fruchtbare Ressourcen, vier Basisunterscheidungen, vier Systemreferenzen, ein Maschinenmodell, eine Pragmatik und ein bestimmtes Verständnis der aktuellen Herausforderungen an das Management halten zu können, und die Unsicherheit, wie dies im Einzelfall zu leisten ist. Es handelt sich nicht um eine geschlossene Managementtheorie, sondern um mögliche Ausgangspunkte einer Managementlehre und in diesem Sinne eher um das Handwerkszeug, die »tools«, als bereits um das Gesamtpanorama.

Diese Lehre bietet mannigfache Ansätze zu einer Ausarbeitung zu einer Managementtheorie. Daher versteht sie sich zugleich als Einladung zur Ausarbeitung einer Theorie, deren Quellcode, in der Sprache der Softwaredesigner gesprochen, hier offengelegt wird.

Organisation als soziales System

Der Ausgangspunkt einer soziologischen Managementlehre besteht darin, den blinden Fleck bisheriger betriebswirtschaftlicher und managementphilosophischer Lehren auszuleuchten und die *Organisation als soziales System* in den Mittelpunkt von Überlegungen zur Neukonzeption der Aufgaben von general management, Unternehmensführung, Organisationsentwicklung und corporate governance zu rücken. Konzentriert sich die Betriebswirtschaftslehre auf den Versuch, *rationale* Formen der Unternehmensführung zu finden und zu optimieren,[15] und die Managementphilosophie auf den Versuch, das dabei übersehene *Motivationsproblem* zum Fokus der Unterneh-

15 So Erich Gutenberg, Die Unternehmung als Gegenstand betriebswirtschaftlicher Theorie. Berlin: Spaeth & Linde, 1929; ders., Grundlagen der Betriebswirtschaftslehre, Bd. 1: Die Produktion. 24. Auflage Berlin: Springer, 1983.

mensführung zu machen,[16] so startet die soziologische Managementlehre mit der Einsicht, daß sowohl rationale Optimierung als auch Motivation im Kontext eines organisierten Sozialsystems stattfinden und somit die Eigentypik dieses Sozialsystems zur Kenntnis genommen werden muß.[17] Dies ist um so wichtiger, als eine der wichtigsten Aufgaben jeden Managements darin besteht, die *Differenz* zwischen Organisationssystem und Umwelt *im* System verfügbar und fruchtbar zu machen.[18] Das Management muß sich daher darüber im klaren sein, welche Fassung es dieser Differenz geben will.

Grundsätzlich ist die Differenz zwischen Organisation und Wirtschaft, die die Betriebswirtschaftslehre betreut, ebenso relevant wie die Differenz zwischen der Organisation und den psychischen Systemen der Mitarbeiter, die die Managementphilosophie im Blick hat. Je mehr Management jedoch auch außerhalb von Unternehmen für eine Form der Problemlösung gehalten wird, desto mehr muß die Managementlehre in der Lage sein, *Differenzen zu anderen Funktionssystemen* (Politik, Recht, Kunst, Sport, Militär, soziale Hilfe, Religion, Erziehung, Wissenschaft) in ihrer Spezifik in den Blick zu nehmen, soweit mit diesen Differenzen Organisationen (Parteien, Behörden, Gerichte, Rechtsanwaltsbüros, Museen, Galerien, Sportvereine und -verbände, subnationale, nationale und internationale militärische Einheiten, Fürsorgeeinrichtungen, Kirchen und Sekten, Schulen, Forschungsinstitute und Universitäten) arbeiten, die sich für Managementtechniken interessieren.

Darüber hinaus wird jede Managementlehre noch stärker als bisher die Differenzen zwischen *Organisation und Gesellschaft* insgesamt sowie zwischen *Organisation und Natur* im weitesten Sinne für Managementansätze verfügbar und fruchtbar machen müssen, um technologische, kulturelle, ethische und ökologische Fragestellungen behandeln zu können. Eine soziologische Managementlehre ist methodisch und theoretisch in der Lage, die hierzu relevanten Fragen

16 Seit Thomas J. Peters und Robert H. Waterman, Auf der Suche nach Spitzenleistungen: Was man von den bestgeführten US-Unternehmen lernen kann. Aus dem Amerikanischen von Hartmut Reddmann, 3. Auflage. München: mvg-Verlag, 1991.

17 Siehe Niklas Luhmann, Die Kontrolle von Intransparenz. In: Heinrich W. Ahlemeier und Roswita Königswieser (Hg.), Komplexität managen: Strategien, Konzepte und Fallbeispiele. Wiesbaden: Gabler, 1997, S. 51-76; ders., Organisation und Entscheidung. Opladen: Westdeutscher Verlag, 2000.

18 Siehe Dirk Baecker, Die Form des Unternehmens. Frankfurt am Main: Suhrkamp, 1993; ders., Postheroisches Management: Ein Vademecum. Berlin: Merve, 1994; ders., Organisation als System. Frankfurt am Main: Suhrkamp, 1999.

stellen und im Austausch mit betroffenen Organisationen sowie auf dem Wege einer wissenschaftlich kontrollierten Begleitforschung Antworten erkunden zu können.

Eine soziologische Managementlehre setzt zunächst *jenseits von Kalkül und Technik* an. Sie unterwirft ihr Verständnis der Steuerung und unternehmerischen Gestaltung einer Organisation weder der Perspektive der Betriebswirtschaftswissenschaft noch der Perspektive der Betriebsingenieurwissenschaft. Sondern sie begreift diese beiden Perspektiven als Optionen der Gestaltung einer Organisation. Sie löst die Selbstverständlichkeit und Komplementarität dieser beiden Perspektiven auf und führt sie als Gegenstand von Entscheidungen in die Organisation wieder ein. Es geht also nicht darum, Kalkül und Technik zu verabschieden und statt dessen irgendeine Form verläßlicher Gemeinschaftlichkeit zu propagieren. Sondern es geht darum, den Charakter der Naturwüchsigkeit und Naturgesetzlichkeit dieser beiden Perspektiven aufzulösen und die bislang selbstverständlichen Voraussetzungen des Organisierens von Organisationen sowohl selbstkritisch zu beobachten als auch mit möglichen anderen Optionen zu vergleichen.

Fünf Ressourcen

Das Konzept der soziologischen Managementlehre greift für die Bearbeitung dieser Fragen auf fünf *Ressourcen* zurück, die sich zum Teil unabhängig voneinander, zum Teil in engem Austausch miteinander in den letzten fünfzig Jahren entwickelt haben und zu denen weit gefächerte Erfahrungen vorliegen, die erst in Ansätzen für die Organisations- und Managementforschung fruchtbar gemacht worden sind:

– die aus der Gruppendynamik (Kurt Lewin u. a.) entstandene Idee der *Organisationsentwicklung* im Verbund mit der human relations-Forschung des britischen Tavistock Instituts (Tom Burns, George M. Stalker, Philip G. Herbst, Manfred F. R. Kets de Vries u. a.),
– die aus der Palo Alto-Schule (Gregory Bateson, Paul Watzlawick u. a.) enstandene Theorie und Praxis der *soziologischen Familientherapie* (vor allem die Mailänder und die Heidelberger Schule: Mara Selvini-Palazzoli, Helm Stierlin u. a.),
– die mit Anregungen der allgemeinen Systemtheorie (Gregory

Bateson, Heinz von Foerster, Humberto R. Maturana, Francisco J. Varela) arbeitende *soziologische Systemtheorie* (Niklas Luhmann, Helmut Willke u. a.),
- eine *allgemeine Organisationstheorie* (Herbert A. Simon, James G. March, Karl Weick, Niklas Luhmann, Günther Ortmann), die an »Revisionen der Rationalität« arbeitet, sowie
- eine *Gesellschaftstheorie* (Niklas Luhmann, Gilles Deleuze/Félix Guattari, Harrison C. White), die an ökologischen, evolutionären und heterarchischen Modellen der Gesellschaft arbeitet und damit Ordnungsmodelle entwirft, die bestimmte alteuropäische Erkenntnisstile (insbesondere die Ontologie, den Humanismus und die Geschichtsphilosophie) zugunsten von konstruktivistischen Epistemologien überarbeiten.

Eine solche Managementlehre ist nicht ohne Vorbilder. Insbesondere die Kybernetik Stafford Beers und seiner Schüler sowic dic St. Gallener Unternehmenslehre von Hans Ulrich, Gilbert J. B. Probst und Fredmund Malik sind hier zu erwähnen.[19] Doch die Kybernetik Stafford Beers ist weitgehend eine Kybernetik erster Ordnung, die nur von beobachteten, aber nicht von beobachtenden Systemen spricht, und die Unternehmenslehre der St. Gallener konzentriert sich so frühzeitig auf die holistischen Aspekte systemischen Denkens, daß die für Managementfragen operativ wesentlich einschlägigeren Fragen der Systemdifferenzen eher unterbelichtet bleiben. Die hier entworfene soziologische Managementlehre beruft sich auf eine Kybernetik zweiter Ordnung à la Heinz von Foerster[20] und macht sowohl für Analysezwecke als auch für praktische Aufgaben der Beratung, Entscheidungsfindung und Gestaltung das Instrument des Formenkalküls von George Spencer-Brown verfügbar.

19 Siehe Stafford Beer, Brain of the Firm. 2. Auflage Chichester: Wiley, 1981; Raúl Espejo und Roger J. Harnden (Hg.), The Viable System Model: Interpretations and Applications of Stafford Beer's VSM. Chichester: Wiley, 1989; sowie Hans Ulrich und Gilbert J. B. Probst, Anleitung zum ganzheitlichen Denken und Handeln: ein Brevier für Führungskräfte. 2. Auflage Bern: Haupt, 1990; Fredmund Malik, Strategie des Managements komplexer Systeme: Ein Beitrag zur Management-Kybernetik evolutionärer Systeme. Bern: Haupt, 1992; ders., Führen, Leisten, Leben: Wirksames Management für eine neue Zeit. Stuttgart: Deutsche Verlagsanstalt, 2000.

20 Siehe Heinz von Foerster, Wissen und Gewissen. A. a. O.; sowie ders., KybernEthik. Berlin: Merve, 1993.

Vier Unterscheidungen

Die Grundidee einer soziologisch orientierten Managementlehre besteht darin, die *Funktion des Managements* im Kontext eines Organisationsverständnisses zu beschreiben, das weder mit Organismus- noch mit Technikanalogien arbeitet und dementsprechend auch bestimmte Rationalitätsprämissen hinter sich läßt. Die klassischen Unterscheidungen von Teil/Ganzes, Mittel/Zweck und Ursache/Wirkung werden ersetzt durch die Unterscheidungen von System/Umwelt, Medium/Form, Operation/Beobachtung und Variation/Selektion/Retention, das heißt durch eine systemtheoretische, medientheoretische, kognitivistische und evolutionstheoretische Perspektive.

In der Konsequenz läuft das darauf hinaus, die Idee der *rationalen Organisation* durch die Idee der *intelligenten Organisation* zu ergänzen. Ebenso wie die Idee der rationalen Organisation erhebt auch die Idee der intelligenten Organisation nicht nur deskriptive, sondern auch normative Ansprüche. Sie führt externe Gesichtspunkte der Organisationsgestaltung in die Organisation ein und ernennt das in der Organisation tätige Management zum Sachwalter dieser externen Gesichtspunkte. Ein in diesem Sinne intelligentes Organisationsmanagement greift auf *zweckrationale* Gesichtspunkte (Effizienz und Effektivität) ebenso zurück wie auf *wertrationale* Gesichtspunkte (Verantwortung und Nachhaltigkeit), führt jedoch überdies *systemrationale* Gesichtspunkte ein, die Auswirkungen der Organisation auf die Umwelt und damit wieder zurück auf die Organisation in den Operationen der Organisation in Rechnung zu stellen versuchen. Die Systemrationalität interpretiert wertrationale Gesichtspunkte aus dem Blickwinkel der Zweckrationalität und umgekehrt und sucht für die daraus entstehenden Spannungslagen nach lokal sinnvollen und global viablen Lösungen.

Die genannten Unterscheidungen haben weitreichende Konsequenzen für die Managementlehre:

Aus dem Blickwinkel der *System/Umwelt-Unterscheidung*, die für eine soziologisch orientierte Managementlehre grundlegend ist, hat das Management die *Funktion der Beobachtung der Grenze des Organisationssystems*. Diese Grenze muß von Ereignis zu Ereignis der Systemautopoiese neu gezogen, bestätigt und variiert werden. Da die Organisation selbst für diese Grenze verantwortlich ist und das Management komplexitätsbedingt nur Ausschnitte der Organisation zur Kenntnis nehmen kann, kann man das Management als eine Form der Wiedereinführung der Grenze des Systems in das System zwecks Beobachtung dieser Grenze beschreiben. Diese wiedereingeführte Grenze ist nicht identisch mit der Grenze selbst: Sie repräsentiert die Grenze (Spencer-Browns »marker«), muß jedoch offenlassen, inwieweit die Repräsentation das Repräsentierte (Spencer-Browns »cross«) trifft. Sofern im System mehrere Managementkonzepte miteinander konkurrieren, verfügt das System über mehrere Versionen seiner Grenze zur Umwelt, das heißt über mehrere mehr oder minder kompatible »regulative Ideen« zur Steuerung der eigenen Reproduktion.

Neben der »Grenze« sind auch das in das System wiedereingeführte »System« und die in das System wiedereingeführte »Umwelt« des Systems nicht identisch mit dem durch die Organisationsgrenze tatsächlich konstituierten System und der durch dieses System ausgegrenzten Umwelt. Sowohl das »System« als auch die »Umwelt« dieser Wiedereinführung sind »enacted« im Sinne von Karl Weick:[21] enacted systems und enacted environments. Daraus ergibt sich für die Managementlehre die Aufgabe, das Management mit der Fähigkeit zu versorgen, die Differenz zwischen wiedereingeführter System/Umwelt-Differenz und konstituierender System/Umwelt-Differenz zu beobachten, selbst wenn diese Beobachtung es wiederum nur mit einer wiedereingeführten Differenz zu tun haben kann. In jedem Fall wird die Managementfunktion im System ausdifferenziert zur Wiedereinführung der Systemdifferenz in das System und zur Präparierung dieser Systemdifferenz für die Zwecke der Beobachtung zweiter Ordnung im System. Das muß der einzelne Manager nicht wissen. Es genügt, das er sich dementsprechend verhält. Denn dann kann die Organisation diese Differenz beobachten, wie immer sie das auch tun mag.

Die *Medium/Form-Differenz* macht darauf aufmerksam, daß das Management, was immer es konkret tut, gleichzeitig die Bedingungen der eigenen Möglichkeit schafft, das heißt die eigene Möglichkeit bestätigt, ausweitet oder einschränkt. Denn jedes Management hat die Form einer Entscheidung, die anschließend Teil des Pools möglicher Managemententscheidungen wird, aus dem sich weitere Managemententscheidungen bedienen können. Der Begriff des »Mediums« bedeutet hier im Anschluß an Fritz Heider eine lose ge-

21 Siehe Karl E. Weick, Der Prozeß des Organisierens. Aus dem Amerikanischen von Gerhard Hauck. Frankfurt am Main: Suhrkamp, 1985.

koppelte Menge von Möglichkeiten, die vorausgesetzt werden muß, damit eine bestimmte Form als feste Kopplung zwischen einigen dieser Möglichkeiten zustande kommen kann.[22] In diesem Sinne schafft jede Managemententscheidung in dem Maße, in dem sie erfolgreich oder erfolglos ist, zugleich das Medium, auf das weitere Managemententscheidungen zurückgreifen können. Diese Perspektive ist geeignet, die Pfadabhängigkeit und Strukturdeterminiertheit des Managements zu beschreiben, das heißt die gleichsam unwillkürliche Produktion einer eigenen Geschichte, die dann mitbedingt, was anschließend noch möglich ist. Diese Perspektive ist jedoch auch geeignet, die Frage nach dem Innovationspotential von Management zu stellen, das heißt nach dem Zwang und der Möglichkeit, andere als die bereits bekannten festen Kopplungen (Formen) einer Managemententscheidung zu finden.

Interessant ist diese Perspektive nicht zuletzt deswegen, weil das Medium des Managements offensichtlich nicht auf den Möglichkeitenpool einer bestimmten Organisation begrenzt ist, sondern über deren Grenzen hinausreicht. Das heißt, es ist nicht nur möglich, für die Form einer Managemententscheidung in einer Organisation von Formen anderer Managemententscheidungen in anderen Organisationen zu »lernen«, sondern es greifen hier auch *gesamtgesellschaftliche* und *wirtschaftliche* sowie sogenannte »*populationsökologische*«[23] Restriktionen und Konditionierungen des Mediums durch bewährte oder experimentelle Formen des Managements.

Die Perspektive der *Differenz zwischen Operation und Beobachtung* macht darauf aufmerksam, daß jede Managemententscheidung nicht nur so oder so befolgt, sondern auch beobachtet wird. Auf der Ebene der Beobachtung von Managemententscheidungen erzielt das Management unter Umständen ganz andere, teils gewollte, teils ungewollte Effekte in der Organisation als auf der Ebene der Befolgung seiner Entscheidungen. Und selbst dort, wo eine Entscheidung befolgt wird, wird zugleich beobachtet, was befolgt wird, so daß sich mit der Befolgung die Chancen für die Befolgung weiterer Managemententscheidungen bestätigen oder verbessern, aber auch verschlechtern können. Dies macht deutlich, daß eine soziologisch orientierte Managementlehre die Organisation als Terrain der *Beobachtung*

22 Siehe Fritz Heider, Ding und Medium. In: Symposion. Philosophische Zeitschrift für Forschung und Aussprache 1 (1926), S. 109-157.

23 Im Sinne von Michael T. Hannan und John Freeman, Organizational Ecology. Cambridge, Mass.: Harvard UP, 1989.

zweiter Ordnung begreift, in dem sich Beobachter beim Beobachten beobachten, das heißt das Management seine Entscheidungen daran orientiert, was andere Mitarbeiter der Organisation tun und sehen, und zugleich die Mitarbeiter der Organisation ihre Handlungen und Kommunikationen daran orientieren, was das Management treibt. Man kann sogar so weit gehen, zu vermuten, daß das Management für genau diese Zwecke der Beobachtung zweiter Ordnung, das heißt für die Information der Organisation über die eigenen Zustände ausdifferenziert wurde und genau deswegen auch auf Handlungsfähigkeit festgelegt wird: Anhand der Beobachtung der Handlungen des Managements steuert sich die Kommunikation der Organisation, mit allen Implikationen für die Selbstsimplifizierung, die die Reduktion von Kommunikation auf Handlung mit sich bringt.

Zweitens bedeutet die Differenz zwischen Operation und Beobachtung im Kontext der Beobachtung zweiter Ordnung, daß sich die Organisation über sich selbst anhand nicht nur der Operationen und nicht nur der Beobachtungen des Managements, sondern auch anhand der Differenz zwischen Operation und Beobachtung informiert. Weniges ist für die Orientierung einer Organisation über die eigenen Möglichkeiten aufschlußreicher als die vielfach unvermeidbaren »*performativen Widersprüche*« zwischen deklarierten Absichten (zum Beispiel »offene Kommunikation«) und tatsächlichen Handlungen (zum Beispiel Sanktionierung unliebsamer Informationen). Und weniges legt das Management unerbittlicher fest als die Zumutung, die eigenen Operationen an den eigenen Beobachtungen zu orientieren. Da diese Zumutung empirisch unerfüllbar ist und genau dies in Organisationen auch bekannt ist, kann man vermuten, daß ganz wesentliche Mechanismen der Information einer Organisation über die eigenen Zustände in einer nicht zu einem eigenen Thema gemachten, aber ständig mitlaufenden Beobachtung des Grades der Abweichung zwischen Operationen und Beobachtungen liegt. Vermutlich pendeln sich Organisationen auf ein für alle Beobachter erträgliches und ein allen Beobachtern bekömmliches Maß der Abweichung ein und sanktionieren nur noch Abweichungen von dieser Abweichung.

Ferner bedeutet diese Differenz zwischen Operation und Beobachtung, daß es ein *temporales Gefälle* gibt zwischen Operationen, die immer »zuerst« geschehen, und Beobachtungen, die »dann erst« beobachten können, wie operiert worden ist. Eine Organisation ist der eigenen Kenntnis von sich operativ daher immer einen Schritt voraus. Man muß die Operationen einer Organisation kognitionstheoretisch zwar auch als »Beobachtungen« beschreiben, weil es auch hier darum geht, daß Unterscheidungen getroffen werden, aber dies sind Beobachtungen, von denen die Beobachtungen im Sinne der Selbstbeobachtung und Selbstbeschreibung (in der Form von Texten, Akten, Memoranden) der Organisation zunächst nichts wissen können. Wenn man so will, kann man hier von einem gewissen freudianischen Erbe der Systemtheorie sprechen, denn formuliert wird hier ja nur, daß ein System nicht wissen können kann, was es tut, wenn es in der Lage sein soll, tun zu können, was es tut. Es handelt erst und beobachtet sich dann, selbst wenn und gerade weil das Handeln für einen Beobachter eine Beobachtung ist, eine Unterscheidung. In diesem Sinne setzt Operationsfähigkeit Blindheit voraus. »Acting first and thinking later« ist dafür die Formulierung der Theorie strategischer Entscheidungen.[24] Dieser Formulierung schließt sich die hier skizzierte Managementlehre allerdings nicht an, um für einen entsprechenden Aktionismus zu plädieren, sondern um auf ein konstitutives Moment des Nichtwissens aufmerksam zu machen.

Nicht zuletzt ist eines der Derivate der Unterscheidung zwischen Operation und Beobachtung, nämlich die Idee der *Selbstbeschreibung*, geeignet, in der Managementlehre eine Theorie der Managementlehren mitlaufen zu lassen, inklusive, nota bene, einer Theorie der eigenen Managementlehre. Managementtheorien betriebswirtschaftlicher, beraterischer oder managementphilosophischer Provenienz sind zu Texten elaborierte Formen der Ausarbeitung der Selbstbeobachtung der Funktion des Managements in Organisationen. Sie sind systematisch Selbstbeschreibungen, die *externe Referenzen* auf »Zwecke« und »Ziele« oder auch nur »Möglichkeiten« der Organisation aufnehmen und nach Mitteln und Wegen suchen, diese externen Referenzen *in* der Organisation zur Geltung zu bringen. Man kann daher Managementlehren daraufhin beobachten, welche Selektion externer Referenzen sie vornehmen, und man kann sie daraufhin beobachten, welchen Unterschied sie für das Management einer Organisation in der Organisation machen. Hier schließt eine Reflexion auf den nicht nur theoretischen, sondern pragmatischen Stellenwert einer soziologischen Managementlehre an. Grundsätzlich

24 So William H. Starbuck, Acting First and Thinking Later: Theory Versus Reality in Strategic Change. In: Johannes M. Pennings (Hg.), Organizational Strategy and Change: New Views on Formulating and Implementing Strategic Decisions. San Francisco: Jossey-Bass, 1985, S. 336-372.

wird man davon ausgehen können, daß die Gesellschaftsgeschichte der Organisation vom entstandenen Medium des Managements ebenso abhängig ist wie von dem in Selbstbeschreibungen festgehaltenen und variierten Selbstverständnis des Managements. Man muß daher damit rechnen, daß auch die systemische Managementlehre einen Unterschied macht, und muß Kapazitäten zur Beobachtung dieses Unterschieds freihalten.

Die *Unterscheidung von Variation, Selektion und Retention* spielt auf das evolutionstheoretische Potential der Systemtheorie an. Solange es eine Evolutionstheorie der Organisation nur in Ansätzen und keinerlei Evolutionstheorie des Managements gibt, wird man mit mehreren Möglichkeiten experimentieren können, um diese Unterscheidung auf das Management anzuwenden. Zunächst fällt auf, daß das vorherrschende Managementverständnis alle drei evolutionären Mechanismen für sich in Anspruch nimmt: (a) das Management will Variationen in die Organisation einführen, neue Produkte, neue Technologien, neue Entscheidungsverfahren; (b) das Management will selegieren können, was an zufälligen Variationen in der Organisation auftritt und entweder für interessant und aussichtsreich oder für irreführend gehalten wird; und (c) nicht zuletzt will das Management verantwortlich sein für die Retention, die Restabilisierung einer selegierten Variation, das heißt für ihre Einpassung in bereits bestehende und aufrechtzuerhaltende Strukturen der Autopoiesis des Systems. Man kann vermuten, daß das Management sich mit einem Simultanspiel auf allen drei Ebenen der Evolution überfordert und daß das Management individueller Organisationen hier jeweils unterschiedliche Schwerpunkte setzt. Zugleich kann man jedoch auch vermuten, daß dieser Zugriff auf alle drei Ebenen der Evolution Ausdruck des Steuerungsoptimismus und der Kontrollillusionen des Managements ist. Und nicht zuletzt muß man vermuten, daß dieser Simultanzugriff nur möglich ist, weil sich auf der Ebene von Organisationssystemen erst eine rudimentäre Differenzierung zwischen diesen drei Mechanismen ergeben hat (wenn man mit der systemtheoretischen Evolutionstheorie annehmen darf, daß die Differenzierung zwischen den Mechanismen selbst ein Resultat der Evolution ist).

Mit anderen Worten, es wären die Fragen zu stellen, inwieweit die Organisationen der modernen Gesellschaft überhaupt evolutionsfähig sind und welche Zuspitzung der Funktion des Managements und zugleich Entlastung des Managements von zu weitreichenden Vorstellungen zu erreichen ist, wenn man eine Zuordnung des Managements zu einem bestimmten Mechanismus der Evolution vornimmt. Denkbar wäre allerdings auch, daß eine solche Zuordnung gar nicht möglich ist, weil sich die Evolution einer Organisation auf anderen Ebenen abspielt und vom Management nur bestimmte Aufgaben der *Trennung und fallweisen Zusammenführung* dieser Mechanismen vorgenommen werden.

Diese Unterscheidungen gehen in der Systemtheorie mit einer reich entfalteten Begrifflichkeit einher, die nach wie vor in rascher Entwicklung begriffen ist. Sie haben einen *transdisziplinären* Status, der gut geeignet zu sein scheint, einer Managementlehre zugrunde gelegt zu werden, die nicht nur wirtschafts- und sozialwissenschaftliche, sondern auch kulturwissenschaftliche Fragestellungen aufgreifen kann. Nicht zuletzt befähigen sie diese Managementlehre, den Kontakt zu jenen Ingenieurwissenschaften zu suchen, die gerade im Zeichen neuer Informations- und Kommunikationstechnologien nicht nur eine laufend wachsende Bedeutung in der Gestaltung und Steuerung von Organisationen bekommen, sondern auch zunehmend an die Grenzen der technikorientierten Prämissen ihres Organisationsverständnisses stoßen.

Vier Referenzen

Die Betriebswirtschaftslehre und die Managementphilosophie leiden gleichermaßen unter einer Verabsolutierung ihres Gegenstandes. Eine systemische Managementlehre kann hier als Korrektiv wirken. Sie stellt ihren Gegenstand, das Management einer Organisation, in einen größeren Zusammenhang und schaut sich an, welchen Unterschied dieser Gegenstand macht. Das hat nichts mit einer holistischen, ganzheitlichen Perspektive zu tun. Es geht nicht um den ebenso richtigen wie trivialen Hinweis, daß mehr Dinge miteinander zusammenhängen, als man es sich aus dem Blickwinkel der Unternehmensführung, der Organisationsmitarbeiter und der Betriebswirte und Berater oft träumen läßt. Wichtiger ist der Hinweis darauf, daß alles miteinander zusammenhängt und zugleich von Differenzen gekennzeichnet ist, die sehr vieles sehr radikal voneinander zu trennen erlauben. Wir verfolgen keinen holistischen, sondern einen *differentialistischen* Ansatz. Wir gehen davon aus, daß ein Unternehmen in der Welt, das heißt den Zusammenhang der Welt »verletzend«, *ei-*

nen Unterschied macht, und fragen danach, welche Möglichkeiten das Management hat, diesen Unterschied zu *handhaben* (ital. »maneggiare«), das heißt zu setzen, zu verstärken, einzupassen in die »verletzte« Welt, abzuschwächen und zu verändern.

Die hier skizzierte Managementlehre verfolgt die Grundidee, daß man das Management als einen *sozialen Rechenvorgang* (im Sinne kognitiver, das heißt distinkter und rekursiver »Errechnungen«, wie sie die Kybernetik zweiter Ordnung beschreibt) begreifen kann, der mit vier Systemreferenzen arbeitet: mit der Referenz auf den *Betrieb*, mit der Referenz auf die *Wirtschaft*, mit der Referenz auf die *Gesellschaft* und mit der Referenz auf das *Individuum*. Jede dieser Referenzen ist eine Referenz auf ein System, das in der Begrifflichkeit operationaler Schließung, Nichttrivialität, Autopoiesis und Selbstbeobachtung dargestellt werden kann.

Die *Referenz auf den Betrieb*, die Behörde, den Verein oder wie immer die Organisation als Organisation ausgeprägt ist, ist für das Management sicherlich entscheidend. Jedes Management lebt davon, Teil eines organisierten Systems zu sein, das heißt im Kontext von Entscheidung, Zwecksetzung, Mitgliedschaft und Vernetzung arbeiten zu können. Dies zu unterstreichen ist jedoch um so wichtiger, als das Management sich damit auf einen Kommunikationstyp verlassen und mit ihm arbeiten kann, der Organisationen im Unterschied zu anderen Formen sozialer Systeme kennzeichnet. Weder Funktionssysteme noch die Gesellschaft insgesamt noch einzelne flüchtige Interaktionssysteme (nach der Unterscheidung von Niklas Luhmann) stellen in dem Sinne wie die Organisation auf die Kommunikation von Entscheidungen und damit auf exklusive Mitgliedschaft, Ungewissheitsabsorption und eine zum Teil gewollte, zum Teil unwillkürliche Strukturierung durch Entscheidungsprämissen ab.

Im Betrieb macht das Management dadurch einen Unterschied, daß es Steuerungsprobleme stellt und löst. Es bringt sich schon damit in einen Unterschied zur Organisation insgesamt und muß diesen Unterschied, den die Organisation gegenüber jedem Management macht, in Rechnung stellen können. Zu diesem Zweck muß es über eine auf seine Zwecke zugeschnittene *Organisationstheorie* verfügen können. Keine Managementlehre ohne eine Organisationslehre. Erst dann kann man sehen, daß der Ansatzpunkt des Managements einer Organisation grundsätzlich nur darin liegen kann, Unterschiede zu identifizieren, die anschließend entweder vergrößert oder verkleinert werden. Die Unterscheidung zwischen Soll- und Istzuständen ist hierfür grundlegend.[25] Gewinnsteigerung, Kostenreduktion, Ablaufbeschleunigung, Verbesserung der Kommunikation nach innen und außen, Steigerung der Produktqualität, Effizienz- und Effektivitätsmaßstäbe, Vergleiche mit best practices und so weiter und so fort sind allesamt Techniken der Plazierung einer Differenz, die die Organisation von sich aus nicht setzt, an der jedoch die Organisation in der Organisation gemessen werden kann. Ob die Unterschiede verkleinert oder vergrößert werden sollen, in jedem Fall handelt es sich um eine Technik der *Abweichungsverstärkung*, das heißt des positiven Feedback, gegenüber den spontan sich einstellenden Routinen der Organisation.

Nicht zuletzt ist eine Reflexion auf den Unterschied, den der Betrieb macht, auch dafür wichtig, zahlreiche nur für Interaktionen, für bestimmte Funktionssysteme oder für die Gesellschaft insgesamt sinnvolle *Anforderungen an Kommunikation* für den Betrieb einschätzen und auf Distanz halten zu können. Das gilt für Emanzipationserwartungen aller Art, die seit der Französischen Revolution ihre gesellschaftliche Formulierung gefunden haben und auf eine Inklusion der Gesamtbevölkerung in die Gesellschaft hinauslaufen, jedoch nur in variierter Form in Organisationen aufrechterhalten werden können, die zunächst einmal die Gesamtbevölkerung exkludieren und dann eine kleine Auswahl von Individuen zu Mitgliedern der Organisation machen und damit inkludieren. »Freiheit« hat in der Gesellschaft einen anderen Stellenwert als in einer Organisation, obwohl sie hier wie dort als Technik der Erfindung von Alternativen in kausal determinierten Zusammenhängen gewürdigt werden kann. »Gleichheit« hat als Forderung an die Gesellschaft einen anderen Stellenwert denn als Entscheidungsprogramm (zum Beispiel in der Lohn- und Gehaltsgestaltung oder in der Karriereplanung) einer Organisation, obwohl man sehen kann, daß gerade die in Organisationen (Kirche, Universität, Stadtverwaltung, Betriebe) aktuell realisierbare Gleichheit mit Bezug auf die Zwecke der Organisation die Gesellschaft dazu zwang, von Standesdifferenzen zugunsten einer funktionalen Ordnung der Gesellschaft Abschied zu nehmen. Und auch die »Brüderlichkeit« hat als Korrekturmaxime gesellschaftlicher Differenzen einen anderen Status denn als Maßstab, an dem jede betriebliche Kommunikation scheitern muß.

Natürlich macht es Sinn, allgemeine gesellschaftliche Werte von

25 Siehe Sir Geoffrey, Towards a Sociology of Management. A. a. O.

der »Demokratisierung« über die »Humanisierung« bis hin zur »offenen Kommunikation« auch für Organisationen aufrechtzuerhalten, zumal sie häufig genug aus Erfahrungen mit Organisationen geboren wurden. Aber zugleich muß man sehen können, daß sich Organisationen diesen Werten anders fügen als die Gesellschaft. Das Management muß auch dafür einen Blick haben und sich in jedem Fall die Option offenhalten, die eigene Organisation durch Werte dieser und anderer Art *strapazieren*, aber auch gegenüber diesen Werten *schützen* zu können. Keine Organisation entkommt dem Dilemma, daß die *Anforderungen an Arbeitskommunikation* grundsätzlich andere sind als die Anforderungen an generelle Kommunikation.[26]

Ebenso wichtig ist für diese Managementlehre die *Referenz auf die Wirtschaft*. Die Betriebswirtschaftslehre neigt an dieser Stelle zu einer Verabsolutierung, die das ökonomische Kalkül in Tateinheit mit technischen Effizienzvorstellungen für die Grundlage schlechthin jeden Managements hält. Kein Management ohne Referenz auf Gewinnziele, Absichten der Kostenreduktion und reibungslose Abläufe der Produktion. Das ist gut und schön, thematisiert jedoch nur ein bestimmtes Funktionssystem unter vielen anderen Funktionssystemen, mit denen es Organisationen zu tun haben. Es ist nicht auszuschließen, daß Management tatsächlich nur in wirtschaftlich operierenden Organisationen, also in Unternehmen, in der uns bekannten Form möglich ist. Das hieße: kein Management außerhalb des Profitmotivs. Andererseits wird jedoch gerade in jüngerer Zeit wieder vermehrt nach einem Rückgriff auf Managementtechniken auch in der öffentlichen Verwaltung, in der Politik (Parteien), in der Justiz (Gerichte), in Organisationen des Erziehungssystems (Schulen und Universitäten), im Kulturbereich (Theater, Galerien, Museen), im Sport (Sportvereine) und im Militär (Armeen) gerufen.

Wie adaptierbar sind Managementtechniken in diesen Bereichen? Oder konkreter: Wie gebunden ist die Möglichkeit des Managements an *monetäre Vorgaben für die Konstruktion von Profitzielen und Kostenrechnungen*? Wie ablehnungsfähig und damit durchsetzungsfähig ist ein Management gegenüber einer Organisation, wenn es nicht mit Verweis auf diese Ziele und eine entsprechende Kostenrechnung den Ausstieg aus nicht mehr rentierenden Programmen und den Ein-

26 So Stanley H. Udy, jr., Structural Inconsistency and Management Strategy in Organizations. In: Craig Calhoun, Marshall W. Meyer, W. Richard Scott (Hg.), Structures of Power and Constraint: Papers in Honor of Peter M. Blau. New York: Cambridge UP, 1990, S. 217-233.

stieg in möglicherweise aussichtsreiche Programme begründen kann? Und noch konkreter: Welche Eigendynamik entwickeln die neuerdings beliebten Zielvereinbarungsgespräche, mit denen traditionelle Hierarchien partiell zirkularisiert werden, wenn ihnen keine Ertragsrechnung Halt gibt? In welchem Ausmaß sind monetäre Vorgaben durch andere Kennziffern des accounting und auditing substituierbar und wie verändert sich im Kontext anderer Kennziffern das dann noch mögliche Management?[27]

Mit anderen Worten, so sehr die Betriebswirtschaftslehre die *Materialisierung* des Betriebs im Kontext der Wirtschaft verabsolutiert, so unbekannt sind andere Formen der Materialisierung oder Strukturierung einer Organisation, wenn nicht das Wirtschaftssystem, sondern ein anderes Funktionssystem sein primärer Adressat ist und das Refinanzierungsproblem sich nur auf der Ebene der Bezahlung der Mitglieder und der Deckung der Kosten stellt. Eine Managementlehre muß *abstrakt* genug ansetzen, um die Referenz auf das Wirtschaftssystem als eine Option unter anderen zu begreifen und erst vor diesem Hintergrund eine mögliche Dominanz des Wirtschaftssystems zu beschreiben. Wenn Management etwas mit unternehmerischem Handeln zu tun hat, dann bedeutet das hier, Freiheitsgrade in der Angewiesenheit auf wirtschaftliche Referenzen wahrnehmen und realisieren zu können.

Referenzen auf die Gesellschaft sind in Managementlehren eher unüblich, so sehr sich die Rede vom Wertewandel, vom technologischen Wandel, von der gestiegenen Komplexität des gesellschaftlichen Umfeldes, von der Abhängigkeit von Massenmedien und so weiter neuerdings eingebürgert hat. Für die hier skizzierte Managementlehre ist die Referenz auf die Gesellschaft in zweierlei Hinsicht wichtig. Zum einen transportiert diese Referenz die hochgradig verdichtete Information, daß es einen Unterschied macht, *in welcher Gesellschaft mit welcher Kultur* eine Organisation zu managen ist. Eine Ständegesellschaft stellt andere Anforderungen als eine funktional differenzierte Gesellschaft, eine Kultur der Konsensorientierung, Tradition und Verlangsamung andere Anforderungen als eine Kultur der Dissensorientierung, Modernisierung und Beschleunigung, und dies nicht nur außerhalb der Organisation, sondern auch innerhalb. Das Management ist selbst eine Form der gesellschaftlichen Kom-

27 Vgl. dazu Michael Power, The Audit Society: Rituals of Verification. Oxford: Oxford UP, 1997.

munikation und daher durch und durch konditioniert durch die Gesellschaft, in der es operiert.

Und zum anderen transportiert die Referenz auf die Gesellschaft die Information, daß die Gesellschaft ihrerseits einen Unterschied gegenüber ihrer organischen, psychischen und sonstigen Umwelt macht. Die Gesellschaft operiert in einem *ökologischen Kontext*, über den sie sich nur mit eigenen Mitteln, das heißt kommunikativ, informieren kann und dem gegenüber sie hochgradig unsicher und ambivalent ist. Auch das Management, als Teil dieser Gesellschaft, muß laufend Entscheidungen über ökologische *Indifferenz* versus ökologische *Sensibilität* treffen. Es wäre naiv zu glauben, daß es sich ein für alle Mal für das eine oder das andere entscheiden kann. Würde es sich für Indifferenz entscheiden, würden ihm die Massenmedien, vielleicht auch Politik und Recht auf die Sprünge helfen. Würde es sich für Sensibilität entscheiden, stehen das Überleben der Organisation, möglicherweise ihre Gewinne, vielleicht auch die politische Akzeptanz in Frage. Also muß das Management die ökologische Frage als Option begreifen, der gegenüber es sich indifferent *und* sensibel verhalten muß. Vokabeln wie das Wort von der »Nachhaltigkeit« (»sustainability«) kommen ihm bei dieser schwierigen Aufgabe mit der positiven Wertung einer ambivalenten Einstellung entgegen.

Interessanterweise kann das Management welcher Organisation auch immer sich zunehmend weniger auf gesellschaftliche und kulturelle Vorgaben im handling des ökologischen Problems verlassen. Sondern es ist selbst gefordert, *Umgangsformen mit dem ökologischen Problem* um so mehr zu entwickeln, zu erproben und zur Diskussion zu stellen, als das Bewusstsein dafür wächst, daß die moderne Gesellschaft nur auf der Entscheidungsebene von Organisationen eine Chance hat, sich dem Problem zu stellen – zumal genau dort das Problem auch produziert wird.

Spätestens seit die Managementphilosophie das Motivationsproblem von Mitarbeitern der Organisation in den Fokus ihrer Rezeptentwicklung genommen hat, ist die *Referenz auf das Individuum* auch für die Managementlehre nicht mehr von der Hand zu weisen. Diese Referenz ist um so weniger zu unterschätzen, als sie oft Stellvertreterfunktion für die Beobachtung der *sozialen* Eigendynamik einer Organisation hat. Denn natürlich nimmt man weithin an, daß eine Organisation aus Menschen »besteht«. Andererseits kann man Menschen jedoch nur dann »in den Mittelpunkt stellen«, wie moderne Unternehmenskulturen fordern, wenn sie dort nicht von sich aus stehen. Und das ist nicht nur die traditionelle, sondern auch die empirisch überzeugende Auffassung vom Verhältnis zwischen Individuum und Organisation.[28] Man müsste nicht von einem »Verhältnis« reden, hätten die Individuen einen selbstverständlichen Status als Komponenten oder Elemente der Organisation.

Tatsächlich macht das Individuum in der Organisation gegenüber der Organisation einen Unterschied. Es bringt nicht nur eigene Bedürfnisse zum Tragen und besteht nicht nur auf so oder so allzumenschlichen Beziehungen (der Hackordnung, der Moral, der Verbrüderung), sondern es wird in der Organisation von der Organisation als Träger eines Gedächtnisses, als Adressat einer Kommunikation, als Handelnder, als Träger von Wahrnehmungsfähigkeit (immer unverzichtbarer zur Lokalisierung und Behebung von Störungen semiautomatisierter Prozesse) und nicht zuletzt als Beobachter der Organisation aus einem anderen Blickwinkel als jenem der Organisation selbst in Anspruch genommen und vielfältig gefordert. Das alte Stichwort der *Indifferenzzone*,[29] innerhalb derer ein Individuum sich gegen Bezahlung pauschal unterwirft und alle Anordnungen akzeptiert, ist längst dem Stichwort einer vielfältig strukturierten *Differenzzone* gewichen,[30] die das Individuum mit Haut und Haar, Leib und Seele in Anspruch nimmt. Damit hat ein noch lange nicht abgeschlossenes Neubedenken der Rolle der Hierarchie eingesetzt: Hatte die Hierarchie bisher individuell gesehen die Funktion, den Streß der Organisation zu minimieren, indem Individuen nur punktuell Anweisungen ausgesetzt wurden, so hat sie jetzt die Aufgabe, den Streß zwar nicht unbedingt zu erhöhen, aber doch auf eine neue Stufe zu heben, indem die Individuen grundsätzlich jederzeit mit für Arbeit und Entscheidung relevanten Interaktionen rechnen müssen.

Auch läßt das individuelle Problem sich nicht mehr auf Disziplinierungs- und Motivationsprobleme zu mehr oder minder genau bestimmten Aufgaben reduzieren. Vielmehr muß auch für noch unbestimmte, aber jederzeit mögliche Aufgaben sowohl diszipliniert als auch motiviert werden. Das heißt, Individuen müssen in der Lage sein, auch in überraschenden neuen Arbeitsfeldern, Kundenkontak-

28 Siehe dazu Chris Argyris, Personality and Organization. New York: Harper & Brothers, 1957; ders., Integrating the Individual and the Organization. New York: Wiley, 1964.

29 Siehe Chester I. Barnard, The Functions of the Executive. Nachdruck Cambridge, Mass.: Harvard UP, 1968.

30 Siehe nur Tom Peters, The Circle of Innovation: You Can't Shrink Your Way to Greatness. New York: Vintage, 1999.

ten und Netzwerkbeziehungen im Sinne der Organisation zu agieren, ohne eigens dazu überwacht werden zu können. Und sie müssen in der Lage sein, sich zur Wahrnehmung solcher neuen Gelegenheiten motivieren zu können, ohne dazu jeweils aufgefordert werden zu können. All das stellt das Management vor weitgehend neue Aufgaben der *Unternehmensführung*, die zunehmend die Form der Führung zur Selbstführung erhalten, dafür allerdings mit einem geeigneten Personal rechnen müssen.[31] Management ist daher immer zugleich auch *Personalentwicklung*, wobei das Management selbst Teil dieses Personals ist.

In der europäischen Kultur ist ein Individuum dadurch definiert, daß es in der Lage ist, *Freiheit* zu gebrauchen. Das bringt die Organisation als tendenziell weitreichendste Einschränkung individueller Freiheiten in eine grundsätzlich problematische Situation gegenüber Individuen. Diese Situation wird dadurch nicht weniger problematisch, daß Organisationen vielfach dazu übergehen, die Wahrnehmung von Freiheitsspielräumen als Teil des Aufgabenbereiches eines Individuums zu definieren. Damit gehört die Aufforderung zur Freiheit selbst zu den organisatorisch gängigen Einschränkungen der Freiheit. Es ist nicht klar, wie dies auf die beteiligten Individuen wirkt. Vermutlich spielt es eine wichtige Rolle bei dem Umstand, daß Organisationen heute, wie Niklas Luhmann feststellt,[32] zunehmend nur noch zwei Sprachen haben, um über sich zu sprechen: eine offiziöse und eine zynische. Das Management einer Organisation jedenfalls sieht sich vor die kaum zu lösende Aufgabe gestellt, das Motivationsproblem der Individuen dadurch zu lösen, daß es Freiheitsspielräume zur Verfügung stellt, denen sich die Individuen frei zurechnen können oder auch nicht. Damit werden Rollenanforderungen akut, denen zuallererst auch das Management selber gerecht werden muß.

Insgesamt ist nirgendwo anders eine *kognitionswissenschaftliche Perspektive* dem Management sinnvoller nahezubringen als hier. Denn am Individuum ist zu studieren, was die Differenz psychischer und sozialer Autopoiesis ausmacht und wie sie sich zur Geltung bringt. Was man hier lernt, kann man dann im Sinne einer allerersten Heuristik dann auch auf die Differenz betrieblicher, wirtschaftlicher und

31 So Rudolf Wimmer, Wozu brauchen wir ein General Management? In: Hernsteiner 3 (1993), S. 4-12; ders., Die Zukunft von Führung: Brauchen wir noch Vorgesetzte im herkömmlichen Sinn? In: Organisationsentwicklung 15, Nr. 4 (1996), S. 46-57.

32 In: Organisation und Entscheidung. A. a. O., S. 436 ff.

gesellschaftlicher Autopoiesis übertragen. Wichtiger noch, am Individuum ist zu lernen, daß die Option zum *Wechsel der Attributionen* zum elementaren Handwerkzeug des Managers gehört. Man hat immer die Wahl, eine Handlung, eine Kommunikation oder allgemein ein Ereignis auf ein Individuum oder auf eine Situation zuzurechnen. Je nach der Blickrichtung kommt man zu unterschiedlichen Informationen. Und je nach Handlungs- und Kommunikationsabsichten kann es sich in unterschiedlichem Maße empfehlen, die eine oder andere Zurechnung vorzunehmen. Nicht zuletzt bringt der Wechsel der Zurechnung Bewegungsspielräume in Situationen, die anderenfalls bereits festgefahren sind. Und wieder gilt: Was hier am Fall des Individuums gelernt wird, kann dann auch für den Wechsel der Attribution auf unterschiedliche soziale Systeme geübt werden.

Eine systemische Managementlehre konzentriert sich auf keine dieser Systemreferenzen, sondern auf ihr unkalkulierbares, intransparentes und nichttriviales Zusammenspiel. Jeder erfahrene Manager bringt ein subtiles Wissen bereits mit in jede Situation. Unsere Managementlehre versucht herauszufinden, wieweit dieses Wissen explizit und im Schema der genannten Differenzen und Referenzen verfügbar gemacht werden kann. Unsere Vermutung lautet, daß die Komplexität der genannten Differenzen und Referenzen das Management nicht etwas »beliebig« macht, wie zuweilen befürchtet wird, sondern strukturell determiniert, so daß jede Managemententscheidung, um diesen Punkt zu wiederholen, ein komplexer Rechenvorgang im Feld struktureller Determinationen ist.

Ein Maschinenmodell

Wie fast alle bisherigen Managementlehren auch orientiert sich auch die hier skizzierte an einem Maschinenmodell der Organisation. Allerdings führen wir die Maschine nicht als Analogon ein, sondern als epistemologisches Modell, und wir orientieren uns nicht an der Mechanik von Teil und Ganzem, Funktion und Kraft, sondern an der Elektronik von Kreisläufen, Rückkopplungen und Konditionierungen. Eine Maschine ist ein »*System von Einschnitten*«,[33] das auf strukturellen Kopplungen zwischen verschiedenen operativ geschlos-

33 So Gilles Deleuze und Félix Guattari, Anti-Ödipus: Kapitalismus und Schizophrenie I. Aus dem Französischen von Bernd Schwibs. Frankfurt am Main: Suhrkamp, 1974, S. 47 ff.

senen Systemen beruht. Wir haben es dann nicht mit der trivialen Maschine zu tun, die mit einer gegebenen Produktionsfunktion bestimmte Inputs in bestimmte Outputs übersetzt, sondern mit einer *nichttrivialen Maschine*, die selbstreferentiell, strukturdeterminiert und analytisch unberechenbar operiert.[34] Die nichttriviale Maschine verfügt nicht nur über eine Produktionsfunktion, sondern auch über eine Zustandsfunktion (Selbstreferenz), die bei jeder Operation abgefragt wird und je nach Zustand, in dem die Maschine gerade ist, andere Antworten gibt.

Management einer nichttrivialen Maschine ist nur möglich, wenn die Maschine sich selbst trivialisiert, also einer bestimmten Anzahl an Freiheitsgraden ihrer Zustandsfunktion beraubt. Diese Trivialisierung muß, um die Zustandsfunktion nicht doch wieder ins Spiel zu bringen, im dunkeln bleiben. Das Management eines sozialen Systems bedarf des *Latenzschutzes*, damit niemand auf die Idee kommt (oder wenn, dann nur unter sachkundiger Anleitung durch Berater), die Reduktionsleistung einer nichttrivialen auf eine triviale Maschine zum Thema zu machen. Daher ist entgegen allen rationalistischen Managementideologien ein gewisses Maß an *Intransparenz* dem Management einer Organisation nicht nur nicht schädlich, sondern sogar förderlich. In jedem Fall ist Intransparenz unvermeidlich, denn der Selbstbezug von Management ebenso wie von Organisation stößt nicht auf etwas Bestimmtes, sondern auf etwas Unbestimmtes. Der Blick auf dieses Unbestimmte, das bereits aus dem offenen Zukunftsbezug aller Entscheidungen resultiert (das »Selbst« des Selbstbezugs ist eine Kompensation und zugleich der Operator dieses Zukunftsbezugs), wird durch Trivialisierung verstellt. Das aber bedeutet, daß auch diese Verstellung, obwohl und weil sie eine Leistung des Systems selbst ist, dem Blick entzogen werden muß.

Die bereits genannte Differenz zwischen Ist- und Sollzuständen, mit der das Management arbeitet, spielt bei dieser Sicherung des Latenzschutzes eine wichtige Rolle. Denn sie ermöglicht eine bereits *doppelte Darstellung* der Organisation nach ihren aktuellen und nach ihren potentiellen Zuständen, stellt jedoch die Aktualität von vorn-

34 Im Sinne von Alan Turing, Intelligence Service. Hg. von Bernhard Dotzler und Friedrich Kittler. Berlin: Brinkmann & Bose, 1987; Heinz von Foerster, Principles of Self-Organization – In a Socio-Managerial Context. In: Hans Ulrich und Gilbert J. B. Probst (Hg.), Self-Organization and Management of Social Systems: Insights, Promises, Doubts, and Questions. Berlin: Springer, 1984, S. 2-24; und Luhmann, Die Kontrolle von Intransparenz. A. a. O.

herein in einem Modus der Defizienz und die Potentialität im Modus von möglichen Zwecken, von Chancen und Gefahren dar. Damit wird ein bereits so reichhaltiges und arbeitsfähiges Bild der Organisation entworfen, daß Probleme der Ausleuchtung des Schattens der Nichttrivialität sich entweder gar nicht stellen oder nur in der Form der Thematisierung von ungenutzten Ressourcen.

Einer der wichtigsten Impulse der hier in ihren Grundgedanken vorgestellten Managementlehre wird es sein, nach *funktionalen Äquivalenten* für die Leitdifferenz zwischen Ist- und Sollzuständen zu suchen: Welche Funktion erfüllt die Leitdifferenz der Ist- und Sollzustände und welche anderen Differenzen sind denkbar, die dieselbe Funktion unter Umständen kontextsensibler, gegenwartsfreundlicher und mitarbeiter- und kundenorientierter erfüllen? Es leuchtet unmittelbar ein, daß im Zuge einer Suche nach möglichen Antworten auf diese Frage nicht nur betriebswirtschaftliche, sondern auch politische, kulturelle und pädagogische Kalküle zu Rate gezogen werden müssen. Damit soll keine Frontstellung zum Neoliberalismus bezogen werden, sondern ein Alternativenraum im Blick behalten werden, der für innovative und kreative Organisationsentwicklungen unverzichtbar ist.

Fünf Eckwerte

Pragmatisch wird es einer soziologischen Managementlehre um die Ausarbeitung eines Ansatzes gehen, der mit fünf Schwerpunkten arbeitet und diese Schwerpunkte miteinander verbindet: Jedes Management, so ist die Ausgangshypothese, bewegt sich in einem Informationsfeld von (1) *local action*, (2) *complex systems*, (3) *intelligent networks*, (4) *organizational strategy* und (5), im Zentrum, *business ideas* (siehe Abbildung Seite 244).

Local action, das kann man von Schachspielern ebenso lernen wie von den Weisen und Strategen des klassischen China,[35] ist die einzige Handlungsform, die komplexen, irritationsreichen, nichttrivialen und gerade deswegen strukturdeterminierten Situationen angemessen ist. Hier besteht das Hauptziel über lange Zeitstrecken darin, zwischen den beteiligten Akteuren jene Gleichgewichte und somit

35 Siehe Eric M. Leifer, Actors as Observers: A Theory of Skill in Social Relationships. New York: Garland, 1991; François Jullien, Über die Wirksamkeit. Aus dem Französischen von Gabriele Ricke und Ronald Voullié. Berlin: Merve, 1999.

Abbildung: Eckwerte

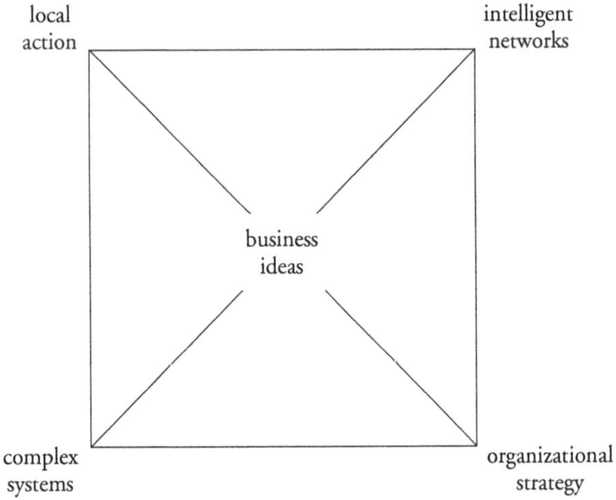

mit Bezug auf den Ausgang der Handlung jene Ungewißheit zu schaffen, die für das Wahrnehmen und Ausnutzen von Bifurkationen erforderlich sind. Local action arbeitet mit Situationswahrnehmungen ebenso wie mit der Wahrnehmung von Personen und hält sich systematisch offen, mit welchen Attributionen jeweils gearbeitet wird. Local action ist ein Handlungstyp, der mit die Situation strukturierenden Beobachtungen zweiter Ordnung rechnet und daher nach Möglichkeit die Situation so lange und im Vorfeld jeder »Entscheidung« variiert, bis alle Beobachtungen zweiter Ordnung und damit die Unterscheidungen, die ihnen zugrunde liegen, kenntlich geworden und ins Kalkül einbezogen worden sind. Wenn die »Entscheidung« dann fällt, ist sie nur noch das Ergebnis eines hochkomplexen und durch und durch sozialen Rechenvorgangs. Vorbilder für die Beschreibung dieses Handlungstyps findet man auch in klassischen »Moralen«, Klugheitslehren und Fürstenspiegeln (à la Epiktet, Baltasar Gracián, Machiavelli u. a.).

Wichtig an diesem Handlungstyp der local action ist der Verzicht auf das spektakuläre, das heroische, das eigene Intentionen und deren Durchsetzungskraft dokumentierende Handeln. Statt dessen funktioniert dieses Handeln wie eine Situationsheuristik, die mit

Kontexten rechnet, die durch *complex systems* gekennzeichnet sind. Komplexe Systeme, wie sie von der allgemeinen Systemtheorie und der Komplexitätsforschung bis hin zu den Studien des Santa Fe Institute for Complex Studies erforscht werden und zunehmend zum Basisparadigma der sogenannten cognitive sciences werden,[36] sind Systeme, die parallel durch zwei konträre Strukturprinzipien gekennzeichnet sind: durch Kontingenz der Ereignisse oder Mikrodiversität einerseits und strukturelle Determination oder Selbstorganisation andererseits. Diese Systeme driften nach Maßgabe ihrer autopoietischen Reproduktion (das heißt ohne die Garantie einer teleologischen Ziel- und Zwecksetzung) und entwickeln eine Dynamik des positiven und negativen Feedback (also der Abweichungsverstärkung und der Abweichungskontrolle), die so lange läuft, wie die Umwelt mitspielt. Diese Systeme passen sich nicht an die Umwelt an, sondern setzen voraus, daß sie angepaßt sind, und tun dies genau so lange, wie die Voraussetzung eingelöst werden kann. Unter der Voraussetzung, daß man den Anpassungsbegriff dahingehend korrigiert, daß diese Systeme sich allenfalls an sich selber anpassen, kann man sie mit Hilfe einer Evolutionstheorie beschreiben, die auf der Trennung und dem Zusammenspiel der evolutionären Mechanismen Variation, Selektion und Restabilisierung beruht.[37]

Die Gesellschaft, ihre Funktionssysteme Wirtschaft, Politik, Recht, Wissenschaft und so weiter, Organisationssysteme und selbstverständlich auch Interaktionssysteme sind in diesem Sinne komplex. Als soziale Systeme, die im Medium des Sinns operieren und sich somit selber beobachten und beschreiben können, sind sie überdies *hyperkomplex*, insofern sie sich selber als komplex beschreiben (sonst könnte nicht behauptet werden, was hier behauptet wird). Jedes Management arbeitet im Kontext solcher sozialen Systeme und ist selbst ein Produkt des Versuches dieser Systeme, die eigene Komplexität sowohl zu beherrschen (soweit man davon sprechen kann) als auch zu generieren (insofern die Beherrschung der Komplexität die Voraussetzung zu ihrer anschließenden Steigerung ist). Jedes Management befindet sich laufend im Konflikt mit Cope's Rule, nach der

36 Vgl. etwa Stuart A. Kauffman, The Origins of Order: Self Organization and Selection in Evolution. Oxford: Oxford UP, 1993; Murray Gell-Mann, The Quark and the Jaguar: Adventures in the Simple and the Complex. London: Abacus, 1995; Roger Penrose, The Emperor's New Mind: Concerning Computers, Minds, and the Laws of Physics. New York: Oxford UP, 1989.

37 Vgl. dazu Donald T. Campbell, Variation and Selective Retention in Socio-Cultural Evolution. In: General Systems 14 (1969), S. 69-85.

es eine Schwelle gibt, an der jede weitere Anpassung des Systems an die eigene Komplexität die Fähigkeit des Systems, mit der eigenen Komplexität umzugehen, durch die Steigerung dieser Komplexität überfordert. Das Management muß Mittel und Wege finden, das eigene Organisationssystem im Kontext von System/Umwelt-Beziehungen und System-zu-System-Beziehungen (Netzwerke) zu anderen Systemen (zu anderen Organisationen, aber auch zu Funktionssystemen) steuerbar zu halten, indem und obwohl es selbst nur ein Teil dieses Systems ist. Eines der wichtigsten Ergebnisse der allgemeinen Systemtheorie in ihrer Rezeption durch die Soziologie ist, daß das Management zu diesem Zweck die Intransparenz und die Nichttrivialität des zu steuernden und zu kontrollierenden Systems voraussetzen, wenn nicht sogar fördern und in keinem Fall zugunsten von Transparenz und Trivialität bekämpfen muß.[38]

Beschreibungen dieser komplexen Systeme liegen in sowohl methodischen als auch empirischen Ausarbeitungen in großer Zahl vor, so daß die Managementlehre sich darauf konzentrieren kann, sie für ihre Zwecke zu sichten und verfügbar zu machen.

Der Begriff der *networks* erfreut sich allgemein in der Managementforschung einer großen Beliebtheit. Wir werden ihn in unserer Managementlehre sehr spezifisch zur Bezeichnung von *Strukturen* einsetzen, die die Reproduktion komplexer Systeme sowohl in der Hinsicht der operativen Kopplung der Systemelemente als auch in der Hinsicht der strukturellen Kopplung an die Umwelt des Systems und insbesondere an andere Systeme in dieser Umwelt erleichtern. Der Begriff erfaßt daher zum einen Erwartungslagen, die in den Systemen die Autopoiesis des Systems dirigieren, und zum anderen gesellschaftlich etablierte (auch »institutionelle«) Verknüpfungen zwischen Systemen, die für die konkrete Realisierungsform eines Systems und Mechanismen sowohl der Generierung als auch der Limitierung von Komplexität verantwortlich sind.

Das besondere Interesse der Managementlehre an der Beschreibung von Netzwerken liegt darin, daß jedes Netzwerk die Form der *verteilten Intelligenz* hat. Deswegen sprechen wir von »*intelligent networks*«. Teilnahme an Netzwerken stellt grundsätzlich mehr Intelligenz in den eigenen Aktionen und Entscheidungen zur Verfügung, als sie je individuell realisiert werden könnte. Zugleich fordert die

38 Siehe Michel Crozier und Erhard Friedberg, L'acteur et le système: Les contraintes de l'action collective. Paris: Seuil, 1977; und Luhmann, Die Kontrolle von Intransparenz. A. a. O.

Teilnahme an Netzwerken von jedem Teilnehmer mehr Intelligenz (im Sinne der Fähigkeit, eigenes Nichtwissen durch das Wissen anderer zu kompensieren), als man es in Organisationen mit ihren Suggestionen von Hierarchie und arbeitsteiliger Professionalität bislang gewohnt ist. Und nicht zuletzt wird das Managementhandeln in einem sehr kritischen Sinn von Vertrauensleistungen in das Netzwerk und Maßnahmen der Aufrechterhaltung und Überprüfung dieses Vertrauens abhängig. Man kann sogar so weit gehen, daß bestimmte Schwellenwerte der Realisierung von Intelligenz, das heißt eines Orientierungsvermögen in Labyrinthen, nur erreicht werden können, wenn das Management sich als Lieferant und Garant von Vertrauensaufbauleistungen versteht und benimmt. An die Managementlehre läßt sich dementsprechend die Aufgabe adressieren, für die Unterschiedlichkeit der an Netzwerken beteiligten Systemlogiken (man denke nur an Netzwerkbildungen unter Einschluß politischer Akteure oder wissenschaftlicher Forschung) ebenso Verständnis zu wecken wie für die gegenüber diesen Systemlogiken wiederum distinkte Netzwerklogik. Interessanterweise liegen in der Wissenschaft aus den unterschiedlichsten Richtungen eine ganze Reihe von Begrifflichkeiten vor, die Typen von Kopplungen (lose Kopplung, feste Kopplung, Rückkopplungen mit positiver, Rückkopplungen mit negativer Verstärkung) beschreiben, die von medialen über systemische bis zu technischen Phänomenen reichen.

Die Existenz intelligenter (und damit auch: selbstorganisationsfähiger) Netzwerke ist mit ein Grund für das in jüngerer Zeit gestiegene Interesse an Fragen des *Wissensmanagements*. Wissensmanagement wird erst erforderlich, wenn unter Bedingungen der »Informationsgesellschaft« (das heißt: gestiegener Vernetzung und gestiegener Unberechenbarkeit) die eigene Informationsverarbeitungskapazität ebenso zum Thema gemacht werden muß wie die Fähigkeit, das Wissen anderer Netzwerkteilnehmer sowohl zu nutzen als auch kritisch einzuschätzen – denn natürlich bleibt der Verdacht, daß jede Information unter Umständen eine Desinformation ist, auch in Netzwerken bestehen, ja man kann sogar vermuten, daß die Form und Struktur des Netzwerks konditioniert ist durch die Art und Weise der Bearbeitung dieses Verdachts. Wissensmanagement zielt dann vor allem auf Selektionsfähigkeit, auf den Strukturaufbauwert von Wissenselementen und auf die Einbindung von Wissen in die Entscheidungsfindung.

In das Zentrum der soziologisch orientierten Managementlehre wird der Begriff der *organizational strategy* rücken. Dieser Begriff zieht die Konsequenzen aus den Begriffen der local action, der complex systems und der networks. Wenn Situationen immer nur lokal und das heißt hochindividuell erkundet werden können (Verzicht auf jede Schematik allgemeiner Problemstellungen und ihrer Lösungen) und wenn für diese Erkundung nichts informativer ist als die Beobachtung und Beschreibung der komplexen Systeme, in deren Kontext sie auf intransparente und unvorhersehbare und dennoch strukturell determinierte Weise zustande kommen, dann kommt es für den Entwurf von Managementaktionen nicht auf einen Strategieprozeß an, der ein Ziel entwirft, aus dem Ziel eine hinreichende Kontextindifferenz ableitet, um dem Ziel förderliche Ressourcen aufzugreifen und dem Ziel abträgliche Störungen abweisen zu können – und dann nur abwarten kann, ob man »Glück« hat oder nicht. Sondern es kommt auf einen Strategieprozeß an, der in dem Sinne rekursiv verstanden wird, als es grundsätzlich nur zu *Entscheidungen unter Korrekturvorbehalt* kommen darf. Strategien dürfen nicht dazu dienen, sich aus der Bindung an Situationen und Kontexte zu befreien, sondern sie müssen dazu dienen, sich in diese Situationen und Kontexte auf eine sie bestätigende und zugleich variierende Weise hineinzuarbeiten. Die Entscheidung informiert über die Situation und den Kontext. Und die Verknüpfung der Entscheidungen ist das einzige Instrument, das das Management hat, um diese Information strukturell reich werden zu lassen. Also muß es über ein Verknüpfungsinstrument verfügen, und dies ist die Strategie.

Die wichtigste Referenz der Strategieentwicklung und des strategischen Handelns ist die eigene *Organisation*, und dies in zweierlei Hinsicht. Zum einen muß die Organisation laufend und an verschiedenen Märkten *strategisch positioniert* werden. Je nach den jeweiligen Engpaßlagen genießen in verschiedenen Situationen jeweils andere Märkte eine besondere Prominenz (so gegenwärtig vor allem die Kapitalmärkte), doch wird man grundsätzlich mit der strategischen Beobachtung und Bearbeitung sowohl der Produkt- als auch der Arbeits- (einschließlich Management-) und Kapitalmärkte rechnen müssen. Und zum anderen ist die Organisation in einem wesentlich kalkulierteren Sinne als bisher *strategisch zu differenzieren*. Dabei spielt eine wichtige Rolle die Klärung und Neuordnung der Eigentumsstruktur im Sinne der Isomorphie von Kosten-, Gewinn- und Entscheidungszentren. Sind Organisationen bislang primär nach mehr oder minder technischen Kriterien der Arbeitsteilung differenziert worden, so sind in der jüngeren Vergangenheit zunehmend operative Kriterien der Marktbeobachtung relevant geworden, die Differenzierungen des Funktionssystems Wirtschaft (einschließlich deren Turbulenz und Volatilität) in die Organisation hineinholen und dort abbilden. Man wird sich anschauen müssen, ob Organisationen, die nicht mit der Primärreferenz Wirtschaft arbeiten, sondern politische, erzieherische, kulturelle oder andere Programme bearbeiten, mit einer für ihr Management ähnlich relevanten Verschiebung der Differenzierungsmuster konfrontiert sind oder sein werden.

Alle vier »Eckwerte« laufen auf jeweils unterschiedliche Ausarbeitungen des zentralen Konzepts der »*business ideas*« hinaus. Dieses Konzept ist das anspruchsvollste dieser Managementlehre, da es den höchsten Grad an referentieller Offenheit enthält. Die Geschäftsidee fokussiert ein Unternehmen auf bestimmte Absichten und Ressourcen; und sie dokumentiert die Kontingenz dieser Fokussierung, da abhängig von Situationseinschätzungen (local action), Systemdynamiken (complex systems), Organisationspotentialen (organizational strategy) und Netzwerkoptionen (intelligent networks) jederzeit neue Geschäftsideen auftauchen können beziehungsweise strategisch entwickelt werden müssen. Hilfreich ist etwa die »McKinsey-Formel«,[39] die die drei Wachstumshorizonte der Pflege und Weiterentwicklung aktueller Geschäftsfelder, des mittelfristigen Aufbaus neuer Geschäftsfelder und der Entwicklung von Optionen für längerfristig neue Geschäftsfelder unterscheidet.

In Geschäftsideen kombinieren sich *Marktchancen*, *Organisationspotentiale* und *Produkt- und Technologieentwicklungen aller Art*. Vor allem letzteres, der sachliche Anlaß einer möglichen Geschäftsidee, läßt sich nicht lehren in irgendeinem spezifischen Sinne, da es die Idee jeweils mit einer unbekannten, aus ganz bestimmten Blickwinkeln auf eine bestimmte Absicht festgelegten Zukunft zu tun hat. Um so wichtiger ist es, einen Sinn für die lose Kopplung und die möglichen unerwarteten und unprognostizierbaren Kombinationseffekte in bestehenden Branchen, dominierenden Vernetzungsmustern, Handelsformen, Kundenbindungen und so weiter zu schaffen. Auch Geschäftsideen fallen nicht vom Himmel, sondern verdanken sich einer Kombinatorik, die abstrakt durchaus auf den Begriff gebracht und damit operativ gemacht werden kann. Ihren Reiz bezieht jede Geschäftsidee aus dem evolutionären Zufall der Kombination

39 Siehe Herbert Henzler, Die McKinsey-Formel. In: Frankfurter Allgemeine Zeitung Nr. 301, 27. Dezember 1999, S. 23.

einer ganz bestimmten Marktchance auf der einen Seite und dem für die Zeit der Entwicklung der Idee auf Distanz gehaltenen betriebswirtschaftlichen (betrieblichen und kapitalmarktmäßigen) Kalkül auf der anderen Seite. Gerade weil es hier um evolutionäre Zufälle geht, ist eine vermittelnde Phase der Erprobung einer Idee so wichtig. Geschäftsideen, so die McKinsey-Formel, erfordern sehr unterschiedliche Managementfähigkeiten je nachdem, ob es um die Ausbeutung und Weiterentwicklung bestehender Ideen, um die Aufstellung neuer Ideen oder um die Entwicklung von Optionen auf ganz neue Ideen geht. Jede Managementlehre wird Wert darauf legen müssen, in der Aus- und Weiterbildung einen Sinn für die jeweilige Phase entwickeln zu müssen, in der sich eine Idee befindet.

Die »Eckwerte« dieser Managementlehre verbinden sich mit einem Konzept der *decision*, der Entscheidung, in dem das Modell des rationalen Entscheidens nur noch als ein Sonderfall betrachtet wird. Entscheidungen werden wir nicht als Auswahl aus mehr oder weniger genau umschreibbaren Handlungsoptionen beschreiben, sondern zum einen als Kommunikationen eines besonderen und unwahrscheinlichen Typs, die auf die Festlegung von Handlungen durch die Festlegung von Handlungen zielen und somit geradezu automatisch Phänomene der Macht ebenso nach sich ziehen wie Phänomene der Konstruktion von Kontingenzspielräumen, und zum anderen als Schaffungen einer imaginären Zukunft,[40] die es grundsätzlich mit den Problemen des Unbekanntseins der Zukunft und der Beobachterabhängigkeit der Zukunft zu tun haben.

Die gesellschaftliche Bedeutung von Management liegt nicht zuletzt darin, daß jedes Management als eine *reflektierte Form des Entscheidungshandelns* gelten kann, die die Typik von Entscheidungen, Vergangenheiten kontingent zu setzen und Zukunft (als Zweck) festzulegen,[41] in die Gestaltung von Organisation umsetzt. Da diese gesellschaftliche Bedeutung zugleich eine gesellschaftliche Konditionierung mit sich bringt, kann man an dieser Stelle im engeren Sinne soziologische Fragestellungen thematisieren, die auf eine dem Management vielfach nicht bewußte kulturelle, historische und regionale Einbettung in die Gesellschaft zielen. Dies ist nicht nur für alle Fragen der Organisationsbildung, sondern auch für die zunehmend re-

40 So G. L. S. Shackle, Information, Formalism, and Choice. In: Mario J. Rizzo (Hg.), Time, Uncertainty, and Disequilibrium: Exploration of Austrian Themes. Lexington, Mass.: Lexington Books, 1979, S. 19-31.

41 So Luhmann, Organisation und Entscheidung. A. a. O., insbes. S. 165 ff.

levanten Fragen (inter-)kultureller Kompetenz des Managements von Bedeutung.

Auch die hier entworfene Managementlehre verfolgt eine *strategische Absicht*: Sie verknüpft die theoretischen und methodischen Ressourcen des Handlings komplexer Situationen mit Beobachtungen und Beschreibungen verschiedener dieser Situationen für verschiedene Typen von Organisationen, um das eigene Instrumentarium analytisch zu schärfen und analytisch scharf bleiben zu lassen. Hier öffnet sich ein endloses Feld für eine empirische Begleitforschung, die zugleich immer auch eine Arbeit an der Theorie und Methode der Managementlehre ist. In diesem Sinne versteht sich eine soziologisch orientierte Managementlehre eher *professionell* als *wissenschaftlich*: Sie bewährt sich in der Praxis ihrer Handlungsorientierung und nicht an der allgemeingültigen Objektivität ihrer Beschreibungen.

Die Zielsetzung

Die Zielsetzung der hier skizzierten Managementlehre besteht darin, das Management zu befähigen, *intelligente*, *innovative* und *unternehmerische Optionen* im Kontext von *Betrieb*, *Kommunikation*, *Kultur*, *Technik* und *Gesellschaft* wahrnehmen zu können:

Intelligenz ist jenes Nachfolgekonzept für *Rationalität*, das zur Kenntnis nimmt, daß Unternehmensorganisationen nicht mehr als optimierbare Maschinen beschrieben werden können, sondern als garbage cans oder Labyrinthe beschrieben werden müssen, deren interne Abläufe undurchschaubar geworden sind, die jedoch und vielleicht gerade deswegen über wenige Ein- und Ausgänge kontrolliert werden können. Intelligenz ist die Fähigkeit, aus dem eigenen Nichtwissen auf das Wissen anderer schließen zu können und sich dieses Wissen anderer nutzbar zu machen.

Innovation ist jene paradoxe Fähigkeit, die in Organisationen, die zur Aufrechterhaltung von Routinen eingerichtet worden sind, Routinen der Änderung von Routinen einführt. Diese Fähigkeit beruht auf einem Ausbau des bislang eher unkontrollierten *Evolutionspotentials* von Organisationen zu einem in Entscheidungskalküle einbezogenen Instrumentarium der Selbststeuerung. Eine Innovation hat grundsätzlich die Wahl, auf der Ebene zufälliger Variationen, auf der Ebene von steuernder und motivierender Selektion oder auf der Ebene struktureller Restabilisierungen anzusetzen. Bereits die Wahrnehmung dieser drei Möglichkeiten führt die Innovation aus dem bisherigen Bereich der Glücksfälle (oder Problemfälle, denn Innovieren muß nicht unbedingt erfolgreich sein) in den Bereich von Steuerungsoptionen.

Unternehmerisches Handeln schließlich kann seit den entsprechenden Beschreibungen der österreichischen Marktprozeßtheorie als Fähigkeit beschrieben werden, jede in Produkten, Preisen, Technologien und Verfahren enthaltene *Information* auf die in dieser Information ausgeschlossenen und somit *potentialisierten* Informationen hin zu lesen und auf diese Art und Weise eine mehr oder minder (analytisch) systematisierbare *Findigkeit* (alertness) in der Suche nach neuen Gelegenheiten zu entwickeln.[42] Es entbehrt nicht der Ironie, daß der Begründer der deutschen Betriebswirtschaftslehre, Erich Gutenberg, das Potential der Claude Shannonschen Informationstheorie erkannte, ohne daß ihm diese Möglichkeit der Beobachtung (also des Wiedereinschlusses) ausgeschlossener Informationen auffiel. Mit Hilfe des Formenkalküls George Spencer-Browns ist dieses Potential relativ leicht zu heben.

Zur Beschreibung des *Betriebs* ist der gesamte Bereich der Betriebswirtschaftslehre und der management studies fruchtbar zu machen. Dies setzt eine re-description der Betriebswirtschaftslehre als *Reflexionstheorie* der Differenz von Organisation und Wirtschaft voraus, die die dezidierte (das heißt normativ reflektierte) Absicht verfolgt, das ökonomische Kalkül in einem Systemzusammenhang zur Geltung zu bringen, der von sich aus nicht zur ökonomischen Optimierung, sondern zum Aufbau von ›organizational slack‹ tendiert. Zu verstehen und zu beschreiben wäre, welche Funktion die Einführung dieses *externen* Blickwinkels in die Organisation erfüllt, unter welchen Bedingungen sie funktionieren kann und wie man sie für die Managementlehre optionalisieren kann, ohne ihre normativen Prämissen mit übernehmen zu müssen.

Das Stichwort *Kommunikation* transportiert die Einsicht, daß jede Organisation ein *emergenter* und *konstruierter Systemzusammenhang* im sozialen (und psychischen) Medium des Sinns ist. Organisationen generieren und reproduzieren sich durch die Ausbildung eines bestimmten Kommunikationstyps, nämlich der Kommunikation von

42 Siehe Friedrich August Hayek, Individualismus und wirtschaftliche Ordnung, 2., erw. Auflage Salzburg: Philosophia, 1976, S. 103 ff.; und Israel M. Kirzner, Wettbewerb und Unternehmertum. Aus dem Englischen von Erich Hoppmann. Mohr: Tübingen, 1978.

Entscheidungen, der sich von anderen Formen gesellschaftlicher Kommunikation unterscheiden, jedoch nicht gegen diese anderen Formen isolieren läßt. Kommunikation ist daher immer Produktion einer Eigenwelt unter der Bedingung einer Gefährdung dieser Eigenwelt durch Kommunikationen außerhalb dieser Eigenwelt.[43] Wesentliche Managementfähigkeiten müssen daher darauf zielen, die Betriebsperspektive zu stärken und sie zugleich austauschfähig zu halten mit gesellschaftlichen Perspektiven. Diese eigentümliche Typik operationaler Schließung der Organisation in einem nicht isolierbaren Medium der Kommunikation schließt es aus, Organisationen in dem Maße für technisierbar zu halten, wie dies sowohl die bürokratische als auch die tayloristische Perspektive für wünschenswert hielten.

Kultur entsteht aus der Reflexion auf die Differenz für selbstverständlich gehaltener Verhaltensweisen. In einer globalisierten Gesellschaft ist eine *kulturelle Kompetenz* erforderlich, die über diese Differenz hinweg kommunikationsfähig ist, ja unter Umständen diese Differenz selbst zum Anknüpfungspunkt weiterer Kommunikation machen kann.[44] Diese Differenz kommt im Unterschied zwischen Regionen und Nationen, zwischen sozialen Schichten, zwischen Berufen, zwischen Generationen und zwischen Geschlechtern ebenso zur Geltung wie zwischen verschiedenen Branchen, Organisationen und Abteilungen. Ein Manager muß diese Differenz im Hinblick auf Verhaltensweisen aller Art, von der Kontaktfindung über die Themenwahl und die Vertrauensfindung bis hin zu den Zeithorizonten der beteiligten Intentionen, zu interpretieren und zu nutzen wissen.

Die Frage der *Technik* hat zahlreiche Dimensionen, von denen hier nur zwei hervorgehoben werden sollen. Erstens kann man unter den Titeln »Technik« oder »Technisierung« alle Versuche zusammenfassen, auch in sozialen Zusammenhängen Abläufe durch die *Einrichtung isolierter Kausalketten* berechenbar und routinisierbar zu machen. Nach wie vor ist das Management von Organisationen mit der Erwartung konfrontiert, auch die Organisation in einem weiten Sinne als Technik (der Produktion, der Verwaltung, der Entscheidung, ja sogar des geplanten Wandels) zu handhaben und sicherzustellen. Zwar lebt das Management davon, diese Erwartung unter Bedingungen zu bedienen, die im Widerspruch zur Erwartung stehen (daher

43 So auch Harrison C. White, Identity and Control. A. a. O.

44 Vgl. dazu Dirk Baecker, Wozu Kultur? 2., erw. Auflage, Berlin: Kulturverlag Kadmos, 2001.

die Rede von Direktion, Disziplin, Motivation und Incentives), das heißt jedoch nicht, daß dem Management ein klares Bild von den Grenzen dieser Technisierung vor Augen stünde. Und zweitens ist das Management von Organisationen heute mit neuen *Technologien* vor allem im *Informations-* und *Kommunikationsbereich* konfrontiert, die zum einen der Erwartung der Technisierbarkeit in die Hände zu spielen scheinen (man denke nur an neue Verfahren computergestützten controllings), zum anderen jedoch eine Kommunikations- und Informationsinfrastruktur schaffen, die traditionellen Erwartungen an die Organisierbarkeit scharf begrenzter Stellen- und Abteilungskompetenzen zuwiderlaufen. Auch hier muß das Management damit vertraut gemacht werden, welche Optionen realistisch und realisierbar sind.

Gesellschaft schließlich ist ein Begriff, der einerseits in seiner eher lockeren Verwendung alle möglichen Sondersensibilitäten moralischer, ethischer und sonstwie verantwortungsbewusster Art unter sich zu fassen erlaubt, andererseits jedoch, worauf bereits hingewiesen wurde, als soziologischer Fachterminus darauf aufmerksam macht, daß die moderne Gesellschaft ein hochdifferenziertes soziales Gebilde ist, in dem neben Organisationen (oder gar Unternehmen) noch zahlreiche andere soziale Systemtypen vorkommen, vor allem Funktionssysteme wie Wirtschaft, Politik, Recht, Religion, Wissenschaft, Kunst ... und Interaktionssysteme. Der Terminus Gesellschaft verweist darauf, daß es nicht nur anderes gleichsam kategorial *gibt* neben Unternehmen und Organisationen, sondern daß die Art und Weise, wie Unternehmen und andere Organisationen funktionieren und sich reproduzieren, hochgradig *mitgeprägt* ist durch die Art der Differenz zwischen Organisationen auf der einen Seite und sozialen Systemen in der Umwelt dieser Organisationen auf der anderen Seite. So hat man sich unter dem Stichwort *Kapitalismus* angewöhnt, eine ganz bestimmte, auf Kapitalverwertungsinteressen zurechenbare Differenz zwischen Unternehmen, Wirtschaft und Gesellschaft für das Schicksal dieser modernen Gesellschaft verantwortlich zu machen.[45] Diese kapitalistische Differenz strukturiert auch das Management, das dementsprechend über die in diesen Interessen noch denkbaren Optionen informiert zu halten ist.

Daneben ist zu Recht die Rede von gesellschaftlichem Wertewandel, von strukturellen Verschiebungen zwischen Wissenschaft

45 Siehe Luc Boltanski, Ève Chiapello, Le nouvel esprit du capitalisme. Paris: Gallimard, 1999.

und Erziehung, von einem Bedeutungsverlust der nationalen Politik und neuen Formen internationaler Rechtsfindung, von einer gestiegenen Sensibilität der Massenmedien für personalisierbare Konfliktstoffe, von einer globalisierten Wirtschaft und von unberechenbaren Effekten neuer Technologien (vor allem im Zuge der Einführung der »unsichtbaren Maschine« Computer), die allesamt das Management auf eher unklare als klare, eher überraschende als berechenbare und auf eher indirekte als direkte Weise, kurz: in der Form der losen Kopplung,[46] betreffen können, aber nicht müssen. Ohne ein Verständnis dafür, was Gesellschaft heißt, wird das Management seinen Steuerungsaufgaben in Organisationen nicht gerecht werden können, denn als reiner officer und Funktionär macht man sich zunehmend verdächtig, einer Maschine in die Hände zu spielen, deren treffendste Beschreibung die eines runaway systems ist.

46 Im Sinne von Karl E. Weick, Management of Organizational Change Among Loosely Coupled Elements. In: Paul S. Goodman and Associates (Hg.), Change in Organizations: New Perspectives on Theory, Research, and Practice. San Francisco: Jossey-Bass, 1982, S. 375-408.

Management im System

Strukturelle Spannungen

Strukturelle Spannungen sichern die Lebensfähigkeit eines Systems. Das gilt auch für Organisationen.[1] Strukturelle Spannungen schaffen Probleme, in die sich interne Veränderungen ebenso wie Umweltvorgänge einzeichnen können, um Aufmerksamkeit zu finden und in Entscheidungen überführt werden zu können. Unter dieser Voraussetzung kann man annehmen, daß die Funktion des Managements einer Organisation darin besteht, solche Spannungen *sicherzustellen und auszugleichen*. Da das Management einer Organisation mit dieser Funktion personell überfordert wäre, werden Spannungen nicht nur personell, sondern auch strukturell in jenem doppelten Sinne institutionalisiert, daß sie sowohl dauernde Berücksichtigung als auch routinierte Behandlung erfahren.

Hervorzuheben ist, daß die Strukturen, auf die die Spannungen verweisen, keine mit Händen zu greifenden und mit Augen zu schauenden Realitäten sind, sondern Erwartungen, die zu konditionieren erlauben, welche gegenwärtigen Situationen, Handlungen und Beziehungen wie, wenn überhaupt, fortzusetzen sind.[2] Eine strukturelle Spannung ist eine im Raum stehende Erwartung, die das, was aktuell tatsächlich geschieht, unter einen Druck setzt, dem das, was geschieht, nur begegnen kann, indem es sich verändert, indem es ausweicht oder indem es sich verhärtet. Dazu muß die im Raum stehende Erwartung mit mindestens einer anderen Erwartung konfligieren.

Die einfachste Form, eine Organisation in diesem Sinne unter Druck zu setzen, besteht darin, ihr ein Ziel zu setzen, das sie noch nicht erreicht hat. Man kann dann jeden einzelnen Zustand der Organisation im Hinblick auf den Beitrag zu einer möglichen Zielerreichung oder im Hinblick auf den Abstand, den er noch vom Zielzu-

1 Siehe nur Niklas Luhmann, Zweckbegriff und Systemrationalität: Über die Funktion von Zwecken in sozialen Systemen. Neuausgabe Frankfurt am Main: Suhrkamp, 1977, S. 72 ff.; und Karl E. Weick, Der Prozeß des Organisierens. Aus dem Amerikanischen von Gerhard Hauck, Frankfurt am Main: Suhrkamp, 1985, S. 67 f.

2 So Niklas Luhmann, Soziale Systeme: Grundriß einer allgemeinen Theorie. Frankfurt am Main: Suhrkamp, 1984, S. 377 ff.

stand hat, mit der Erwartung konfrontieren, sich zu ändern, und auf diese Art und Weise kontrollieren und steuern.[3]

Aber bereits diese einfachste Form der strukturellen Spannung durch Zielsetzung, das heißt durch die Setzung einer Differenz zwischen gegenwärtigen und zukünftigen Zuständen des Systems, setzt voraus, daß im System Ressourcen vorhanden sind, auf konfligierende Erwartungen zustandsändernd zu reagieren. Hier setzen Managementkompetenzen personeller und struktureller Art an. Das Management einer Organisation besteht nicht bereits darin, der Organisation Ziele zu setzen, sondern es besteht darin, sie zu befähigen, diese Ziele zu erreichen, gleichgültig, ob das Ziel im Überleben der Organisation, in der Gewinnerzielung, in rechtlich widerspruchsresistenten Entscheidungen, in der missionierenden Durchsetzung eines Glaubens, in der Eroberung der Macht durch eine politische Partei oder in Beiträgen zur wissenschaftlichen Forschung unter den Nebenbedingungen universitärer Lehre und erfolgreicher Drittmitteleinwerbung besteht.

Management heißt in allen diesen Fällen, die Organisation mit einem Sinn für die Differenz zwischen der Aktualität und der Potentialität ihrer Zustände auszustatten, ohne die aktuellen Zustände als so unzureichend zu markieren, daß jede Hoffnung fahrengelassen wird, potentielle Zustände zu erreichen. Diese Nebenbedingung wird oft vernachlässigt. Die Differenz zwischen Aktualität und Potentialität muß wertneutral gehandhabt werden, da die aktuellen Zustände immerhin so gut sind, daß sie definieren, worin die Kompetenzen einer Organisation bestehen (und sei es in der Kompetenz, erforderliche Kompetenzen zu erwerben), und die potentiellen Zustände immerhin zumindest in der Hinsicht fragwürdig sind, als sie (noch) keine Wirklichkeit und damit auch keine Verläßlichkeit besitzen (obwohl gerade die nicht wirklichen Zustände verläßliche Referenzpunkte sind, da sie, mangels Wirklichkeit, nicht sinnvoll bestritten werden können).

Die Differenz zwischen Aktualität und Potentialität, soviel weiß man aus Philosophie und Systemtheorie, erschließt sowohl ein Prozeßverständnis, mit dessen Hilfe die Differenz gegenwärtiger, vergangener und zukünftiger Zustände nicht nur beobachtet, sondern auch bearbeitet werden kann,[4] als auch eine Hermeneutik und Prag-

3 Das war bereits der Ansatzpunkt von Geoffrey Vickers, Towards a Sociology of Management. New York: Chapman & Hall, 1967.

4 Siehe dazu Alfred North Whitehead, Process and Reality: An Essay in Cosmology.

matik des Sinns, die Eigenschaften möglicher Zustände in wirklichen Zuständen und Eigenschaften wirklicher Zustände in möglichen Zuständen zu entdecken vermag und das System somit zu einer Oszillation zwischen dem, was es ist, und dem, was es nicht ist, befähigt.[5]

Wir werden das Argument dieses Artikels in drei Schritten entfalten. Erstens geht es darum, zumindest beispielhaft den Blick für die strukturellen Spannungen oder Inkonsistenzen zu schärfen, mit denen eine Organisation als Anlaß für wie auch als Bedingung der Möglichkeit von Management ausgestattet ist. Wir werden uns dazu mit der Dynamik von Arbeit, Arbeitsteilung und Hierarchie beschäftigen, mit der Rolle der Betriebswirtschaftslehre in privatwirtschaftlichen Unternehmen und mit der Rolle von Professionen in nichtprivatwirtschaftlichen Organisationen.

Wir werden dann in einem zweiten Schritt ein Evolutionsmodell des Managements skizzieren, das es uns erlaubt, einen Begriff von der Einheit der Differenz der Vielfalt unterschiedlicher Managementmaßnahmen zu bilden. Management, so werden wir vermuten, besteht strukturell wie personell darin, die Variations-, Selektions- und Retentionsmechanismen einer Organisation voneinander zu trennen, aufeinander zu beziehen und zu bedienen. Nichts ist dafür in der Organisation entscheidender als eine Dramaturgie des Nein im Sinne eines Umgangs mit der Dialektik ablehnender Kommunikation.

Schließlich werden wir die Frage aufnehmen, worin in den Begriffen dieses Modells ein mögliches Führungsverständnis der Organisation bestehen kann. Führung, so werden wir sehen, greift über das Management einer Organisation hinaus, indem es die Organisation nicht nur zu ihrer Routine der Bewältigung von Ungewißheiten aller Art befähigt, sondern darüber hinaus diese Ungewißheit, um deren Bewältigung es geht, in die Organisation wieder einführt und dort zum Gegenstand personell und strukturell adressierbarer Entscheidungen macht. Eine Bemerkung zum Denkstil dieser Überlegungen beschließt den Aufsatz.

Corrected Edition, Hg. von David Ray Griffin und Donald W. Sherburne, New York: Free Press, 1979, mit einer Begrifflichkeit, die kaum Schule gemacht hat.

5 So vor allem Yves Barel, Le paradoxe et le système, essai sur le fantastique social. Nouvelle édition augmentée, Grenoble: PUG, 1989; und Luhmann, Soziale Systeme. A. a. O.

Das Stichwort der Inkonsistenz als elementarer Struktureigenschaft jeder Organisation hat Stanley H. Udy, jr. in die Arbeits-, Industrie- und Organisationssoziologie eingeführt.[6] Seine Intuition besteht darin, daß jede Organisation von Arbeitsvorgängen zumindest in der Hinsicht inkonsistent ist, daß sie physische Anforderungen an die Durchführung der Arbeit stellt, die mit sozialen Anforderungen an die Organisation des menschlichen Miteinanders nicht unbedingt prinzipiell, aber doch in der Regel konfligieren.

Eines seiner vielen aufschlußreichen Beispiele ist die Organisation der Jagd in einer Stammesgesellschaft, die von allen Teilnehmern einen so unzivilisierten Einsatz gewalttätiger Körperkräfte und kommandohafter Kommunikation verlangt, daß diese Gesellschaften es erst riskieren, die Jäger wieder in das Dorf zurückkehren zu lassen, wenn sie sich in einem Lager außerhalb des Dorfes, einer Art Quarantänestation, abgekühlt haben. Vermutlich haben die Kneipen für Arbeiter und die blue hours für Angestellte dieselbe chill-out-Funktion, die es den Arbeitern und Angestellten ermöglicht, ihre nicht erlebten, aber erträumten Heldengeschichten untereinander auszutauschen und sie ihren Familien zu ersparen.

Diese Regelung inkonsistenter Erwartungen an Arbeitsvorgänge zum einen und die soziale Ordnung zum anderen kann ihre Formen außerhalb der Organisation finden, wie dieses Beispiel zeigt. Das wird es der Organisation jedoch nicht ersparen, auch ihren eigenen Umgang mit dieser Inkonsistenz zu finden. Der physische Zugriff auf den Gegenstand der Arbeit muß grundsätzlich von der Art und Weise, wie die Arbeiter miteinander umgehen, unterschieden werden. Das gilt für das Fließband, das nicht dazu verführen darf, die Mechanik der Abläufe auch im sozialen Miteinander zu unterstellen, so sehr dies als laufend korrekturbedürftiges Mißverständnis dann auch realiter der Fall ist. Das gilt für die schulische Erziehung, in der die Lehrer nicht erwarten dürfen müssen, auf die gleiche Weise ermutigt, verbessert und bestraft zu werden, wie es die Schüler erwar-

6 Siehe zum folgenden Stanley H. Udy, jr., Structural Inconsistency and Management Strategy in Organizations. In: Craig Calhoun, Marshall W. Meyer, W. Richard Scott (Hg.), Structures of Power and Constraint: Papers in Honor of Peter M. Blau. New York: Cambridge UP, 1990, 217-233; ders., Organization of Work: A Comparative Analysis of Production among Nonindustrial Peoples. New Haven: HRAF Pr., 1959; ders., Work in Traditional and Modern Society. Englewood Cliffs, NJ: Prentice Hall, 1970.

ten müssen – so sehr dies als laufend korrekturbedürftiges Mißverständnis dann auch realiter der Fall ist. Es gilt für die Krankenbehandlung, die nicht den Gedanken nahelegen darf, daß Ärzte und Pfleger auf die gleiche Weise permissiv nicht ernst genommen werden können wie die Patienten – so sehr dies wiederum als laufend korrekturbedürftiges Mißverständnis dann auch realiter der Fall ist. Und es gilt für das Militär, das aus den Modalitäten des Einsatzes von Gewalt, der sein Organisationszweck ist, nicht auf die Art und Weise schließen darf, wie diese Organisation organisiert wird – so sehr dies auch hier wieder als laufend korrekturbedürftiges Mißverständnis der Fall ist.

Man könnte in der Auflistung der Beispiele fortfahren, doch sollte bereits deutlich geworden sein, wie prekär jede Organisation in die Identität und Kontrolle ihrer eigenen Abläufe vernetzt ist und wie sehr diese Vernetzung Anlaß, Gegenstand und Voraussetzung eines general management ist, das unter diesem Gesichtspunkt nur als eine aufeinander bezogene Kombination von blocking action und getting action verstanden werden kann.[7] Management heißt hier auf eine immer wieder andere Art und Weise, der Organisation die Fortsetzung ihrer Handlungen und Entscheidungen zu ermöglichen, ohne daß die Organisation den gegenwärtig besonders erfolgreichen Modus ihrer Fortsetzung (sei dieser durch ihre Arbeit an der Sache oder durch ihre soziale Koordination definiert) verabsolutiert und zum universellen Gesetz ihres Selbstverständnisses macht. Ein Industriebetrieb ist keine Maschine. Eine Schule ist keine pädagogische Organisation. Ein Krankenhaus ist keine Verwaltung von Hilfsbedürftigkeit. Eine Armee ist keine Organisation durch Gewalt. Management einer Organisation heißt deswegen, den Blick für die Ambivalenz der Vorgänge in der Organisation zu schärfen, Prioritäten zu setzen, Rücksichtnahme und Verantwortung sicherzustellen und vor allem Oszillationen zwischen den unterschiedlichen Reproduktionslogiken derselben Vorgänge zu ermöglichen.

Das sind die Mindestbedingungen an die Subtilität des Managements, die, weil sie personell kaum bedient werden können, strukturell verankert werden müssen. Deswegen ist jede Organisation nicht nur eine artifizielle Zwecksetzung, sondern zugleich eine gesellschaftliche Einrichtung, an der in einem ihr selbst vielfach unbe-

7 Vgl. hierzu Harrison C. White, Identity and Control: A Structural Theory of Action. Princeton, NJ: Princeton UP, 1992, insbes. S. 230 ff.

wußten Ausmaß gesellschaftliche Strukturen, zum Beispiel das Selbstverständnis bestimmter Professionen oder der doppeldeutige Umgang mit Hierarchie, immer schon Anteil haben. Schon der Umstand, daß eine Organisation gesellschaftlich möglich ist, managt diese Organisation, so sehr einzelne Manager innerhalb dieser Organisation dies verstehen oder nicht verstehen, begrüßen oder ablehnen mögen. Das Verhältnis der Manager zum Management eröffnet in diesem Zusammenhang selbst eine strukturelle Spannung, die hilfreich sein kann (aber nicht sein muß), um die Organisation zu managen.

Die neben der Organisation der Arbeit am Produkt vermutlich wichtigsten Beiträge zum strukturellen Management einer Organisation sind die Arbeitsteilung und die Hierarchie. Beide stellen die Ausdifferenzierung der Organisation aus dem Rest der Gesellschaft sicher, indem nur in der Organisation die Arbeit so geteilt werden kann, wie sie geteilt wird, und nur in der Organisation oben und unten so unterschieden werden können, wie sie unterschieden werden. Und beide stellen im selben Zuge die Wiedereinbettung der Organisation in den Rest der Gesellschaft sicher. Arbeitsteilung gibt es auch außerhalb der Organisation, und dies auf eine Art und Weise, die für die Organisation wichtige Anschlüsse sowohl flußabwärts (gegenüber »Kunden«) als auch flußaufwärts (gegenüber »Lieferanten«) in der Wertschöpfungskette definieren. Und die Hierarchie ist eine so gesellschaftliche Struktureinrichtung, daß sich keine Organisation der gesellschaftlichen Beobachtung entziehen kann, wie sie ihre Hierarchie handhabt. Dies bedeutet auf eine durchaus doppeldeutige Art und Weise, daß die Gesellschaft genauso empfindlich gegenüber Versuchen reagiert, eine Hierarchie zu überziehen, wie auch gegenüber Versuchen, die Möglichkeiten der Hierarchie nicht zu nutzen. Um den Preis der Sicherstellung von Hierarchie ist die Gesellschaft sogar bereit, den Organisationen Arkanbereiche (»Zugang nur für Betriebsangehörige«) zuzugestehen, die in offenkundigem Widerspruch zu den gesellschaftlich deklarierten Werten der Aufklärung und Transparenz stehen.

Arbeitsteilung bedeutet, mit dem berühmten Wort von Émile Durkheim,[8] die Einrichtung beziehungsweise Ausnutzung solidari-

8 Vgl. Émile Durkheim, Über soziale Arbeitsteilung: Studie über die Organisation höherer Gesellschaften. Aus dem Französischen von Ludwig Schmidts, mit einer Einleitung von Niklas Luhmann, 2. Auflage, Frankfurt am Main: Suhrkamp, 1988, S. 101 ff.

scher Strukturen zwischen dem einander komplementär Unähnlichen. Die Solidarität überbrückt das Verschiedene im Hinblick darauf, daß es aufeinander angewiesen ist. Durkheims Beispiele sind neben dem biologischen Organismus und dem industriellen Betrieb die Freundschaft und die Ehe. Seine Hoffnung ist, daß sich das Prinzip für die Gesellschaft auch moralisch fruchtbar machen läßt. Diese Hoffnung kann man nur insofern unterstützen, als diese Idee der Arbeitsteilung nicht auf übergeordnete normative Prinzipien angewiesen ist, an die sich alle Teile der Gesellschaft halten müßten, sondern auf einen ökologischen Zusammenhang abstellt, der seine Regelungskraft wie in einer Stadt, der es gelungen ist, Beziehungen zu Unbekannten sozial zu ordnen,[9] aus in keiner Weise ambivalenzfreien Beziehungen zu nahen und fernen Nachbarn bezieht.

Die Idee der Arbeitsteilung ist in dem Sinne spannungsvoll, daß sie sowohl den Bezug auf den nächsten Arbeitsschritt, der als dieser Bezug den eigenen Arbeitsschritt definiert, als auch die Konzentration auf die jeweilige Kompetenz, mit der man den eigenen Arbeitsschritt verfolgt, zu forcieren erlaubt. Daher fördert die Arbeitsteilung sowohl Tendenzen zum Verlust der eigenen Identität als auch möglicherweise identitätstiftende Tendenzen zum Zerfall der Organisation in ihre einzelnen Kompetenzen.[10] Man kann dann versuchen, beiden Tendenzen gegenzusteuern, indem man in Organisationen Abteilungen gründet, die das funktional, prozessual, regional oder sonstwie eher zueinander Gehörende zusammenfassen und von dem funktional, prozessual, regional oder sonstwie eher nicht zueinander Gehörenden zu trennen erlauben.[11] Aber diese Lösung des Problems verschärft das Problem auf einer anderen Ebene, weil jetzt sowohl die Arbeitsteilung innerhalb der Abteilung geordnet werden muß als auch die Schnittstellen zwischen der Abteilung und Abteilungen derselben Organisation sowie Abteilungen anderer Organisationen geregelt werden müssen. Das Ergebnis dieser Problemlösung ist somit die Multiplikation der Anlässe für Management, aber auch der Ressourcen von Management, so daß man hier ein weiteres Beispiel jener Managementkompetenz hat, die ihr Wissen

9 Siehe Robert E. Park, Ernest W. Burgess, Roderick D. McKenzie, The City. Reprint With an Introduction by Morris Janowitz, Reprint Chicago: Chicago UP, 1967.

10 So Niklas Luhmann, Funktionen und Folgen formaler Organisation. 4. Auflage, mit einem Epilog 1994, Berlin: Duncker & Humblot, 1995, S. 83.

11 Vgl. James G. March und Herbert A. Simon, Organizations. Second edition, Cambridge, Mass.: Blackwell, 1993.

aus der Ausnutzung, und nicht etwa aus der Bewältigung von Widersprüchen bezieht, wie man seit langem weiß.[12]

Es wird nicht überraschen, daß der Bezug auf den anderen großen Beitrag zum strukturellen Management einer Organisation, die Hierarchie, die Dinge nicht etwa eindeutig zu machen erlaubt, sondern die Organisation mit weiteren Zweideutigkeiten versorgt. Die Hierarchie wiederholt die Paradoxie des Teils im Ganzen, jetzt allerdings nicht auf der horizontalen Ebene des Arbeitsflusses, sondern auf der vertikalen Ebene der Ordnung von Chancen, in die Bedingungen der Gestaltung von Arbeit durch Anweisungen einzugreifen. Denn die Hierarchie verlangt vom Teil sowohl die Unterwerfung unter das Ganze als auch die Verselbständigung zu jener Autonomie, ohne die die Unterwerfung keinen Reiz und keinen Sinn hätte.[13] Wie im Verhältnis zwischen Herr und Knecht[14] oder zwischen Fürst und Volk[15] bezieht die Hierarchie ihren Sinn aus ihrer Zirkularisierung, das heißt daraus, daß der jeweils Untergeordnete die Bedingungen angeben kann und muß, unter denen er bereit ist, sich zu unterwerfen. Das ist zwischen einander Liebenden auch nicht anders.[16] Daraus resultieren unterschiedliche Grade der Autonomieanmutung und auch unterschiedliche Widerstände gegen die Autonomie als Bedingung der Unterwerfung; das führt jedoch nie dazu, daß die Hierarchie, solange das Verhältnis gilt, aufgehoben werden könnte. Die Alternativen zur Hierarchie, um Philip G. Herbsts berühmten Titel aufzugreifen,[17] sind top down, bottom up, center down und middle out immer nur dieselbe Hierarchie in einem anderen Gewand, so sehr jede Variation, schon weil sie eine Variation ist, funktionale, strukturelle oder personelle Entlastung zu schaffen und neue

12 Siehe Herbert A. Simon, The Proverbs of Administration. In: Public Administration Review 6 (1946), S. 53-67.

13 Siehe hierzu mit Bezug auf Gesellschaft Louis Dumont, Essais sur l'individualisme: Une perspective anthropologique sur l'idéologie moderne. Paris: Seuil, 1983, S. 214 f.; und mit Bezug auf Organisation Talcott Parsons, Some Ingredients of a General Theory of Formal Organization. In: ders., Structure and Process in Modern Societies. New York: Free Press, 1960, S. 59-96.

14 Siehe Georg Wilhelm Friedrich Hegel, Phänomenologie des Geistes. Frankfurt am Main: Suhrkamp, 1973, S. 150 f.

15 Siehe Niccolò Machiavelli, Der Fürst. Aus dem Italienischen von Rudolf Zorn, Stuttgart: Kröner, 1978.

16 Siehe Jean-Paul Sartre, Das Sein und das Nichts: Versuch einer phänomenologischen Ontologie. Aus dem Französischen von Hans Schöneberg und Traugott König, Reinbek b. Hamburg: Rowohlt, 1991, S. 638 ff.

17 Nämlich: Ph. G. Herbst, Alternatives to Hierarchies. Leiden: Nijhoff, 1976.

Motivation sowohl zur Führung wie zum Geführtwerden zu rekrutieren vermag.

Für die Organisation hat sich diese paradoxale Struktureigenschaft der Hierarchie als außerordentlich fruchtbar erwiesen. Seit es Organisationen gibt, kann ihr Management für sich in Anspruch nehmen, immer und jeweils zugleich die Autonomie des Teils und die Herrschaft des Ganzen zu bedienen, gleichgültig ob das Teil in der Form einer hierarchischen Ebene oder in der Form einer in die Hierarchie der Organisation eingepaßten Abteilung auftritt. Die »managerial revolution«, von der Alfred D. Chandler, jr. spricht,[18] besteht darin, für jedes Schnittstellenproblem zwischen Ebenen oder Abteilungen eine Koordinationsfunktion einzurichten, die ihrerseits zwei neue Schnittstellen und deren Probleme schafft, nach oben und nach unten beziehungsweise zur einen Abteilung und zur anderen Abteilung. Auf diese Art und Weise läßt sich die Einsatzbedingung jeden Managements, nämlich trennen zu müssen, um aufeinander beziehen zu können, nach Belieben – das heißt abhängig von den verfügbaren Semantiken und Diskursen hierarchischer Ordnung, technischer Effizienz und sozialen Zugriffs, abhängig von den Refinanzierungsspielräumen des Unternehmens oder der Behörde, um mich hier auf die beiden wichtigsten Beispiele bürokratischen Selbstlaufs zu beschränken,[19] sowie abhängig von dem Eigenbedarf des Managements an internen Märkten der Karrieregestaltung[20] – innerhalb der Organisation multiplizieren.

Die Leistung der Betriebswirtschaftslehre

Gegenüber diesen drei großen Lieferanten von Inkonsistenz im strengen Wortsinn, das heißt von Inkonsistenz nicht *des* Systems, sondern *im* System, sind alle anderen Institutionen struktureller Spannungen von sekundärer oder auch von abgeleiteter Bedeutung.

18 In: Alfred D. Chandler, jr., The Visible Hand: The Managerial Revolution in American Business. Cambridge, Mass.: Harvard UP, 1977.

19 Vgl. Marshall W. Meyer, The Growth of Public and Private Bureaucracies. In: Sharon Zukin und Paul DiMaggio (Hg.), Structures of Capital: The Social Organization of the Economy. Cambridge: Cambridge UP, 1990, S. 153-172.

20 Vgl. C. N. Parkinson, Parkinsons Gesetz und andere Studien über die Verwaltung. Aus dem Amerikanischen von Richard Kaufmann, München: Econ & List, 1999; und Paul M. Hirsch, Undoing the Managerial Revolution? Needed Research on the Decline of Middle Management and Internal Labor Markets. In: Richard Swedberg

Das Management arbeitender, arbeitsteiliger und hierarchischer Organisationen stellt vor so zahlreiche Aufgaben des Ausgleichs von Spannungen durch die Schaffung neuer Spannungen, daß sich allein schon aus Versuchen der Bewältigung der Differenzen der Arbeit, der Arbeitsteilung und der Hierarchie die Freisetzung aller möglichen Ansätze zur Organisationsgestaltung, Produktentwicklung, Markterschließung und Personalführung ergeben. Alle diese Ansätze sind, gerade weil und indem sie alle Aufmerksamkeit der Organisation und ihres Managements auf sich ziehen, supplementär gegenüber der arbeitenden, arbeitsteiligen und hierarchischen Konstitution der Organisation.[21] Alle diese Ansätze sind für das Management ebenso diskursive wie pragmatische Münzen im Spiel der Auseinandersetzung um die Wahrung und den Ausbau der eigenen Stellung in diesem sich ständig selbst bedrohenden und von außen eher beruhigten als zusätzlich bedrohten System.[22]

Dieser abgeleitete Status gilt bereits für die ihrerseits große, um nicht zu sagen: großartige, Inkonsistenz, deren Entdeckung und Betreuung der Tradition der deutschsprachigen Betriebswirtschaftslehre zugeschrieben werden darf. Niemand hat so radikal wie Erich Gutenberg formuliert und durchgehalten, daß jeder Wirtschaftsbetrieb durch die Inkonsistenz zwischen sozialen Anforderungen an die Organisation und ökonomischen Anforderungen an dieselbe Organisation gekennzeichnet ist.[23] Vorzuwerfen ist ihm allenfalls, daß er diese für die Entwicklung seiner ökonomischen Theorie des Betriebs wesentliche Entscheidung nicht als eine empirisch-pragmatische, sondern als eine methodologische Entscheidung der Ausklammerung der Organisation schlechthin deklariert hat, zu der der Betriebswirt nichts sagen könne, weil sie eher der Gegenstand philosophischer, psychologischer und soziologischer Überlegungen sei. Gutenberg deklarierte seine Unterscheidung von Organisation und Betrieb als Begründung einer wissenschaft-

(Hg.), Explorations in Economic Sociology. New York: Russell Sage Foundation, 1993, S. 145-157.

21 Siehe auch Günther Ortmann, Formen der Produktion: Organisation und Rekursivität. Opladen: Westdeutscher Verlag, 1995; und ders., Organisation und Dekonstruktion, in: Georg Schreyögg (Hg.), Organisation und Postmoderne: Grundfragen – Analysen – Perspektiven. Wiesbaden: Gabler, 1999, S. 157-196.

22 Siehe Robert G. Eccles und Harrison C. White, Firm and Market Interfaces of Profit Center Control. In: Siegwart Lindenberg, James S. Coleman, Stefan Nowak (Hg.), Approaches to Social Theory. New York: Russell Sage, 1986, S. 203-220.

23 Siehe vor allem Erich Gutenberg, Die Unternehmung als Gegenstand betriebswirtschaftlicher Theorie. Berlin: Spaeth & Linde, 1929; ders., Grundlagen der Betriebswirtschaftslehre, Bd. 1: Die Produktion, 24. Auflage Berlin: Springer, 1983.

lichen Disziplin und verdeckte damit die Rolle dieser Unterscheidung in der konsistent inkonsistenten Konstitution der privatwirtschaftlichen Unternehmung. Seither gilt, daß die »Organisation« zwar noch als Mittel zum Betriebszweck vorkommt und entsprechend gestaltet und kontrolliert werden muß, diese Gestaltung und Kontrolle sowie die ihnen vorausgehende Planung jedoch in einem unbestimmten Raum, jedenfalls nicht innerhalb der Organisation, um deren Planung, Gestaltung und Kontrolle es geht, vorgenommen wird. Dagegen hat die Betriebswirtschaftslehre bislang nur um den Preis des Verlusts ihres Theorieprofils und ihrer Auflösung in eine pragmatisch adhokratische Sammlung von unterschiedlich brauchbaren »tools« protestieren können.[24]

Der Vorteil dieses Ansatzes der Betriebswirtschaftslehre liegt darin, daß man den Zugriff des ökonomischen, allerdings auch des technischen Kalküls auf die Organisation als einen Zugriff studieren kann, der ein ihm fremdes und ihm vorgängiges Material nach Maßgaben strukturiert, die nicht diejenigen des Materials selber sind. Das Wort von der »produktiven Produktion«[25] rechnet mit einer Produktion, die alles andere als produktiv ist, und hat daran seinen Ansatzpunkt für die Bestimmung der Aufgaben des Managements. Während die soziale Eigendynamik der Organisation auf die nepotistische oder klientelistische Vermehrung der Arbeitsplätze, auf die Steigerung der erzielbaren Arbeitseinkommen und Karrierechancen, auf die Selbstverwirklichung im Produkt und auf den Aufbau wechselseitiger Begünstigungsverhältnisse (Netzwerke!) zu Kunden, Auftraggebern und Nachbarorganisationen zielt, hat der betriebswirtschaftlich ausgebildete Manager nur eines im Sinn, die ökonomische Effizienz, supplementiert durch die technische Effektivität. Jeder produktive Vorgang, gleichgültig ob es um die Herstellung des Produkts, die Koordination der Arbeit, die Weiterbildung der Arbeitskraft oder die internen und externen Vorgänge der Auseinandersetzung, Verhandlung, Moderation und Beratung geht, gilt ihm als nicht einmal tendenziell, sondern prinzipiell suboptimal. Denn die Ausklammerung

24 Siehe dazu Wolfgang H. Staehle, Management: Eine verhaltenswissenschaftliche Perspektive, 6., überarb. Auflage München: Vahlen, 1991; Horst Steinmann und Georg Schreyögg, Management: Grundlagen der Unternehmensführung. Konzepte – Funktionen – Fallstudien, 3., überarb. Auflage Wiesbaden: Gabler, 1993; Richard Whitley, The Development of Management Studies as a Fragmented Adhocracy. In: Social Science Information 23 (1984), S. 775-818.

25 Siehe Gerd Walger, Produktive Produktion: Ein Beitrag zur Rekonstruktion der Betriebswirtschaftslehre. Bern: Haupt, 1993.

der Organisation versorgt ihn mit einem präzisen Gedächtnis all der sozialen Eigendynamiken, die er mit diesem Akt gleich mitausgeklammert hat. (Tatsächlich wird die Organisation nicht ausgeklammert, um sie auf Abstand zu halten, sondern eingeklammert, um sie der Beobachtung zu unterziehen.)

Das Ergebnis ist eine prinzipielle Inkonsistenz zwischen der sozialen Eigendynamik der Organisation und ihrem ökonomischen Kalkül. Interessant ist diese Inkonsistenz schon deswegen, weil sie die Udysche Inkonsistenz exakt umdreht. Hatte Udy davon gesprochen, daß in Arbeitsorganisationen Anforderungen an die soziale Gestaltung physischer Arbeitsvorgänge zum Tragen kommen, die den Sozialitätsvorstellungen der gesellschaftlichen Umwelt widersprechen, so spricht die Betriebswirtschaftslehre zwischen den Zeilen ihrer Plädoyers für Ablauf- und Aufbauorganisation, für Planung, »Organisation« und Kontrolle davon, daß die Organisation ein Tummelfeld gesellschaftlich definierter Eigeninteressen ist, dem das Kalkül ihres technologischen, produktiven und Humankapitals nur mit Mühe ökonomische Gewinne abzutrotzen vermag. Beides ist richtig. Die Organisation ist nicht nur inkonsistent, sondern auf inkonsistente Weise inkonsistent.

Das Management bezieht aus dieser betriebswirtschaftlichen Fassung der Organisation als Mittel zum Zweck den Vorteil, die ökonomische Gewinnregel als go- und stop-Regel innerhalb der Organisation einsetzen zu können.[26] Deswegen sind privatwirtschaftliche Organisationen sowohl in ihrer ökonomischen Effizienz wie vielfach auch in ihrer technologischen Effektivität allen anderen Organisationen nicht nur überlegen, sondern, wie Max Weber formuliert hat, gegen die Unentrinnbarkeit der bürokratischen Herrschaft sogar immun.[27] Denn das Unternehmen, das auf einem Markt Produkte absetzen muß, um sich refinanzieren zu können, kann prinzipiell jederzeit jeden Vorgang innerhalb des Unternehmens unterbrechen, der die Chance, Produkte abzusetzen, nicht steigert. Und es kann, das wird unter den Stichworten der Innovativität und Kreativität diskutiert, Vorgänge innerhalb des Unternehmens schon dann starten und gegen Widerstände verteidigen, wenn die Aussicht besteht, durch diese Vorgänge Absatzchancen zu steigern.

26 Siehe auch Dirk Baecker, Profit und Management. In: ders., Organisation als System: Aufsätze. Frankfurt am Main: Suhrkamp, 1999, S. 237-264.

27 So Max Weber, Wirtschaft und Gesellschaft: Grundriß der verstehenden Soziologie, 5., rev. Auflage, Studienausgabe. Tübingen: Mohr, 1972, S. 129.

Die Durchsetzungskraft des betriebswirtschaftlichen Kalküls liegt darin, daß es innerhalb der Organisation einen Funktionssystembezug vertritt, der innerhalb der Organisation, solange sie wirtschaftet, also unter Knappheitsbedingungen (knappe Kunden, knappe Mitarbeiter, knappe Kapitalressourcen, knappe Vorleistungen usw.) operiert, schlechterdings nicht bestritten werden kann. Daß sich ein privatwirtschaftliches Unternehmen auf den Märkten einer Wirtschaft bewähren muß, die nicht nur Wahlmöglichkeiten gegenüber den angebotenen Produkten hat, sondern auch mit konkurrierenden Zugriffen auf die beanspruchten Personal-, Material- und Kapitalressourcen aufwartet und nicht zuletzt eine Vielzahl von stake- und shareholdern in Position setzt, die miteinander um die wirtschaftlichen Ergebnisse der unternehmerischen Wertschöpfung konkurrieren, gilt in diesem Unternehmen als so selbstverständlich, daß die prinzipielle Inkonsistenz dieser Funktionssystemzugriffe mit der andersartigen Eigenlogik der Organisation vielfach keine Berücksichtigung mehr findet. Schon der Hinweis auf diese Inkonsistenz gilt häufig als ein mit der Logik des privatwirtschaftlichen Unternehmens inkonsistenter, typisch »soziologischer« und damit nur für diese Wissenschaft bezeichnender Hinweis.

Dennoch ist jedem Manager eines großen oder eines kleinen, eines jungen oder eines alten, eines erfolgreichen oder eines erfolglosen Unternehmen klar, daß die Perspektive der ökonomischen Knappheitskalküle nicht mit der Perspektive der Organisation, die an ihren Leuten, an ihren Produkten, an ihren Beziehungen hängt, identisch ist. Dem alteingesessenen Familienunternehmen wird ebenso schwer deutlich zu machen sein, daß an seinen Produkten unter den Bedingungen neuer Weltmarktkonkurrenz kein Bedarf mehr besteht, wie dem innovativen Start-up-Unternehmen, das an einer ehrgeizigen Technologie arbeitet, verständlich zu machen ist, daß es nur darauf ankommt, sich so zu positionieren, daß die exit-Optionen optimiert werden können. Tatsächlich sorgt mindestens die Differenz längerfristiger Produkt-, Personal- und Beziehungsperspektiven auf der einen Seite und kürzerfristiger Kapitalperspektiven auf der anderen Seite dafür, daß strukturelle Inkonsistenzen nicht nur fast nach Belieben vorhanden sind, sondern auch je nach Bedarf – zum Beispiel durch die Inanspruchnahme »gesellschaftlicher Verantwortung« – verstärkt oder auch – etwa durch die Übertragung von »Zockermentalitäten« von der spekulativen auf die produktive Ebene – abgeschwächt werden können. Die Kapitalperspektive fungiert zwar als Mechanismus struktureller Kopplung zwischen Unternehmen und Wirtschaft, aber diese strukturelle Kopplung bedeutet keine reibungslose Übersetzung unternehmerischer Erwartungen in wirtschaftliche Erwartungen und umgekehrt, sondern harte und konfliktreiche Arbeit an strukturellen Spannungen.[28]

In keiner anderen Organisation ist mit dieser Selbstverständlichkeit eine strukturelle Inkonsistenz verfügbar, die zugleich, darin besteht ja die Leistung des betriebswirtschaftlichen Kalküls, als Inbegriff einer ökonomischen Rationalität gelten darf. Diese Rationalität setzen nicht wenige mit der Vernunft schlechthin gleich, da es ja nichts Vernünftigeres gibt, als in einer Welt knapper Ressourcen den eigenen Ressourcenzugriff durch Vergleich mit Alternativen zu berechnen. Die strukturelle Inkonsistenz des Betriebs ist so sehr identisch mit den Realitätsgewißheiten des neuzeitlichen Bürgers, daß man um die Vermutung, daß diese Gewißheiten jene Inkonsistenz kompensieren müssen, nicht herumkommt. Davon profitiert die Betriebswirtschaftslehre, davon profitiert die Konstitution eines Unternehmertums, das nicht erst seit der Industrialisierung als systematische Schaffung und Ausbeutung wirtschaftlicher Ungleichgewichtslagen beschrieben werden kann, und darunter leidet eine Gesellschaft, die keine Vorstellung davon hat, wie sie den unternehmerischen Zauberlehrlingen wieder Einhalt gebieten kann.

Die einzige Gewißheit, daß es bei all dem mit rechten Dingen zugeht, bezieht die Gesellschaft aus der Rationalitätsgarantie der Betriebswirte. Diese Garantie aber bedeutet nichts anderes, als daß die Spannungen zwischen den Erwartungen der Organisation und den Erwartungen der Wirtschaft durch den Alternativenwechsel zwischen unternehmerischen Mitteln und den Alternativenwechsel zwischen unternehmerischen Zielen bearbeitbar gemacht werden. Wenn jedoch sowohl die Mittel als auch die Ziele jederzeit, das heißt abhängig von Knappheitslagen und Knappheitsvermutungen, ausgewechselt werden können und müssen, bedeutet dies, daß jede einzelne Situation oder Lage eines Unternehmens rational berechnet werden kann, von der Zukunft jedoch nur gesagt werden kann, daß dies in der Zukunft auch der Fall ist. Welche Mittel für welche Ziele der Verfolgung wert sind, bleibt dabei grundsätzlich

28 Siehe dazu Dirk Baecker, Kapital als strukturelle Kopplung. In: Soziale Systeme: Zeitschrift für soziologische Theorie 7 (2001), S. 314-327.

offen. Deswegen sprach Gutenberg von der »Irrationalität« des dispositiven, des unternehmerischen Faktors in der Betriebsorganisation. Natürlich kann diese Frage auch von einer Unternehmens- und Wirtschaftsethik nicht beantwortet werden, die sich dennoch und vielleicht auch deswegen eines immer größeren Interesses erfreut.[29]

Die Rolle der Professionen

Vor diesem Hintergrund leuchtet es unmittelbar ein, daß nichtprivatwirtschaftlich verfaßte Organisationen mit Interesse zu beobachten versuchen, welche Vorteile der Effizienz und Effektivität privatwirtschaftliche Unternehmen aus ihrem Management beziehen. Man wird jedoch, wenn es darum geht, Managementtechniken aus privatwirtschaftlichen in nichtprivatwirtschaftliche Organisationen zu importieren, warnend darauf hinweisen müssen, daß die zielführende Evidenz der Managementtechniken nur um den Preis der Einführung jener strukturellen Spannungen zu haben ist, aus denen sie ihre Energie und Motivation beziehen. Nichts jedoch ist organisatorisch unverfügbarer als diese strukturellen Spannungen, die nicht das Produkt unternehmerischer Entscheidung sind, sondern der Art und Weise, wie die Differenz zwischen Organisation und Gesellschaft in der Gesellschaft als Voraussetzung der Ausdifferenzierung von Organisationen gefaßt und reproduziert wird. Die Einführung von Managementtechniken in nichtprivatwirtschaftliche Organisationen ist nur um den Preis der Einführung der Priorität des Bezugs auf das Funktionssystem Wirtschaft und damit der Abschwächung des Bezugs auf andere Funktionssysteme zu haben.

Für Behörden, Gerichte, Kirchen, Armeen, Schulen, Universitäten, Krankenhäuser, Ingenieurbüros, Orchester und Theater ist typisch, daß sie nicht gemanagt, sondern professionell verwaltet werden. Und »Professionen« sind Einrichtungen, die auf der Ebene eines Foucaultdiskurses,[30] das heißt einer spezifischen Kombination von Wissen und Macht, sowohl eine Funktionssystemperspektive als auch eine Organisationsperspektive aufgreifen und in einer gesell-

29 Vgl. nur Josef Wieland (Hg.), Wirtschaftsethik und Theorie der Gesellschaft. Frankfurt am Main: Suhrkamp, 1993.

30 Siehe nur Michel Foucault, Was ist Kritik? Aus dem Französischen von Walter Seitter, Berlin: Merve, 1992, etwa S. 31 ff.

schaftlich abgesicherten Interaktionsperspektive zur Geltung bringen.[31] Die Differenz zwischen Experten und Laien definiert Funktionsrollen, die in Goffmanöffentlichkeiten, das heißt in Interaktionen zwischen Unbekannten,[32] definieren, welche Situationen mit welchen Anschlüssen wie bearbeitet werden können. Davon profitieren Beamte, Juristen, Priester, Soldaten, Lehrer, Ärzte, Pfleger, Sozialarbeiter, Ingenieure und Künstler, die allesamt ihr eigenes Expertenprofil und ihre eigene Version des Laienpublikums haben, mit dem sie konfrontiert sind.

Wesentlich für unsere Fragestellung nach dem Management im System einer Organisation ist, daß dieses Profil und diese Version wie selbstverständlich definieren, nach welchen Standards der Richtigkeit die Organisation eingerichtet werden muß, mit deren Hilfe man die eigene Arbeit kommunikationsfähig macht. Dieselbe Richtigkeit, die das Expertenverhalten gegenüber dem Publikum in Anspruch nimmt, wird auch zur Maxime der Organisation, obwohl sich hier wie in jeder anderen Organisation die Udysche Inkonsistenz ergibt, daß die richtige Kommunikation von Verwaltungsentscheidungen, Gerichtsurteilen, militärischen Operationen, schulischen Curricula, ärztlichen Eingriffen, Ingenieursleistungen und künstlerischen Darbietungen grundsätzlich nichts mit der Art und Weise zu tun haben muß, wie diese Arbeitsleistungen im einzelnen zustande kommen. Bereits der Kern jeden Professionswissens, das Wissen um das negative Komplement des anzustrebenden positiven Erfolgswerts, zwingt zu einer Differenz zwischen Darstellung und Erarbeitung der professionellen Leistung. Beamte wissen, wie leicht Verwaltungsentscheidungen die Bedingungen ihrer Rechtmäßigkeit verletzen können. Richter wie Rechtsanwälte wissen, daß Gerichtsverfahren nicht nur gewonnen, sondern – von der jeweils anderen Seite – auch verloren werden. Priester wissen, daß die Offenbarung auf sich warten lassen kann und Gläubige ob der Finsternis des irdischen Jammertals allenfalls getröstet werden können. Soldaten wissen, daß Verteidigungs-

31 Vgl. Andrew Abbott, The System of the Professions: An Essay on the Division of Expert Labor. Chicago: Chicago UP, 1988; Rudolf Stichweh, Professionalisierung, Ausdifferenzierung von Funktionssystemen, Inklusion: Betrachtungen aus systemtheoretischer Sicht. In: Bernd Dewe, Wilfried Ferchhoff und Frank-Olaf Radtke (Hg.), Erziehen als Profession: Zur Logik professionellen Handelns in pädagogischen Feldern. Opladen: Leske & Budrich, 1992, S. 36-48.

32 Siehe Harrison C. White, Network Switchings and Bayesian Forks: Reconstructing the Social and Behavioral Sciences. In: Social Research 62 (1995), S. 1035-1063, hier: S. 1054 ff.

kriege und Angriffskriege selbst dann Opfer fordern, wenn sie gewonnen werden. Ärzte wissen um das Leben zum Tode. Pfleger kennen Fälle, in denen nicht geholfen werden kann. Ingenieure wissen, daß das Material jedem Entwurf einen Streich spielen kann. Und Künstler wissen, daß marginale Unstimmigkeiten den Gesamteindruck verderben können.

Dieses mit den Negativwerten als Reflexionswerten ihres Wissens angereicherte Wissen der Professionen führt dazu, daß sich die Organisation ihrer Arbeit wie auch deren Management zumindest in den Augen der Professionen erschöpfend aus der Art und Weise ableiten lassen, wie die Negativwerte im Auge behalten und die Positivwerte für das erwartungsvolle Publikum sichergestellt werden können. Auch in einem privatwirtschaftlichen Unternehmen ist die Rolle professioneller Buchhalter, Juristen, Ingenieure und auch Betriebswirte im Betrieb mit Blick auf die Generierung eines Wissens um Haben *und* Soll, um Rechtmäßigkeit *und* Unrechtmäßigkeit, um funktionierende *und* nicht-funktionierende Technik, um Gewinne *und* Kosten nicht zu unterschätzen. Aber bereits die nicht endende Diskussion um die Funktion und die Aufgaben der Buchführung zeigt, einen wie abgeleiteten Status in einem Wirtschaftsunternehmen selbst eine Funktionsrolle hat, die sich die Kernkompetenz einer Geschäftssprache zurechnen darf, die wie keine andere Unternehmens- und Wirtschaftsperspektiven trennt und übergreift zugleich.[33]

Außerhalb von Unternehmen ist es, wenn der Eindruck nicht täuscht, nicht derart weitgehend gelungen, die Professionsperspektive sowohl einzubauen als auch auf Abstand zu halten. Allenfalls Behörden sind in ihrer Differenzierung zwischen Beamtenrolle und Juristenrolle ähnlich eigenständig gebaut wie Unternehmen. Das führt zu einer prinzipiellen Inkonsistenz zwischen politischer Funktion und rechtlicher Kontrolle, die zwar ähnlich wie Arbeit und Kalkül im Unternehmen oder Forschung und Lehre in der Universität als mit sich selbst identische Identität konstruiert und behauptet werden, diese Identität jedoch nur um so zuverlässiger als Ambivalenzlieferant innerhalb der Organisation verankern und fruchtbar machen.

Dementsprechend schwierig ist es, die Managementperspektive in-

33 Vgl. dazu Werner Sombart, Der moderne Kapitalismus. 3 Bde., Reprint München: dtv, 1987, Bd. II, S. 112 ff.; und Dirk Baecker, The Writing of Accounting. In: Stanford Literature Review 9 (1992), S. 157-178; ders., Die Schrift des Kapitals. In: Hans Ulrich Gumbrecht und K. Ludwig Pfeiffer (Hg.), Schrift. München: Fink, 1993, S. 257-272.

nerhalb von nichtprivatwirtschaftlichen Organisationen überhaupt zur Geltung zu bringen. Nichtprivatwirtschaftliche Organisationen sind mit ihren Inkonsistenzen bereits in einem Ausmaße beschäftigt, daß es angesichts knapper Ressourcen für problemstellende und problemlösende Aufmerksamkeiten[34] fraglich scheint, wer sich mit welchen Aussichten auf welchen Erfolg der Inkonsistenzen der Managementperspektive annehmen soll. Der einzige Umstand, der gegenüber den aktuellen Versuchen dieser Art optimistisch stimmt, ist die Einsicht, daß auch das Management entgegen den Behauptungen seiner Propagandisten eben nicht neue Eindeutigkeit, sondern neue Inkonsistenz liefert – und sei es nur die Inkonsistenz zwischen den neuen Eindeutigkeiten und den historisch determinierten Systemen, in die sie eingeführt werden. Dafür müßten sich auch in nichtprivatwirtschaftlichen Organisationen Interessenten finden lassen.

Diese Skizze einiger Ansatzpunkte für organisationale Inkonsistenzen möge hier genügen. Jede dieser Inkonsistenzen managt die Organisation bereits, ohne daß die Organisation deswegen darauf verzichten dürfte oder auch nur könnte, ein eigenes Management dieser Inkonsistenzen zu finden und laufend neu zu positionieren. Wie auch immer die Organisation sich mit Hilfe von Unterscheidungen wie Input und Output, Ist und Soll, downstream und upstream, Problem und Lösung, kurz-, mittel- und langfristigen Wachstumshorizonten oder auch score und balance neu in Position bringt,[35] sie versorgt sich damit mit neuen Inkonsistenzen, die sich ausschließlich daran bewähren oder nicht bewähren, wie sie sich zu den alten Inkonsistenzen verhalten. Deswegen lautet die kürzestmögliche Definition des Managements einer Organisation: Wiedereinführung der Organisation in die Organisation mit dem Ziel und mit der Aussicht, die Organisation in der Organisation doppelt und damit wählbar präsent zu haben: als das, was sie ist, und als das, was sie nicht ist, beziehungsweise nicht mehr ist oder noch nicht ist. Alle weiteren Managementmaßnahmen ergeben sich daraus, daß diese Wahl zwischen zwei Versionen desselben zum einen möglich ist, zum anderen jedoch nur um dem Preis der Oszillation zwischen den Alternativen und der Invisibilisierung der Art und Weise, wie die Alternative zustande kommt, möglich ist.

34 Nach wie vor lesenswert: Herbert A. Simon, Models of Bounded Rationality. 2 Bde., Cambridge, Mass.: MIT Press, 1982.

35 Vgl. nur Wassily Leontief, Structure of the World Economy: Outline of a Simple Input-Output Formulation. In: American Economic Review 64 (1974), S. 823-834;

Die Rede von der Wiedereinführung der Organisation in die Organisation verweist zum einen auf ein mathematisches Formkalkül, mit dessen Hilfe man die Konsequenzen einer solchen Wiedereinführung ausrechnen kann,[36] und zum anderen darauf, daß die Organisation in der Organisation nur als Differenz verfügbar gemacht werden kann, als Differenz zwischen der Organisation, innerhalb derer die Wiedereinführung vorgenommen werden muß, und der Organisation, die man zu sehen bekommt, wenn man die Wiedereinführung vornimmt. Das mathematische Formkalkül hat angesichts dieser Situation unter anderem den Vorteil, die seit der Philosophie des deutschen Idealismus notorische Erfahrung, daß die Reflexion jede zusätzliche Bestimmung des Reflektierten durch ein weiteres Unverständlichwerden des Bestimmten erkaufen muß,[37] ohne einen umfangreichen semantischen Aufwand verständlich gemacht werden kann.

Wir wählen hier jedoch nicht den Weg über das mathematische Formkalkül,[38] sondern den Weg über eine Evolutionstheorie des Managements im System der Organisation, um zu erkunden, ob und wie Einsichten in die notwendige Inkonsistenz der Organisation für das Management der Organisation fruchtbar gemacht werden können.

Für eine Evolutionstheorie der Organisation gibt es bisher nur wenige Ansätze, die wie alle Versuche der Einführung einer evolutionstheoretischen Perspektive in die Verhaltens- und Sozialwissenschaf-

Vickers, Towards a Sociology of Management. A. a. O.; Harrison C. White, Markets From Networks: Socioeconomic Models of Production. Princeton: Princeton UP, 2002; Fredmund Malik, Strategie des Managements komplexer Systeme: Ein Beitrag zur Management-Kybernetik evolutionärer Systeme. 5. erw. und erg. Auflage, Bern: Haupt, 1996; Herbert Henzler, Die McKinsey-Formel. In: Frankfurter Allgemeine Zeitung Nr. 301, 27. Dezember 1999, S. 23; Robert S. Kaplan und David P. Norton, The Balanced Scorecard: Measures That Drive Performance. In: Harvard Business Review (January-February 1992), S. 71-79.

36 Siehe George Spencer-Brown, Laws of Form: Gesetze der Form. Aus dem Englischen von Thomas Wolf, Lübeck: Bohmeier, 1997.

37 Siehe Friedrich Schlegel, Über die Unverständlichkeit. In: ders., Charakteristiken und Kritiken I (1796-1801). Kritische Friedrich-Schlegel-Ausgabe, Bd. 2, Paderborn: Schöningh, 1967, S. 363-372.

38 Siehe jedoch Niklas Luhmann, Die Kontrolle von Intransparenz. In: Heinrich W. Ahlemeier und Roswita Königswieser (Hg.), Komplexität managen: Strategien, Konzepte und Fallbeispiele. Wiesbaden: Gabler, 1997, S. 51-76.

ten unter den Freiheitsgraden leiden, mit denen man es zu tun bekommt, wenn man nach einer Besetzung der Variations-, Selektions- und Retentionsmechanismen in sozialen Handlungen, Systemen oder Netzwerken fragt.[39] Schon die Frage, ob man von einer handlungs-, system- oder netzwerktheoretischen Perspektive ausgeht, wird zu entsprechend anderen theoretischen Zuspitzungen und empirischen Sensibilitäten führen. Überdies ist aber noch nicht einmal geklärt, ob tatsächlich die Differenzierung in die genannten Mechanismen der Variation, Selektion und Retention und nicht eher eine populationsökologische Perspektive die evolutionäre Fragestellung erschließt.[40]

Wir gehen im folgenden von bereits vorliegenden evolutionstheoretischen Ansätzen einer Systemtheorie der Organisation aus[41] und kombinieren die These, daß nicht zuletzt auch die Differenz zwischen Variation, Selektion und Retention, das heißt die Voraussetzung jeder Evolution, ein Ergebnis der Evolution ist, mit der Beschreibung der Funktion des Managements im System der Organisation.

Unter »Variation« verstehen wir abweichende Systemereignisse, unter »Selektion« die Mobilisierung von Systemstrukturen zwecks positiver oder negativer Auswahl einer Variation und unter »Retention« oder »Restabilisierung« den Einbau einer erfolgten Strukturänderung in das bereits vorhandene und weiterlaufende System.[42] Diese Begriffsfassung hat eine wichtige Konsequenz. Nicht die Abweichung als solche, sondern ihre Kommunikation variiert das Sy-

39 Siehe vor allem Weick, Der Prozeß des Organisierens. A. a. O.; ferner Richard R. Nelson und Sidney G. Winter, An Evolutionary Theory of Economic Change. Cambridge, Mass.: Harvard UP, 1982; Pavel Pelikan, Evolution, Economic Competence, and the Market for Corporate Control. In: Journal of Economic Behavior and Organization 12 (1989), 279-303; Alfred Kieser, Organizational, Institutional, and Societal Evolution: Medieval Craft Guilds and the Genesis of Formal Organization. In: Administrative Science Quarterly 34 (1989), S. 540-564; Joel A. C. Baum, Jitendra V. Singh (Hg.), Evolutionary Dynamics of Organizations. New York: Oxford UP, 1994.

40 Vgl. Donald T. Campbell, Variation and Selective Retention in Socio-Cultural Evolution. In: General Systems 14, (1969), S. 69-85; und daran anschließend Weick, Der Prozeß des Organisierens. A. a. O.; im Unterschied zu Michael T. Hannan und John Freeman, Organizational Ecology. Cambridge, Mass.: Harvard UP, 1989.

41 Siehe Niklas Luhmann, Organisation und Entscheidung. Opladen: Westdeutscher Verlag, 2000, S. 330 ff.

42 So die Begriffsvorschläge in: Niklas Luhmann, Die Gesellschaft der Gesellschaft. Frankfurt am Main: Suhrkamp, 1997, S. 413 ff.

stem, indem sie ihre Selektion unter dem Gesichtspunkt einer möglichen neuen Stabilitätslage des Systems herausfordert. Abweichungen mögen das System verändern oder auf den Pfad einer strukturellen Drift bringen; eine evolutionäre Entwicklung ergibt sich im Unterschied dazu nur im Fall einer Morphogenese, die das Ergebnis einer Reaktion des Systems auf sich selbst ist.[43] Evolution dieses Typs, mit anderen Worten, ergibt sich nur auf der Grundlage von Selbstorganisation und nicht bereits als Ergebnis der Selektion von Variation.[44]

Diese Konzeption erleichtert die Interpretation einer evolutionären Funktion des Managements. Denn sie erlaubt es, die Wiedereinführung der Organisation in die Organisation unter dem Gesichtspunkt der Differenzierung der Organisation in die drei Ebenen der Variation, der Selektion und der Retention zu beobachten und das Zusammenspiel der drei Ebenen dennoch als ein Produkt derselben Organisation zu betrachten. Wir gehen demnach nicht (nur) davon aus, daß die Organisation ein Produkt von Selektionsprozessen in ihrer Umwelt ist, der sie sich trotz oder dank ihres Managements mehr oder minder erfolgreich anzupassen versteht. Sondern wir gehen davon aus, daß die Organisation ihre eigene Evolution organisiert und daß sie einen Weg finden muß, ihr eigenes Management dementsprechend einzusetzen.

Mit Luhmann gehen wir davon aus, daß nicht der Zufall, sondern das Nein das System variiert.[45] Das Nein ist der »unit act« dieser Art von Evolution in einem sozialen System. Dies hat nicht zuletzt den Vorteil, daß das Nein produziert werden kann, der Zufall jedoch nicht.[46] Vor dem Hintergrund der vorstehenden Überlegungen leuchtet ein, daß das Nein die Kommunikation der Inkonsistenz des Systems im System ist. Jedes Nein, so störrisch, überflüssig oder zufällig es auch scheinen mag, verweist auf die Bedingungen der Konstitution des Systems. Es operiert näher an den tatsächlichen Systemzuständen, die grundsätzlich Zustände einer in eine Form gebrachten Differenz sind, als sich dies das ungleich willkommenere und daher auch vielfach ermutigte Ja vorstellen kann. Das Nein

43 Vgl. Magoroh Maruyama, The Second Cybernetics: Deviation-Amplifying Mutual Causal Processes. In: American Scientist 51 (1963), S. 164-179 & 250A-256A.

44 So auch Stuart A. Kauffman, The Origins of Order: Self Organization and Selection in Evolution. Oxford: Oxford UP, 1993.

45 So in: Luhmann, Die Gesellschaft der Gesellschaft. A. a. O., S. 456 ff.

46 Vgl. dazu den Nachweis in G. Spencer-Brown, Probability and Scientific Inference. London: Longmans, Green & Co., 1957.

schaut hin, das Ja schaut weg. Da jede Organisation eine Form der Absorption von Ungewißheit ist,[47] ist auch das Ja nicht nur erforderlich, sondern typisch für Organisationen. Darauf kommen wir unter dem Gesichtspunkt von »Führung« zurück. Das sollte jedoch nicht darüber hinwegtäuschen, daß jedes Ja sich gegen ein Nein profilieren muß, das immer auch möglich, wenn nicht sogar nötig ist, und daher erst aus dieser Arbeit der Profilierung, für die man ihm Zeit geben und die man ihm noch ansehen können muß, seine Qualität, Ernsthaftigkeit und Verläßlichkeit gewinnen kann.

Mit dem Nein erschließt sich der Mensch die Welt der Sprache und damit der Kommunikation.[48] Das Nein erlaubt es ihm, die Welt in einen Jazustand und in einen Neinzustand zu verdoppeln, wie Luhmann sagt,[49] und aus dieser Verdopplung die Möglichkeit sowohl der Distanznahme als auch des selektiven Zugriffs zu gewinnen. Das Nein erlaubt es ihm, ein Bild von der Welt insgesamt zu entwerfen,[50] in das dann Zug um Zug und in unterschiedlichen Graden und Grauwerten der Negation[51] das Ja zu einzelnen aktuellen und potentiellen Zuständen dieser Welt eingezeichnet werden kann. Ohne diesen Akt der Ablehnung gäbe es keinerlei Ansatzpunkte für die Reflexion,[52] sowenig dies zu der Annahme führen darf, die Negation sei der primäre Akt der Kognition. Denn selbst dann, wenn Nein gesagt wird, wird zunächst einmal positiv etwas getan.[53] Man hat die Wahl, auf das kommunizierte Nein oder auf die positive Aktion zu reagieren (oder nicht zu reagieren).[54] Schon deswegen kann man ein Sy-

47 Vgl. March und Simon, Organizations. A. a. O.

48 Siehe Kenneth Burke, A Dramatistic View of the Origins of Language. In: The Quarterly Journal of Speech 38 (1952), S. 251-264 und 39 (1953), S. 446-460; sowie René A. Spitz, Nein und Ja: Die Ursprünge der menschlichen Kommunikation. 2. Auflage, Stuttgart: Klett, 1970.

49 Luhmann, Soziale Systeme. A. a. O., S. 120.

50 So Walter Benjamin, Der destruktive Charakter In: ders., Denkbilder. Frankfurt am Main: Suhrkamp, 1974, S. 96-98.

51 Anregungsreich: Matthias Varga von Kibéd, Aspekte der Negation in der buddhistischen und formalen Logik. In: Synthesis Philosophica 10 (1990), S. 581-591.

52 Vgl. Georg Wilhelm Friedrich Hegel, Enzyklopädie der philosophischen Wissenschaften im Grundrisse (1830), hg. von F. Nicolin und O. Pöggeler. 7., durchges. Auflage, erneut durchges. Nachdruck, Hamburg: Meiner, 1975, §§ 86 ff.

53 Vgl. auch Dirk Baecker, Was leistet die Negation? In: Friedrich Balke und Joseph Vogl (Hg.), Gilles Deleuze – Fluchtlinien der Philosophie, München: Fink, 1996, S. 93-102.

54 Siehe Jon Elster, Aktive und passive Negation. In: Paul Watzlawick (Hg.), Die erfundene Wirklichkeit: Wie wissen wir, was wir zu wissen glauben? Beiträge zum Konstruktivismus. 3. Auflage, München: Piper, 1985, S. 163-191.

stem insgesamt zumindest logisch konsistent nicht negieren.[55] Jedes Nein ist die Operation eines Systems und führt, wenn es in einem System zum Ausdruck gebracht wird, in das System hinein und nicht aus ihm heraus. Deswegen ist noch nicht das Nein, sondern erst die Verweigerung der Möglichkeit einer Antwort der Abbruch einer Kommunikation.[56]

Die Evolution macht sich diese dialektischen Fähigkeiten des Neins zunutze. Sowohl im Sinne einer Dialektik als dialogischer Kunst der Argumentation und Artikulation als auch im Sinne einer Dialektik des Hervortreibens und Überwindens von Widersprüchen arbeitet die Evolution mit dem Nein als wichtigstem Mechanismus der Abbildung von Systemzuständen, indem das Nein immer mindestens *aus* einer Perspektive *gegen* eine Perspektive formuliert wird und damit bereits auf eine jener Inkonsistenzen verweist, die das System als Differenz konstituieren. Seine für die Evolution interessante Eigenschaft jedoch liegt darin, daß es diese positive Funktion der Markierung von Inkonsistenz und damit der Formulierung von Identität im strengen Sinne des Wortes nur als Abweichung von dem nach wie vor präferierten Ja erfüllen kann. Wer Nein sagt, sagt etwas. Wer Nein sagt, weicht ab. Und wer Nein sagt, hält offen, was anschließend geschehen kann.[57] Nur der Witz leistet eine ähnliche Produktion von Anschlußoffenheit, verpackt diese jedoch in eine dezidierte Metakommunikation des Ja, weswegen der Witz denn auch eine der akzeptablen, weil zumindest generalisierte Anschlußerwartungen kommunizierende Form des Neins ist.[58]

Für die Evolution eines Systems bedeuten diese Struktureigentümlichkeiten des Neins, daß es eine im System vom System abweichende, das System herausfordernde Kommunikation realisiert. Sobald Nein gesagt wird, tritt eine Variation auf, die die offen oder verdeckt herrschenden Selektionsinstanzen herausfordert und dennoch wie vermittelt auch immer die Restabilisierungsperspektive bereits in der Hinterhand hat. Das eigentliche Problem besteht denn auch darin,

55 So Niklas Luhmann, Über die Funktion der Negation in sinnkonstituierenden Systemen. In: Harald Weinrich (Hg.), Positionen der Negativität. Poetik und Hermeneutik, Bd. VI, München: Fink, 1975, S. 201-218.

56 So Jean-François Lyotard, Der Widerstreit. Aus dem Französischen von Joseph Vogl, München: Fink, 1987.

57 Aufschlußreich dazu: Herman Melville, Bartleby. In: ders., Billy Budd, Sailor and other Stories. London: Penguin, 1985, S. 57-99.

58 Vgl. dazu mehrere Beiträge in Frank E. P. Dievernich (Hg.), Kommunikationsausbrüche: Vom Witz und Humor der Organisation. Konstanz: UVK, 2001.

diesen Kurzschluß der Systemkommunikation, den das durch das System bereits bestimmte Nein in wesentlich höherem Maße riskiert als das auf das System bezogene, aber zukunftsoffenere Ja, dadurch zu verhindern, daß zwischen der Variation, der Selektion und der Restabilisierung des Systems Grenzen gezogen werden. Der Kurzschluß ergibt sich daraus, daß die Variation bereits als Restabilisierung auftritt.[59] Damit wird jedoch die Chance verspielt, unterschiedliche Selektionsebenen zu erproben und zum Tragen zu bringen und dadurch das System kennenzulernen. Management heißt unter dieser Bedingung, diesen Kurzschluß durch die Zwischenschaltung von Selektionsmechanismen (vulgo: Bedenken) zu verhindern, um das System selbst zur Sprache zu bringen. Man wird vermuten dürfen, daß dies die Einsatzstelle ist, in der die Organisationsberatung einem Management, das professionell eher auf Variation und Restabilisierung abstellt, zu Hilfe kommen muß. Darauf können wir hier jedoch nicht eingehen.[60]

In der Trennung und abwägenden Bedienung der getrennten Mechanismen der Evolution besteht die Funktion des Managements eines Systems. Das Management ist im Interesse der Inkonsistenzen des Systems eine Systematisierung des Neins zwecks Konditionierung eines andernfalls viel zu riskanten Jas. Jedes Management stellt in jedem einzelnen Akt des Managements drei Fragen zugleich, (1) die Frage nach dem Nein wozu, (2) die Frage nach der Perspektive, die es erlaubt, dieses Nein zu bearbeiten, und (3) die Frage danach, wie die Bearbeitung des Neins mit dem System konform gemacht werden kann. Das Zugleich dieser drei Fragen hat die Form ihrer Trennung, sonst könnte man sie weder stellen noch beantworten. Es hat deswegen die Form einer sachlichen und nach Bedarf auch sozialen Multiperspektivität (*was* wird entschieden und *wer* kann entscheiden?), die im Gewande einer zeitlichen Simultaneität auftritt (*jetzt*). Die von Henry Mintzberg beschriebene Form der Neunminutenaktivitäten, in die sich das Management fragmentiert,[61] ist die Form, in der synchronisiert werden kann, was nur als hochgradig verteiltes System informationsfähig ist.[62] Nur die singuläre und als

59 So Luhmann, Die Gesellschaft der Gesellschaft. A. a. O., S. 494.

60 Siehe jedoch Rudolf Wimmer (Hg.), Organisationsberatung: Neue Wege und Konzepte. Wiesbaden: Gabler, 1992.

61 Siehe Henry Mintzberg, The Nature of Managerial Work. New York: Harper & Row, 1973.

62 Siehe zur Problemstellung: Wolf Singer, Der Beobachter im Gehirn: Essays zur Hirnforschung. Frankfurt am Main: Suhrkamp, 2002.

solche zugleich auch herausgelöste, erratische, zuweilen idiosynkratische Intervention kann in der Form der Isolation eines Sachverhalts diesem Zusammenhänge nachtragen und nahebringen, die er in der Eigendynamik der Wahl seines Zusammenhangs aus den Augen verliert.

Die Inkonsistenz der beiden Aufgaben von Differenzierung und Koordination ist demnach die vornehmste Aufgabe des Managements. Aus einer evolutionären Perspektive besteht das Management eines Systems darin, Sachverhalte einer möglichen Variation herauszupräparieren und so zu inszenieren, daß unterschiedliche Ebenen eines selektiven Zugriffs ausprobiert und zur Geltung gebracht werden können, um in allen historischen Lagen des Systems immer wieder neu nach innen und nach außen abstimmen zu können, welche Operationen und Strukturen des Systems sich bewähren und welche nicht. Selbstorganisation und Fremdorganisation werden hier zu einer funktional problematischen Einheit gebracht,[63] indem das Management das System als Differenz, das heißt als das Andere seiner selbst behandelt. Oder anders formuliert, das Management oszilliert in der Kommunikation der verschiedenen Zustände des Systems miteinander. Es »ist« in jedem Zustand zugleich in einem anderen Zustand und »prüft«, welche Variationen sich vor dem Hintergrund welcher Selektionen und Retentionen bewähren.[64]

Der Begriff der Kommunikation eignet sich für die Beschreibung des Zusammenhangs des Differenten schon deswegen am besten, weil er es unmöglich macht, sich zu einer vorschnellen Ordnung der Komplexität der beobachtbaren Systemzustände etwa auf die Sachdimension technischer Effektivität oder ökonomischer Effizienz zu konzentrieren und die soziale Dimension der verschiedenen Akteure (Stellen, Ebenen, Abteilungen ...) des Systems und die zeitliche Dimension der Horizonte verschiedener Vergangenheiten, Gegenwarte und Zukünfte außer acht zu lassen. Diese sozialen und zeitlichen Dimensionen kommen auf den Ebenen aller drei evolutionären Mechanismen mit gleichem Gewicht zum Ausdruck wie die sachliche Dimension, wie man weiß, seit man über Mikropolitik, Machtspiele und strategische Diskurse forscht.[65]

63 Vgl. Alfred Kieser, Fremdorganisation, Selbstorganisation und evolutionäres Management. In: Zeitschrift für betriebswirtschaftliche Forschung 46 (1994), S. 199-228.

64 Siehe dazu Weick, Der Prozeß des Organisierens. A. a. O.; sowie Karl E. Weick, Sensemaking in Organizations. Thousand Oaks: Sage, 1995.

65 Siehe nur Tom Burns, Micropolitics: Mechanisms of Institutional Change. In: Ad-

Kaum ein Ausdruck bringt die evolutionäre Komplexität des Managements treffender zum Ausdruck als der Ausdruck »task«, »Aufgabe«.[66] Denn in einer Aufgabe, die eindeutiger nicht sein könnte, werden Erwartungen an eine Stelle, ihre Kompetenzen, ihre Verknüpfung mit anderen Stellen, ihren Auftraggeber, ihren Auftragabnehmer mit zeitlichen Vorgaben und Sinnhorizonten (Ziele, Funktionen, Visionen) auf eine Art und Weise vernetzt, die so unwahrscheinlich ist, daß es in allen Fällen, in denen sie doch gelingt, sofort zu Kristallisierungen käme, wenn das Management nicht jederzeit und im besten Interesse der Evolution intervenieren würde, um zwecks neuer Koordination wieder zu trennen, was gerade zusammengefunden hat.

Nur das Wort des »Projekts« bringt vielleicht noch treffender zum Ausdruck, daß man angesichts dieser evolutionären Oszillation zwischen Koordination und Trennung, zwischen dem Stiften und der Unterbrechung von Interdependenz noch nicht einmal damit rechnen kann, daß sich als wesentlich erkannte Routinen wiederholen.[67]

Führung

Führung ist die Kommunikation des Jas unter der Bedingung, daß im System nichts unwahrscheinlicher ist als das Ja. Führung bedeutet, Fortsetzungsbedingungen des Systems in den Kommunikationen des Systems abzubilden. Diese Bedingungen rechnen mit allem, was ihnen widerspricht. Führung wandert daher tendenziell in der Systemhierarchie nach oben, weil man der Spitze des Systems eine größere Fähigkeit zur Abbildung der Bedingungen des Systems zuspricht als den mittleren und unteren Ebenen der Hierarchie. Füh-

ministrative Science Quarterly 6 (1961), S. 257-281; Michel Crozier und Erhard Friedberg, L'acteur et le système: Les contraintes de l'action collective. Paris: Seuil, 1977; Johannes M. Pennings (Hg.), Organizational Strategy and Change: New Views on Formulating and Implementing Strategic Decisions. San Francisco: Jossey-Bass, 1985.

66 So durchgängig von Peter F. Drucker, Management: Tasks, Responsibilities, and Practice. London: Harper & Row, 1973; bis Fredmund Malik, Führen, Leisten, Leben: Wirksames Management für eine neue Zeit. Stuttgart: Deutsche Verlagsanstalt, 2000.

67 Vgl. Anja Eichler, Exploring Project Spaces. In: Wittener Jahrbuch für ökonomische Literatur 1998. Marburg: Metropolis, 1998, S. 213-240; und Peter Littmann und Stephan A. Jansen, Oszillodox: Virtualisierung – die permanente Neuerfindung der Organisation. Stuttgart: Klett-Cotta, 2000.

rung findet jedoch auch aus der Mitte und auch von unten in dem Moment statt, in dem es gelingt, ein Ja zu kommunizieren, dem andere folgen.

Legale, traditionale und charismatische Führung[68] haben darin ihre Gemeinsamkeit, daß es ihnen gelungen ist, den Widerspruch zu binden, der das Ja und seine Kommunikation informiert. Die positive Setzung von Verfahren, an die auch diejenigen gebunden sind, die die Setzungen vornehmen, ist ebenso geeignet, ein Ja widerspruchsresistent zu kommunizieren wie die Berufung auf die Autorität der Gewohnheit oder auf die heldenhafte Vorbildlichkeit einer Person. Allerdings gilt dies nicht etwa deswegen, weil im Recht, in der Tradition oder im Charisma intrinsische Kräfte walten, die die Gefolgschaft zur Annahme der Kommunikation bewegen. Sondern es gilt deswegen, weil in das Recht, die Tradition und das Charisma sowohl die Vorabinformation eingebaut ist, unter welchen Bedingungen sie gelten, als auch die Information, gegen welche Widerstände sie durchsetzungsfähig sind. Recht, Tradition und Charisma sind Kürzel für gesellschaftliche Netzwerke, die vorausgesetzt und in Anspruch genommen werden müssen, wenn Führung funktionieren soll. Die Führungsposition selbst ist daher nichts anderes als das Form gewordene Kalkül einer begrenzten Anzahl von Perspektiven und des Wechsels zwischen diesen Perspektiven.[69] Sie überzeugt nicht als Position, sondern als dieses Kalkül, das von der Gefolgschaft bei jeder Kommunikation eines Ja mitgelesen wird.

Organisationen sind typischerweise in mehrere Netzwerke hineingebaut, die allesamt in der Form von Machiavellihierarchien funktionieren, das heißt in denen die Akzeptanzbedingungen der Gefolgschaft jene Indifferenzzonen definieren,[70] die von der Führung für allfällige Anweisungen ausgenutzt werden können. Vermutlich ist es eine der wichtigsten Aufgaben von Führung, zwischen diesen Netzwerken unterscheiden und wählen zu können. Es sind jeweils unterschiedliche Jas, die in einer formalen Stellenhierarchie,[71] in einem narrativen Schema von Geschichten und Geschichtenerzählern[72]

68 Vgl. Weber, Wirtschaft und Gesellschaft. A. a. O., S. 122 ff.

69 Siehe dazu Harrison C. White, Passages reticulaires, acteurs et grammaire de la domination. In: Revue Française de Sociologie 36 (1995), S. 705-723, hier: S. 714.

70 Im Sinne von Chester I. Barnard, The Functions of the Executive. Reprint Cambridge, Mass.: Harvard UP, 1968.

71 Vgl. Weber, Wirtschaft und Gesellschaft. A. a. O., S. 551 ff.

72 Siehe etwa Terence E. Deal und Allen A. Kennedy, Corporate Cultures: The Rites and Rituals of Corporate Life. Reading, Mass.: Addison-Wesley, 1982; und mit einer

oder in der Inszenierung externer Gewalten[73] untergebracht werden können. Jedes dieser Netzwerke definiert seine eigenen Handlungspotentiale, seine Empfindlichkeiten für unterschiedliche Umwelten und seine Indifferenz gegenüber allem anderen. Je mehr von diesen Netzwerken es gibt, desto schwieriger wird Führung, weil die Entscheidung für eines oder einige wenige dieser Netzwerke bereits als Versagen einer Führung gelten kann, die den Blick auf alle Ressourcen eines möglichen Widerspruchs zum Prinzip haben sollte.

Die neuere Diskussion um »leadership«[74] ist ebenso ein Versuch, mit diesen Schwierigkeiten umzugehen, wie die Tendenz, Führung entweder als Selbstführung in Teams oder als Führung durch Topmanagementteams anzulegen.[75] Schon die Diskussion um »Führung« dient dem Zweck, den Gedanken, daß die Inkonsistenzen einer Organisation Führung nicht etwa unmöglich, sondern erforderlich machen, wieder hoffähig zu machen. Die Unmöglichkeitsbedingungen der Führung sind ihr Anlaß, nicht ihr Ende. Selbstführung in Teams heißt in diesem Zusammenhang nichts anderes, als das eigene Ja durch Mitführung aller denkbaren Neins kommunikationsfähig zu machen, wie immer diese Mitführung dann die Form sensibler Partizipation oder resistenter Ablehnung annimmt. Und Führung in der Form von Topmanagementteams bedeutet, den Gedanken, daß in jeder Organisation eine Pluralität von Perspektiven und Netzwerken systematisch nicht nur ihr Recht, sondern ihre autopoietische Funktion hat, in der Spitze der Führung, die in die Differenz der Mitglieder des Führungsteams nicht auseinanderfällt, sondern zusammengefaßt wird, abzubilden. Eine gegenüber dieser grundlegenden

lesenswerten Einzelfallstudie Joanne Martin und Caren Siehl, Organizational Culture and Counterculture: An Uneasy Symbiosis. In: Organizational Dynamics 12 (1983), S. 52-68.

73 Auch hierzu eine Einzelfallstudie: Burkard Sievers, Konkurrenz als Fortsetzung des Krieges mit anderen Mitteln: Eine sozio-analytische Dekonstruktion. In: Georg Schreyögg, Jörg Sydow (Hg.), Emotionen und Management: Managementforschung 11. Wiesbaden: Gabler, 2001, S. 171-212.

74 Etwa James MacGregor Burns, Leadership. New York: Harper & Row, 1978; oder Edgar Henry Schein, Organizational Culture and Leadership. San Francisco: Jossey-Bass, 1985.

75 Vgl. Charles C. Manz und Henry P. Sims, jr., Business without Bosses: How Self-Managing Teams are Building High-Performing Companies. New York: Wiley, 1993; und Rudolf Wimmer, Wozu brauchen wir ein General Management? In: Hernsteiner 3 (1993), S. 4-12; ders., Die Zukunft von Führung: Brauchen wir noch Vorgesetzte im herkömmlichen Sinn? In: Organisationsentwicklung 15, Nr. 4 (1996), S. 46-57.

Funktion sekundäre Frage ist es dann, ob das Team eher kooperative oder eher konfliktuelle Formen des Austragens dieser Differenz sucht und pflegt.

Wesentlich ist, daß die Führung ihr Ja im Kontext des möglichen Neins beziehungsweise ihre Ziele im Kontext der institutionellen Bedingungen dieser Ziele kommuniziert.[76] Ihre Duchsetzungsbedingungen liegen nicht in erster Linie darin, daß sie den Widerstand der möglichen Gefolgschaft bricht, sondern darin, daß sie dieser Gefolgschaft signalisiert, wie sie mit den Einwänden von Dritten, sei es innerhalb der Organisation, sei es außerhalb der Organisation, umgeht. Führung ist daher immer auch Macht, allerdings Macht, die über Dritte ausgeübt wird. Zu diesen Dritten gehört man selbst als Machthaber und selbst als unmittelbar Machtunterworfener immer auch selber, da es keine Macht gibt, die den Einsatz ihrer Machtmittel nicht mit Blick auf Ausweichchancen, die an Dritten anschaulich werden, kalkulieren müßte. Keine Führungstechnik ist daher erfolgreicher als diejenige, die jene Dritten zugleich als glaubhafte Bedrohung und als beherrschbaren Gegner aufbaut.[77] Beides zusammen gibt dem Ziel seine überzeugende Form. Und nur beides zusammen kann dazu motivieren, sich der Macht zu unterwerfen, die man ausübt.

Führung ist daher die Wiedereinführung der Organisation in die vom Management bereits wiedereingeführte Organisation. Sie stellt die evolutionäre Oszillation zwischen den einzelnen Dimensionen einer inkonsistenten Organisation in einer oder in einigen wenigen dieser Dimensionen für einen mehr oder minder begrenzten Zeitraum und unter Rückgriff auf einen mehr oder minder großen sozialen Rückhalt still, indem sie der einen oder der anderen Dimension Prominenz verleiht.[78] Und »Prominenz« heißt hier, daß nicht etwa blind auf eine Karte gesetzt wird, sondern daß alle anderen Karten, wenngleich mit geringerer Prominenz, mitgeführt werden, so daß auch der Wechsel zwischen den Dimensionen und damit die Kontingenz der Prominenz mitgeführt wird.

Es kann nicht genug betont werden, daß diese Form der Mitkommunikation von Kontingenz die Kommunikation des Jas nicht etwa schwächt, sondern daß sie ihre Bedingung ist, so wie eine »Informa-

76 So bereits Philip Selznick, Leadership in Administration: A Sociological Interpretation. Reprint Berkeley: California UP, 1984.

77 Dazu: Crozier und Friedberg, L'acteur et le système. A. a. O., S. 78 f. u.ö.

78 So Luhmann, Funktion und Folgen formaler Organisation. A. a. O., S. 87.

tion« grundsätzlich nur verstanden werden kann, wenn sie als Selektion aus einem Auswahlbereich auch anderer Informationen verstanden und dieser Auswahlbereich somit mitgesehen wird.[79]

Wenn eine Organisation unter der Bedingung, daß es zu jeder Entscheidung eine Alternative gibt und diese Alternative durch die Entscheidung allererst hervorgebracht wird, die Überführung gesellschaftlicher Ungewißheit in Entscheidung ist[80] und wenn das Management die evolutionäre Bewältigung der dabei nicht nur unvermeidbaren, sondern produktiven Inkonsistenzen ist,[81] dann läuft Führung nicht etwa auf eine Art finaler Absorption dieser Ungewißheit, sondern auf deren organisationsaffine Inszenierung hinaus. Führung heißt, der Organisation ein Bild der von ihr in Entscheidungen umgesetzten Ungewißheit zur Verfügung zu stellen, damit Anschlußentscheidungen getroffen werden können, die die Organisation reproduzieren.

Das nimmt in unterschiedlichen Organisationen schon deswegen eine unterschiedliche Form an, weil Organisationen nur in einem sehr unterschiedlichen Ausmaß Führung zugemutet werden kann. Vor allem professionell verwaltete Organisationen wie Behörden, Armeen, Krankenhäuser, Opernhäuser, Redaktionen, Schulen und Universitäten verzichten meist auf Führung und verlassen sich statt dessen auf die immer neue Inszenierung des professionellen Selbstbildes. Diese Inszenierung gehorcht der Vorgabe, das professionelle Selbstbild in keinem seiner Momente als Ergebnis oder Gegenstand einer Entscheidung, sondern durchweg als »Institution«, das heißt als bereits gefundenen, keinesfalls zu thematisierenden Konsens darzustellen.[82] Darin liegt, nebenbei bemerkt, das gesellschaftlich vermutlich durchaus gesuchte Risiko einer »ethischen« Absicherung des professionellen Selbstbildes. Denn die Absicherung kann nicht gelingen, wenn sie nicht thematisiert und damit kontingent setzt, was sie

79 So Claude E. Shannon und Warren Weaver, The Mathematical Theory of Communication. Urbana, Ill.: Illinois UP, 1963, S. 31; vgl. dazu Dirk Baecker, Kommunikation im Medium der Information. In: ders., Wozu Systeme? Berlin: Kulturverlag Kadmos, 2002, S. 111-125.

80 So Luhmann, Organisation und Entscheidung. A. a. O.

81 Siehe oben.

82 So grundsätzlich: Niklas Luhmann, Institutionalisierung: Funktion und Mechanismus im sozialen System der Gesellschaft. In: Helmut Schelsky (Hg.), Zur Theorie der Institution, Düsseldorf: Bertelsmann Universitätsverl., 1970; und zu einem Einzelfall: ders., Die Universität als organisierte Institution. In: ders., Universität als Milieu: Kleine Schriften, Hg. von André Kieserling. Bielefeld: Haux, 1992, S. 90-99.

thematisiert. Deswegen gibt es wohl keine Profession, die die ethische Reflexion nicht zunächst einmal für überflüssig, weil gegenüber der Professionalität der Profession redundant hält und die sich nur dann auf die Ethik einläßt, wenn sie herausgefunden hat, wie diese die Kontingenz auch zu bändigen vermag, die sie auf den Plan ruft. Ethische Reflexion ist daher ohne die Ideologisierung der Profession nicht zu haben.

Der semantische, diskursive, emotionale und kognitive Aufwand, den professionelle Organisationen in der Selbstdarstellung auch dann betreiben, wenn sie sich als Institutionen begreifen, zielt auf die Negation einer Ungewißheit, die zum Anlaß von Führung werden könnte. Daraus ergibt sich kein Verzicht auf Management, da diese Organisationen durchaus mit allen Inkonsistenzen ausgestattet sind, die sie zum Überleben brauchen. Und es ergibt sich daraus noch nicht einmal ein Verzicht auf Evolution, da auch diese Organisationen Anlaß genug haben, mit einem internen wie externen Nein zu rechnen und die eigenen Strukturen zum Umgang mit diesem Nein zu befähigen. Nicht zuletzt sind es die eigenen Mitarbeiter und die Kunden, die auf der sachlichen Ebene der Entscheidungsinhalte, auf der sozialen Ebene ihrer Kommunikation und auf der zeitlichen Ebene ihrer Synchronisation auf Änderungen und Anpassungen an das, was jeweils für »modern« gehalten wird, dringen. Aber es ergibt sich aus dieser Negation von Ungewißheit ein Verzicht sowohl auf das Selbstverständnis als Organisation als auch auf den Bedarf an Führung.

Das geht so lange gut, wie die Gesellschaft keinen Anlaß hat, ihrerseits den Konsens aufzukündigen, auf den diese Organisationen sich berufen. Da, wer »Ethik« sagt, den Konsens im Hinblick auf die Beobachtung der Risiken organisierten Entscheidens meist schon aufgekündigt hat, sollten sich Organisationen spätestens beim Auftauchen ethischer Fragestellungen darauf vorzubereiten beginnen, sich nicht nur professionell und institutionell, sondern auch organisatorisch, das heißt: mit dem Blick nicht nur auf die Richtigkeit und Gewohnheit, sondern auch auf die Kontingenz und damit den Rechtfertigungsbedarf ihrer Entscheidungen, zu reflektieren.

Doch selbst dann, wenn der Bedarf an Führung in Organisationen des eher unternehmerischen Typs anerkannt ist, ist Führung deswegen noch lange nicht gleich Führung. Auf den Unterschied zwischen Selbstführung in Teams und Führung durch Teams wurde bereits hingewiesen. Periodisch treten außerdem immer wieder Diskussionen darüber auf, wie sinnvoll es ist, daß eine Organisation die Inszenierung ihrer Ungewißheit dadurch unterstreicht und leugnet zugleich, daß sie ihre Attributionen von Führung auf Einzelpersonen zulaufen läßt, deren Rhetorik einen großen Teil der Ungewißheit absorbiert, die jedoch jederzeit ausgewechselt werden können – was mitzukommunizieren auf wie subtile oder grobe Weise auch immer nie unterlassen wird.[83]

Vermutlich individualisiert weniges eine Organisation verläßlicher als ihr jeweiliger Umgang mit Führung. Die Diffusität der Macht,[84] verstanden als Macht über Dritte (zu denen wir, wie gesagt, immer auch selber gehören), hat darin ihren Anlaß und die Bedingung ihrer Reproduktion, daß jede Organisation ihre eigene Balance der Repräsentation sachlicher, sozialer und zeitlicher Ungewißheit finden muß und diese Repräsentation sowohl auf der Ebene von Personen oder Gruppen als auch auf der Ebene von Stellen, Abteilungen, hierarchischen Ebenen oder auf der Ebene von Professionen vornehmen kann. Führung ist das Zu-Gehör-Bringen aller anderen Positionen in einer Organisation, von denen aus geführt wird, und besteht nicht zuletzt darin, diese Positionen identifizieren und mit Prominenz ausstatten zu können.[85]

Wenn man bisher davon ausgehen konnte, daß eine Organisation jener Typ eines sozialen Systems ist, das dank der Entscheidungen, die es trifft, Gegenstand von adressierbaren Handlungserwartungen wird und somit zu einer »kollektiven« Kommunikation nach außen befähigt ist,[86] so wird man dem hinzufügen können, daß eine Organisation durch Führung auch zur Kommunikation nach innen befähigt wird, nämlich zu einer Kommunikation, die nicht nur *in* der Organisation vorkommt und nicht nur *als* Kommunikation von Entscheidungen die Organisation reproduziert, sondern die *die* Organisation zum Gegenstand einer an sie adressierten Mitteilung macht. Das ist der Hintergrund der Diskussion um »corporate identity«. Das markiert jedoch auch den Anspruch, der an dieses Stichwort zu stellen wäre, wenn man mitliest, daß es hier um die Identität

83 Vgl. dazu Jeffrey Pfeffer, The Ambiguity of Leadership. In: Academy of Management Review 2 (1977), S. 104-112; und Sigmund Freud, Totem und Tabu: Einige Übereinstimmungen im Seelenleben der Wilden und der Neurotiker. Frankfurt am Main: Fischer, 1991.

84 Im Sinne von Foucault, Was ist Kritik? A. a. O., S. 33.

85 Siehe dazu auch Michel Crozier, L'entreprise à l'écoute: Apprendre le management post-industriel. Paris: Seuil, 1994.

86 Noch einmal Luhmann, Organisation und Entscheidung. A. a. O., S. 388 ff.

einer Körperschaft geht, deren Mitgliedschaft nur deswegen Homogenitätsbedingungen unterliegt, weil die Mitglieder selber nach dem jeweiligen Bedarf an Arbeitsteilung und nach dem jeweiligen Maß an Differenztoleranz heterogen sind.[87]

Diese Individualisierung der Organisation läßt sich, da sie dazu führt, daß sich die Organisation im Vergleich mit anderen Organisationen als unvergleichbar beschreibt, auch auf den Nenner der »Kultur« bringen, die diese Organisation als ihre eigene empfindet und pflegt. Diese Kultur ist nicht nur der vornehmste Gegenstand ihrer Führung, sondern kann auch zu deren Entlastung herangezogen werden. Die Referenz auf ihre Kultur stattet die Organisation mit einem in sich ebenso robusten wie mobilen Sinnpotential aus, mit dessen Hilfe die Bruchlinien der Organisation sowohl dargestellt als auch überbrückt werden können.[88] Die Kultur einer Organisation ist dann auch die Ebene, auf der die Inkonsistenzen der Organisation als eine eigene Leistung gefeiert werden können. Oder noch einmal anders: Eine Organisationskultur stattet die Organisation mit der Möglichkeit aus, die unverfügbaren Vorgaben einer Gesellschaft, in die sie über ihre eigenen Inkonsistenzen eingebettet ist, zumindest partiell so zu behandeln, als lägen sie im eigenen Verfügungsbereich.[89]

Das gilt für Fragen des Umgangs mit den Mitarbeitern, des Stilisierungsgrades der formalen Hierarchie und informellen Hackordnung, der ökologischen, ästhetischen und ethischen Sensibilität im Umgang mit Produkten, Technologien und Märkten und nicht zuletzt des Ausmaßes, in dem ökonomische Rücksichten als entscheidungsrelevant zugelassen werden. In allen diesen Dimensionen kann die Organisation dank ihrer Kultur einen Grad an Selbstverständlichkeit gewinnen, der es erlaubt, einen Großteil des Koordinationsbedarfs der Arbeit aus der verbalisierten oder gar formalisierten Kommunikation von Entscheidungen herauszunehmen und sich statt dessen gleichsam auf Zuruf auf die Wahrnehmungen der Mitarbeiter zu verlassen. Nach einem Vorschlag von Mary Douglas erkennt man eine Kultur am besten daran, welchen entweder fatali-

87 Vgl. dazu Michael G. Smith, Corporations and Society. Chicago: Aldine, 1975.

88 So Karl E. Weick, The Significance of Corporate Culture. In: Peter Frost u. a. (Hg.), Organizational Culture. Beverly Hills: Sage, 1985, S. 379-389.

89 Siehe etwa Vijay Sathe, Culture and Related Corporate Realities: Text, Cases, and Reading on Organizational Entry, Establishment, and Change. Homewood, Ill.: Irwin, 1985.

stischen, vertrauensvollen, ängstlichen oder unternehmerischen Umgang sie mit Überraschungen pflegt.[90] Unterstützt durch Kultur darf Führung dann vor allem heißen, eine Antwort auf Überraschungen zu finden – beziehungsweise eine Überraschung und die Antwort auf sie notfalls selber zu inszenieren. Auf diese Art und Weise kann die Ungewißheit, die die gesellschaftliche Voraussetzung einer Organisation ist, auf einige mehr oder minder wählbare Ereignisse enggeführt werden und im Kontrast zu diesen Ereignissen jener Alltag sichergestellt werden, der nur das fordert, was die Routinen der Organisation auch leisten können.

Führung gipfelt dann letztlich darin, daß sie die Organisation mit einer weiteren strukturellen Spannung ausstattet, nämlich jener zwischen ihrem Alltag auf der einen Seite und ihren Überraschungen auf der anderen Seite. Die Führung kann es der Organisation nicht ersparen, mit Überraschungen zu rechnen. Umgekehrt mißt die Organisation ihre Führung jedoch an der Meßlatte, ob es dieser gelingt, so etwas wie einen Alltag der Organisation sicherzustellen, in dem dann mit Überraschungen gerechnet werden kann.

System und Strukur

Die hier vorgestellten Überlegungen folgen einem systemtheoretischen Denkstil, der Phänomene unter dem Gesichtspunkt der Unwahrscheinlichkeit ihrer Reproduktion thematisiert. Die Beobachtung des Managements im System einer Organisation stellt darauf ab, daß die Organisation als System bereits da ist, wenn es in der Organisation zu einem Management kommt, das diesen Namen verdient, und daß die Organisation dennoch wenn nicht als System, so zumindest in einem Teil ihrer Strukturen als ein Produkt dieses Managements verstanden werden kann.

Mit der Differenz zwischen System und Struktur wird in den systemtheoretischen Denkstil seinerseits eine strukturelle Spannung eingebaut, da die Reproduktion des Systems durch Strukturen zwar erleichtert, aber nicht garantiert, geschweige denn bereits realisiert wird. Die Konfrontation der Kommunikation mit Erwartungen, die zu signalisieren vermögen, ob und wie es weitergeht, läßt prinzipiell offen, ob eine

90 Siehe Mary Douglas, A Typology of Cultures. In: Max Haller, Hans-Joachim Hoffmann-Nowotny, Wolfgang Zapf (Hg.), Kultur und Gesellschaft. Verhandlungen des 24. Deutschen Soziologentags, Zürich 1988. Frankfurt: Campus, 1989, S. 85-97.

Kommunikation auftritt, die den Erwartungen entspricht oder widerspricht, und wie diese Kommunikation auftritt.

In der allgemeinen Systemtheorie wird dieser Differenz durch Humberto R. Maturanas Unterscheidung zwischen der »Organisation« und den »Strukturen« eines autopoietischen Systems Rechnung getragen.[91] Danach formuliert »Organisation« die zirkuläre Geschlossenheit der Reproduktion der Elemente des Systems und »Struktur« die Empirie eines spezifisch beschaffenen Milieus, innerhalb dessen diese Geschlossenheit aufrechterhalten werden kann. Herkömmliche Wissenschaftsstile halten bereits diese Strukturen für die Bedingungen, unter denen ein Phänomen zustande kommt. Erst der nicht zuletzt deswegen so genannte Poststrukturalismus thematisiert,[92] daß mit dem Verweis auf eine Struktur nicht ein einziges zwangsläufig (strukturell?) singuläres Ereignis an seiner Zeitstelle erklärt werden kann, wenn man nicht darauf abstellen will, daß all das, was geschieht, nur Exempel einer bereits gestifteten göttlichen, natürlichen oder sonstwie schicksalhaften Ordnung ist und dieser Ordnung entweder entspricht oder von ihr, und dann nur in Richtung Korruption, abweicht.

Seither wird in der Wissenschaft nach Denkstilen gesucht, die schon deswegen »konstruktivistisch« heißen, weil sie an Möglichkeiten interessiert sind, dem einzelnen Ereignis das »Gedächtnis« für ein vorheriges und die »Sorge« für ein nachfolgendes aufzutragen. Diese Denkstile sind immer auch »dekonstruktiv«, weil sie, um dem Ereignis auf die Spur kommen zu können, die Konstruktionen abtragen müssen, die es erklären und rechtfertigen, bevor es auch nur geschehen ist.

In der soziologischen Theoriediskussion liegt es neuerdings nahe, die systemtheoretische Begrifflichkeit[93] mit einer netzwerktheoretischen Begrifflichkeit[94] zu kombinieren,[95] die ebenso wie die System-

91 Siehe Humberto R. Maturana, Biologie der Realität. Aus dem Englischen von Wolfram K. Köck, Frankfurt am Main: Suhrkamp, 2000.

92 Wegweisend die Beiträge in: Richard Macksey und Eugenio Donato (Hg.), The Languages of Criticism and the Sciences of Man: The Structuralist Controversy. Baltimore: The Johns Hopkins Press, 1970.

93 Im Duktus von Luhmann, Soziale Systeme. A. a. O., und ders., Die Gesellschaft der Gesellschaft. A. a. O.

94 Im Duktus von White, Identity and Control. A. a. O., und ders., Markets from Networks. A. a. O.

95 Mit einem Versuch: Dirk Baecker, Managing Corporations in Networks. In: Thesis Eleven 66 (2001), S. 83-101.

theorie mit einem dezidierten Strukturbegriff aufwartet. »Struktur« heißt hier wie dort (als »Erwartung« oder als »Netzwerk«), daß jedes einzelne Ereignis als ein »Akteur« verstanden werden kann, der um seine Identität fürchten muß (Selbstreferenz) und daher nach Kontrollmöglichkeiten sucht (Fremdreferenzen), die ihn mit Blick auf Koalition, Konkurrenz oder Konflikt zu vergesellschaften vermögen. Sowohl das System als auch das Netzwerk sind Ergebnis von Kontrolloperationen, die ein einzelnes Ereignis zu reproduzieren (»System«) und auf andere Ereignisse ungleichen Typs zu beziehen vermögen (»Netzwerk«). Der Paradigmenwechsel dieses Gedankens liegt darin, daß das Ereignis selbst als eine Operation verstanden wird, die einen Unterschied macht.

»Kontrolle« heißt hierbei im kybernetischen Sinne, daß ein Ereignis durch den Bezug auf andere Ereignisse mitliest, inwieweit es von bisherigen Ereignissen abweicht und welche Spanne möglicher Möglichkeiten es zukünftigen Ereignissen vorzeichnet. Mit dem Kalkül möglicher Möglichkeiten, aber auch mit der Erinnerung an bisherige Ereignisse überfordert sich das Ereignis laufend selbst und erzieht sich so zu einer Einsicht in seine »requisite variety«,[96] die es ihm erlaubt, sich an Nachbarschaften zu orientieren und diese Orientierung für ein Gebot der Klugheit zu halten. Diese Nachbarschaften können einen engeren oder einen weiteren Umkreis abstecken, definieren sich jedoch in jedem Fall als »Gegenden«, in denen nur diejenigen Ent-fernungen als Nähen zählen, denen eine Ausrichtung auf eine sachliche, soziale oder zeitliche Relevanz gegeben werden kann.[97] Selektivität ist also in jedem Fall nicht nur unvermeidlich, sondern zugleich die Bedingung dafür, daß das Risiko jeder einzelnen Struktur als Risiko wahrgenommen und durch den Abgleich mit anderen Strukturen bearbeitet werden kann.

Management im System heißt unter dieser Voraussetzung, nach Ereignissen zu fragen, die in der Lage sind, die Strukturen zu produzieren und aufzurufen, an denen sie sich orientieren können. Es kennzeichnet die Gesellschaft, daß solche Ereignisse typischerweise in Organisationen auftreten. Die vorstehenden Überlegungen haben daher überwiegend mit Blick auf diesen Typ eines sozialen Systems argumentiert. Es wurde jedoch zugleich versuchsweise mit einer bewußten Unschärfe argumentiert, die es offenläßt, nach einem Mana-

96 Im Sinne von W. Ross Ashby, Requisite Variety and Its Implications for the Control of Complex Systems. In: Cybernetica 1 (1958), S. 83-99.

97 So Martin Heidegger, Sein und Zeit. Tübingen: Niemeyer, 1972, §§ 22-24.

gement auch von Interaktions- und Funktionssystemen und nicht zuletzt des Gesellschaftssystems zu fragen. Auf diese Unschärfe kann man sich nur einlassen, wenn man sich darüber im klaren ist, was es heißt, die Managementperspektive innerhalb eines Systems zur Geltung zu bringen und nicht etwas von außen an das System heranzutragen. Denn dann kann nach den Strukturen gefragt werden, die ein System managen, indem sie im System die Inkonsistenz des Systems zur Geltung bringen. Und man kann von dieser Frage nach Strukturen die andere Frage unterscheiden, ob einzelne dieser Strukturen zu Interaktionsrollen ausdifferenziert werden, die dann Manager als Personen zu ihrer Sache machen können.

Vermutlich hat es seinen guten Grund, daß letzteres bisher nur in Organisationen riskiert wurde, die dank ihrer Konstitution in der Kommunikation von Entscheidungen Manager nicht nur berufen, sondern, eingeschränkt durch die Gegebenheiten des Arbeitsrechts, auch wieder entlassen können.

Organisation und Gesellschaft

Welche Gesellschaft?

Es gehört zu den Standardanforderungen an die soziologische Organisationsforschung, sich als Gesellschaftstheorie der Organisation zu verstehen und ihre Fragestellungen aus Hypothesen zu den gesellschaftlichen und damit nicht-organisierten Voraussetzungen der Organisation ableiten zu können. Das gilt auf der Ebene der Organisation als »Institution«, für die abhängig vom gesellschaftlichen Kontext definiert ist, welche Ordnungsleistungen von ihr erwartet werden dürfen und welche nicht. Und das gilt auf der Ebene der Organisation als »Kommunikation«, das heißt für die Art und Weise, wie sich organisierte Kommunikation von nicht-organisierter Kommunikation unterscheidet. Typischerweise werden diese beiden Ebenen in die Form zusammengefaßt, daß die institutionalisierte Kommunikation der Organisation etwas mit »Entscheidungen« über »Handlungen« zu tun hat. Wer sich auf eine »Organisation« einläßt, kommuniziert und akzeptiert damit die Erwartung, daß die eigenen Handlungen zum Gegenstand von Entscheidungen der Organisation wird. Organisation ist Autonomieverzicht des einzelnen Individuums zugunsten eines Autonomiegewinns der Organisation. Jede einzelne Kommunikation einer Entscheidung muß diese Kondition voraussetzen und muß dennoch damit rechnen, jeweils neu auszuhandeln, wieviel Verzicht zumutbar und wieviel Gewinn erreichbar ist.

Die klassischen soziologischen Theorien der Organisation genügen dieser Voraussetzung. Max Webers Bürokratietheorie der Organisation beschreibt die schriftliche Aktenführung, das Büro, den Beamten, die Kompetenz, die Qualifikation, den Beruf, die Form der Entgeltung durch Geld, die Trennung von Amt und Eigentum sowie die Idee der Disziplin als Strukturen, in denen die Organisation unter der Bedingung traditionaler Gesellschaft im Übergang zur modernen Gesellschaft realisiert werden konnte.[1] Emile Durkheims Theorie der Arbeitsteilung beschreibt, wie sich in der Familie und in anderen Formen der Geselligkeit der Gedanke durchsetzen mußte, sich mit

1 Siehe Max Weber, Wirtschaft und Gesellschaft: Grundriß der verstehenden Soziologie. 5., rev. Auflage, Studienausgabe, Tübingen: Mohr, 1972, S. 125 ff.

jemandem solidarisch zu fühlen, der sich unterscheidet, damit die Organisation das Maß der akzeptablen Verschiedenheit durch die Bedingung der Komplementarität konditionieren konnte.[2] Niklas Luhmanns Theorie des Funktionssystembezugs der Organisation beschreibt, daß jede einzelne Organisation nur in dem Maße ausdifferenziert werden kann, wie es ihr gelingt, die eigenen Programme, die mit beachtlichen Freiheitsgraden ausgestattet sind, auf die binären Codes eines Funktionssystems zu beziehen.[3]

Zu unterstreichen ist, daß dieser soziologische Ansatz der Organisationsforschung nur Sinn macht, solange man eine Differenz zwischen Organisation und Gesellschaft zieht, also nicht etwa annimmt, daß die Gesellschaft selbst organisierbar sei oder all das, was in der Gesellschaft möglich oder unmöglich ist, deswegen auch in der Organisation möglich und unmöglich ist. Die Gesellschaft ist insgesamt kein Entscheidungszusammenhang über Handlungen; und Organisationen sind für das, was sie für wünschenswert und durchsetzbar halten, nicht an das gebunden, was in der Gesellschaft wünschenswert und durchsetzbar ist. Nur wenn man diese Differenz zwischen Organisation und Gesellschaft akzeptiert, macht eine so extreme Position wie die von Charles Perrow Sinn, daß Organisationen in der modernen Gesellschaft diese Gesellschaft über die Lohnabhängigkeit der Arbeit, die Produktion und Bewältigung von positiven und negativen externen Effekten sowie die Bürokratisierung des Zugriffs auf Faktoren der Organisation (zum Beispiel Humanressourcen) zunehmend »absorbieren«.[4] Denn nur, wenn man die Differenz setzt, kann man Tendenzen beobachten, sie zu verkleinern oder zu vergrößern.

Wenn man von dieser Differenz ausgeht,[5] stößt man jedoch nicht

2 Siehe Emile Durkheim, Über soziale Arbeitsteilung: Studie über die Organisation höherer Gesellschaften. Aus dem Französischen von Ludwig Schmidts, mit einer Einleitung von Niklas Luhmann, 2. Auflage, Frankfurt am Main: Suhrkamp, 1988, insbes. S. 86 ff.

3 Siehe Niklas Luhmann, Die Gesellschaft der Gesellschaft. Frankfurt am Main: Suhrkamp, 1997, S. 826 ff.

4 Siehe Charles Perrow, A Society of Organizations. In: Max Haller, Hans-Joachim Hoffmann-Nowotny, Wolfgang Zapf (Hg.), Kultur und Gesellschaft. Verhandlungen des 24. Deutschen Soziologentags, Zürich 1988. Frankfurt am Main: Campus, 1989, S. 265-276; ferner ders., Organizing America: Wealth, Power, and the Origins of Corporate Capitalism. Princeton: Princeton UP, 2002.

5 Siehe auch Alfred Kieser, Organizational, Institutional, and Societal Evolution: Medieval Craft Guilds and the Genesis of Formal Organization. In: Administrative Science Quarterly 34 (1989), S. 540-564; Niklas Luhmann, Die Gesellschaft und ihre Organisationen. In: Hans-Ulrich Derlien u. a. (Hg.), Systemrationalität und Partial-

etwa auf eine abgeschlossene soziologische Gesellschaftstheorie der Organisation, sondern auf eine Reihe offener Forschungsfragen, die darin begründet sind, daß der Terminus der »Gesellschaft« angesichts des Mangels einer soziologisch unumstrittenen Gesellschaftstheorie eher unbestimmt ist. Zwar löst sich der marxistisch begründete Begriff einer »kapitalistischen« Gesellschaft, der der Industriesoziologie ihren Halt gegeben hat, allmählich auf,[6] doch bedeutet dies nicht, daß neue Begriffe bereits fachweite Akzeptanz genießen würden. Tatsächlich können sich von der »Risikogesellschaft« über die »Informationsgesellschaft« bis zur »Wissensgesellschaft« gegenwärtig vor allem jene Gesellschaftsbegriffe halten, die nicht auf gelöste, sondern auf ungelöste Probleme verweisen, auf den Umgang mit Verantwortung, mit Informationsüberlastung und mit Nichtwissen.[7] Wer glaubt, der Anschluß der Organisationsforschung an die Gesellschaftstheorie bedeute, daß erstere über jene Kontextbedingungen der Weltgesellschaft, der Globalisierung, der kulturellen und religiösen Differenzen sowie der Differenzierung in Funktionssysteme aufgeklärt würde, die jeder Organisation ihren Anlaß, ihren Auftrag und ihr Maß zu definieren erlauben, sieht sich zwar nicht vollständig enttäuscht, aber auch nicht restlos befriedigt.

Der Grund dafür ist einfach. Gesellschaftstheorie heute erschöpft sich nicht darin, soziale Makrostrukturen zu beschreiben, die für Meso- und Mikrostrukturen so etwas wie einen vorgegebenen Rahmen konformen und abweichenden Verhaltens definieren könnten. Sondern Gesellschaftstheorie heute, wenn man den von Niklas Luhmann in seinem Buch »Die Gesellschaft der Gesellschaft« erarbeiteten Standard akzeptiert, ist die Theorie der Ausdifferenzierung einer »Kommunikation« genannten elementaren sozialen Operation, die sich mikrosoziologisch und makrosoziologisch gleichermaßen, wenn man so will: »selbstähnlich«, bewähren muß.[8] Dieser Stand der Din-

interesse: Festschrift für Renate Mayntz. Baden-Baden: Nomos, 1994, S. 189-201; Robert N. Stern und Stephen R. Barley, Organizations and Social Systems: Organization Theory's Neglected Mandate. In: Administrative Science Quarterly 41 (1996), S. 146-162.

6 Siehe dazu Christoph Deutschmann, Postindustrielle Industriesoziologie: Theoretische Grundlagen, Arbeitsverhältnisse und soziale Identitäten. Weinheim: Juventa, 2002; ferner Luc Boltanski und Ève Chiapello, Le nouvel esprit du capitalism. Paris: Gallimard, 1999.

7 Siehe dazu die Diskussion im Anschluß an Helmut Willke, Die Gesellschaft der Systemtheorie. In: Ethik und Sozialwissenschaften 11, 2 (2000), S. 195-209.

8 Siehe Niklas Luhmann, Die Gesellschaft der Gesellschaft. Frankfurt am Main: Suhrkamp, 1997; und vgl. Helmut Willke, Atopia: Studien zur atopischen Gesellschaft.

ge bedeutet nichts Geringeres als den Rückbezug der eher großformatigen Differenzierungs-, Evolutions- und Medientheorien der Gesellschaft auf die eher kleinformatige Frage, wie es in jedem Einzelfall gelingt, eine grundsätzlich als unwahrscheinlich angenommene Kommunikation zu reproduzieren.

Wenn man diese Auffassung von Gesellschaft zugrunde legt, wird mit dem Konzept der »Risikogesellschaft« danach gefragt, ob und wie die ökologische Selbstgefährdung der Gesellschaft in die Reproduktionsbedingungen der Gesellschaft, insbesondere die Differenz von Individuum und Gesellschaft,[9] eingeblendet wird oder nicht. Mit dem Konzept der »Informationsgesellschaft« wird danach gefragt, ob und wie kommunikative Abläufe in Interaktion, Organisation und Gesellschaft damit umgehen können, laufend Überraschungen erwarten zu müssen. Mit dem Konzept der »Wissensgesellschaft« wird danach gefragt, ob und wie sehr jede einzelne Position in der Gesellschaft der Zuschreibung von Nichtwissen und damit der Aufforderung, sich das erforderliche Wissen andernorts zu besorgen, standhalten kann. Mit dem Konzept der »Globalisierung« wird danach gefragt, ob und wie Produkt-, Finanz- und Arbeitsmärkte dem Anspruch weltweiter Konkurrenz ausgesetzt werden können. Und das Konzept der »Weltgesellschaft« fragt danach, ob und wie Religion, Kultur, Intimität, Politik, Wirtschaft, Sport, Militär und Erziehung mit einem Möglichkeiten- und damit auch Kontingenzhorizont, der die Welt aller Möglichkeiten und Kontingenzen umfaßt, ausgestattet werden können, ohne sich in die alten Sicherheiten der Grenzziehung durch Regionen, Nationen, Epochen und Ethnien zu flüchten, die es erlaubten, mehr oder weniger verläßliche Standards dessen auszubilden, was sachlich, räumlich, zeitlich und sozial jeweils erwartbar ist.

Die Begründung für diesen auffälligen Kurzschluß mikro- und makrosoziologischer Fragestellungen liegt im Begriff der »Kommunikation«, den Luhmann als einen Begriff der »Form« der Kommunikation formuliert hat. Im Anschluß an den Formbegriff von George Spencer-Brown bedeutet dies, einer Kommunikation sowohl eine Innenseite als auch eine Außenseite, sowohl das, was sie einschließt, als auch das, was sie ausschließt, zurechnen zu müssen.[10]

Frankfurt am Main: Suhrkamp, 2001; sowie ders., Dystopia: Studien zur Krisis des Wissens in der modernen Gesellschaft. Frankfurt am Main: Suhrkamp, 2002.

9 Siehe Ulrich Beck, Risikogesellschaft: Auf dem Weg in eine andere Moderne. Frankfurt am Main: Suhrkamp, 1986, insbes. S. 121 ff.

10 Siehe George Spencer-Brown, Gesetze der Form. Aus dem Englischen von Thomas

Seither muß der strikt lokale Versuch eines Lehrers, einem Schüler Grundkenntnisse der Mathematik beizubringen, nicht nur damit rechnen, daß der Schüler die Mathematik entweder versteht oder nicht versteht, sondern auch damit, daß sich Schüler und Lehrer laufend fragen, wie sich das Erlernen der Mathematik unter den Bedingungen des Schulunterrichts zu weltgesellschaftlichen Sachverhalten aller Art verhält. Diese sind zwar aus der jeweiligen Kommunikation der Mathematik ausgeschlossen, als Ausgeschlossene jedoch in die Form dieser Kommunikation eingeschlossen. Die weitreichende Konsequenz daraus lautet, daß der Ausschluß als solcher in der Kommunikation (auf beiden Seiten) *beobachtet* wird und sich das, was die Kommunikation einschließt (der Mathematikunterricht) daran *bewähren* muß, ob dieser Ausschluß plausibel gehalten werden kann oder nicht.

Diese Fassung des Kommunikationsbegriffs bedeutet nicht, daß alle vertrauten Differenzierungen in die Interdependenz von allem mit jedem implodieren, wie es der Holismus so mancher New Age-Philosophie vermutet oder sogar fordert, sondern, daß jede Differenzierung jederzeit damit rechnen muß, *zum Thema* gemacht werden zu können, *Auseinandersetzungen* auszulösen und *begründet* beziehungsweise in ihrer jeweiligen Fassung *verhandelt* werden zu müssen. Selbstverständlich sind dafür, daß solche Kommunikationen über den Ein- und Ausschluß des jeweils Kommunizierten möglich sind, ihrerseits Differenzierungen vorauszusetzen und in Anspruch zu nehmen, die nicht gleichzeitig zum Thema gemacht werden können. Wir haben es in der Gesellschaft, auf die dieser Kommunikationsbegriff reagiert, weniger mit Prozessen der Entdifferenzierung als vielmehr mit Prozessen der »Oszillation« (ein Begriff von Spencer-Brown) zu tun, in denen das Verhältnis zwischen Innenseiten und Außenseiten von Unterscheidungen aller Art durch die Reflexion auf die Qualität der Unterscheidung strapaziert wird. Die Grenzen, die eine Unterscheidung zieht, trennen nicht nur voneinander, sondern sie beziehen auch aufeinander, so daß beide Seiten einer Unterscheidung auf beiden Seiten der Unterscheidung vorkommen, wenn auch jeweils in der unterschiedlichen Form von Operation (»cross«) und Markierung (»mark«). Während der Schüler sich von dem Lehrer Mathematik beibringen läßt, »operiert« er im Rahmen einer Schulklasseninteraktion, die um den Lehrinhalt Ma-

Wolf. Lübeck: Bohmeier, 1997; und dazu Luhmann, Die Gesellschaft der Gesellschaft. A. a. O., S. 36 ff. und 78 ff.

thematik kreist; und er »markiert«, ob und wie diese Schulklasseninteraktion sich angesichts von politisch ausgelösten Kriegen, wirtschaftlich modifizierten Karrierechancen, kulturellen Bildungskonventionen, familiären Erwartungen und Intimitätschancen im Klassenverbund bewährt oder nicht.

Die Einfachheit und Eleganz des Konzepts der Form der Kommunikation kontrastiert mit einer enormen Ausweitung der Komplexität jeder einzelnen Kommunikation, die dieses Konzept sichtbar macht. Wenn man mit diesem Konzept arbeitet, bekommt man ein Gefühl für die Irritierbarkeit jeder Kommunikation und damit für das Ausmaß an Arbeit, das auf beiden Seiten der Kommunikation erbracht werden muß, um sie zu reproduzieren. An dieser Stelle erweist die scheinbare Mikro-, weil Interaktionssoziologie eines Erving Goffman ihre weitreichende, weil durch und durch makrosoziologische, also gesellschaftstheoretische Relevanz.[11] Dies gilt um so mehr, als Goffmans Soziologie eher implizit als explizit nicht nur mikro- und makrosoziologische Fragestellungen überbrückt (und in ihrer Unterscheidung dadurch abschafft), sondern auch mit der Differenz von Kommunikation und Wahrnehmung arbeitet, ohne diese beiden Konzepte so strikt zu unterscheiden, wie man es heute unter dem Eindruck des kognitionswissenschaftlichen Programms der Beschreibung operational geschlossener psychischer und sozialer Systeme tun würde.[12] Tatsächlich ist dies eine weitere Pointe des Begriffs der Form einer Kommunikation. Sie schließt nicht nur unbestimmte Sachverhalte der Kommunikation oder Adressaten oder Zeithorizonte aus, während sie bestimmte andere einschließt. Sondern sie tut dies unter der Bedingung, daß in ihrer Umwelt psychische Systeme operieren, die im Gegensatz zur Kommunikation über Wahrneh-

11 Vgl. nur Erving Goffman, The Presentation of Self in Everyday Life. New York: Anchor Books, 1959; ders., Frame Analysis: An Essay on the Organization of Experience. Cambridge, Mass.: Harvard UP, 1974. Diese gesellschaftstheoretische Dimension seiner Soziologie verfehlt Goffmans eigene Zusammenfassung seiner theoretischen Perspektive in Erving Goffman, The Interaction Order. In: American Sociological Review 48 (1983), S. 1-17. Siehe dazu auch die Diskussion von Anne Warfield Rawls, The Interaction Order Sui Generis: Goffman's Contribution to Social Theory. In: Sociological Theory 5 (1987), S. 136-149; und Stephan Fuchs, The Constitution of Emergent Interaction Orders: A Comment on Rawls. In: Sociological Theory 6 (1988), S. 122-124.

12 Siehe zu diesem Programm Niklas Luhmann, Soziologische Aufklärung 5: Konstruktivistische Perspektiven. Opladen: Westdeutscher Verlag, 1990; und ders., Soziologische Aufklärung 6: Die Soziologie und der Mensch. Opladen: Westdeutscher Verlag, 1995.

mung verfügen und daher aufgrund ihrer Wahrnehmungen, zu denen die Kommunikation keinen Zugang hat, geneigt oder entmutigt sein können, an weiterer Kommunikation teilzunehmen. Zwar bemüht sich die Kommunikation ihrerseits darum, attraktive oder auch machtvolle, das heißt vor Abweichungen warnende, Sachverhalte der Kommunikation anzubieten, die Unüberhörbarkeit von Sprache, die formale Auffälligkeit von Schrift, die Dramaturgie von Körpern, Räumen und zeitlichen Abläufen,[13] aber das ändert nichts daran, daß die psychischen Systeme, derart in ihren Fähigkeiten zugleich zu größerem Raffinement trainiert, in der Frage der Adressierung ihrer Aufmerksamkeit auch dann autonom bleiben, wenn sie beeindruckbar sind.

Mit dieser Form der Kommunikation hat es die Gesellschaftstheorie der Organisation heute zu tun. Sie muß nichts weniger leisten als die Beschreibung einer Ausdifferenzierung der Organisation aus der Gesellschaft und in der Gesellschaft unter der Bedingung der Differenzsetzung der Kommunikation gegenüber wahrnehmungsfähigen Bewußtseinssystemen. Die Komplexität, die dadurch schon im Ansatz der Fragestellung sichtbar wird, wird nur dadurch reduziert, daß die Organisation gegenüber den Bewußtseinen ihren Unterschied in der Gesellschaft in Anspruch nehmen muß, um attraktiv bleiben zu können, und gegenüber der Gesellschaft ihre Differenz gegenüber Bewußtseinssystemen unter Beweis stellen kann, um Ausdifferenzierungsspielräume zu erhalten und auszubauen. Mit anderen Worten, Organisation bindet Bewußtseine durch eine »bessere«, zum Beispiel verläßlichere »Gesellschaft« (nämlich: »Gemeinschaft«) – beziehungsweise schreckt sie ab, weil diese »bessere« Gesellschaft autoritärer, undemokratischer, unzivilisierter ist als die wirkliche. Und Organisation erfährt Legitimation durch die Gesellschaft, indem es ihr gelingt, vorzuführen, daß sie gegenüber Bewußtseinen bindungsfähig ist und vielleicht sogar gegenüber Bewußtseinen, die Mitarbeitern, Kunden und sonstigen Beobachtern zugerechnet werden, unterschiedlich bindungsfähig ist.

13 Siehe dazu mit einer Fülle von Beispielen und analytischen Ansätzen Kenneth Burke, A Grammar of Motives. Reprint Berkeley: California UP, 1969.

In seinem seine Arbeit an der Organisationstheorie abschließenden Buch über »Organisation und Entscheidung« hat Niklas Luhmann vorgeschlagen, die Kategorie des »Designs« zu nutzen, um zu beschreiben, wie es einer Organisation gelingen kann, die Autopoiesis ihrer Kommunikation von Entscheidungen unter der Bedingung der Faszination, Orientierung und Bindung der Bewußtseinssysteme in ihrer Umwelt sicherzustellen.[14] Mit Hilfe ihres Designs macht sich eine Organisation auf eine Art und Weise für diese Bewußtseinssysteme wahrnehmbar, die diese nicht nur beeindruckt, blendet oder gar bannt, sondern die es diesen Bewußtseinssystemen gleichzeitig erlaubt, eine Vorstellung davon zu gewinnen und zu behalten, worum es in dieser Organisation nicht nur als Wahrnehmungssachverhalt, sondern auch als soziales System geht. Schon deswegen wird es nötig sein, die Bewußtseinssysteme nicht nur zu bannen, also zu entmächtigen, sondern auch zu interessieren, also zu ihren Eigenleistungen zu ermächtigen, da es nicht nur darum geht, die Spielräume des Bewußtseins einzuschränken, sondern auch darum, diesem Bewußtsein ein seinerseits entscheidungshaltiges Verhältnis zur Organisation einzuräumen.

Die Komplexität dieser Anforderungen an das Design einer Organisation wird vielleicht nirgendwo deutlicher als im Fall einer militärischen Organisation, die in allen ihren drei möglichen Zuständen, als Ausbildungsorganisation (im Frieden), als Polizeibürokratie (im Einsatz) und als Bürokratie im Chaos (im Krieg),[15] in der Lage sein muß, Handlungskoordination vor Ort und Sicherstellung der hierarchischen Differenz gleichermaßen zu leisten. Das heißt, die militärische Organisation muß das Problem lösen, hochgradig spezifische Wahrnehmungen auf der einen Seite mit einer weitreichenden Verallgemeinerung von Befehlsstrukturen auf der anderen Seite so miteinander zu integrieren, daß die Organisation insgesamt ebenso schlagkräftig wie manövrierfähig wird. Jeder einzelne Einsatz (Ausbildung, polizeiliche Maßnahme oder Kriegseinsatz) muß unter der Bedingung der Wahrnehmung aller relevanten Bedingungen vor Ort durchgeführt werden können, ohne Gefahr zu laufen, daß sich die

14 So Niklas Luhmann, Organisation und Entscheidung. Opladen: Westdeutscher Verlag, 2000, S. 148 ff.

15 So die Unterscheidung von Jörg Keller, Die Streitkräfte als Organisation: Was macht sie im Vergleich so einzigartig? Vortrag auf dem workshop »Konsequenzen aus der Wissensgesellschaft« am Zentrum für Analysen und Studien der Bundeswehr, Waldbröl, 19.-20. Februar 2002.

jeweilige Einheit aus dem Verbund von Heer, Marine oder Luftwaffe und der Armee insgesamt so herauslöst, daß sie gegenüber Befehlen der Reloziierung unempfänglich wird.

Die beiden wichtigsten Elemente des Designs der militärischen Organisation, die dieses Problem lösbar machen, sind die Waffe und die Uniform. Beide beschreiben die Einsatzbedingungen des Soldaten im Feld, indem sie sowohl seinen Autononomiespielraum definieren (Reichweite der Waffe und Kompetenz des Rangs) als auch diese Autonomie durch die Bedingungen von Nachschub und Koordination (mit Blick auf die Waffe) und durch die Bedingung der Über- und Unterordnung durch den Rang (anhand der Uniform) so konditionieren, daß der Bezug des einzelnen auf seine Einheit und deren Stellenwert in der Armee sichtbar wird, ohne daß das Faktum der Konditionierung einer weiteren Kommunikation bedarf. Selbst der Wechsel zwischen den drei Systemzuständen der Organisation kann kommuniziert und wahrnehmbar gemacht werden, indem auch an Waffe und Uniform Zustandsänderungen vorgenommen werden, ohne diese selbst zu wechseln.[16]

In anderen Organisationen ist dieselbe Funktionsstelle anders besetzt. Jede Bürokratie scheint über kurz oder lang zur Ausbildung einer bestimmten Gestik, Mimik und Rhetorik von Beamten zu führen, die ohne jeden Bedarf an einer weiteren Thematisierung kommunizieren und wahrnehmbar machen, welcher Typ ebenso routinierten wie kompetenten Entscheidens von dieser Organisation zu erwarten ist und welchen Habitus jeder Auftraggeber, Adressat oder Bittsteller annehmen sollte, der mit dieser Organisation in Kontakt kommt. Der disziplinierte Beamte ist ebenso wie der gedrillte Soldat nicht etwa ein mehr oder minder in Kauf genommenes Nebenprodukt der Arbeitsverhältnisse beim Militär oder in einer Behörde, sondern sie sind Figuren eines Designs, an dem uno actu die gesellschaftliche Ausdifferenzierung der jeweiligen Organisation und die Strukturen ihrer Autopoiesis kommunikativ symbolisiert und perzeptiv sichtbar gemacht werden. Auch deswegen konnte sich an der Figur des »Angestellten«, an Habitus, Verbreitung und Lebenschancen, eine Soziologie der bürgerlichen Gesellschaft orientieren, die die beiden Figuren des »Arbeiters« und des »Unternehmers« und mit ihnen die Bedingungen der »Klassengesellschaft«

16 Die »Ausgehuniform« und der Verzicht auf die Waffe beziehungsweise ihr Ersatz durch eine Zierwaffe beim Ausgehen machen dem Soldat mit entsprechender Wahrnehmungsevidenz deutlich, daß er sich im Umgang mit der (eigenen) Zivilbevölkerung in der Regel anders verhalten muß als im Umgang mit dem Feind.

bereits hinter sich gelassen zu haben glaubte,[17] ganz zu schweigen von literarischen Verfahren, an der Wahrnehmung von Organisation im allgemeinen und Bürokratie im besonderen den Zumutungsgehalt so zu unterstreichen, daß die Autopoiesis der Kommunikation von Entscheidungen wieder unwahrscheinlich wird.[18] So sehr das Design einer Organisation, mit dem Begriff von Luhmann, auch als »symbiotischer Mechanismus« beschrieben werden kann, der jeder einzelnen Kommunikation ihren Zugriff auf die psyche eines Bewußtseins und die physis eines Körpers ermöglicht, so sehr kann dieser Zugriff umgekehrt auch wieder in Frage gestellt werden, sobald dem Bewußtsein dank anderer Kommunikationen, an die es strukturell gekoppelt ist (etwa wenn es liest), auffällt, was ihm zugemutet wird. Dann kann der Wechsel aus dem Heer in die Luftwaffe schon deswegen attraktiv werden, weil dort der Kragen etwas lockerer sitzt und damit ganz andere Chancen geboten werden, die Individualität eines Individuums unter Beweis zu stellen.

In der Organisationsliteratur ist der Begriff des »organizational design« wohlvertraut, ohne daß es je gelungen wäre, seine Problemstelle genau zu bezeichnen. Die von der Theorie selbstreferentieller Systeme entwickelte Unterscheidung zwischen sozialen Systemen (Kommunikation) und psychischen Systemen (Bewußtsein) ist, mit Bezug auf den Sonderfall des organisierten Sozialsystems, ein Angebot, die Problemstelle, auf die der Begriff reagiert, zu beschreiben. Überdies ist vorstellbar, den Begriff des Designs auch über den Sachverhalt Organisation hinaus als einen Mechanismus »struktureller Kopplung« zwischen Bewußtsein und Kommunikation zu fassen.[19] Darauf können wir hier nicht eingehen. Wichtiger ist, daß die Organisationsliteratur auch ohne einen entsprechenden expliziten Begriff Strukturmerkmale des »organizational design« zusammengetragen hat, die unserer Interpretation der Problem- und Funktionsstelle des Designs entgegenkommen.

Zunächst betrifft die Frage des Organisationsdesigns vor allem Fragen der Trennung und Koordination der einzelnen Aufgaben einer

17 Siehe dazu Georg Simmel, Philosophie des Geldes. Frankfurt am Main: Suhrkamp, 1989, Kapitel 6; Siegfried Kracauer, Die Angestellten: Aus dem neuesten Deutschland. Frankfurt am Main: Suhrkamp, 1971; Mark Siemons, Jenseits des Aktenkoffers: Vom Wesen des neuen Angestellten. München: Hanser, 1997.

18 Ich denke natürlich an Franz Kafka, an seine beiden Romane »Das Schloß« und »Der Prozeß«, vor allem jedoch an seine Erzählung »In der Strafkolonie«.

19 Siehe zum Begriff der »strukturellen Kopplung« Niklas Luhmann, Probleme mit operativer Schließung. In: ders., Soziologische Aufklärung 6: Die Soziologie und der Mensch. Opladen: Westdeutscher Verlag, 1995, S. 12-24.

Organisation: Hier geht es darum, die Grenzen um Stellen und Abteilungen so zu ziehen, daß Kompetenzen unterschieden *und* aufeinander bezogen sowie Grenzen *sowohl* verläßlich gezogen *als auch* beobachtet werden können.[20] Man wird annehmen können, daß ein Organisationsdesign, das letztlich die Aufgabe hat, Routinen und Kontingenzen nicht als zwei Welten, sondern als Zusammenhang beobachten zu können, immer darauf hinauslaufen wird, jede Grenzziehung zugleich zu symbolisieren, um am Symbol die Einheit der Differenz in der Organisation sowohl kommunizierbar als auch perzipierbar zu machen.[21]

Darüber hinaus sind in der Literatur nicht nur Fragen der Differenzierung und Reintegration, sondern auch Fragen der Typik von Kommunikation gestellt worden, die es erlaubt, die Autopoiesis der Kommunikation von Entscheidungen innerhalb der Organisation sowohl auszudifferenzieren und somit autonom zu setzen als auch auf die Bedingungen ihrer Ausdifferenzierung und somit auf Leistungen in der Umwelt des organisierten Systems zurückzubeziehen. Unter diesem Gesichtspunkt lohnt es sich, die Frage nach dem Organisationsdesign als Vergleich zwischen der Leistungsfähigkeit verschiedener Kommunikationsmedien zu stellen: sicherlich bieten die elektronische, schriftliche und mündliche Kommunikation sowie die Inanspruchnahme von Akten versus Gesprächsnotizen oder von Telephonen versus face-to-face-Kommunikation sehr unterschiedliche Chancen sowohl der Ausdifferenzierung als auch der Wiedereinbettung einer Kommunikation.[22] Organisationsdesign heißt hier, die Wahl der Kommunikationskanäle nicht freizustellen beziehungsweise im Management einer Organisation die Wahl des Kanals als eigene Kontroll- und Steuerungsvariable mit ins Kalkül zu ziehen.

Schließlich werden unter dem Stichwort des Organisationsdesigns sogenannte Kontextvariable diskutiert, die Vor- und Nachteile ein-

20 Siehe etwa James D. Thompson, Organizations in Action: Social Science Bases of Administrative Theory. New York: MacGraw-Hill, 1967, S. 39 ff.; ferner Jay Galbraith, Designing Complex Organizations. Reading, Mass.: Addison-Wesley, 1973; und ders., Organization Design. Reading, Mass.: Addison-Wesley, 1977.

21 Siehe zum »Symbol« als »semiotic condensor« Jurij Lotman, The Symbol in the Cultural System. In: ders., Universe of the Mind: A Semiotic Theory of Culture. Bloomington: Indiana UP, 1990, S. 102-111.

22 Siehe den Überblick in Richard L. Draft und Robert H. Lengel, Information Richness: A new Approach to Managerial Behavior and Organization Design. In: Research in Organizational Behavior 6 (1984), S. 191-233; ferner JoAnne Yates, Control through Communication: The Rise of System in American Management. Baltimore: Johns Hopkins UP, 1989.

deutiger versus mehrdeutiger, einzigartiger versus vergleichbarer, variabler versus stabiler, heterogener versus homogener und unabhängiger versus autonomer Entscheidungen in der Abhängigkeit von den jeweiligen Umwelten, mit denen die Organisation sich auseinandersetzen muß, beschreiben.[23] Auch hier muß das Organisationsdesign abwägen, in welchem Ausmaß es um die »kommunikative« Rekrutierung welcher Umweltbeiträge oder gerade im Gegenteil um die »technische« Isolierung und Insulierung der Organisation gegenüber der Umwelt geht. Dabei ist diese Frage laufend sowohl gegenüber den inneren Umwelten der Organisation (Stellen, Abteilungen, Ebenen) als auch gegenüber den äußeren Umwelten der Organisation (psychisch: Bewußtseinssysteme; sozial: andere Organisationen, Funktionssysteme, Interaktionen; organisch und physisch: natürliche Umwelt) zu stellen und zu entscheiden, wobei die Organisation hier nur diejenigen Designoptionen treffen kann, die ihr gesellschaftlich entweder konzediert werden oder gegen die gesellschaftlich zumindest kein Einwand erhoben wird.

Man könnte den Begriff des »Regimes« zur Beschreibung gesellschaftlich konzedierter und abgesicherter Organisationsdesignoptionen verwenden, wenn unter einem Regime der Durchgriff eines sozialen Systems sowohl auf die eigenen Teilsysteme als auch auf Systeme in der Umwelt dieses Systems verstanden wird und ein Regime in diesem Sinne das Risiko des einen Durchgriffs durch das Risiko des anderen Durchgriffs kontrolliert.[24] Typischerweise werden beide Risiken eher durch Differenzierung und Heterogenisierung denn durch Integration und Homogenisierung gesteigert und kontrolliert, so daß zum Beispiel eine heterogene Angestelltenpopulation ein verläßliches Zeichen dafür ist, daß der innere und äußere Differenzierungsgrad von Verwaltungen und Behörden gestiegen ist, ohne daß die Selbstkontrolle dieser Organisationen deswegen abgenommen hätte. Dies widerspricht der gängigen Erwartung, daß die Kontrolle um so größer ist, je homogener sich die durch diese Kontrolle produzierte Wirklichkeit darstellt.[25]

23 So Richard Butler, Designing Organizations: A Decision-Making Perspective. London: Routledge, 1991, S. 249.

24 Vgl. auch die Formulierung von Harrison C. White, Identity and Control: A Structural Theory of Action. Princeton, NJ: Princeton UP, 1992, S. 226: »Institutions and the rhetorics they come to agree upon both are open ended and can be extrapolated beyond present local disciplines and networks. Call the product, which is a native statement combining styles around institutions, a regime.«

25 Deswegen unterscheidet Gilles Deleuze, Unterhandlungen: 1972-1990. Aus dem

Nirgendwo, das wäre unsere These, dokumentiert sich das Gesellschaftliche einer Organisation eindrucksvoller als in ihrem Design. Dazu gehören selbstverständlich auch alle Formen der seit den 1980er Jahren vieldiskutierten Organisationskulturen, mit deren Hilfe Organisationen ihre gesellschaftlichen Voraussetzungen in Eigenregie zu nehmen versuchen, um von diesen einerseits unabhängig zu werden, mit diesen jedoch andererseits auf das gesellschaftliche Umfeld Bezug nehmen zu können.[26] Organisationskulturen zielen daher letztlich meist auf eine gesellschaftlich akzeptable Form von Hierarchie, das heißt auf die Steuerung von Koordination und Kooperation auf eine Art und Weise, die sowohl psychisch zugemutet und mit Individualisierungsbedürfnissen abgeglichen als auch sozialen Systemen in der Umwelt der Organisation, nämlich anderen Organisationen oder auch der Politik, der Wirtschaft, der Erziehung, dem Recht oder den Massenmedien sinnfällig gemacht werden kann.

Zugleich steht dieses Gesellschaftliche der Organisation jedoch auch nirgendwo mehr zur Diskussion als in der Art und Weise, wie sich das Design einer Organisation weniger als »interface« zu anderen sozialen Systemen (inklusive der eigenen Teilsysteme) als vielmehr zu den psychischen Systemen in seiner Umwelt darstellt. Das scheint an mindestens zwei Gründen zu liegen, die vermutlich eng miteinander zusammenhängen, obwohl sie sich auf den ersten Blick eher zu widersprechen scheinen. Der erste Grund ist, daß die Gesellschaft angesichts ihrer wachsenden ökologischen Selbstgefährdung ein zunehmendes Interesse daran hat, sich die Wahrnehmungsfähigkeit der Bewußtseinssysteme zu eigen zu machen und sie nicht weiterhin als subjektive Privatangelegenheit vereinzelter Individuen abzutun. Es könnte sein, darüber müßte man jedoch genauer forschen, daß es Organisationen leichter fällt als anderen sozialen Systemen, die überschießende »Resonanz«[27] der Kommunikation gegenüber wahrgenommenen Umweltsachverhalten sowohl zu fokussieren als auch zu kontrollieren. Die Thematisierung von

Französischen von Gustav Roßler, Frankfurt am Main: Suhrkamp, 1993, S. 254 ff., zwischen »Disziplinargesellschaften« und »Kontrollgesellschaften«.

26 So zum Beispiel Peter Ulrich, Systemsteuerung und Kulturentwicklung: Auf der Suche nach einem ganzheitlichen Paradigma der Managementlehre. In: Die Unternehmung 38 (1984), S. 303-325.

27 Im Sinne von Niklas Luhmann, Ökologische Kommunikation: Kann die moderne Gesellschaft sich auf ökologische Gefährdungen einstellen? Opladen: Westdeutscher Verlag, 1986, S. 40 ff.

Umweltsachverhalten, die in Funktionssystemen in die Mühlen der jeweiligen binären Codierungen gerät und in Interaktionssystemen zu wenig mehr als Empörung und Resignation führt, kann in Organisationssystemen zum Gegenstand von Entscheidungen gemacht werden, die sich erst in einem zweiten Schritt und abhängig von ihrem Beitrag zur Wertschöpfung, Produktgestaltung oder was auch immer auf Märkten, in Öffentlichkeiten oder bei sonst einem Publikum bewähren müssen.

Der zweite Grund hat etwas mit dem wachsenden Interesse der Gesellschaft an der Individualisierung ihrer Individuen zu tun.[28] Er scheint dem ersten insofern zu widersprechen, als er die Aufmerksamkeit der Gesellschaft von ökologischen Problemen wieder abzieht und statt dessen den Chancen von Individuen in zahlreichen Binnenverhältnissen der Gesellschaft zuwendet. Auf den zweiten Blick ist dies jedoch möglicherweise ein und dasselbe. Denn das Interesse an der Individualisierung der Individuen steigt in dem Maße, in dem die Gesellschaft ihre selbst produzierten Probleme ihren eigenen Ordnungsansprüchen zurechnet und die Individualität der Person politisch, wirtschaftlich, erzieherisch, rechtlich und religiös gegen diese Ordnungsansprüche ins Feld führt. Der entsprechende »Konflikt« der Gesellschaft mit sich selbst durchzieht diese Gesellschaft seit Platon unter wechselnden Titeln, deren aktuellster vielleicht immer noch der Gegensatz zwischen »totalitären« und »liberalen« Gesellschaftsmodellen ist, wobei »liberal« nicht etwa heißt, allen Ansprüchen des Individuums schon deswegen nachzugeben, weil sie von einem Individuum kommen, sondern einem Individuum alle Fehler zu konzedieren, die in der nachbarschaftlichen Konkurrenz der Individuen untereinander aufgefangen werden können.[29]

Individualisierung heißt jedoch vor allem: Respezifizierung des Verhältnisses von Kommunikation und Bewußtsein in jedem individuellen Fall und damit zum einen Steigerung der Abweichungschancen jeder einzelnen Kommunikation in der Auseinandersetzung mit jedem einzelnen Bewußtsein *und* Steigerung der wechselseitigen Orientierung von Kommunikation und Bewußtsein aneinander, da

28 Siehe dazu Niklas Luhmann, Individuum, Individualität, Individualismus. In: ders., Gesellschaftsstruktur und Semantik: Studien zur Wissenssoziologie der modernen Gesellschaft, Bd. 3. Frankfurt am Main: Suhrkamp, 1989, S. 149-258.

29 So Friedrich August Hayek, Wahrer und falscher Individualismus. In: ders., Individualismus und wirtschaftliche Ordnung. 2., erw. Auflage, Salzburg: Philosophia, 1976, S. 9-48.

bekanntlich nichts verläßlicher zur Imitation (inklusive der Imitation von Abweichungen) zwingt als die Ungewißheit.[30]

Mit anderen Worten, es könnte sein, daß die Ökologisierung und die Individualisierung der Gesellschaft Hand in Hand gehen bei dem Versuch, die Gesellschaft angesichts ihres riskanten Gesamtzustands sowohl mit Irritationspotential als auch mit Beobachtungspositionen auszustatten. Ob diese Vermutung der Gesellschaft zu viel der »listigen Vernunft« im Sinne Hegels unterstellt, ob diese »Maßnahmen« angesichts institutioneller Beharrungskräfte ganz anderer Dimensionen ausreichen und ob schließlich überhaupt eine Gefährdungslage gegeben ist, sind Fragen, die wir hier auf sich beruhen lassen müssen. Wichtiger ist für uns, daß sich zumindest auf der organisatorischen Ebene Anzeichen dafür finden lassen, daß Probleme nicht nur identifiziert und kommuniziert, sondern auch angegangen werden. So sehr sich die heute so sehr beschimpfte »Bürokratie« im 18. und 19. Jahrhundert darum verdient gemacht hat, die Gesellschaft aus traditionalen Ordnungen der Verwandtschaft, der Schicht, der Ethnien und der Cliquen zu emanzipieren (und wer will angesichts der Reichweite des Unterfangens Rückschläge ausschließen?),[31] so sehr könnte sich die Organisation heute darum verdient machen, der Gesellschaft nicht nur die nach wie vor nicht zu unterschätzende Rationalität administrativer Verfahren,[32] sondern auch die Intelligenz wahrnehmungsnaher Formen von Kommunikation zur Verfügung zu stellen. Nüchtern gesagt geht es darum, der Organisation und damit der Gesellschaft wieder Zugang zu jenen Erfahrungswelten der Arbeit zu verschaffen, die im Zuge der »Taylorisierung« der Arbeit in Fabrik, Behörde, Schule und Universität zugunsten des ingenieurwissenschaftlichen, verwaltungswissenschaftlichen, pädagogischen und didaktischen Neudesigns von Arbeit mühsam und konfliktreich auf Abstand gebracht worden sind.[33]

30 So ein Argument von Armen A. Alchian, Uncertainty, Evolution, and Economic Theory. In: Journal of Political Economy 58 (1950), S. 211-221, hier: S. 219.

31 Man lese nur das Lob der Bürokratie für die Problemlagen von Entwicklungsländern bei Arthur L. Stinchcombe, Creating Efficient Industrial Administrations. New York: Academic Press, 1974.

32 Die über das betriebswirtschaftliche Lob der Zweckrationalität weit hinausreicht, siehe nur Niklas Luhmann, Zweckbegriff und Systemrationalität: Über die Funktion von Zwecken in sozialen Systemen. Neuausgabe Frankfurt am Main: Suhrkamp, 1977; und ders., Organisation und Entscheidung. A. a. O., Kapitel 15.

33 Siehe dazu Richard Edwards, Contested Terrain: The Transformation of the Workplace in the Twentieth Century. New York: Basic Books, 1979; und Thomas Malsch,

Der versuchte Zugriff auf die Intelligenz wahrnehmungsnaher Formen von Kommunikation spielt sich vor allem in jenen Organisationsdesigns ab, die als »self-design« konzipiert werden oder zumindest solchem self-design Raum geben.[34] Wenn »Intelligenz« heißen darf, das eigene Nichtwissen unter Bedingungen des Rückschlusses auf das mögliche Wissen von anderen zu beobachten und dementsprechend sowohl zu nutzen als auch zu ergänzen,[35] dann geht es heute um Organisationen, die sich als »verteilte Systeme«[36] nicht nur über interne Systemdifferenzen, sondern auch über System/Umwelt-Differenzen hinweg designen können. Man könnte auch sagen, es geht um »Netzwerke«, wenn unter diesen hochunwahrscheinliche Reproduktionszusammenhänge heterogener Elemente verstanden werden dürfen.[37] Mit anderen Worten, der gesellschaftlich motivierte, aber auch gesellschaftlich darstellbare Zugriff einer Organisation auf Wahrnehmung läuft weder über die Ausweitung der Organisationstechnik noch über gleichsam subtilere Formen der organisierten Kommunikation, sondern über beides zugleich in strikt loser Kopplung, wenn man so sagen darf. Wahrnehmung kann an die Organisation angedockt werden, wenn die Organisationstechnik kommunikative Aufgaben stellt und die Organisationskommunikation technische Aufgaben stellt, ohne daß die Technik die kommunikativen und die Kommunikation die technischen Probleme lösen könnte.

Das ist eine neue Situation, denn mit dieser Problemstellung scheinen sich die Träume »soziotechnischer« Systeme, in denen sich die Kommunikation die Technik und die Technik die Kommunikation

Die Informatisierung des betrieblichen Erfahrungswissens und der ›Imperialismus der instrumentellen Vernunft‹. In: Zeitschrift für Soziologie 16 (1987), S. 77-91; ferner Rudolf M. Lüscher, Henry und die Krümelmonster: Versuch über den fordistischen Sozialcharakter. Aus dem Nachlaß herausgeben vom Freundeskreis R. M. Lüscher, Tübingen: Gehrke, o. J. [1988].

34 Siehe das Konzept des »self-design« bei Bo L. T. Hedberg, Paul C. Nystrom und William H. Starbuck, Camping on Seesaws: Prescriptions for a Self-Designing Organization. In: Administrative Science Quarterly 21 (1976), S. 41-65; und Paul C. Nystrom, Bo L.T. Hedberg und William H. Starbuck, Interacting Processes as Organization Designs. In: Ralph H. Kilmann, Louis R. Pondy und Dennis P. Sleven (Hg.), The Management of Organization Design, Bd. 1. New York: North Holland, 1976, S. 209-230.

35 Vgl. Dirk Baecker, Wozu Systeme? Berlin: Kulturverlag Kadmos, 2002, S. 41 ff.

36 Ein Begriff aus der Theorie technischer Systeme. Siehe etwa Mark Fox, An Organizational View of Distributed Systems. In: IEEE Transactions on Systems, Man, and Cybernetics 11 (1981), S. 70-80.

37 Im Sinne von White, Identity and Control. A. a. O.

zunutze macht, aufzulösen.[38] Was sich jetzt andeutet, ist ein Paradigma, das eher an Beispielen des Mannschaftssports oder der Orchestermusik orientiert ist, in denen die jeweiligen Techniken durch die Regeln und die Instrumente mit gewissen Variationsbreiten vorgegeben sind, ein je unterschiedlicher Aufwand an Kommunikation (Gesten, Rufe, Dirigieren) getrieben wird und das eine nur dank Wahrnehmung auf das andere bezogen werden kann. Man stelle sich ein Basketballspiel oder ein Symphoniekonzert für einen Moment unter der Bedingung abwesender Bewußtseinssysteme (inklusive deren disziplinierender Auseinandersetzung mit dem eigenen Körper) vor, um zu verstehen, was hier gemeint ist.

Organisationsdesign heißt nach diesem Ansatz, Technik und Kommunikation – oder auch: Kausalität und Kontingenz – so aufeinander zu beziehen, daß nur durch die Inklusion von Wahrnehmung sowohl technische als auch kommunikative Höchstleistungen erzielt werden können. In der Sprache von Neville Moray könnte man auch sagen, daß Organisationsdesign dieses Typs darauf hinausläuft, jene »schlecht-definierten« Systeme zu entwerfen, die nur durch einen seinerseits nicht vorwegdefinierten, aber sich riskierenden und insofern enggeführten und »spielerischen«[39] Einsatz von Wahrnehmung und entsprechenden Reaktionen in »wohl-definierte« Systeme verwandelt werden können.[40]

Das gegenwärtig überzeugendste Paradigma für das, was hier unter Organisationsdesign verstanden wird, sind jene »high-reliability organizations« (HROs), denen Karl E. Weick und Kathleen M. Sutcliffe ein Buch gewidmet haben, in dem sie am Beispiel der Organisation der Arbeit auf Flugzeugträgern oder in Atomkraftwerken das Konzept eines »mindful management« entwickeln, das in dem hier entwickelten Sinne auf die Reintegration lose gekoppelter Kommunikation und Wahrnehmung hinausläuft.[41] »Mindful« soll dabei je-

38 Siehe etwa in Wiebe E. Bijker, Thomas P. Hughes und Trevor J. Pinch (Hg.), The Social Construction of Technological Systems: New Directions in the Sociology and History of Technology. Cambridge, Mass.: MIT Press, 1987.

39 Im Sinne von Jacques Derrida, Die Struktur, das Zeichen und das Spiel im Diskurs der Wissenschaften vom Menschen. In: ders., Die Schrift und die Differenz. Aus dem Französischen von Rodolphe Gasché, Frankfurt am Main: Suhrkamp, 1972, S. 422-442.

40 Siehe Neville Moray, Humans and Their Relation to Ill-Defined Systems. In: Oliver G. Selfridge, Edwina L. Rissland, Michael A. Arbib (Hg.), Adaptive Control of Ill-Defined Systems. New York: Plenum Press, 1984, S. 11-20. Vgl. auch Dirk Baecker, Der Ingenieur. In: Merkur 54, Heft 11 (November 2000), S. 1089-1101.

41 Siehe Karl E. Weick und Kathleen M. Sutcliffe, Managing the Unexpected: Assu-

nes Management heißen, das in der Lage ist, sich der eigenen Erwartungen, ihrer begrenzten Reichweite und ihrer laufenden Korrektur bewußt zu sein und zur Überprüfung der Tauglichkeit dieser Erwartungen sowohl kommunikative als auch perzeptive Daten berücksichtigt, das heißt den aktuellen Entscheidungsbedarf ebenso im Blick wie die Augen (und alle anderen Sinne) offenhält. Vielleicht wird man sogar für die Kompetenz, auf die es hier ankommt, jenen »sensus communis«, jenen Gemeinsinn einer laufenden Abschätzung der historischen Situation einer Gemeinschaft, in Anspruch nehmen können, den Hans-Georg Gadamer in »Wahrheit und Methode« als Inbegriff eines weltkundigen, kommunikativ umsichtigen und eher klugen als theoretisch »richtigen« Verhaltens beschreibt.[42] Der springende Punkt ist auch hier, daß es nicht darauf ankommt, feste Kopplungen zwischen individuellen Wahrnehmungen und kommunikativen Abläufen quasi-technisch einzurichten, wie sie in vielen vermeintlich sozialwissenschaftlich abgesicherten Motivations- und Führungskonzepten der Managementphilosophien imaginiert werden, sondern im Gegenteil darauf, die »Infantilisierung«[43] der Mitarbeiter in Organisationen durch das Zulassen loser Kopplungen und den Einbau entsprechend adulter Verhaltenserwartungen rückgängig zu machen.

ring High-Performance in an Age of Complexity. San Francisco: Jossey-Bass, 2001.

42 Siehe Hans-Georg Gadamer, Wahrheit und Methode: Grundzüge einer philosophischen Hermeneutik, 6. Auflage, Tübingen: Mohr, 1990, S. 24 ff.; unter anderem im Anschluß an den Essay »Sensus Communis, an Essay on the Freedom of Wit and Humour in a Letter to a Friend« in: Shaftesbury, Earl of, Characteristics of Men, Manners, Opinions, Times. Cambridge: Cambridge UP, 1999, S. 29 ff. Wer sich nicht in diese Literatur vertiefen will, schaue sich statt dessen den typisch antibürokratischen Hollywoodfilm an und denke an Rollen wie jene von Nicolas Cage als Dr. Stanley Goodspeed in »The Rock« (USA, 1996) oder von Alec Baldwin als Jack Ryan in »The Hunt for Red October« (USA, 1990), ganz zu schweigen von ihrem jeweiligen Mit- und Gegenspieler Sean Connery in den Rollen von John Partrick Mason und Captain Marko Ramius. Nahezu jede Rolle von Sylvester Stallone bedient den gleichen Topos kluger Wahrnehmung versus blinder (und immer hochgradig organisierter) Kommunikation.

43 Ein treffender Ausdruck von Chris Argyris, Personality and Organization. New York: Harper & Brothers, 1957, S. 66 f.

Möglicherweise muß man darauf hinweisen, daß »Organisation« immer schon bedeutet hat, Kausalität und Kontingenz, Technik und Kommunikation so aufeinander zu beziehen, daß Routinen gefunden, abgesichert und überwacht werden können. Es kann keinerlei Zweifel unterliegen, daß der Ausschluß und Wiedereinschluß individueller und hier sowohl kognitiver wie emotiver Leistungen im Zentrum der gesellschaftlichen Konstitution der Organisation liegen. Routinen zu etablieren, hieß immer und heißt immer noch, soziale Abläufe der Aktenbearbeitung, der Fließbandproduktion, des Einsatzes im Feld, der universitären Forschung, der Belehrung von Schülern und der Behandlung von Kranken gegen die Erratik individueller Wahrnehmungen abzudichten, gleichzeitig jedoch genau jene Wahrnehmungen zu rekrutieren, ohne die die Routinen ihren Gegenstand nicht finden und kooperativ nicht abgefedert werden können. Das Ausmaß der Hand in Hand gehenden Demotivation und Remotivation individueller Wahrnehmungen, das durch die Organisation in andere Bahnen gelenkt wird als etwa durch Familie, Spiel, Intimität, Kunst und Wissenschaft, harrt bis heute seiner historischen Würdigung.[44]

Wir können diese Geschichte hier nicht schreiben. Wir beschränken uns darauf, abschließend drei Aspekte zu nennen, unter denen die neu zur Debatte stehende Wiedereinführung der ausgeschlossenen individuellen Wahrnehmung in die Organisation gesellschaftlichen Sinn macht.[45] Wir konzentrieren uns dabei auf Überlegungen, die nicht etwa um den Abschied von Routinen, sondern um deren Neuformatierung kreisen. Nur so können unsere Überlegungen den

44 Das gilt vor allem dann, wenn man auf den Unterschied zwischen Organisation und Gesellschaft abstellt, der etwa in die in unserem Zusammenhang einschlägigen Foucaultschen Analysen des Zusammenhangs von Wissen, Macht und Disziplin erst noch eingeführt werden müßte. Hier eine Gleichsetzung vorzunehmen, bedeutet nicht zuletzt, den eigenen Standpunkt nicht reflektieren zu können. – Die Unterscheidung der Hand in Hand gehenden Demotivation und Remotivation verdankt sich der Saussureschen Sprachtheorie. So formuliert Jacques Derrida, Glas. Paris: Galilée, 1974, S. 112, unter Bezug auf diese Theorie: »La langue doit sa naissance à la démotivation, mais ne pourrait évoluer sans avoir recours en permanence à la remotivation des signes et structures.«

45 Siehe hierzu auch Uwe Schimank, Technik, Subjektivität und Kontrolle in formalen Organisationen: Eine Theorieperspektive. In: Rüdiger Seltz, Ulrich Mill und Eckart Hildebrandt (Hg.), Organisation als soziales System: Kontrolle und Kommunikationstechnologie in Arbeitsorganisationen. Berlin: edition sigma, 1986, S. 71-91.

Anspruch aufrechterhalten, etwas über »Organisation« und nicht etwa über das ganz »Andere« zu sagen, zu dem es sich zu »befreien«, zu »befähigen« oder sonstwie zu »entschließen« gälte. Wir halten daran fest, daß eine Organisation primär darin besteht, die Kommunikation von Entscheidungen so zu gestalten, daß Entscheidungen ihre Ungewißheit absorbieren können und nicht etwa weiterreichen und dadurch zum aggregierten Zustand des Systems werden lassen müssen.[46]

Routinen bestehen dann vor allem darin, ähnlich wie das Gedächtnis eines sozialen Systems von Ereignis zu Ereignis den Unterschied jedes einzelnen Ereignisses sowohl diskontieren als auch den Verknüpfungszusammenhang der Ereignisse untereinander rekontieren zu können: das heißt mitten in der Komplexität dieser Ereignisse, deren lokale Varietät jede Linearisierung und Sequenzialisierung unwahrscheinlich macht, selektiv zu vergessen, was deren Individualität ausmacht, und selektiv zu erinnern, wie individuell sie bleiben müssen, um mit vorherigen und anschließenden Ereignissen verknüpft werden zu können. Der Verweis auf »Gesellschaft« bedeutet in diesem Zusammenhang, zwischen Kommunikation und Wahrnehmung von der Organisation selbst weder zu beschreibende noch zu verantwortende lose Kopplungen einrichten zu können, in denen je unterschiedliche Optionen des Erinnerns und Vergessens vorgenommen werden können. Routiniert zu handeln heißt, Wahrnehmungen mit Blick auf Kommunikation und Kommunikation mit Blick auf Wahrnehmungen *abwerten* zu können, um *beide* fortsetzen zu können.[47]

Wir konzentrieren uns auf drei Routinen in diesem Sinne: auf die sich abzeichnende neue *Kulturform* der Organisation unter den Bedingungen der gesellschaftlichen Einführung des Computers, auf die Übernahme von *Risiken* in Netzwerken und auf die Bedeutung von *commitments* in der Gestaltung des Verhältnisses von Individuum und Organisation.

Der wichtigste jener Aspekte, die wir hier nur anreißen können, besteht möglicherweise darin, daß Routinen es heute mit einer ande-

46 Siehe James G. March und Herbert A. Simon, Organizations. 2. Auflage, Cambridge, Mass.: Blackwell, 1993; und Luhmann, Organisation und Entscheidung. A. a. O.

47 Die Problembeschreibung mag unvertraut sein, der Sachverhalt ist bekannt. Es geht um das, was im oben genannten »sensus communis« ebenso ausgesprochen ist wie in den politischen Klugheitslehren des sechzehnten und siebzehnten Jahrhunderts (Machiavelli, Baltasar Gracián).

ren »*Kulturform*« der Gesellschaft zu tun haben, als sie bisher Bezugspunkt auch der Organisationen der Gesellschaft waren. Wenn man unter einer Kulturform der Gesellschaft mit Niklas Luhmann die Art und Weise verstehen darf, wie jene Sinnüberschüsse verarbeitet werden, die die jeweils dominierenden Verbreitungsmedien der Kommunikation in der Gesellschaft jeweils produzieren,[48] dann kann man vermuten, daß die heute maßgebende (im Sinne von: Orientierung stiftende) Kulturform nicht mehr die teleologische *Zwecksetzung* ist, mit der Aristoteles die Sinnüberschüsse der Schrift gebändigt hat, und auch nicht mehr die zweifelnd Gewißheit schaffende *Unruhe*, mit der Descartes auf die Sinnüberschüsse des Buchdrucks reagiert hat, sondern das *Medium*, mit dem Marshall McLuhan und Talcott Parsons die aufkommenden Sinnüberschüsse des Computers in die Form der Motivation durch Selektion gebannt haben.[49]

Organisation heißt heute in bester verwaltungswissenschaftlicher und betriebswirtschaftlicher Tradition nach wie vor, eine Relation zwischen Zwecken und Anlässen zu schaffen,[50] in der genug Spannung aufgebaut werden kann, um Ziele verfolgen und wechseln zu können. Nicht zuletzt in der Form ihrer überkommenen Hierarchien ist die Organisation darauf programmiert, jene Routinen durchzusetzen, die mit Blick auf einen Zweck einen kalkulierten Mitteleinsatz befolgen oder eben jene Zwecke auszutauschen erlauben. Nicht zuletzt deswegen unterscheidet man zwischen *Arbeit*, die tunlichst einen Zweck haben sollte, auf der einen Seite und *Management*, das jene Unruhe in die Organisation hineinträgt, die die Zwecke zu überprüfen erlaubt, auf der anderen Seite. Auf Schrift und Buchdruck, mit anderen Worten, ist die Organisation perfekt eingestellt.

Mit der Einführung des Computers hat sich die Gesellschaft jedoch auf eine weitere und andere Kulturform umstellen müssen, die vielleicht dadurch zu charakterisieren ist, daß es jetzt darauf ankommt, inmitten einer durch ihre laufende und vielfache Berechnung unberechenbar gewordenen Komplexität ein Formbewußtsein zu schaffen, das mit sachlichen, sozialen und zeitlichen Wiederauflö-

48 Siehe hierzu und zum folgenden Luhmann, Die Gesellschaft der Gesellschaft. A. a. O., S. 409 ff.

49 Siehe dazu Marshall McLuhan, Understanding Media: Die magischen Kanäle. Dresden: Verlag der Kunst, 1994; und Talcott Parsons, Zur Theorie der sozialen Interaktionsmedien, Hg. von Stefan Jensen. Opladen: Westdeutscher Verlag, 1980.

50 Siehe zur Unterscheidung von Zweck- und Konditionalprogrammierung Luhmann, Zweckbegriff und Systemrationalität. A. a. O., S. 101 ff.; und ders., Organisation und Entscheidung. A. a. O., S. 256 ff.

sungen zu Rande kommt. Hatte die Einführung der Schrift unter anderem bedeutet, daß man mit abweichenden individuellen Gedächtnissen rechnen (und deswegen Buchführung einführen) mußte, und hatte die Einführung des Buchdrucks bedeutet, daß die wachsende Komplexität nur noch durch den Wechsel zwischen Sachordnungen (und damit durch Experten) bewältigt werden konnte, so konfrontiert der Computer wie bisher nur die Kunst mit dem Phänomen, jeden einzelnen Zustand eines Systems als Ausgangspunkt für unterschiedliche Verknüpfungen würdigen zu müssen und die daraus entstehende Komplexität nur durch den mitlaufenden Entwurf immer neuer netzwerkartiger »Gestalten« bändigen (oder besser: visualisieren) zu können.

Die Kulturform »Medium« stellt dafür den passenden Hintergrundgedanken bereit, wenn man unter einem »Medium« die Beobachtung eines Möglichkeitenraumes versteht, aus dem ausgewählt werden muß und nur kontingent ausgewählt werden kann, so daß jede aktuelle Auswahl unter dem Gesichtspunkt ihres Zustandegekommenseins überzeugt und unter dem Gesichtspunkt ihrer Leistungsfähigkeit übernommen und überprüft wird, bis eine neue Auswahl überzeugt.[51] Das Medium motiviert, wie es bei Parsons heißt, durch seine Selektion, also sowohl durch die Auswahl, die jeweils vorgenommen wird, als auch durch die anderen Möglichkeiten, die zwar aktuell ausgeschlossen sind, aber wie selektiv auch immer mitbeobachtet werden, weil andernfalls von »Selektion« nicht zutreffend die Rede sein könnte.

Dadurch werden die Zwecke und die Unruhe einer früheren Zeit nicht erübrigt, ganz im Gegenteil,[52] aber sie werden überformt durch ein Bewußtsein, das die Zwecke für sekundär (gegenüber dem Unterwegssein und Unterwegsbleiben) hält und der Unruhe jenen alten Kredit nicht mehr einräumt, daß sie nur das Übergangsstadium zu einer Beruhigung bei der Sache sei. Statt dessen wird jetzt nach »Disziplinen«, nach »Regimes«, notfalls sogar nach »empires« Ausschau

51 Wenn diese Überlegung zutrifft, wird man einer »mathematisch« strengen Kommunikationstheorie à la Claude E. Shannon und Warren Weaver, The Mathematical Theory of Communication. Urbana, Ill.: Illinois UP, 1963, nicht nur Weitsicht, sondern auch Zukunft bescheinigen müssen. Siehe dazu Baecker, Wozu Systeme? A. a. O., S. 111 ff.

52 Siehe nur als einen der Startpunkte der allgemeinen Systemtheorie (die selbst nichts anderes ist als eine fortgesetzte Auseinandersetzung mit dem Phänomen des Computers) Arturo Rosenblueth, Norbert Wiener und Julian Bigelow, Behavior, Purpose and Teleology. In: Philosophy of Science 10 (1943), S. 18-24.

gehalten, in denen die prekären und deswegen aufeinander angewiesenen Identitäten von Institutionen, Ideologien, Industrien und Individuen miteinander in einen Heterogenes übergreifenden Bezug gesetzt werden, den nur eine jüngst prominent gewordene Netzwerktheorie beschreiben kann, die mit dem doppelseitigen Phänomen von Identität und Kontrolle umgehen kann.[53]

Was diese Kulturform »Medium« für Organisationen und ihre Routinen im einzelnen bedeutet, wird man abwarten müssen. Sichtbar ist in jedem Fall bereits, daß die Umstellung der Bezugspunkte von »Hierarchie« und »Umwelt« auf »Netzwerke« und »Projekte« ein höheres Auflöse- und Rekombinationspotential in allen Produktionsfaktoren (Arbeit, Kapital, Technologie, Boden, Organisation und Information) aufweist und damit auch mit einer größeren Tiefenschärfe sowohl in der Innovationspolitik als auch in der Analyse von Wertschöpfungsketten, Organisationsabläufen und Schnittstellengestaltung konfrontiert.[54] Der Blick von Organisationsgestaltern, Managern und Beratern richtet sich dabei längst nicht mehr nur auf technische und ökonomische Effizienz- und Effektivitätskriterien, sondern geht von einer Fragestellung aus, die man vielleicht unter dem Gesichtspunkt der »Kultivierung unwahrscheinlicher Projekte« beschreiben kann. Hierbei kommen alte hermeneutische Praktiken, wie sie Gadamer ans Licht hebt, ebenso zu Ehren wie systemische Praktiken, die mit Heinz von Foersters, Humberto R. Maturanas und Francisco J. Varelas Konzept »strukturdeterminierter Systeme« rechnen:[55] Danach besitzt jede Organisation, jedes Unternehmen, jede Behörde ihren historischen Zustand, der ein Ergebnis der von dieser Organisation durchlaufenen Zustände ist und der für alles Weitere anzuerkennen (was nicht unbedingt heißt: vorauszusetzen) ist. Dieser Zustand, auch darauf verweist der Medienbegriff, ist in allen wesentlichen Hinsichten intransparent, so daß man nur experi-

53 So explizit White, Identity and Control. A. a. O. Siehe zum Konzept der »fraktalen Integration« durch die »Kontrolle von Differenzen« im »empire«: Michael Hardt und Antonio Negri, Empire. Cambridge, Mass.: Harvard UP, 2000, S. 325 ff.

54 Siehe exemplarisch Dieter Heuskel, Wettbewerb jenseits von Industriegrenzen: Aufbruch zu neuen Wachstumsstrategien. Frankfurt am Main: Campus, 1999; aber auch Tom Peters, Liberation Management: Necessary Disorganization for the Nanosecond Nineties. London: Pan Books, 1993; ders., The Circle of Innovation: You Can't Shrink Your Way to Greatness. New York: Vintage, 1999.

55 Siehe neben Gadamer, Wahrheit und Methode. A. a. O.; Heinz von Foerster, Wissen und Gewissen: Versuch einer Brücke. Frankfurt am Main: Suhrkamp, 1993; Humberto R. Maturana, Biologie der Realität. Frankfurt am Main: Suhrkamp, 2000; Francisco J. Varela, Ethisches Können. Frankfurt am Main: Campus, 1994.

mentell, nur auf dem Wege eines sich an aktuelle Informationen haltenden »operational research«, mit ihm umgehen kann.[56] Ein Projekt zu kultivieren, bedeutet im Medium einer so verstandenen Organisation, das Unwahrscheinliche im Abgleich verfügbarer und unverfügbarer Produktionsverfahren zu realisieren. Die Organisation kann jederzeit die Probe aufs Exempel machen, ob sie dazu in der Lage ist, indem sie sich auf ihr Verhältnis von Kommunikation und Wahrnehmung hin beobachtet. Nur wenn sie Routinen besitzt, in denen dieses Verhältnis als Verhältnis einer losen Kopplung bewältigt wird, bestehen Aussichten, daß ihr die Differenz von Kommunikation und Wahrnehmung zum Paradigma ihrer Kombination von Arbeit, Ressourcen und Ergebnissen werden kann.

Im Kontext der Kulturform »Medium«, mit der die Gesellschaft auf die Einführung des Computers reagiert, wird auch der Organisation und ihren Routinen zugemutet, mit einem wesentlich höheren Maß von Intransparenz sowohl sozialer als auch psychischer, darüber hinaus jedoch auch ökologischer und technologischer Verhältnisse zu rechnen, als es allen Kontrollvisionen bisher heilsam erschienen wäre.[57] Das Konzept der »Form«, wie es George Spencer-Brown entwickelt hat, ist dieser Situation schon deswegen angemessen, weil es die »andere«, die »unmarkierte« Seite der Unterscheidung in die Form der Unterscheidung mit aufnimmt, so daß fürderhin mit keinerlei Transparenz der Selbstevidenz mehr zu rechnen ist.

Die Kehrseite dieses Konzeptes, und das ist unser zweiter Aspekt im Zuge der Überlegung, wie neuformatierte Routinen heute aussehen können, besteht darin, daß die beiden Seiten der Unterscheidung nicht nur voneinander getrennt, sondern auch aufeinander bezogen werden. Wir schlagen vor, den seit einigen Jahrzehnten auch sozialwissenschaftlich fruchtbar gemachten Begriff des »*Risikos*« in diesem Sinne zur Beschreibung des Bezugs der beiden Seiten der Unterscheidung aufeinander und damit zur Beschreibung der Konstitution einer Form einzusetzen.[58] »Gefahr« soll uns dabei entlang einer von

56 Im Sinne von W. Ross Ashby, Requisite Variety and Its Implications for the Control of Complex Systems. In: Cybernetica 1 (1958), S. 83-99, hier: S. 97 f.

57 Siehe wiederum exemplarisch Kevin Kelly, Out of Control: The New Biology of Machines, Social Systems, and the Economic World. Redwood City, Calif.: Addison-Wesley, 1990.

58 Siehe zum sozialwissenschaftlichen Begriff Mary Douglas und Aaron Wildavsky, Risk and Culture: An Essay on the Selection of Technical and Environmental Dangers, Berkeley: California UP, 1982; Aaron Wildavsky, Searching for Safety. New Brunswick: Transaction Publ., 1988; James F. Short, Jr., The Social Fabric at Risk:

Niklas Luhmann vorgeschlagenen Unterscheidung[59] der nur für einen externen Beobachter sichtbare Bezug zwischen den beiden Seiten einer Unterscheidung unter dem Gesichtspunkt der Bedrohung dieser Unterscheidung heißen, »Risiko« die Wiedereinführung dieser Beobachtung auf der Innenseite der Unterscheidung für die Zwecke einer internen Reflexion der Unterscheidung unter dem Gesichtspunkt nicht nur ihrer Bedrohung, sondern auch des Umgangs mit dieser Bedrohung, wenn man so will: unter dem Gesichtspunkt des Risikomanagements.

Im Anschluß an eine Überlegung von Kenneth J. Arrow – »the competitive allocation of risk-bearing is guaranteed to be viable only if the individuals have attitudes of risk-aversion«[60] – wollen wir annehmen, daß Netzwerkverknüpfungen aller Art nur zustande kommen, wenn Risiken unter dem Gesichtspunkt ihrer Vermeidung übernommen werden und wenn diese Paradoxie durch ihre Verteilung auf die verschiedenen Positionen im Netzwerk entfaltet wird. Wir landen damit wieder bei der Frage des Designs verteilter Systeme, stellen diese Frage jedoch in einem strengen Sinne soziologisch, nämlich als Frage danach, wie sich ein Bezug aufeinander herstellen kann, wenn dieser Bezug kein anderes Motiv hat als sich selbst, das heißt wenn die dazu passenden sachlichen, sozialen und zeitlichen Motive erst noch geschaffen werden müssen. Die Antwort auf die Frage lautet, daß der Bezug nur zustande kommt, wenn alle beteiligten Positionen mit einer für sie zureichenden Verläßlichkeit einschätzen können, welche Risiken jede einzelne Position eingeht, in welchem Ausmaß sie dieses Risiko sieht und beherrscht und in welchem Ausmaß dieses Risiko jede einzelne Position von allen anderen Positionen wählbar abhängig macht. Nur dann gilt, daß Risiken übernommen werden, um sie vermeiden zu können.

Man wird annehmen können, daß die Routinen von Organisationen unter diesem Gesichtspunkt der Risikoübernahme auf dem Wege der Risikoeinschätzung seit einigen Jahrzehnten zunehmend überfordert sind, weil die gewachsene Komplexität und Turbulenz

Toward the Social Transformation of Risk Analysis. In: American Sociological Review 49 (1984), S. 711-725; Ulrich Beck, Risikogesellschaft. A. a. O.; Niklas Luhmann, Soziologie des Risikos. Berlin: de Gruyter, 1991.

59 Vgl. insbesondere Niklas Luhmann, Risiko und Gefahr. In: ders., Soziologische Aufklärung 5: Konstruktivistische Perspektiven. Opladen: Westdeutscher Verlag, 1990, S. 131-169.

60 So in Kenneth J. Arrow, The Role of Securities in the Optimal Allocation of Risk-Bearing. In: Review of Economic Studies 31 (1964), S. 91-96, hier: S. 91.

ihrer nicht nur sozialen, sondern auch psychischen, kulturellen, technologischen und ökologischen Umwelt ihnen Risikowahrnehmungen aufgezwungen hat, für die ihnen gleichzeitig kein Verknüpfungsmodus zur Verfügung steht. Psychische, kulturelle, technologische und ökologische Risiken zu sehen und zu scheuen, ist für eine Organisation in dem Moment ein und dasselbe, in dem sie Grund hat, den Regimes von Autorität, Hierarchie, Expertentum und gesellschaftlicher Indifferenz nicht mehr trauen zu können, die ihr diese Risiken bislang vom Leibe gehalten hatten (und sie in ökologische Gefahren verwandelt hatten). Fallen diese Regimes dem Wandel, mit dem sich die Gesellschaft auf die ökologischen Gefahren im weitesten Sinne des Wortes einstellt, zum Opfer, werden Organisationen hilflos, wenn sie nicht dieselben Risiken, vor denen sie bisher gesellschaftlich geschützt waren, organisatorisch in Optionen verwandeln können, die dementsprechend unterschiedlich zu gestalten und auf der Ebene ihrer Gestaltung den verschiedenen Umwelten der Organisation – die jetzt in Netzwerkpartner umgedeutet werden – angeboten werden können.

Mit anderen Worten, Organisationen müssen anfangen, psychische, kulturelle, technologische und ökologische Risiken neben den nach wie vor bestehenden sozialen Risiken steigern, darstellen und auffangen zu können, um in allen diesen Dimensionen netzwerkfähig zu werden.[61] Karrieren müssen durch Selbstverwirklichungsoptionen und deren Schattenseite der Flexibilisierungszumutung und des forcierten Alterns ergänzt werden. Die vertrauten Sozialmilieus der Arbeit müssen durch Weiterbildungsangebote und deren Schattenseite einer Emanzipation aus den Herkunftsmilieus erweitert werden. Das bisherige Käufer- oder Selbstentwicklerverhalten gegenüber Technologien muß einem Verhalten weichen, das in die Risiken der Technologieentwicklung bei Partnern miteinsteigt, die gleichzeitig andere Optionen haben und haben müssen, um kalkulierbar zu bleiben. Externe Effekte dürfen nicht länger übersehen werden, sondern müssen internalisiert werden, um das Verhältnis zur ökologischen Umwelt auf darstellbare Weise nachhaltig werden zu lassen. Und nicht zuletzt muß die Organisation ihren bisher mehr oder

61 Siehe dazu und zum Folgenden pointiert Charles Handy, The Age of Paradox. Boston: Harvard Business School, 1994; ders., Beyond Certainty: The Changing Worlds of Organizations. Boston: Harvard Business School, 1996; ferner auch Richard Sennett, The Corrosion of Character: The Personal Consequences of Work in the New Capitalism. New York: W. W. Norton & Co., 1998.

minder monopolistischen Bezug auf ein Funktionssystem ihrer Wahl (die Wirtschaft für Unternehmen, die Politik für Behörden inklusive das Militär, das Recht für Gerichte und Kanzleien, die Erziehung für Schulen, Wissenschaft und Erziehung für Universitäten, Kunst und Kultur für Museen, Galerien und Theater etc.) durch Rücksichten auf weitere, wenn nicht auf alle Funktionssysteme ergänzen, um so ihre gesellschaftliche Verankerung, das heißt Risikoübernahme, nach innen und nach außen darstellen zu können.

All dies wird in der Regel in einem hochselektiven Ausmaße geschehen. Aber das heißt eben gerade nicht, daß es ebensogut auch unterlassen bleiben könnte. Und all das bedeutet, daß die Organisation in allen ihren Routinen hoffnungslos überfordert wäre, wenn sie nicht immer wieder kommunikativ darauf ausweichen könnte, daß sie bestimmte Risiken perzeptiv in Rechnung stellt, und perzeptiv darauf ausweichen könnte, daß sie bestimmte (vielleicht dieselben) Risiken kommunikativ in Rechnung stellt. »Talk« und »action«, in die alles bisherige Entscheidungsverhalten von Organisationen laut Nils Brunsson eingebettet ist,[62] werden durch »narration« und »experience« ergänzt,[63] damit jene Wahrnehmungsdimensionen angesprochen werden können, die in der Kommunikation keine aktuelle, das heißt entscheidungsrelevante Berücksichtigung finden können. Kaum ein Manager ist sich noch im unklaren über diese neuartigen Beschäftigungsdimensionen einer Organisation, die alles tun muß, um sich in Hinsichten netzwerkfähig zu machen, die noch vor kurzem weit außerhalb ihres Relevanzhorizontes lagen. Und sie wird, das wäre die Hypothese, nur netzwerkfähig, indem sie Risiken eingeht, was auch immer dies sie kostet.

Ein dritter Aspekt, unter dem man sich anschauen kann, welche Routinen es einer Organisation ermöglichen, ihre Differenz zur Gesellschaft zur Gestaltung ihres Umgangs mit Kommunikation und Wahrnehmung einzusetzen, kann aus der reichhaltigen Literatur zu

62 Siehe Nils Brunsson, The Organization of Hypocrisy: Talk, Decision and Actions in Organizations. Chichester: Wiley, 1989; und vgl. ders., The Irrational Organization: Irrationality as a Basis for Organizational Change and Action. Chichester: Wiley, 1985; ders. und Johan P. Olsen, The Reforming Organization. London: Routledge, 1993.

63 Siehe etwa Pierre Guillet de Monthoux, Action and Existence: Anarchism for Business Administration. Chichester: Wiley, 1983; Barbara Czarniawska-Joerges, Narrating the Organization: Dramas of Institutional Identity. Chicago: Chicago UP, 1997; und Jeremy Rifkin, The Age of Access: The New Culture of Hypercapitalism, Where All of Life Is a Paid-For Experience. New York: Tarcher/Putnam, 2000.

Fragen des »*commitments*« gewonnen werden. Das Konzept des »commitment« wurde auch und gerade soziologisch in die Literatur eingeführt, um Bindungseffekte innerhalb derselben Organisation zu beschreiben, die angetreten war, unter Rationalitätsgesichtspunkten Mittel in ihrer Leistungsfähigkeit für das Erreichen von Zwecken und Zwecke unter dem Gesichtspunkt des sinnvollen Einsatzes verfügbarer Mittel jederzeit für austauschbar zu halten. Commitments jedoch, so Philip Selznick in einer berühmten Studie zum Eigenleben der Organisation,[64] gelten Mitteln, Zielen und ihrer Verbindung in ihrer jeweiligen Dreierkonstellation, das heißt sie verwandeln rationale lose Kopplungen in traditionale feste Kopplungen und damit Gestaltungsspielräume in Netzwerke, die wie ihre eigenen Immunsysteme gegen ihre Auflösung rebellieren. Commitments dieser Art entstehen aus der schieren Autopoiesis (Selznick spricht von der Aufgabe, die Organisation aufrechtzuerhalten) der Organisation; aus den sozialen und professionellen Herkunftsmilieus der Mitarbeiter vor allem dann, wenn diese mit Anforderungen einhergehen, die nicht mit denen der Organisation identisch sind; aus der Institutionalisierung der Werte und Ziele der Organisation, durch die Wahlmöglichkeiten eingeschränkt und Verhaltensrichtlinien vorgegeben werden (Selznick unterstreicht die Bindungswirkung sogenannter Präzedenzfälle); aus der sozialen und kulturellen Umwelt der Organisation, sobald diese in einen Konflikt mit der Organisation gerät, auf den diese nur mit bestimmten Machtansprüchen reagieren kann, die wiederum Bindungseffekte nach innen freisetzen; und schließlich aus Interessen, die sich im Laufe der Geschichte der Organisation am Faktum der Delegation ankristallisieren.[65]

64 Siehe Philip Selznick, TVA and the Grass Roots: A Study in the Sociology of Formal Organization. Reprint New York: Harper & Row, 1966, insbes. S. 255 ff.

65 Man denke an die fast erschrockene und deswegen beschwörende Feststellung von Erich Gutenberg, Grundlagen der Betriebswirtschaftslehre, Bd. 1: Die Produktion. 24. Auflage, Berlin: Springer, 1983, S. 247: »Der Prozeß der Delegierung kennzeichnet sich durch eine charakteristische Richtung seines Verlaufs: Erstens durch die Abspaltung delegierbarer Entscheidungsbefugnis und die Übertragung des Rechtes auf die delegierte Stelle, nach bestimmten Entscheidungsregeln zu verfahren, zweitens durch die Verpflichtung der delegierten Stelle, der delegierenden Stelle Rechenschaft über die getroffenen Entscheidungen zu geben und drittens durch die Verpflichtung der delegierenden Stelle zu prüfen, ob die delegierte Stelle nach den Intentionen der delegierenden Stelle gehandelt hat. Diese drei Vorgänge entstehen synchron, sie sind wie die Spitzen eines Dreiecks, bilden also eine Einheit, aus der sie nicht zu lösen sind.« Als sei dieser Synchronizität, diesem Dreieck und dieser Einheit dann vielleicht doch nicht so ganz zu trauen, heißt es direkt anschließend in

Heute tendiert man dazu, commitments dieser Art nicht als Problem, sondern als Lösung des Problems zu sehen. Unter der Voraussetzung, daß es gelingt, die Gefahren des »overcommitment« zu bannen, die in mangelnder Kreativität, im Widerstand gegen Änderungen und in übereifriger Konformität gesehen werden, werden commitments als Routinen herangezogen, mit denen sich Motivationsprobleme bearbeiten lassen.[66] Das heißt, man fordert die Möglichkeit des Eingehens von commitments unter der Bedingung, daß diese von allen Beteiligten unter dem Gesichtspunkt ihrer Wiederauflösbarkeit betrachtet werden. In dieser Form, so wäre zu vermuten, sind commitments geeignet, unter den oben geschilderten Komplexitätsanforderungen sowohl der Kulturform der Organisation als auch ihrer Einbettung in Risikonetzwerke kleine kompakte Milieus zu bilden, die aus der Frage, wie lange es ihnen wohl gelingt, sich zu reproduzieren, und aus der Arbeit daran, dem von ihnen geschaffenen Bindungsdruck auch wieder zu entkommen, eine zuweilen beachtliche Dynamik und Energie gewinnen.[67]

einem neuen Absatz: »Der Prozeß ist nicht umkehrbar. Er läuft in der ihm vorgegebenen Richtung von oben nach unten ab.« Man vergleiche dazu die Formulierungen von Luhmann, Zweckbegriff und Systemrationalität. A. a. O., S. 76 f., zum notwendig komplementären Verhältnis von Maschinenmodell und Befehlsmodell der Organisation. Die Lösung des Problems der Wiedereinbindung delegierter Entscheidungsbefugnisse lautet: Rechenschaft und Verantwortung, beziehungsweise mit W. I. Lenin, Staat und Revolution: Die Lehre des Marxismus vom Staat und die Aufgaben des Proletariats in der Revolution. In: ders., Ausgewählte Werke in zwei Bänden, Bd. 2. Berlin: Dietz, 1951, S. 158-253, hier: S. 236 et passim: »Rechnungslegung und Kontrolle.« Zu einem gesellschaftlichen Vernetzungsmodus zwischen ihrerseits untereinander nicht hierarchisierbaren Organisationen wird diese Lösung unter dem Stichwort »auditing«. Siehe dazu Michael Power, The Audit Society: Rituals of Verification. Oxford: Oxford UP, 1997.

66 Siehe zum Überblick über die Literatur Richard W. Scholl, Differentiating Organizational Commitment from Expectancy as a Motivating Force. In: Academy of Management Review 6 (1981), S. 589-599; und Donna M. Randall, Commitment and the Organization: The Organization Man Revisited. In: Academy of Management Review 12 (1987), S. 460-471.

67 Freilich auch eines eigenen, in sich widersprüchlichen und somit beweglichen Moralstandards bedürfen, wie Rainald Goetz, Dekonspiratione. Frankfurt am Main: Suhrkamp, 2000, S. 76, aus Beobachtungen kleiner »Start-Ups« in der Multimediabranche zu Protokoll gibt: »Das weiß man doch, dass man sich nicht zu gut verhalten darf, oder zumindest nicht allzu entschieden nichtfies. Da man den anderen sonst durch Erwartung unter Druck setzt, er sollte und würde sich genauso verhalten, und ihm dadurch die Möglichkeit nimmt, aus freier Entscheidung heraus sich zum nichtfiesen Verhalten zu entscheiden. Zu viel Güte baut zu viel Zwang auf. Zu viel direkte Offenheit kerkert den anderen in der Reziprozitäts-Erwartung zu stark ein. Zu viel Vertrauen fesselt. Das ist ganz allgemein und im nichtprivaten Raum

Commitments sind soziale Artefakte, in denen nicht etwa Personen an Organisationen oder gar umgekehrt realiter gebunden werden, sondern in denen Standards, eben Routinen, ausgeprägt werden, welche Verdichtungen von kommunikativen und perzeptiven Anschlüssen eine Organisation von ihren Mitgliedern erwartet und welche nicht. Sie sind das Ergebnis eines meist impliziten, selten expliziten Aushandlungsprozesses, in dem sich die Organisation und ihre Mitglieder wechselseitig Indifferenzzonen zur Verfügung stellen,[68] die durch allfällige Verhaltenserwartungen ausgefüllt werden können. In diesen Indifferenzzonen finden die Risikonetzwerke, in die die Organisation eingebettet ist, ihre je aktuelle Abbildung, so daß es, bei hochgetriebener Wachsamkeit gegenüber den verschiedenen Positionen dieser Netzwerke und ihrer Risiken, zu einem Einverständnis darüber kommen kann, alles andere, was sich außerhalb dieser Netzwerke abspielt, zumindest aktuell nicht zur Kenntnis zu nehmen, aber, es lebe die »Form« der Kommunikation, in der Beobachtung nichtsdestotrotz mitzuführen. Nur so wird eine Organisation handlungs- und entscheidungsfähig. Nur so kann sie jedoch auch beobachten, worin der Preis ihrer Handlungs- und Entscheidungsfähigkeit besteht und wie lange die Organisation es wert ist, diesen Preis zu zahlen.[69]

besonders strikt verboten. [Absatz] Man wäre also im Interesse eines vernünftigen Arbeitsklimas in einem kleinen Kollektiv wie hier dazu verpflichtet, relativ gemischte Moralstandards genügend deutlich gemischt und undeutlich genug zu signalisieren, ganz egal, nach welchen Standards man selber realerweise sich zu verhalten meint, um einander möglichst viel Freiheit zu geben, sich so zu verhalten, wie jeder will. Und das heißt im konkreten Fall dann meistens, nicht allzu asozial. Auf die Art entsteht mit der Zeit eine freie Drift in Richtung Nichtkaputtheit. Die erpresserischen Gütestandards von Benjamin [Gegenspieler von Martin, Anm. DB], der offensiv anti-intrigante Direktheitsterror, das wirkt demgegenüber naiv, fast schon richtig dümmlich. [Absatz] Erklärt Martin.«

68 Zum Konzept der »Indifferenzzone« siehe nach wie vor Chester I. Barnard, The Functions of the Executive. Reprint Cambridge, Mass.: Harvard UP, 1968, S. 167 ff.

69 Hardt und Negri, Empire. A. a. O., S. 408, erörtern unter Verweis sowohl auf Spinozas Begriff der potentia als auch den in der Rap-Szene zu Ehren gekommenen amerikanischen Ausdruck der »posse« (Gruppe, Schar) das Konzept der posse comitatus, eine Art Reisegesellschaft mit impact, um Prozesse der Gruppenbildung zu beschreiben, die nichts mit den alten Freundschaftsgruppen, aber auch nichts mit »tribes« oder »clans« zu tun haben, sondern sich hochauflösbar und unter Rückgriff auf die volle Subjektivität aller Mitglieder um bestimmte Produktionsprozesse (Musik, Projekte, deals) herum bilden und meist nicht ohne einen umfassenden Zugriff auf Ressourcen außerhalb der Gruppe (Kapital, Organisation, Märkte) auskommen. Im Unterschied zu den von Wolfgang Pohrt, Brothers in Crime: Die Menschen im Zeitalter ihrer Überflüssigkeit. Über die Herkunft von Gruppen, Cliquen,

In diesen drei Routinen der Kulturform der Organisation, der Risikoübernahme in Netzwerken und der Einführung wiederauflösbarer commitments sucht die Organisation unter der Bedingung des Wiedereinschlusses bislang ausgeschlossener Kommunikations- und Wahrnehmungspotentiale ihr Verhältnis zur Gesellschaft. In diesen drei Routinen reproduziert sich eine vielfach und vorschnell bereits totgesagte Bürokratie und schafft Lebenswelten, die nicht mehr an den Modellen des Arbeiters, Beamten, Angestellten oder Managers orientiert ist, sondern diese in ein neues Modell zusammenfaßt, das in den Sozialwissenschaften noch keinen Namen hat, zu Ehren seiner bislang vermutlich präzisesten Beschreibung jedoch »der Anhalter« genannt werden kann,[70] wenn man darunter jemanden versteht, der sich unter der Bedingung seiner nahezu restlosen Exklusion dennoch fallweise und in temporär parasitären Symbiosen inkludieren läßt, das heißt die Inklusion auch individuell als Ausnahmefall praktizieren kann.[71] Der Anhalter ist diejenige gesellschaftliche Figur, die das Scheitern der Kritischen Theorie, universelle Inklusion auch in Organisationen durchzusetzen,[72] nicht mehr enttäuscht, sondern offensiv zur Kenntnis nimmt und sich in ihrer eingestanden schwachen, wenn nicht sogar ohnmächtigen Position nicht um die Möglichkeit bringen läßt, ihrerseits alle Organisationen vom Zugriff auf die eigene Person zu exkludieren – und davon nur einige wenige und ausnahmsweise auszuschließen.

Diese Figur des Anhalters, die einsteigen und auch wieder aussteigen kann und die sich sowohl in der Rolle des Trittbrettfahrers wie auch in der Rolle des Fahrers wohl fühlen kann, definiert eine im besten Sinne normative, weil kontrafaktische Version von Elite, deren

Banden, Rackets und Gangs. Berlin: Bittermann, 1997, beschriebenen Gruppen geht es nicht mehr um Devianzkarrieren, sondern um Singularitätskarrieren, die ihren gesellschaftlichen Ordnungsrahmen dementsprechend auch nicht mehr in Konformitätsmodellen, sondern in Formexperimenten finden – die Leitfrage lautet nicht mehr, wie Normen aufrechterhalten werden können, wenn zugleich gegen sie verstoßen wird, sondern wie in Formen eingeschlossen werden kann, was aus ihnen ausgeschlossen werden muß. Die Antwort auf diese Frage wird sowohl semantisch durch die Entwicklung neuer Sprachen als auch strukturell durch die Entwicklung neuer Habitus und Vernetzungsmodi gegeben.

70 Ich denke an Douglas Adams, The Hitch Hiker's Guide to the Galaxy. London: Pan Books, 1979.

71 Luhmann, Organisation und Entscheidung. A. a. O., S. 390 ff., hat festgestellt, daß die Organisation die gesellschaftliche Norm der Inklusion als Regelfall und Exklusion als Ausnahmefall genau umdreht: ihr Prinzip der Mitgliedschaft schließt alle aus und hochselektiv nur einige wenige ein.

72 Ebd., S. 392 f.

einziger Ausweis darin besteht, *sich selbst* wählen zu können, und deren einzige Chance darin, sich auf dem Wege einer Art self-fulfilling prophecy als eine Kombination von kommunikativen und perzeptiven Kompetenzen zu wählen, die organisatorisch auf unterschiedlichen Ebenen und mit unterschiedlichen Reichweiten anschlußfähig ist.[73] Die Herrschaft der Büros, von der Max Weber mit Blick auf die Rationalisierungstendenzen der Moderne sprach und von der er die Unternehmen wegen ihres lokal überlegenen Umgangs mit Wissen noch ausgenommen glaubte,[74] hat im Zeitalter des »Wissensmanagements« auf alle Organisationen ohne Ausnahme übergegriffen und ist im Begriff, inmitten der »Götterdämmerung« des Kapitalismus[75] Raum für eine »Intelligenz« zu schaffen, die sich theoriegebunden, praxiserfahren und reflexionsfähig nicht mehr auf den Experten, sondern nur noch auf den Netzwerker verläßt, auf diesen jedoch nur dann, wenn er in der Lage ist, neben der Schließung zum Kader auch die Öffnung gegenüber einer wachsamen Öffentlichkeit zu praktizieren.[76]

In der Figur des Anhalters läßt sich sowohl zum Ausdruck bringen, daß ohne die Referenz auf die Gesellschaft, aus der der Anhalter kommt und in die er sich jederzeit wieder zurückziehen kann, keine Organisation mehr zu denken ist, wie auch, daß damit über die Kompetenzen dieses Anhalters, die Struktur der Organisation und die Qualität der Gesellschaft noch nichts gesagt ist. Während jede Organisation ihr organizational design entwirft, passiert andernorts gleichzeitig anderes. »Gesellschaft« heißt, diese Einsicht der Festlegung auf eine Form der Organisation zugrunde zu legen.

73 Man wird sehen, ob das von Charles Handy, The Age of Unreason. Boston: Harvard Business School, 1990, S. 32 und 87 ff., entworfene Bild einer Kleeblattorganisation (erstes Blatt: professional core, zweites Blatt: out-contracted work, drittes Blatt: part-time workers) über die gegenwärtigen strukturellen und konjunkturellen Krisen der Wirtschaft hinweg den Sprung in das aktuelle Jahrhundert schafft. Siehe zum Thema der Gestaltung von Arbeitsverhältnissen auch Birger P. Priddat, Arbeit an der Arbeit: Verschiedene Zukünfte der Arbeit. Marburg: Metropolis, 2000, sowie Dirk Baecker (Hg.), Archäologie der Arbeit. Berlin: Kulturverlag Kadmos, 2002.

74 Siehe Weber, Wirtschaft und Gesellschaft. A. a. O., S. 129.

75 So Deutschmann, Postindustrielle Industriesoziologie. A. a. O., S. 253.

76 Siehe Willke, Dystopia. A. a. O., insbes. S. 116 ff.; und als Einzelfallstudie Maurizio Bach, Die Bürokratisierung Europas: Verwaltungseliten, Experten und politische Legitimation in Europa. Frankfurt am Main: Campus, 1999.

Ausblick

Die vorstehenden Überlegungen laufen auf eine Wiedereinführung der Organisationspraxis in die Organisationstheorie hinaus, gleichzeitig jedoch auf eine Aufklärung dieser Praxis über ihre tatsächlichen Leistungen. Denn man wird weder annehmen können, daß die Organisationspraktiken in Behörden, Unternehmen, Labors, Armeen, Schulen und Theatern auf ein Design der Organisation zur Trennung und Integration von Kommunikation und Wahrnehmung bisher verzichtet haben (das Gegenteil ist der Fall), noch wird man annehmen können, daß es diesen Organisationen bewußt ist, was sie auf diesem Feld bisher geleistet haben. Die Funktion der Theorie besteht darin, eine solche Leistung bewußt zu machen. Und die Wiedereinführung der Praxis in die Theorie besteht darin, sich in diesem wesentlichen Punkt der gesellschaftlichen Referenz von Organisation zu korrigieren, um die Praxis über sich selbst aufklären zu können. Wir haben es mit einem komplementären Verhältnis von Theorie und Praxis zu tun, in dem die Theorie der Praxis die Problemstellungen und die Praxis der Theorie die Lösungen voraushat.

Damit wird eine Erfahrung im Umgang mit einem Typus von Theorie bestätigt, wie er im 20. Jahrhundert unter den verschiedenen Titeln des Pragmatismus, des Operationalismus oder des Konstruktivismus entwickelt worden ist. Diese Erfahrung lautet, daß Theorien gar nicht abstrakt genug ansetzen können, um die konkrete Ebene der Praxis, die sie zu beschreiben versuchen, erreichen zu können. Kaum ein Gedanke ist abstrakter als der der »Form der Unterscheidung«, wie er von George Spencer-Brown ausgearbeitet worden ist. Kaum ein Gedanke ist abstrakter als der der operationalen Schließung empirisch vorfindlicher Systeme, den Heinz von Foerster, Humberto R. Maturana, Francisco J. Varela und andere erprobt haben. Und kaum ein Gedanke ist abstrakter als der der operationalen Trennung und strukturellen Kopplung von sozialen Systemen (Kommunikation) und psychischen Systemen (Bewußtsein), den Niklas Luhmann eingeführt hat. Und doch liegen alle drei Gedanken der Möglichkeit zugrunde, die konkrete Ebene der Praxis, die die Theorie zu beschreiben versucht, überhaupt zu erreichen.

Daß diese Praxis auch und gerade dort, wo sie für eine spezifische Organisation typisch ist und diese Organisation im Vergleich zu anderen einzigartig macht, eine gesellschaftliche Referenz hat, innerhalb derer über kommunikative Formen des Umgangs mit Wahrnehmung mitentschieden wird, aber auch bestimmte perzeptive Formen des Umgangs mit Kommunikation nahegelegt oder verstellt werden, ist die abstrakte Ausgangsannahme und konkrete Entdeckung einer Gesellschaftstheorie der Organisation, wie sie dieser Text weiterzuverfolgen vorschlägt. Hat man sich bisher darauf konzentriert, einzelne Organisationen entweder unter dem Gesichtspunkt der Zwekke, die sie erreicht oder verfehlt, oder unter dem Gesichtspunkt der Unruhe, die sie zu bearbeiten und/oder selbst zu entwickeln vermag, zu betrachten, so wird man jetzt überdies darauf achten können, wie eine Organisation mit einer ihrer wichtigsten Ressourcen, der Wahrnehmungsfähigkeit ihrer Mitglieder, ihrer Kunden und anderer Mitspieler umzugehen vermag und welche kommunikativen Praktiken sie entwickelt, um diese Ressource sowohl zu nutzen als auch zu begrenzen.

Was tut ein Berater in einem selbstorganisierenden System?

Radikaler Konstruktivismus

Die konstruktivistische Begriffslandschaft ist nicht arm an Merkwürdigkeiten. Man denke nur an die Idee, daß der Beobachter sich seine Welt selbst erfindet und damit in die von Platon über Fichte bis Borges bekannten Probleme gerät, sich als Teil dieser Welt, also als Teil seiner Erfindung, vorzufinden und mit verbuchen zu müssen. Der Ausdruck »Welt« scheint in diesem Argument fehl am Platze zu sein, weil er auf ein vorgegebenes Außen verweist, und dennoch würde das Argument ohne diesen Ausdruck nicht funktionieren. Denn nur so kann man sich an die Arbeit machen, den Kurzschluß dieses Arguments, von dem man nicht weiß, ob es tautologisch (Welt = Welt inklusive Beobachter) oder paradox (Welt ≠ Beobachter, der die Welt erfindet) ist, zu entfalten. Die Welt ist die Einheit jener Differenz, die darin besteht, daß wir sie voraussetzen müssen, um sie erfinden zu können.

Dieser Weltbegriff organisiert die folgenden Überlegungen zur Rolle des Beraters in einem System. Beratung heißt, in einem System ein Weltverständnis zum Tragen zu bringen, das in keiner Eindeutigkeit zur Ruhe kommt. Der Sinn der Beratung liegt darin, das System nicht etwa mit »richtigen« Entscheidungen zu versorgen, sondern darin, es optionsfähig zu machen. Wir halten uns im folgenden bewußt an eine eher allgemeine begriffliche Ebene, lassen also die Frage offen, ob wir eher an die individuelle Beratung unter Freunden, an die Familientherapie, an das professionelle Coaching, an die Unternehmensberatung oder an die Politikberatung denken.[1] Wir führen den Beratungsbegriff eher behutsam ein, da es uns vor allem darum

1 Siehe nur Niccolò Machiavelli, Der Fürst. Aus dem Italienischen von Rudolf Zorn, Stuttgart: Kröner, 1978; Ulrich Beck und Wolfgang Bonß (Hg.), Weder Sozialtechnologie noch Aufklärung? Analysen zur Verwendung sozialwissenschaftlichen Wissens. Frankfurt am Main: Suhrkamp, 1989; Fritz B. Simon und Christel Rech-Simon, Zirkuläres Fragen: Systemische Therapie in Fallbeispielen – Ein Lesebuch. Heidelberg: Carl-Auer-Systeme, 1999; Rudolf Wimmer (Hg.), Organisationsberatung: Neue Wege und Konzepte. Wiesbaden: Gabler, 1992; Michael Faust, Warum boomt die Managementberatung: Und warum nicht zu allen Zeiten und überall? In: SOFI-Mitteilungen 28 (2000), S. 58-85.

geht, einen schon fast zu sehr strapazierten und daher erschöpften Begriff mit Reflexionspotential auszustatten. Wir erlauben uns daher in diesem Text, einen Umweg über die Klärung konstruktivistischer, systemtheoretischer und epistemologischer Voraussetzungen einzuschlagen. Im Zentrum unserer Überlegungen steht der Begriff der Selbstorganisation, da dieser die bislang fruchtbarsten Irritationen unter Beratern ebenso wie in der Theorie der Beratung ausgelöst hat.[2]

Den Begriff der Selbstorganisation kann man nur vor dem Hintergrund der eben eingeführten Weltparadoxie verstehen. Er bündelt Faszination und Frustration, die die Systemtheorie im allgemeinen und der Konstruktivismus im besonderen seit den 1960er Jahren auszulösen vermögen.[3] Schon in einem der ersten Texte, der ihn verwendet, in Heinz von Foersters Vortrag »On self-organizing systems and their environments«, bezeichnet der Begriff ein Phänomen, das es gar nicht gibt: »There are no such things as self-organizing systems!«[4] Wovon, so darf man fragen, handelt dann der Aufsatz? Womit verdient er seinen Titel? Und warum wird diese Feststellung nicht nur mit einem Punkt, sondern mit einem Ausrufezeichen getroffen?

2 Siehe etwa Herbert Schober, Irritation und Bestätigung – Die Provokation der systemischen Beratung oder: Wer macht eigentlich die Veränderung. In: Michael Hofmann (Hg.), Theorie und Praxis der Unternehmensberatung: Bestandsaufnahme und Entwicklungsperspektiven. Heidelberg: Physica, 1991, S. 345-370; Alfred Kieser, Fremdorganisation, Selbstorganisation und evolutionäres Management. In: Zeitschrift für betriebswirtschaftliche Forschung 46 (1994), S. 199-228; Gerd Walger, Chancen und Folgen der Irritation in der systemischen Unternehmensberatung. In: ders. (Hg.), Formen der Unternehmensberatung: Systemische Unternehmensberatung, Organisationsentwicklung, Expertenberatung und gutachterliche Beratungstätigkeit in Theorie und Praxis. Köln: Schmidt, 1995, S. 301-322.

3 Wenn man einmal davon ausgeht, daß mit der Einführung des Begriffs der Selbstorganisation auch die Einführung des Beobachters eine so prominente Rolle gewann, daß die früheren, zuweilen eher technologischen Erwartungen an den Systembegriff, enttäuscht wurden. Im Wechsel von einer Theorie der beobachteten zu einer Theorie der beobachtenden Systeme, für den der Name von Heinz von Foerster steht, entdeckte man zunächst fasziniert die Eigendynamik der Dinge und dann zunehmend frustriert die Eigendynamik der Dinge. Die Herausforderungen an Erkenntnistheorie, Wissenschaft und Forschung, die in diesem Wechsel enthalten sind, sind nach wie vor allenfalls ansatzweise eingelöst. Siehe vor allem Heinz von Foerster, Der Anfang von Himmel und Erde hat keinen Namen: Eine Selbsterschaffung in 7 Tagen, Hg. von Albert Müller und Karl H. Müller. Neudruck Berlin: Kulturverlag Kadmos, 2002.

4 Siehe Heinz von Foerster, On Self-Organizing Systems and Their Environments. In: Marshall C. Yovits und Scott Cameron (Hg.), Self-Organizing Systems. London: Pergamon, 1960, S. 31-50; zitiert nach dem Wiederabdruck in: ders., Observing Systems. Seaside, CA: Intersystems, 1981, S. 1-23, hier: S. 2.

Heinz von Foerster hat an seiner Einschätzung des Begriffs keinen Zweifel gelassen. In der vermutlich damals schon etwas zur Euphorie neigenden Diskussion des Konzepts der Selbstorganisation merkte er trocken an: »I would say the whole idea of self-organizing systems is not at all mystical. A self-organizing system is just like a salt solution; if you dry out the water you find crystals are forming and this is, in a sense, a self-organizing system if you wish (…).«[5] Die Zuhörer waren verwirrt. Ist der Begründer des Konstruktivismus in Wahrheit ein Materialist oder gar ein Realist reinsten Wassers?[6] Aber warum dann der Vortrag über »selbstorganisierende Systeme«?

Der Vortrag läßt jedoch keinen Zweifel daran, worum es ihm geht. Der Begriff der Selbstorganisation sei sinnlos, so von Foerster, »unless the system is in close contact with an environment, *which possesses available energy and order*, and with which our system is in a state of perpetual interaction, such that it somehow manages to ›live‹ on the expenses of this environment.«[7] Der Begriff der Selbstorganisation macht nur Sinn, wenn er nicht dazu verwendet wird, nach mirakulösen Fähigkeiten von Systemen zu suchen, sich selbst ex nihilo zu schaffen und zu reproduzieren, sondern dazu, das Verhältnis eines Systems zu seiner Umwelt zu beschreiben. Das Mißverständnis des Konstruktivismus besteht darin, zu glauben, »Selbstorganisation« bedeute in aller tautologischen Kürze, daß ein System *sich selbst* organisiert und so den alten Traum des Subjekts (alias bürgerliches Individuum) realisiert, der Souverän seiner Autonomie sein zu können.

Tatsächlich bedeutet »Selbstorganisation«, wie W. Ross Ashby schon früh herausgestellt hat,[8] daß ein System sein Selbst als Form der Auseinandersetzung mit seiner Umwelt im Zuge der Auseinandersetzung mit dieser Umwelt organisiert. Das Selbst ist ein Konstrukt, in dem sich die Auffassung abbildet, die ein System von seiner Umwelt und von sich selbst gewonnen hat. Und nichts ist ungewisser als die Frage, wem dieses Konstrukt zugerechnet werden muß, dem

5 So in: Yovits und Cameron (Hg.), Self-Organizing Systems. A. a. O., S. 148.

6 Die Frage hätte in keiner Diskussion seither beantwortet werden können, sagt Dimiter L. Velkov, Self-Organization in the Context of Cybernetics: Philosophical Aspects. In: G. J. Dalenoort (Hg.), The Paradigm of Self-Organization: Current Trends in Self-Organization. New York: Gordon and Breach Science Publ., 1989, S. 42-59, hier: S. 45.

7 So von Foerster, On Self-Organizing Systems. A. a. O., S. 4.

8 Siehe W. Ross Ashby, Principles of the Self-Organizing Dynamic System. In: Journal of General Psychology 37 (1947), S. 125-128; ders., Principles of Self-Organization. In: Heinz von Foerster, G. W. Zopf, jr., (Hg.), Principles of Self-Organization. New York: Pergamon, 1961, S. 255-278.

System, das sich mit einer Umwelt auseinandersetzt, oder der Umwelt, mit der sich ein System auseinandersetzt. »Apprehending self, one is already a different Self. As in a fleeting dream at the eyelids of the morning, the more one tries, the more elusive one becomes: monologue will get us nowhere. It is only through dialogue that we shall be revealed to ourselves. I claim here, without proof, that we can see ourselves only through the eyes of the other.«[9] Autonomie gibt es nicht, beziehungsweise nur als Form des Managements einer Heteronomie. Und Souveränität gibt es erst recht nicht, es sei denn als eine zusätzliche Ressource dieser Form des Managements der Heteronomie, die den Autonomiegewinn auch nach innen zur Willensbildung und Willensdurchsetzung einsetzt.

Wenn es einen Konstruktivismus gibt, dann kann er nur von jenem Selbst sprechen, das sich der Differenz von System und Umwelt verdankt und sich von dieser Differenz kontrollieren läßt, um so ein gewisses Maß anKontrolle über sie gewinnen zu können.[10]

Für alles andere, für das System, seine Umwelt und die Differenz zwischen System und Umwelt, ist nicht der Konstruktivismus, sondern der Materialismus oder Realismus zuständig. Dieser Materialismus und Realismus allerdings berichten uns, seit es die ersten Gedanken an einen bio-logos gibt, daß die Materie und die Realität mit Instanzen eines Selbst durchsetzt seien, denen man spätestens dann, wenn man sich in ein Verhältnis zu ihnen setzen und damit »Kommunikation« zu ihnen aufnehmen wolle, ein gutes Maß an Unberechenbarkeit zurechnen müsse, für die es keinerlei materielle und reelle Grundlage gibt. Noch radikaler formuliert, lautet dieser Gedanke, daß die Aufnahme eines Verhältnisses, die Einladung zu einer Kommunikation, nur gelingt, wenn man dem Gegenüber und sich »selbst« ein Selbst unterstellt, das die kausale Determination der Welt unterbricht und logische Indetermination an ihre Stelle setzt.[11] Denn nur dann kann das Verhältnis mit Freiheitsgraden ausgestattet werden und nur dann kann von einem »Verhältnis« zulässig die Rede sein.

9 So Heinz von Foerster, ›Self‹: An Unorthodox Paradox, in: Stanford Literature Review 7: Paradoxes of Self-Reference in the Humanities, Law, and the Social Sciences, Hg. von Jean-Pierre Dupuy und Gunther Teubner. 1990, S. 9-14, hier: S. 14.

10 Der Grundbegriff der Kybernetik lautet: rekursive Kontrolle. Siehe etwa Ranulph Glanville, The Question of Cybernetics. In: Cybernetics and Systems 18 (1987), S. 99-112.

11 So Donald M. MacKay, Freedom of Action in a Mechanistic Universe. Cambridge: Cambridge UP, 1967.

Dann ist jedoch beides, der Konstruktivismus und der Materialismus, die Erfindung eines Selbst, das sich als Adresse für Selbstbeobachtungen ebenso wie Fremdbeobachtungen setzt, und in dieser Form eine Welt beschreibt, in der es das Produkt eines Systems in der Auseinandersetzung mit einer Umwelt ist. Der epistemologisch korrekte Ausdruck für einen »radikalen« Konstruktivismus würde dann lauten, daß das Selbst nur sich selbst nicht erfinden kann.[12]

Selbstorganisation durch Autopoiesis

Der Begriff der Selbstorganisation ist ein unverzichtbarer Vorläuferbegriff des Begriffs der Autopoiesis, den man jedoch erst versteht, wenn man ihm seinerseits den Begriff der Autopoiesis zugrunde legt. Die Theoriearchitektur ist sowohl in begrifflicher als auch in empirischer und epistemologischer Hinsicht zirkulär. Selbstorganisation heißt, innerhalb eines Systems ein Selbst auszudifferenzieren, das sich vom System unterscheidet und in dieser Form des Unterschieds vom System im System als Adresse für die Konstruktion einer Umwelt in Anspruch genommen werden kann.[13] Das kann man sich jedoch nur vorstellen, wenn es vorgängig zu diesem Selbst bereits ein System gibt, das in dieser Weise differenzierungsfähig ist. Der Begriff der »Autopoiesis« beantwortet die Fragen, was es mit diesem »System« auf sich hat und was der dementsprechende Systembegriff beschreibt, indem er behauptet, es gäbe ein »Netzwerk« von »Operationen«, innerhalb dessen diese Operationen untereinander verknüpft und »auf diese Art und Weise« produziert und reproduziert werden:[14] Da ›läuft etwas‹, was den Kontakt sucht, findet und aufrechterhält, indem es anderes draußen hält. Da ›isoliert sich etwas‹ gegenüber der

12 Radikal wäre danach nur jener Konstruktivismus, der die Entscheidung zwischen der Frage, ob System und Umwelt real und das Selbst imaginär oder aber System und Umwelt imaginär und das Selbst real sind, verweigert. Der unter diesem Namen in die Literatur eingeführte »Radikale Konstruktivismus« tendiert jedoch dazu, die Frage für entschieden zu halten und das Selbst als (cartesisch? kantianisch?) unbezweifelbare Wirklichkeit und alles andere als seine Erfindung zu beschreiben. Siehe etwa Ernst von Glasersfeld, Radikaler Konstruktivismus: Ideen, Ergebnisse, Probleme. Aus dem Englischen von Wolfram K. Köck, Frankfurt am Main: Suhrkamp, 1996; Siegfried J. Schmidt (Hg.), Der Diskurs des Radikalen Konstruktivismus. Frankfurt am Main: Suhrkamp, 1987.

13 So Ashby, Principles. A. a. O.

14 So Humberto R. Maturana und Francisco J. Varela, Autopoiesis and Cognition: The Realization of the Living. Dordrecht: Reidel, 1980.

Umwelt, bildet Membrane, verfügt über Filter, einen eigenen Rhythmus, Idiosynkrasien, Robustheit und Irritabilität und gewinnt offensichtlich genügend eigenen Schwung, um abhängig von seinem Milieu eine eigene Realität zu generieren.

Es liegt auf der Hand, daß man eine solche Argumentation nur nachvollziehen kann, wenn man schon weiß, worauf sie zielt. Es geht um die Erklärung des Phänomens des »Lebens« und daran anschließend der Phänomene des »Bewußtseins« und der »Kommunikation« – und zwar dieser »Phänomene« im strengen Sinne des Wortes als etwas, was jemandem so erscheint, daß dieser Jemand anhand dieser Phänomene, zu denen er befähigt ist, auch sich selbst zum Phänomen wird, das heißt, sich zu sehen bekommt als Phänomen für jemanden.[15] Der Begriff der Autopoiesis hat denselben Stellenwert wie der antike Begriff des Seins (*ousia*) oder der neuzeitliche Begriff der Kraft (*force*): Er hält fest, daß man nur erklären kann, was man erklären will, wenn man Tatsachen wie jene der Existenz, der Kontinuität, der Reproduktion, aber auch des Todes, der Diskontinuität und der Korruption und Perturbation einklammert, das heißt sie als gegeben hinnimmt und von ihnen ausgeht und nicht etwa versucht, sie ihrerseits zu erklären (wie auch?). Der Begriff der Autopoiesis ist ein Erklärungsprinzip für anderes, würde Gregory Bateson sagen, keine Erklärung.[16]

Die eigentliche Leistung des Begriffs der Autopoiesis liegt darin, diesen epistemologischen Status einzuräumen, und im Anschluß daran eine Differenzierung vorzunehmen, die in unserem Zusammenhang entscheidend ist. Humberto R. Maturana unterscheidet zwischen der »Zirkularität« der autopoietischen Reproduktion auf der einen Seite (dem unbeobachtbaren Erklärungsprinzip) und den »Strukturen«, in denen sich diese Reproduktion vollzieht, auf der anderen Seite (die beobachtbare Empirie).[17] »Selbstorganisation«, so schlägt Niklas Luhmann vor,[18] betrifft »nur« die Strukturen des Sy-

15 An diesen strengen Wortsinn von »Phänomenologie« bei Husserl erinnert Niklas Luhmann, Einführung in die Systemtheorie. Heidelberg: Carl-Auer-Systeme Verlag, 2002, S. 84 f.

16 Siehe Gregory Bateson, Steps to an Ecology of Mind: Collected Essays in Anthropology, Psychiatry, Evolution and Epistemology. San Francisco: Chandler, 1972, etwa S. 38 ff.

17 Siehe auch Humberto R. Maturana, Biologie der Realität. Aus dem Englischen von Wolfram K. Köck, Frankfurt am Main: Suhrkamp, 2000.

18 Siehe Niklas Luhmann, Soziale Systeme: Grundriß einer allgemeinen Theorie. Frankfurt am Main: Suhrkamp, 1984, S. 24 f.

stems und kann in genau dieser Form die autopoietische Einheit des Systems auf sich beruhen lassen, *weil* diese vorausgesetzt werden muß, *um* von Strukturen überhaupt reden zu können. Das jedoch bedeutet, wenn man die scheinbare Paradoxie des Vortrags von Heinz von Foerster in Rechnung stellt, daß sich a) *in diesen Strukturen die Auseinandersetzung des Systems mit seiner Umwelt abspielt* und daß sich b) *diese Strukturen nur beschreiben lassen, wenn man der Differenz, die sie überbrücken, Rechnung trägt.* Der Strukturbegriff formuliert die Einheit einer Differenz. Deswegen ist er paradox und deswegen ist die Epistemologie eines Konstruktivismus paradox, die sich auf ihn beruft.

Die Zirkularität der Autopoiesis oder das Selbst der Organisation sind jedoch keine Strukturen in diesem Sinne, sondern, wenn man eine Bezeichnung für sie braucht, »Spiele« in jenem poststrukturalistischen Sinne, den Jacques Derrida entwickelt hat.[19] Das Spiel ist hier ein Spiel ohne Zentrum, in dem keine Struktur, kein Ganzes, keine Identität, kein Sinn vorentschieden sind, außer daß sich immer wieder Strukturen einstellen, Eindrücke eines Ganzen entstehen, Identitäten auftauchen und wieder verschwinden, Sinn finden und machen läßt.[20] Von »Spiel« ist hier deswegen die Rede, weil es um die Bezeichnung von Verknüpfungen geht, deren Termini, Intensität und Frequenz offen sind.[21]

Der Berater und der Manager

Die Antwort auf unsere Frage, was ein Berater in einem selbstorganisierenden System tut, liegt damit schon fast auf der Hand. Der Berater unterhält ein spezifisches Verhältnis zu den Strukturen des Systems, das er berät. Er beobachtet, je nach Bedarf, die *Differenz*, die von den Strukturen überbrückt wird, oder die *Strukturen*, die die

19 Siehe Jacques Derrida, Die Struktur, das Zeichen und das Spiel im Diskurs der Wissenschaften vom Menschen. In: ders., Die Schrift und die Differenz. Aus dem Französischen von Rodolphe Gasché, Frankfurt am Main: Suhrkamp, 1972, S. 422-442, insbes. S. 436 ff.

20 Daher Karl E. Weick, Sensemaking in Organizations. Thousand Oaks: Sage, 1995.

21 In eine ähnliche Richtung der Bezeichnung eines durch Relationierung hergestellten Musters zielt auch Batesons Spielbegriff. Siehe Bateson, Steps to an Ecology of Mind. A. a. O., S. 177 ff. Siehe außerdem Hans-Georg Gadamer, Wahrheit und Methode: Grundzüge einer philosophischen Hermeneutik, 6. Auflage Tübingen: Mohr, 1990, S. 107 ff.

Differenz überbrücken. Und er macht sich in dem Maße nachhaltig unverzichtbar, in dem es ihm gelingt, die Differenz zwischen diesen beiden Möglichkeiten zu verwischen und das System, das er berät, durch die Paradoxie zu bannen, der es ins Angesicht schauen müßte, würde es nicht statt dessen es vorziehen, dem Berater seinen Auftrag zu erteilen. Der Auftrag an den Berater bedeutet für das System den Entschluß zu einem Spiel, zu dem es sich – auf anderen Ebenen – durch den Abschluß von Arbeitsverträgen, durch die Aufnahme einer Beziehung zu einem Kapitalgeber oder durch die Option für eine Produktionstechnologie zwar auch entschließt, hier jedoch, ohne es so recht zu wissen beziehungsweise wissen zu wollen. Arbeitsverträge, Kapitalverträge und Technologieoptionen gelten dem System schneller, als ihm lieb sein muß, als Strukturen, in denen es sich reproduziert. Der Berater jedoch läßt sich auf eine Struktur nicht festlegen und eröffnet genau dadurch das Spiel.[22]

Diese Antwort würde jedoch nur dann genügen, wenn der Berater der einzige Beobachter des Systems wäre, der in der Lage ist, mit der System/Umwelt-Differenz zu arbeiten. Dann wäre er der einzige, der je nach Bedarf (des Systems oder der Beratung ...) auf einen Unterschied aufmerksam machen oder ihn leugnen könnte, während alle anderen innerhalb des Systems nicht das System und seine Differenz zur Umwelt beobachten, sondern eine Realität, die so ist, wie sie ist, als solche hinnehmen. Dann wäre er auch der einzige, der von jenem Selbst wüßte, das das System zu seiner Auseinandersetzung mit der Umwelt befähigt, während alle anderen innerhalb des Systems von der Ausdifferenzierung dieser besonderen Rolle[23] und von der prekären Identität, die es erhält, weil es als das Selbst des Systems mit diesem nicht identisch ist, nichts wüßten, sondern ohne weiteres glauben, mit sich identisch zu sein. Mit anderen Worten, in dieser Situation wüßte nur der Berater von dem haarfeinen Abgrund, der das System von sich selbst trennt.[24]

22 Man liegt nicht falsch, wenn man aus dieser Bemerkung schließt, daß ein spielerischeres Verhältnis des Systems zu seinen eigenen Strukturen den Auftrag an den Berater vielfach erübrigen würde; oder umgekehrt, daß der Auftrag an den Berater im wesentlichen darin bestehen kann, dieses spielerische Verhältnis herzustellen. – Daß »Spiel« nichts mit mangelndem Ernst zu tun hat, sondern im Gegenteil den Raum für den Ernst erst schafft, braucht man in diesem Zusammenhang wohl kaum anzumerken.

23 Siehe zur Ausdifferenzierung von (Selbst-)Beobachterrollen Glanville, The Question of Cybernetics. A. a. O.

24 Denn $S \neq S$, wenn $S = S(S, U)$. Siehe Dirk Baecker, Wozu Systeme? Berlin: Kultur-

Doch der Berater ist nicht der einzige Beobachter des Systems. Ganz im Gegenteil. Er ist einer unter vielen anderen, die jeweils ihre eigene Beobachtungsperspektive haben, in der der Berater seinerseits eine mehr oder minder prominente Rolle spielt, das heißt auffällt als jemand, der sich anheischig macht, das System zu »beraten«. Vor allem konkurriert der Berater, wenn wir uns einen Moment auf den Fall der »Unternehmensberatung« konzentrieren, mit dem Manager, den wir andernorts als Virtuosen der Wiedereinführung der Differenz zwischen System und Umwelt in das System beschrieben haben.[25] Aber auch Mitarbeiter, Kunden, Zulieferer, Banker, Analysten sowie, um weniger personengebunden zu argumentieren, Technologien, Netzwerke, Akten, Gedächtnisse und Geschichten agieren innerhalb des Systems der Organisation und entwerfen jeweils eigene Versionen von dessen Verhältnis zu seiner Umwelt, wenn nicht sogar eigene Versionen davon, worin diese Umwelt besteht und was in ihr relevant ist und was nicht. Jeder dieser Beobachter, zu denen man neben kommunikativ besetzten Rollen und deren Statusansprüchen, Hierarchieaffiliationen und geschlechtlichen Codierungen auch die bewußten und unbewußten Wahrnehmungsrollen der beteiligten Individuen und deren kognitive und emotionale, restriktive oder emanzipative Gestaltung zählen muß, definiert, horribile dictu, ein eigenes Selbst des Systems, innerhalb dessen er ausdifferenziert wird.[26]

Manager wie Berater müssen für das ebenso hörbare wie lautlose Stimmengewirr dieser Beobachter, die nicht nur zu Gehör kommen wollen, sondern auch adressiert und anerkannt werden wollen, ein Ohr haben, wenn sie eine Chance haben wollen, mit ihren eigenen Interventionen wahrgenommen zu werden. Sie müssen dieses Ohr auch und gerade dann haben, wenn sie dezidiert nicht hinhören wollen; denn gerade dann darf ihnen nicht entgehen, was um sie herum vorgeht – ganz zu schweigen davon, daß sie nicht, wirkungsvollste aller Interventionen, *über*hören könnten, wenn sie nicht vorher *hin*gehört hätten.

verlag Kadmos, 2002, S. 83 ff. Tatsächlich ist dies die älteste Weisheit der Berater, wenn man François Jullien, Über die Wirksamkeit. Aus dem Französischen von Gabriele Ricke und Ronald Voullié, Berlin: Merve, 1999, glauben darf.

25 Siehe den Beitrag »Management im System« in diesem Band.

26 Um nur eine Fallstudie zu nennen, die jedoch beispielhaft für die Beharrungskraft und Konkurrenz verschiedener Selbste ist, vgl. Burkard Sievers, Konkurrenz als Fortsetzung des Krieges mit anderen Mitteln: Eine sozio-analytische Dekonstruktion. In: Georg Schreyögg, Jörg Sydow (Hg.), Emotionen und Management: Managementforschung 11. Wiesbaden: Gabler, 2001, S. 171-212.

Man sieht, welch heroische Abstraktion in der Konzentration auf die beiden Beobachterrollen des Managers und des Beraters steckt. Wenn uns diese Konzentration jedoch konzediert wird und wenn wir sie vielleicht dadurch rechtfertigen können, daß wir auf die Markierung dieser beiden Rollen im Kontext von Unterscheidungen, die auf ihrer Außenseite alle jene, auf die wir uns nicht konzentrieren, enthalten,[27] verweisen, können wir uns einer genaueren Antwort auf unsere Titelfrage nähern, indem wir Manager und Berater im Hinblick auf ihr *Verhältnis zu den Strukturen des Systems* (und damit zum Spiel des Systems im System) miteinander vergleichen. Dazu nutzen wir die bereits getroffene Unterscheidung von autopoietischer Zirkularität auf der einen Seite und Strukturen auf der anderen Seite, indem wir sagen, daß offensichtlich beide, der Manager und der Berater, ihre autopoietische Funktion erfüllen, denn sonst gäbe es sie nicht. Wir wollen nicht wissen, wie sie sich reproduzieren, sondern wir wollen wissen, in welchem Sinne ihr Verhältnis zu den Strukturen des Systems seinerseits eine Struktur des Systems ist. Beide gehören zu den empirisch beobachtbaren Strukturmerkmalen insbesondere der organisierten Systeme, mit denen wir uns hier beschäftigen. Beider Unterschied scheint innerhalb der Systeme grundsätzlich keine Fragen aufzuwerfen, man erkennt einen Manager ebenso wie einen Berater, wenn man einen sieht, und nur für uns als externe Beobachter stellt sich die Frage, warum und wozu das System zwischen ihnen unterscheidet.

Es sei hier nur angemerkt, daß die »Managerrolle« über die entsprechend besetzte Rolle in privatwirtschaftlichen Organisationen weit hinausführt. »Management« findet sich nicht nur metaphorisch, sondern empirisch nicht nur in anderen Organisationen, sondern auch in anderen als organisierten Systemen. Das kann man sehen, sobald man sich von der ökonomisch und betriebswirtschaftlich besetzten Sprache des Managements loslöst und Management statt dessen mit jeder Form von Zielsetzung und Zielkontrolle gleichsetzt, das heißt mit der Fähigkeit, Abweichungen zu beobachten und auf Abweichungen alternativ durch Verstärkung (»Lernen«, »Innovation«) oder durch Korrektur (»Normierung«, »Sanktion«) zu reagieren.[28] Der Begriff des »general management«, der nicht zuletzt des-

27 Im Sinne der von George Spencer-Brown, Laws of Form. New York: Julian, 1982, entwickelten Idee einer Zweiseitenform der Unterscheidung.

28 Siehe zu diesem Managementbegriff Geoffrey Vickers, Towards a Sociology of Management. New York: Chapman & Hall, 1967; und grundlegend Arturo Rosen-

wegen in Unternehmen entwickelt worden ist, führt über die betriebswirtschaftliche Idee der wirtschaftlichen Effizienz und technischen Effektivität hinaus und baut diese Idee ein in Fragen der Steuerung, der Grenzsetzung und der wachsamen Selbstbeobachtung,[29] die sich in dieser Form auch für Behörden, Kirchen, Universitäten, Familien, Fußballspiele und individuelle Biographien stellen. Die eigentümliche Leitfunktion, die der betriebswirtschaftliche Diskurs in der aktuellen Gegenwart übernommen hat, hat darin ihre Begründung. Dieser Diskurs wird jedoch in seiner möglichen Reichweite nur ausgeschöpft werden können, wenn er aus der betrieblichen und wirtschaftlichen Engführung befreit wird.

Niklas Luhmann hat die Frage, was *ein Manager* in einem selbstorganisierenden System tut, bereits beantwortet: Er mindert von ihm selbst gesetzte Differenzen – zum Beispiel zwischen zu niedrigem Gewinn und ausreichendem Gewinn, zwischen zu langsamer und hinreichend schneller Auftragsabwicklung, zwischen zu hohen Sicherheitsanforderungen und gerade noch gesetzlich zulässigen Sicherheitsanforderungen, zwischen seinen Karriereansprüchen und seiner Karrierewirklichkeit – und er tut dies, indem er sich tunlichst nicht auf eine illusionäre Statik der Verhältnisse verläßt, sondern sich auf deren Dynamik einläßt, das heißt grundsätzlich annimmt, daß Entscheidungen auch dann getroffen werden müssen, wenn absehbar ist, daß sie auch wieder korrigiert werden müssen.[30]

Im Prinzip bedeutet dies, daß der Manager sich selbst als eine Struktur einsetzt, die es dem System ermöglicht, durch die Überbrückung der Differenz zweier verschiedener Zustände oder Zu-

blueth, Norbert Wiener und Julian Bigelow, Behavior, Purpose and Teleology. In: Philosophy of Science 10 (1943), S. 18-24; sowie Magoroh Maruyama, The Second Cybernetics: Deviation-Amplifying Mutual Causal Processes. In: American Scientist 51 (1963), S. 164-179 & 250A-256A.

29 Siehe beispielhaft Harrison C. White, Identity and Control: A Structural Theory of Action, Princeton, NJ: Princeton UP, 1992, S. 273 ff.; Rudolf Wimmer, Wozu brauchen wir ein General Management? In: Hernsteiner 3 (1993), S. 4-12; Karl E. Weick und Kathleen M. Sutcliffe, Managing the Unexpected: Assuring High-Performance in an Age of Complexity. San Francisco: Jossey-Bass, 2001.

30 Niklas Luhmann, Was tut ein Manager in einem sich selbst organisierenden System? Ein Gespräch mit Niklas Luhmann. In: gdi impuls 8, 1 (1990), S. 11-16; vgl. grundlegend zum sogenannten »operational research«: W. Ross Ashby, Requisite Variety and Its Implications for the Control of Complex Systems. In: Cybernetica 1 (1958), S. 83-99; und mit einer ausgearbeiteten Theorieposition Niklas Luhmann, Die Kontrolle von Intransparenz. In: Heinrich W. Ahlemeier und Roswita Königswieser (Hg.), Komplexität managen: Strategien, Konzepte und Fallbeispiele, Wiesbaden: Gabler, 1997, S. 51-76.

standsbeschreibungen genügend Spannung aufzubauen, um auch die Differenz zwischen dem System und seiner Umwelt zu überbrükken. Die Minderung der Differenz zum beabsichtigten Gewinn schickt auf Kundensuche, die Minderung der Differenz zur Schnelligkeit der Auftragsabwicklung steigert die Kundenzufriedenheit, die Minderung der Differenz zu zulässigen Sicherheitsanforderungen senkt die Kostenbelastung, die Minderung der Differenz zu seinen Karriereansprüchen sichert die beabsichtigte Rolle des Managers und damit auch seine Wachsamkeit auf den internen und externen Arbeitsmärkten. Das System versorgt sich auf diese Art und Weise mit Strukturen, die es ihm erlauben, mit den eigenen Operationen fortzufahren.

Denn eine »Struktur«, darin folgen wir ein weiteres Mal Niklas Luhmann, ist nichts anderes als eine Erwartung, die für die Systemoperationen Orientierungswert hat und an deren Erfüllung oder Enttäuschung das System seine Wirklichkeitskonstruktion überprüft.[31] Ihre empirisch beobachtbare Materialität und Realität gewinnt eine Struktur daraus, daß sich Beobachter an ihr orientieren. Das schraubt die Ansprüche an Methoden empirischer Sozialforschung, Strukturen dieses Typs sichtbar zu machen, in recht ungewohnte Höhen, denen jedoch qualitative und semantische Methoden vor allem ethnomethodologischer Provenienz durchaus gewachsen zu sein scheinen.[32] Mit anderen Worten, die Wirklichkeit einer Struktur besteht darin, daß Operationen auf sie Bezug nehmen und sich dank dieses Bezugs reproduzieren. Man sieht, daß sich das eben noch gelöste Problem, an den Strukturen das empirisch Beobachtbare des Unbeobachtbaren der Autopoiesis zu haben, in den Strukturen selbst wiederholt, da diese nur insofern beobachtbar sind, als sich die Operationen, die ihrerseits nicht beobachtbar sind – wer hätte je eine Kommunikation, eine Entscheidung, eine Handlung *gesehen*? –, an ihnen orientieren.

Und *der Berater*?

Der Berater nimmt zum Manager die komplementäre Gegenposition ein. Seine Struktur besteht darin, daß er die Differenzen, die der Manager setzt, um sie zu mindern, mit anderen Differenzen vergleicht, die sich dadurch vergrößern, oder mit Differenzen, die mit einem geringeren Aufwand eine verläßlichere Steuerungswirkung

31 So in Luhmann, Soziale Systeme. A. a. O., S. 382 ff.

32 Siehe Harold Garfinkel, Studies in Ethnomethodology. Reprint Oxford: Blackwell, 1984.

hätten. Der Manager *setzt*, der Berater *vergleicht* Strukturen, inklusive der Strukturen mit den Namen »Manager« und »Berater«.

Das macht den Berater zum Beobachter des Managers. Denn auch der Vergleich *setzt* eine Differenz und stellt damit zumindest in einem organisierten System (aber nicht nur dort) die Frage, wie diese Differenz *zu bewerten* ist und ob es eher darum geht, sie zu vergrößern oder zu vermindern. Der Berater gerät damit in eine ungemütliche Rolle, weil er mit seinen Differenzsetzungen den Anspruch des Managers, in der Rolle des Letztbeobachters des Systems zu sein, konterkariert. Die Rolle des Beraters kann daher konstitutiv nur eingenommen werden, wenn der Berater dem Manager eine wie immer fiktive oder simulierte, jedenfalls konkrete Handhabe gibt, die ihn (das heißt: die Typik seiner Beobachtung) seinerseits für den Manager beobachtbar macht. Am einfachsten – und gefährlichsten – ist diese Handhabe in der Gestalt eines Autoritätsverzichts des Beraters gegenüber dem Manager, da dieser Verzicht die bereits in seinem Namen liegende Autoritätsanmaßung des Beraters gegenüber dem Manager aus der Welt schaffen kann.[33] Aber auf welche Autorität kann der Berater die Beobachtungen, die er anstellen und kommunizieren wird, dann noch gründen?

Man sieht, daß der Berater nicht umhinkommen wird, das Management in seinen Auftraggeber auf der einen Seite und seinen Beobachtungsgegenstand auf der anderen Seite zu spalten und damit zunächst einmal, bevor irgend etwas anderes im System passiert, eine neue Differenz einzuführen, die zu anderen Differenzen innerhalb des Managements hinderlich oder förderlich hinzukommen mag. Geschickte Beratung wird anschließend darin bestehen, diese Differenz zum einen auszunutzen, zum anderen jedoch auch wieder dadurch zu nivellieren, daß der Berater auch den Auftraggeber beobachtet (das gehört zum Auftrag dazu, immerhin ist der Auftraggeber eine Struktur des System) und sich auch vom Beobachtungsgegenstand seine Aufträge holt (anders gelänge es ihm nicht, sich zureichend über die Strukturen des Systems zu informieren). Je »systemischer« der Berater ist, desto mehr wird er den konkreten, an bestimmten Strukturänderungen zu messenden Auftrag verweigern und sich statt dessen darauf berufen, es dem System zu ermöglichen, seine Ziele selbst zu finden und zu verfolgen, aber das ändert in den

33 Siehe dazu Fritz B. Simon, The De-construction and Re-construction of Authority and the Role of Management and Consulting. In: Soziale Systeme: Zeitschrift für soziologische Theorie 8, 2 (2002), im Druck.

Augen aller Beteiligten, vor allem des »Systemikers«, nichts daran, daß eben darin sein Auftrag besteht. Er muß zwischen den Rollen des Beobachters und des Beobachteten oszillieren und das bedeutet, daß er gegenüber allen Positionen, die er beobachten will, mit Figuren des Autoritätsverzichts für sich werben muß, eine denkbar paradoxe und in der Tat nur in der dafür erfundenen Rolle der »Beratung«, das heißt »eher subaltern«[34] professionalisierbare Struktur.

Die in der Literatur einschlägige Unterscheidung zwischen Fachberatung und Prozeßberatung ist ein probates Mittel, um die Paradoxie durch eine Unterscheidung aufzulösen (zu entfalten), gleichzeitig jedoch nicht so restlos aufzulösen, daß die Professionalisierungschancen durch den Umgang mit der Paradoxie verlorengehen. Jeder Fachberater wird auch eine gewisse Kompetenz für Prozeßberatung und jeder Prozeßberater eine gewisse Kompetenz für Fachberatung für sich in Anspruch nehmen.[35] Grundsätzlich jedoch erkauft sich der Fachberater seine Inklusion in die Strukturen des Systems, indem er keine Autorität für Prozeßfragen in Anspruch nimmt, und der Prozeßberater dementsprechend, indem er keine Autorität für Fachfragen in Anspruch nimmt. Das genügt, um dem Manager jene Überlegenheitsgefühle zu lassen, die es ihm erlauben, seinen Strukturwert innerhalb des Systems nicht zu verlieren. Nur die interne Beratung ist in der noch unglücklicheren Lage, jegliche Managementautorität von sich weisen zu müssen und entweder bestimmte Dienstleistungsrollen zu akzeptieren oder ausschließlich für die ungebundene und systematisch ziellose Reflexion Kompetenz zu beanspruchen.[36]

Aber was bekommt der Berater, der sich in dieser Form auf das System einläßt, dann noch zu sehen? Welche Karte kann er ausspielen,

34 So Niklas Luhmann, Organisation und Entscheidung. Opladen: Westdeutscher Verlag, 2000, S. 435. Aber was heißt »subaltern«: »unterwürfig«, »unselbständig«? Verbirgt sich dahinter ein eigener Typ einer paradoxen Intervention? »Knauserig sein, wenn man anderen etwas zu geben hat, das heißt subaltern«, sagt Konfuzius in: Die Weisheit des Konfuzius. Frankfurt am Main: Insel, 1964, S. 61. Der Berater zwingt damit das System, sich selbst zu geben, was er ihm verweigert, aber immerhin sichtbar macht.

35 Siehe mit zusätzlichen Konbinationsmöglichkeiten innerhalb der Unterscheidung Alexander Exner, Roswita Königswieser und Stefan Titscher, Unternehmensberatung – systemisch: Theoretische Annahmen und Interventionen im Vergleich zu anderen Ansätzen. In: Die Betriebswirtschaft 47 (1987), S. 265-284; ferner Roswita Königswieser und Alexander Exner, Systemische Intervention: Architektur und Design für Berater und Veränderungsmanager. Stuttgart: Klett-Cotta, 1998.

36 Siehe dazu Louis Klein, Corporate Consulting: Eine systemische Evaluation interner Beratung. Diss. Universität Bielefeld, Fakultät für Soziologie, 2002.

sobald er sich in dieser Form ins Spiel gebracht hat und nun zwischen Beobachtung und Beobachtetwerden oszilliert?

Ich vermute, daß die Struktur, in der er sich ins Spiel bringt, auch bereits die Struktur ist, die er dann ausspielt. Er spielt, indem er mit sich spielen läßt. Er beobachtet, indem er sich beobachten läßt. Aber er tut dies nicht wie der Manager, der Effekte der Beobachtung zweiter Ordnung ausspielt, um im System für jeden Teilnehmer am System Orientierungswerte weniger an ihm als vielmehr an denen, die sich an ihm orientieren, zu setzen, sondern er tut dies, indem er Blikke auf sich zieht, die an ihm vorbei die Umwelt des Systems sichtbar machen. Nur so können die Strukturen des Systems in jenem totalisierenden Sinne zur Disposition gestellt werden, daß *jede* von ihnen zur Diskussion steht und das System nicht anders kann, als sich nur noch auf das Spiel zu verlassen, das es spielt. Dazu jedoch muß ihm das Spiel *gezeigt* werden.[37]

Der Manager ist jene mehr oder minder heroische Figur, die von allen anderen Beobachtern innerhalb des Systems auf die Differenzen hin beobachtet wird, die im System eine besondere Prominenz gewinnen und wieder verlieren, während der Berater Möglichkeiten bereitstellt, an ihm die Umwelt des Systems zu beobachten. Zwar behauptet auch der Manager, es ginge ihm nur um die Bewegungen der Märkte, die Wünsche der Kunden, die innovativen Technologien, die außerhalb des Systems angesiedelt sind. Aber jeder Teilnehmer im System weiß, daß jede einzelne dieser Fremdreferenzen mit Blick auf Variationen innerhalb des Systems ins Gespräch gebracht wird. Wenn der Markt sich bewegt, stehen die *eigenen* Entscheidungen zur Disposition. Wenn der Kunde sich etwas Neues wünscht, müssen die *eigenen* Produkte überdacht werden. Wenn innovative Technologien auftauchen, sind es die *eigenen*, die überholt werden müssen.

Der Anspruch des Beraters ist derselbe. Er erhält seinen Auftrag, *um* den Blick des Systems auf sich zu lenken. Beratung ist Beratung des Systems, was sonst? Aber, und darin besteht der Witz der Sache, diese Beratung kann nur vorgenommen werden, wenn weniger das System als vielmehr das Selbst des Systems angesprochen wird. Was aber ist das Selbst des Systems? Sein Verhältnis zur Umwelt. Es geht nicht um dieses oder jenes *Ereignis* in der Umwelt, auf das mehr oder

37 Daß die Epistemologie des Zeigens eine ganz andere wäre als die des Sagens, deutet sich bereits an bei Ludwig Wittgenstein, Tractatus logico-philosophicus. Frankfurt am Main: Suhrkamp, 1963.

minder schnell eine Antwort gefunden werden muß. Sondern es geht um das *Verhältnis* zur Umwelt, das heißt um die mehr oder minder reich ausgestattete beziehungsweise mehr oder minder deutlich ausdifferenzierte Ressource eines Selbst, die in Anspruch genommen wird, wenn eine Antwort gefunden werden muß. Deswegen ist jede Beratung immer auch eine »Therapie«: Sie adressiert ein Selbst, das zur Unterscheidung von System und Umwelt jeweils neu befähigt werden muß.

Damit wäre der Manager überfordert. Dafür hat er schlicht keine Zeit. Dazu ist er auch strukturell nicht in der Lage, weil dieses Selbst im blinden Fleck der Differenzen angesiedelt ist, mit denen er das System beschreibt. Er müßte hinter sich greifen beziehungsweise wie der Held in Goldratts Roman »The Goal« auf den Hügel oberhalb der Fabrik steigen, um zu sehen, was er nicht sehen kann, wenn und solange er in sein operatives Geschäft verstrickt ist.[38] Vor allem jedoch müßte er anfangen, das System zu »verstehen«, denn das ist die Operation, mit der ein Selbst angesprochen wird. Ein Manager jedoch darf nicht verstehen, sondern muß verstanden werden. Der Sinn seiner Anweisungen muß sich im Zuge ihrer Ausführung erschließen und darf nie vorher schon evident sein, sonst gäbe es keinen Unterschied zwischen der Beobachtung des Systems durch den Manager und der Beobachtung des Systems durch die anderen Beteiligten.

Der Manager muß kommunizieren, *um verstanden zu werden*. Wie er dies tut, ist demgegenüber sekundär. Alle »Kanäle« der verbalen und nicht-verbalen, der mündlichen und schriftlichen, der direkten und der medialen, der quantifizierten und der qualifizierten Kommunikation stehen ihm zur Verfügung – bis er seine Auswahl unter diesen Kanälen getroffen hat und damit bereits die für das System entscheidende Information, wie er das System beobachtet und woraufhin er vom System beobachtet werden muß, gegeben hat. Anschließend hat er nur noch die Wahl, die Effekte seiner Festlegungen durch den Wechsel der Festlegungen abzuschwächen und zu forcieren zugleich, das heißt auf erwartbare Art und Weise zu überraschen.[39]

Der Berater hingegen muß kommunizieren, *daß er versteht*. Aller-

38 Und dort fällt ihm auf: die Lagerhalle ist zu groß, sprich: das Lager bindet zu hohe Kosten. Siehe Eliyahu M. Goldratt und Jeff Cox, The Goal: A Process of Ongoing Improvement. 2., rev. Auflage, Great Barrington: North River Pr., 1992.

39 Der Klassiker: Henry Mintzberg, The Nature of Managerial Work. New York: Harper & Row, 1973.

dings kommuniziert er sein Verstehen nicht, um das System als das zu bestätigen, was es ist oder als was es sich identifiziert, sondern er kommuniziert sein Verstehen in der klassischen Rolle des »Fremden« als ein Verstehen, das sein Profil aus dem Nichtverstehen gewinnt.[40] Der Berater kommuniziert ein Verstehen, das aus einer Frage resultiert, die niemals, will man das System nicht der Möglichkeit der Eigendetermination berauben, restlos beantwortet werden darf. Die Mitteilung eines Verstehens darf nie soweit führen, daß der Verstehende die Verantwortung für das Verstandene gleich mitübernimmt.[41] Das wiederum bedeutet umgekehrt, und darauf zielt das »Geschäft« des Verstehens, daß das beratene System sich aus der Perspektive des Verstehenden als Fragenden zu beobachten beginnt – und sich deswegen irgendwann als das versteht, was nur partiell zu verstehen und in allen anderen Fragen nur zu verantworten ist. Daraus resultiert das Pathos, mit dem ausgerechnet die Identitätsanmutungen des Verstehens aufwarten. Das Verstehen zielt auf die Identität eines Selbst, das sich im Moment des Verstehens als Zuschreibung, als Erfindung, als Konstruktion entdeckt.

Das System

Indem es den Manager versteht, befähigt sich das System zur Produktion, indem es den Berater versteht, zur Reflexion. Beide Begriffe sind spannungsvoller, als es vielfach den Anschein hat. »Produktion« übergreift verfügbare und unverfügbare Ressourcen; sie findet unter Verhältnissen statt, die weder innerhalb des Systems noch innerhalb der Umwelt vollständig kontrollierbar sind;[42] jedes Verstehen des Managers muß daher genauso wie das Verstehens des Beraters zur Eigenverantwortung auffordern, jedoch zu einer Eigenverantwortung, die in einem hellwachen Tun des Erforderlichen und Unterlassen des Unnötigen besteht. »Reflexion« hingegen heißt, sich zu diesem hellwachen Zustand allererst zu befähigen. Sie hat nichts mit

40 Siehe paradigmatisch: Georg Simmel, Soziologie: Untersuchungen über die Formen der Vergesellschaftung. Hg. von Otthein Rammstedt, Frankfurt am Main: Suhrkamp, 1992, S. 764 ff.; Alfred Schütz, The Stranger: An Essay in Social Psychology. In: American Journal of Sociology 49 (1943/44), S. 499-507.

41 Dies bringt der »hermeneutische Vorrang der Frage« auf den Punkt, siehe Hans-Georg Gadamer, Wahrheit und Methode: Grundzüge einer philosophischen Hermeneutik. 6. Auflage, Tübingen: Mohr, 1990, S. 368 ff.

42 Siehe Luhmann, Einführung in die Systemtheorie. A. a. O., S. 111 f.

einer Tiefgründigkeit zu tun, die nach den bislang verborgenen Ursachen des eigenen Tuns und Unterlassens forscht, um sich diese Ursachen bewußt zu machen und dann um so bewußter Tun und Unterlassen zu können; sondern sie fördert die schlichte Tatsache der Differenz zwischen verfügbaren und unverfügbaren Ressourcen zutage und rekrutiert aus dem Bewußtsein dieser Tatsache eine andere Aufmerksamkeit für das System und seine Umwelt.[43]

Wenn wir daher ehrlich sind, können wir gar nicht wissen, was ein Berater in einem selbstorganisierenden System tut. Schlimmer noch, wir können zwar beobachten, was er dort auf eine wenig nachhaltige Art und Weise tut (und unterläßt), wir können jedoch nicht beobachten, was er dort auf eine nachhaltige Art und Weise tut (und unterläßt). Denn wenn er etwas tut, was sich als nachhaltig verstehen und beschreiben läßt, dann besteht dies in der Befähigung des Systems zur Beobachtung und damit in der Formierung eines Selbst, das beobachtet und das dies dadurch tut, daß es eigenverantwortlich und eigendynamisch jene Unterscheidungen setzt, mit deren Hilfe es beobachtet.

Wenn Beratung gelingt, gelingt sie dadurch, daß das System durch die Ausbildung eines Selbst (entweder eines neuen Selbst oder des alten Selbst mit der Fähigkeit zu neuen Unterscheidungen) für den Berater, aber auch für andere Beobachter inklusive seiner selbst *unbeobachtbar* wird. Dann ist die Erfindung eines Selbst gelungen, so viel kann man noch sehen, aber alles Weitere wird so überraschend und unberechenbar sein, wie ein System nun einmal ist, das sich durch die Einführung einer Zustandsfunktion namens »Selbst« enttrivialisiert, also unberechenbar macht.[44] Das System gewinnt die Fähigkeit, sich aus seinen eigenen historischen Zuständen heraus zu determinieren, aber genau damit ist es analytisch nicht mehr zu determinieren. Aus dieser Tatsache heraus versteht man das betriebswirtschaftliche Risiko, auf das sich eine Organisation einläßt, das sich auf eine nachhaltige Beratung einläßt: Die Beratung konterkariert genau jene Steuerungs- und Planungserwartungen, wegen derer sie, betriebswirtschaftlich motiviert, ihren Auftrag erhält.

Die vielbeschworene Paradoxie der »systemischen« Beratung, dort

43 Es geht um »Achtsamkeit« (Menzu) im präzisen buddhistischen Sinne. Siehe etwa Francisco J. Varela, Ethisches Können. Aus dem Englischen von Robin Cackett, Frankfurt am Main: Campus, 1994.

44 Siehe Heinz von Foerster, Prinzipien der Selbstorganisation im sozialen und betriebswirtschaftlichen Bereich. In: ders., Wissen und Gewissen: Versuch einer Brükke. Frankfurt am Main: Suhrkamp, 1993, S. 233-268.

mit »Interventionen« aufzuwarten, wo sie dank ihres eigenen Begriffs selbstreferentiell determinierter Systeme jede Möglichkeit der Intervention abstreitet,[45] ist deswegen nicht etwa ein Begriff der Unmöglichkeit von Beratung, sondern ein Begriff ihrer Unkalkulierbarkeit, gerade wenn sie gelingt.

Das ist der Grund dafür, daß wir mit diesem Text empfehlen, die Theorie und Praxis der Beratung auf den Begriff der Selbstorganisation und erst in zweiter Linie auf den Begriff der Autopoiesis zu gründen. Denn nur so können sich Berater, Manager und das System »insgesamt« auf die real beobachtbaren Strukturen des Systems und deren Variation (Verstärkung, Abschwächung, Auswechslung ...) konzentrieren, ohne diese Strukturen je mit der Identität des Systems zu verwechseln. Nur so kann bei allen Diagnosen des Systems und Interventionen in das System immer damit gerechnet werden, daß einerseits vieles optional ist, was den Anschein einer festen Struktur erweckt (Produkte, Programme, Personal ...), daß andererseits jedoch grundsätzlich ein weiterer Beobachter im Spiel ist, das Selbst des Systems, der nicht zu erwischen, nicht zu beobachten, geschweige denn zu vereinnahmen ist. Dieser Beobachter entzieht sich jedem Zugriff wie jene Karte in Niklas Luhmanns Zettelkasten, auf der notiert ist, daß alle Notizen im Zettelkasten falsch sind.[46] Kaum ist man ihm auf die Spur gekommen, springt er in eine andere Funktion, und dies nicht aus Lust und Dollerei oder gar Boshaftigkeit, sondern einfach deswegen, weil die unverfügbare Differenz zwischen System und Umwelt anders im System nicht verfügbar gemacht werden kann.

Vor diesem Hintergrund kann der Beratung sogar jene Technologie verschrieben werden, die sich im Blick auf die Autopoiesis des Systems verbietet. Diese Technologie enthält alle Rezepte, die sich im Umgang mit Erwartungen, ihrer Bestätigung und ihrer Enttäuschung, bisher bewährt haben.[47] Die Bejahung, die in dem Moment, in dem sie explizit wird, auch eine Verneinung vorstellbar werden läßt; die Verneinung, die den Widerstand hervorruft, der die Struktur verläßlicher als jede Bejahung zu verstärken erlaubt; die Subver-

45 Siehe mit dieser Problemstellung Helmut Willke, Strategien der Intervention in autonome Systeme, in: Dirk Baecker u.a. (Hg.), Theorie als Passion: Niklas Luhmann zum 60. Geburtstag. Frankfurt am Main: Suhrkamp, 1987, S. 333-361; ders., Systemtheorie II: Interventionstheorie – Grundzüge einer Theorie der Intervention in komplexe Systeme. Stuttgart: G. Fischer, 1994.

46 So Luhmann, Einführung in die Systemtheorie. A. a. O., S. 193 f.

47 Siehe die Literatur oben in Fußnote 1.

sion, die die Energie aus den Immunreaktionen eines Systems auf eine Handlungsform lenkt, die dem System andernfalls zuwider wäre;[48] die Mobilisierung eines Gedächtnisses, das neben dem Erinnern auch das Vergessen beherrscht – es gibt viele Möglichkeiten, mit Strukturen quasi-technisch, das heißt in einer Mixtur von kausalem Stimulus und kontingenter Reaktion umzugehen, ohne daß dadurch Autonomiebedingungen des Systems verletzt werden müßten. Denn erst im Umgang mit strukturellen Veränderungen gewinnt ein System seine Autonomie und entsteht jenes Selbst, das sich aus der Reflexion nicht auf jede einzelne Struktur, sondern auf die Funktion von Strukturen, zu produzieren und zu reproduzieren vermag.

Erst dann, wenn man den Strukturen im Kontext des Begriffs der Selbstorganisation diesen *zugleich notwendigen und abgeleiteten Status* zuschreibt, gewinnt man Zugang zu der wichtigsten aller Techniken im Umgang mit Strukturen, der Negation. Denn erst dann kann die Negation als »Transjunktion«, als dialektischer, dialogischer und reflexiver Wechsel zwischen Werten, Zuständen, Zielen oder was immer, begriffen werden, der nicht etwa das System verneint, sondern seinen Möglichkeitenraum erkundet.[49] Dies wiederum setzt voraus, daß man sich dem zu kurz greifenden Verständnis der Negation als Gegenteil der Affirmation verweigert und die Negation in komplexe Verhältnisse der Beschreibung von Verhältnissen des Einschlusses und des Ausschlusses von Möglichkeiten versetzt. Der buddhistischen Logik ist dies ebenso selbstverständlich wie der primären Algebra Spencer-Browns.[50] Sowohl der Fachberater als auch der Prozeßberater haben längst implizite Formen entwickelt, sich diese Logik der Negation zunutze zu machen: Sie appellieren entweder mit Folien oder mit Moderation an ein allen Beteiligten unbekanntes Selbst der Organisation, um jenes temporäre Fach- oder Prozeßvertrauen zu gewinnen, das es erlaubt, Beziehungen herzustellen, Vergleiche vorzunehmen, Verankerungen zu überprüfen, Voraussetzungen zu testen und Vorurteile bewußt zu machen, ohne daß jede

48 Siehe das Verständnis von »Subversion« als partieller Destruktion von Konstanten von außen nach innen bei Spencer-Brown, Laws of Form. A. a. O., S. 63.

49 Siehe in diesem Sinne zur Rolle der Transjunktion innerhalb einer Logik verteilter Systeme Gotthard Günther, Cybernetic Ontology and Transjunctional Operations. In: ders., Beiträge zur Grundlegung einer operationsfähigen Dialektik, Bd. 1. Hamburg: Meiner, 1976, S. 249-328, hier: S. 278 ff.

50 Siehe Matthias Varga von Kibéd, Aspekte der Negation in der buddhistischen und formalen Logik. In: Synthesis Philosophica 10 (1990), S. 581-591; und Spencer-Brown, Laws of Form. A. a. O., Kapitel 5 und 6.

Markierung, nur weil sie kontingent setzt, schon deswegen blockiert wird, weil sie die Disposition nach sich zieht.

Beratung in einem selbstorganisierenden System läuft darauf hinaus, das System zu jener Erfindung von Freiheit durch selbstgesetzte Kausalität zu befähigen, vor der niemand Angst haben muß, weil schon der nächste Schritt der Realisierung dieser Freiheit das System mit jenen Strukturen der Wirklichkeit versorgt, die neue Verankerung schaffen. Nachhaltige Beratung ist jene, die das System mit dieser Freiheit und mit einem Sinn für seine eigene Geschichte der Wahrnehmung dieser Freiheit ausstattet.

Nachweise

»Durch diesen schönen Fehler mit sich selbst bekannt gemacht«. In: Lettre International, Nr. 24 (1994), S. 22-26.
»Müllers Vermutung«. In: Lettre International, Nr. 43 (1998), S. 68-70.
»Das Produkt ist ein Gespinst«. In: Ulrich Binder, Martin Heller (Hg.), Handbuch über Sicherheit und Zusammenarbeit. Zürich: Museum für Gestaltung, und Frankfurt am Main: Stroemfeld/Roter Stern, 1995, S. 114-123.
»Die Unterscheidung der Arbeit«. In: Jörg Huber (Hg.), Kultur-Analysen: Interventionen 10. Wien: Springer, 2001, S. 175-196.
»Die ›andere Seite‹ des Wissensmanagements«. In: Klaus Götz (Hg.), Wissensmanagement: Zwischen Wissen und Nichtwissen. München: Hampp, 1999, S. 99-111.
»Organisation und Geschlecht«. Bisher unveröffentlicht.
»Begeisterte Unternehmer«. Bisher unveröffentlicht.
»Tabus in Familienunternehmen«. In: Hernsteiner: Fachzeitschrift für Managemententwicklung 11, 2, 1998, S. 18-22.
»Kommunikation und Kultur als Ressourcen des Unbestimmtheit«. In: Organisationsentwicklung 18, Nr. 2, 1999, 84-87.
»Der Witz der Organisation«. In: Frank E. P. Dievernich (Hg.), Kommunikationsausbrüche: Vom Witz und Humor der Organisation. Konstanz: UVK, 2001, 221-232.
»Die Strategie der Organisation«. Bisher unveröffentlicht.
»Die verlernende Organisation«. Unter dem Titel »Die kompetente Organisation« in: Gustav Bergmann, Gerd Meurer (Hg.), Best Patterns: Erfolgsmuster für zukunftsfähiges Management. Neuwied: Luchterhand, 2001, S. 433-446.
»Drei Regeln einer wirtschaftlich effizienten Unternehmenskultur«. In: Bertelsmann Stiftung, Hans-Böckler-Stiftung (Hg.), Praxis Unternehmenskultur: Herausforderungen gemeinsam bewältigen, Band 1: Erfolgsfaktor Unternehmenskultur, Gütersloh: Bertelsmann Stiftung, 2001, S. 57-80.
»Ausgangspunkte einer soziologischen Managementlehre«. In: Soziale Systeme 6 (2000), S. 137-168.
»Management im System«. Bisher unveröffentlicht.
»Organisation und Gesellschaft«. In: Roland Kaestner, Wolfgang Müller-Seedorf, Thorsten Kodalle (Hg.), Gesellschaft und Streitkräfte auf dem Weg in die Wissensgesellschaft? Ein Bericht zum Workshop »Konsequenzen aus der Wissensgesellschaft«. In Vorbereitung.
»Was tut der Berater in einem selbstorganisierenden System?« Bisher unveröffentlicht.

Suhrkamp Verlag GmbH
Torstraße 44, 10119 Berlin
info@suhrkamp.de
www.suhrkamp.de